啟智教學活動設計

黃富廷 著

目 次

作者簡介

　　黃富廷，字亮之，台灣省高雄縣人，國立台灣師範大學特殊教育博士，曾任教於國小普通班、啟智學校國小部／國中部、國中啟智班、醫事學院，目前則任教於國立台東大學特殊教育學系。本書《啟智教學活動設計》乃為作者獨立撰寫之第二本專書，在此之前，因有感於輔助性科技 (assistive technology) 在實務工作上能減輕或移除身心障礙者之障礙程度，對於提升國內特教水平有一定的幫助，故曾策劃、召集國內若干特教學者進行輔助性科技書籍之翻譯工作，並於 2002 年出版第一本團體譯著——《特教科技的評估與選用》，希望能將輔助性科技之相關知識介紹給國人。俟後，又於 2007 年出版作者獨立撰寫之第一本專書——《輔助性科技的人文意涵》，試圖透過經濟學、社會學、賽局理論、哲學等非特教領域之觀點，探討輔助性科技之相關人文議題。本書《啟智教學活動設計》則為啟智教育方面之著作，作者試圖結合特教相關理論與過去個人在特教基層之教學實務經驗，進一步轉化為有系統的論述，以提升特教系學生在啟智教學活動設計方面之知識、概念、與技能。

吳　序

　　就特殊教育對象而言，無論是學生或教師的數量，啟智教育堪稱是特殊教育中的最大宗。由於智能障礙學生廣泛的學習困難，因此儘管回歸主流和融合教育的浪潮洶湧澎湃，智障學生的教育安置，無論美國或台灣，仍以自足式的方式（所謂「集中式特教班」）為主，以便於教學設計和實施適性教育。這也益顯《啟智教學活動設計》這本書的價值。難得的是，在本書中，作者黃富廷博士把之前在啟智學校（班）的九年基層任教心得，搭配後來在台東大學特殊教育系的十年教學經驗，進行理論與實務的結合。因此，這不是一本純粹只談理論的硬書，在字裡行間，可以充分感受到：作者把相關理論加以咀嚼、消化之後，再轉化為實務性的論述，偶爾也會穿插一些作者過去在基層任教的經驗談，因此，讀起來別有一番滋味！

　　這幾年來，富廷老師為了讓台東大學特教系的修課學生們更容易學到「啟智教學活動設計」的相關專業知能，在課堂上特別創造了一些「特殊名詞」——例如：多軸線教學、雙動詞迷思、具體動詞、抽象動詞等，藉由這些特殊名詞的輔助，讓修課學生們更容易理解、記住，進而習得相關概念。凡修習過他的「啟智教學活動設計」的學生們，皆在啟智教學之專業功力上，獲得顯著的提升。因此，相信本書的讀者應可同理受惠。

　　如果這本書有什麼比較「艱澀難讀」的地方，那麼，應該就是數學論述的部分吧！不過，老實說，本書所使用的數學並不難，真正難的是：特教界人士大概一下子不太習慣這種數學式的論述。因為大多數「特教人」在大學聯考中屬於「社會組」，數理自然不是強項，很少人會運用數學思維來討論特教現象。不過，富廷也自認為數理原本不是他的強項，卻硬著頭皮接受此種挑戰，大概是由於他個性底層喜愛創新求變的驅力使然吧！在多年來的書信往來中，富廷曾經提及：40歲那一年，突然莫名地愛上了數學，雖然他謙稱未必能讀出什麼名堂，生活與思考卻因此或多或少地逐步走向「數學化」的境地。數學是科學之母，特教現象既然屬於社會科學，那麼，自然可以運

用邏輯性特強的數學來進行更清晰而細微的解析，正如系出社會科學同門之
經濟學一樣，自從 1969 年第一次頒發諾貝爾經濟學獎以來，該學門已經快速
地發展出數量頗為豐碩的新理論，而且，透過數學模型之研究，竟然可以預
測全球經濟之景氣循環週期。基於這樣的領悟，自稱數學不好的富廷，開始
挑戰「透過數學來理解特教」的不可能任務。所以，讀者若在本書中看到富
廷把德國數學天才高斯於 1794 年所發現的「最小平方法」運用於解釋普通班
教材難度之取捨採「平均數取向」時，也就沒什麼好奇怪的了！除此之外，
為了尋求提升啟智班教學之個別化程度的可行之道，他還把電腦科技之專業
術語──「多執行緒」(multi-threading)──援用進來，並轉化為「教學軸
線」之概念，再配合「$I-1$ 方程式」（個別化程度第一方程式，$I=\dfrac{T}{s}$）與
「$I-2$ 方程式」（個別化程度第二方程式，$I=\dfrac{T}{g_s}$）之提出，透過數學論述
來闡明「多軸線(multiple threads)教學」應用於啟智班的實用價值，而且，為
了提高「多軸線教學」的可行性，還苦思出「AAG 設計」之配套。如果台灣
特教界處處充滿創新求變的活力──猶如莫札特時代幾乎天天都有青年音樂
家創作出新的作品一樣，那麼，只要國內創新求變的學術能量一直居高不
下，相信總有一天會有令人嘆為觀止的作品問世。在本書中，富廷所提出之
「特殊名詞」以及「透過數學來理解特教」的嘗試，雖是他創新求變的一小
步，卻是特教界的一大步！也許受到國內大學教師升等制度的影響，台灣學
者似乎不像日本學者那麼特別注重著書與翻譯，而富廷則認為：特教書籍之
普及性乃勝過學術論文，在特教理念之推廣上，較親近普羅大眾，效果較易
達成。因此，在 2002 年，他邀集了一批特教學者共同翻譯並出版《特教科技
的評估與選用》一書（五南出版社出版），到了 2007 年又獨立撰寫了《輔助
性科技的人文意涵》一書（心理出版社出版）。如今，他又出版了《啟智教
學活動設計》這本書，其寫作動力足堪嘉許。個人忝為他當年的博士學位論
文指導教授，看到他在學術著作與出版上一直勇於創新，不斷求變、求進，
內心深感欣慰，並樂為之序！

國立台灣師範大學特殊教育學系名譽教授

2011.11.20 於台北

林　序

　　一齣戲要能叫座，要有好的劇本、優秀的導演和善於演戲的演員，缺一不可。戲一旦開演，每位演員能清楚地記得，何時要站在舞台上的某處，講什麼台詞，表現出何種表情或姿勢。教師站上講台開始授課，也像一齣戲要上演一樣，若要有好的教學成效，就需要規劃出適合學生學習的教學內容、清楚的教學目標和好的教學策略。不過，教學與戲劇演出有所不同：教學時，教師要集編（決定教學內容）、導（決定如何教）和演（實際教學）三種角色於一身；而戲劇的演出不必全然如此。

　　教學是一種藝術，沒有一定的準則可依循，因為教師可以自主決定該堂課他／她要如何教。不過在實務上也非完全無可遵循，教學活動設計或稱教案設計便是學界集結理論與實務共同研擬出來的活動設計原則，教學者，特別是新手教師，參考此設計原則，於教學之前先行草擬教學的「劇本」，然後根據這個「劇本」進行教學，以期達到預訂之目標。

　　眾所周知，教學活動設計不外乎包括目標設計和活動設計，亦即根據教學單元的目標來設計與規劃具體的教學活動內容和方式；另外，也從適切的活動規劃與安排來達到原先預計要完成的教學單元目標。因此若欲達成教學單元的目標，便需規範出具體、可觀察且可操作的行為目標，讓教學者得以看出在自己的教學之下，學生是否「具備」這些行為。而為了要讓學生能表現出這些行為，教學活動設計中更需要能設計相關的活動，讓學生得以學習、練習，進而精熟這些技能。是故要設計出一份可行的教學活動設計，除了要具備該學科的專業知識之外，設計者也要具有清楚的邏輯思考與工作分析能力，方足以掌握教學活動設計的原理原則。

　　教學活動設計是每一位修習師資培育課程的學習者一定要學的功課，特別是實習課，學生更都要會根據實習的內容，設計出相關的教學活動設計，以展現其教學的能力。在國內，有關教學活動設計的內容大多是以某本書中的一章或一節方式呈現，以專書方式呈現者，尚不多見。本書《啟智教學活

動設計》的架構非常清楚且層次分明，同時又輔以各種實例說明，另外也就初學者在撰寫活動設計和教學現場上常見的缺失，以專章的方式說明，例如：單元目標未能符合學習者的學習需求、分不清楚單元目標與行為目標有何不同、不是用具體／可觀察的動詞來描述行為目標、行為目標過於粗略、評量的標準不夠明確、……等。對於在大學擔任教材教法或教學實習的教師而言，本書是一本很好的教學指定用書；對於想從事特殊教育的職前教師，本書更是一本極具參考價值的用書。另外，本書雖然名為《啟智教學活動設計》，但是教學活動設計的原理和原則並不會因此就與普通教育有所差別，因此對於欲從事普通教育的初學者，本書也是一本很值得參考的書籍。

　　作者黃富廷博士曾任教於啟智學校與啟智班有九年的時間，對於智能障礙者的身心特質與學習需求有相當程度的認識與了解。富廷目前任教於國立台東大學特殊教育學系，在啟智教育師資培育的工作上亦有相當豐富的教學實務經驗。結合第一線啟智教育教師與負責師資培育之教學者的多年實務經驗，將其對於應該如何設計一份好的教學活動設計的看法、心得和經驗分享給讀者，忝為他當年碩士論文指導教授，極感榮幸，特以致賀並為之序。

國立彰化師範大學特殊教育學系教授

2011.10.8

張　序

　　富廷係為國立台灣師範大學特殊教育博士，其特殊教育之教學資歷非常完整，曾任教於啟智學校與啟智班達九年之久，目前於國立台東大學特殊教育學系教授特教相關課程。其專長領域乃結合智能障礙與特教科技，對於特教科技之高科技（電腦科技）部分尤有深入研究，曾擔任台南啟智學校電算中心負責人，規劃與架設南智校園網路，為南智所有教師進行電腦技能之在職訓練，並使南智校園網路在全國評比中獲選為優等；亦曾架設台南縣玉井國中之學校網頁，於全縣評比中獲選為第五名；亦曾被借調至教育部中部辦公室特教網路中心，參與全省特教網路業務。

　　我非常敬佩富廷的不斷自我成長，尤其是在凡人不易涉足的部分。富廷於台灣師範大學攻讀博士學位期間，以及畢業後數年中，曾一直利用課餘時間修習資訊相關課程，富廷以特教人的背景卻能長期專研輔助科技，進行跨領域的研究，真不簡單。他在電腦輔助教學、程式規劃設計、人因工程等具有扎實功力，博士論文及國科會專題研究皆以輔助科技為主，希冀將啟智教育與數位科技作最完美之結合。特教結合科技乃未來之必然發展趨勢，在專研特殊教育之學者中，同時具備程式設計能力者，誠屬少矣！又例如他曾跨入一些令我驚訝的領域：哲學、社會學、甚至美日盛行的「賽局理論」，經常從他侃侃而談中，知道他又有獨到的想法出來了。他更進一步將之付諸實際行動，富廷曾經結合了科學與人文豐沛的知識基礎，他論述出國內第一本有關輔助科技人文思維的專書。如今他費時多年，結合豐富實務經驗與學理依據，再度完成令人驚豔的大作，值此出版之前，我有幸以好友身分搶先拜讀，實是樂事一樁，並樂為之序。

　　富廷是位聰明、有慧根、富批判、能思考的學者，有源源不絕的求知慾及學習力，常能無師自通，經常利用英日語能力直接吸取國外新知，閱讀淵博深入，啟智教育又是富廷長期從事的領域，結合其豐富的學理背景與實務經驗二方面之特長完成本書，是真工夫的大作。此書內容豐富，有結構，舉

例豐富，勢必可為國內特教系學生或對教學設計有興趣者，及實際從事特殊教育的實務工作人士，提供極佳之教學與精進之學習內容。本書累積了富廷多年實務教學經驗，加上富廷飽覽群書，學富五車，及豐富創思的才學與特質，使閱讀者可在學習啟智教學活動設計之際，亦能汲取現代數位化教學及創新教學設計的全新視野，以供我輩趕上時代潮流。本書有許多最新概念、知識與設計策略，就我拜讀全文後的感受及經驗而言，真是國內相關著作中的典範代表作，非常值得推薦。

慈濟大學兒童發展與家庭教育學系教授

張英鵬

2011.10.15 於花蓮大愛樓

魏　序

　　富廷是我的學弟，也是我在台東大學特殊教育學系的好同事，這是他第二本獨力完成的學術專書，卻是我第一次幫人家寫序，謝謝他給我這個機會。

　　蓋凡人之著書立說，皆有所為而發，並為立說垂後而著書，即儒家所謂三不朽之一「立言」：著書立說、垂教後人，留下思想給後代作為精神財富。職是之故，教育學者的智慧不應被束諸學術殿堂的高閣，而應使相關專業領域的教師、家長與學習者，能親近並學習其智慧，若能由此進窺教育專業之堂奧，而開啟學習者內在無限的心靈智慧，應是作者所衷心至盼。

　　寫書著作是一件相當費工夫的事，完成幾十萬字的學術著作更是不簡單。欽佩富廷在授課與研究之餘，黽勉從事完成這本《啟智教學活動設計》，不僅可作為啟智教育教學教材，亦可作為設計特殊教育教學活動時，非常實用與具體的參考書籍。

　　全書涵蓋的重點包括：敘寫教學目標的正確方式、教學活動的設計、教案撰寫格式與要領等。幾百多頁的內容，鉅細靡遺、要言不煩的，指出特教教師在教學活動設計上的不足與缺失，並澄清特教教師對於敘寫單元目標、行為目標的迷思，對於增進特教教師撰寫 IEP 的正確觀念，與提升特教教師設計教學活動與教學的專業能力，相當實用。這本《啟智教學活動設計》充分體現了富廷的學術專業、思維縝密與嚴謹認真的態度。

　　在本書付梓前，因寫序之便得以提前拜讀，對於富廷在這本書上的文獻蒐集與豐富深入的論述，大為感佩。

　　好朋友出書，而且是一部很實用的書，深覺與有榮焉，謹此為本書之序。

國立台東大學特殊教育學系教授兼國立空大台東學習中心主任

（前台東縣政府教育處處長）

魏俊華　2011.10.29

自序 關於本書及其緣起

　　由於在大學實際教學經驗中，個人體悟到：「教學活動（教案）之設計力」是特教系學生之專業知能的總驗收，而筆者卻經常發現：特教系學生所撰寫出來的「啟智班（本書所指之「啟智班」乃泛指：啟智學校之班級，以及普通學校之啟智班）教學活動設計」（一般簡稱為「啟智班教案」），多半只能算是普通班教案，其中極度缺乏啟智班教案之專業深度思維，換言之，我的學生並無法釐清「普通班教案」與「啟智班教案」的關鍵區別點究竟何在，遂而引發筆者決心撰寫《啟智教學活動設計》一書之念頭。本書之撰寫工作，其過程並不如最初預期之平順，前後輾轉反覆，歷經幾次大幅增／刪／修。一邊在大學進行教學，一邊著手撰寫本書，因此，在過去這幾年的現實生活中，一直不斷上演著「建構－解構－再建構」的循環戲碼──如果在教學互動中，發現修課學生對於某一個設計向度的概念不清楚，且有待加強，則另闢新的章節；如果個人對於某章之內容不盡滿意，則整章予以刪除；而更多時候，是花費在修改部分，年復一年，隨著師生互動的經驗愈來愈豐富，發覺到之學生的弱點也愈多，因此必須不斷刪除／修改／擴大內容與篇幅，此情此景，就彷彿是搭乘一列「開往無限遠」的火車一樣，不知何時才能完工。在此同時，個人對於「教學相長」之感受最深，亦即：我的學生，就是教我如何撰寫這本書的「老師」！從師生互動中，讓我漸漸了解這本書究竟應該寫什麼，因而，最初勾勒好的章節架構，在過去這幾年中，一直不斷琢磨、修正，直到最後，呈現在讀者眼前之內容，幾乎已非當初原始設計之模樣。

　　一般而言，啟智班之教學實務工作，如圖 p-1 所示，總共可以分為下列三個階層／步驟：

1. 下層之診斷階段──個案研究：每位教師在接到一個班級之後，第一件工作，就是要進行教學診斷，以了解班上智能障礙學生的優點及弱點，此即為最下層之「個案研究」工作。

2. 中層之處方階段——個別化教育計畫：找出班上智能障礙學生的優點及弱點之後，接下來，為了要強化他們的優點、彌補他們的弱點，必須開立教學處方（亦即：個別化教育計畫），以利於後續教學之進行。

3. 上層之治療階段——實施教學：最後，教師依據個別化教育計畫的教學目標，進行教案設計，再實地進行個別化教學。

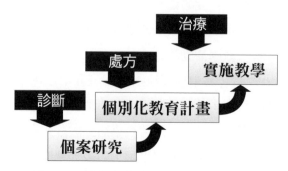

圖 p-1　特教教學實務之三段工作位階

　　因此，在特教系的課程結構中，最具代表性的科目，至少會出現「個案研究」（下層——診斷階段課程）、「個別化教育計畫的理念與實施」（中層——處方階段課程）以及「特殊教育教學設計」（上層——治療階段課程）等三個代表性專業科目。一般而言，特教系在為師院生提供特教師資培訓課程時，會依照上述下、中、上三層實務工作位階，循序漸進地施予訓練。本書內容之位階，即屬「上層——治療階段」之特教師資培訓課程。

　　國內現存之教案格式／名稱，可能存在若干既定之分歧，本書擬暫不處理各類格式／版本之間的異同與爭論，筆者亦不認為「集天下之大成者」必為最佳之教案格式，因此，轉而僅提出一種較易於初學者學習之教案核心結構／格式（見圖 p-2），作為本書論述之用。

　　實則，在大學施教過程中，筆者所搭配使用的，就是啟智教學的「過度學習(over-learning)法」。除了上課中的討論以外，還特別利用「ASP（動態伺服器網頁）語法」設計了一個「網路作業區」，修課學生必須每週到網路作業區上傳並發表個人作品（見圖 p-3）。因為，「師範學院」本身在屬性上乃為一種「職業學校」，師院生在大學唸了四年書之後，其教學／學習成

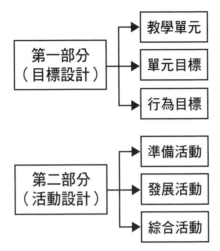

圖 p-2　本書所使用之教案核心結構

圖 p-3　網頁作業區（作品列表）

敗將在師院生之「教學實務功力」上受到徹底的檢驗。而此一「教學實務功力」誠非「讀讀書、考考試」之類的「紙上談兵」即可檢驗出來，除了學識上的俱足之外，還要在教學現場的「真槍實彈」中考驗師院生的「戰場實

力」，方可完整測出真工夫。因此，實務上的再三練習，是「啟智教學活動設計」之重要教學／學習策略，透過每週在網路作業區以過度學習之方式，將所學之「紙上談兵」的學理運用在真實的教學活動設計中，方可有效提升其「戰場實力」。

於是，隨著每週進度的延伸，每位修課學生的網頁作業逐漸依照 1.0 版、2.0 版、3.0 版、……等順序，一直不斷擴展、延伸。所有修課學生在每週的網路作業中，必須持續針對同一個教學單元（如：認識男女特徵）進行教學活動設計，並隨著 1.0 版、2.0 版、3.0 版、……等版本編號之進展而寫出愈來愈高層次、愈來愈高水平、愈來愈高品質的作品。

而且，如圖 p-4 所示，在每週的作業中，所有修課同學除了要發表自己的作品（簡稱「自 po」）之外，還要針對班上其他同學的作品予以批判或回應（簡稱「他 po」）（見圖 p-5）。換言之，如果修課學生總共有 40 人，每位學生在每週的網路作業中，必須寫出一份「自 po」，再針對其餘 39 位同學的網路作品進行「他 po」。

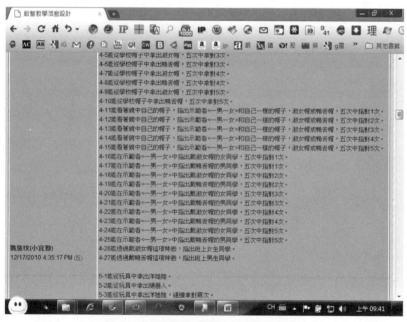

圖 p-4　網頁作業區（個人作品）

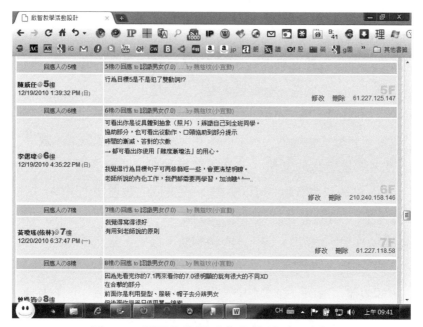

圖 p-5　網頁作業區（作品批判／回應）

　　這樣的教學實施方式，除了在每週的「自po」中，提供「過度學習」的知識／概念／技能訓練以外，還在「他po」中，強迫每位修課同學必須提高自己專業思考的水平與位階，如此方能批判／回應別人的作品。因為，在一般常理中，只有高手才有能力批判低手，而要求修課學生去批判他人的作品，即彷彿逼迫其必須在短時間內做好心理強化──嘗試去提高自己在專業思考上的高度、深度、與廣度，否則在「他po」這部分的作業中，會因為覺得「說不出話來」而倍感挫折。這股挫折感所形成的學習心理負壓，可以讓大四學生（在筆者任教的特教系中，「啟智教學活動設計」通常在大四上學期開課，而依據實際經驗，本科目也較適合在四上開課）清楚了解自己真正的專業能力起點，故不會不切實際地高估或低估自己的專業水平；當然，這股挫折感也可能讓大四學生變成「鬥敗的公雞」。不過，配合每週上課時討論前一週的「自po」與「他po」，不斷進行「概念澄清」（打破舊有的錯誤概念，形成良好的新概念）與「專業知識補強」，大四學生在具體、扎實、真槍實彈、你來我往、「互相『漏氣』求進步」的專業實力建構中，一點一

滴地強化了個人的專業能力與自信。經過一學期18週的魔鬼訓練下來,當他們重新回首顧盼當初1.0版的設計品質時,往往會對於自己當時不成熟的作品發出噗嗤一笑!對筆者而言,每年陪伴大四學生體驗這種「否定自己的過去,就是進步!」的過程,著實是人生一大樂趣!

40歲(2006年)那年,從小自覺與數學無緣的我,不知何故,莫名其妙地突然愛上了數學,依據個人有限的認知與解讀,筆者認為:「數學」就是這個世界之數量變化的文法。尤其在高等數學之「泛函分析」(functional analysis)中,見識到數學竟然可以解釋 N 度空間的數理變化規律,彷彿讓人掌握到了整個宇宙的變異原理一樣,這種「把世界握在掌心中」的驚嘆感覺,過去只在閱讀《易經》時,才有過體驗。後來,雖然不一定讀出了什麼數學名堂來,但對於數學式思考,卻增長了幾分見識。由於數學能提供較為清晰之邏輯表達,故而,在本書中,筆者偶爾會自然而然、且不由自主地嘗試透過數學式描述來表達啟智教學活動設計之相關概念。此外,筆者必須特別說明的是,在本書各章之討論中所使用之變項符號,其所代表之變項意涵,乃未必適用於其它章節。例如:在某章中,變項 d 可能代表的是「智能障礙程度」(degree),而在他章中卻可能代表「學習難度」(difficulty)。若套用電腦軟體之程式撰寫(software programming)的概念╱用語來看,本書中各章所使用之變項符號,僅能視為適用於各章範圍內之區域變項 (local variables),而不宜視為適用全書之通用變項 (global variables)。本書中所想要表達的概念╱變項何其多,單靠全書不重複的英文╱希臘字母,是不夠用的。雖然筆者已經刻意避免,然而,因為必須重複使用英文╱希臘字母才夠堪用,故而不得不將各章節之變項符號視為區域變項。

實則,介紹啟智教學活動設計之相關知識、概念、技能給初學者,就好比是在說一齣齣的故事一樣。相信大家對於「一成不變」的說故事方式,應該都是容易感到厭乏的吧!因而,筆者試圖盡力從較為新奇的角度切入,來打開話匣子。也正因為如此,讀者在本書中,會看到一大堆在其他相關書籍中從未見過的名詞,如:具體動詞、抽象動詞、雙動詞迷思、多軸線教學、單軸線教學、雙軸線教學、並聯式時間運用、串聯式時間運用……等,其目的不是為了標新立異,而是在真實教學經驗中,發覺「傳神的名詞」有助於

「概念之形成」，例如：「具體動詞」係為「行為目標所適用之可操作、可觀察、可評量的動詞」的另類說法，而「雙動詞迷思」則直接蘊含著「一個行為目標只能有一個評量用動詞」的概念。個人於大學的實際教學經驗中，「特有名詞」對於「輔助形成概念」之學習效果，乃已獲修課學生之肯定。初學者習得「雙動詞迷思」、「具體動詞」、「抽象動詞」之後，在撰寫自己的、或批判他人的行為目標時，這些名詞會帶動其進行更快速的專業思考，因而更容易將習得之相關概念應用在教案設計上，例如：觸犯「雙動詞迷思」之頻率，著實比往昔更為降低。

在筆者心中，對於「啟智教學」乃懷抱著某一些個人理想——如：多軸線 (MT) 教學，因而在本書中特闢兩章來予以討論。此種教學型態因為難度／負荷較高，故而，在台灣較為少見。然而，多軸線教學對於提升啟智班教學之個別化程度上，乃有其實質功效，因此值得在台灣推廣。經過多年來不斷地摸索、實驗、修正之後，逐步整理出「AAG 設計」之教學設計上的配套，讓多軸線教學之可行性終於令人充滿希望。在本書中，筆者試圖窮盡個人有限的腦力與筆力，為多軸線教學勾勒出一條實踐上較為可行的通路，當然，筆者不認為本書所描述之「多軸線教學」的原理、原則、教學策略、設計概念……等等皆已達到登峰造極之完美境界，因而希望：內心懷抱教育理想之啟智教學工作者與有識之士，能一起繼續不斷地摸索、實驗、修正，為「多軸線教學」開創出更為經濟實用的教學技術與設計策略。此外，本書第15、16 章之屬性較傾向於啟智班教學之相關議題，而不是介紹如何撰寫教學活動設計之篇章。第15 章試圖透過數學分析方式來檢討國內啟智班師生編制之議題，由於啟智班學生之滿編人數的上限，會影響教學品質，因此特別列入第15 章予以討論。而第16 章所探討者，乃為啟智班之教材難度取捨，如果在單軸線教學設計下採取「最小值取向」（為了讓全班智能障礙學生都可以參與學習活動，須以班上學習／認知能力最低之學生的程度來當作教材難度取捨的參考點），那麼，這樣的個別化教學其實存在著若干問題。由於該現象幾乎普遍存在於全國各地啟智班，因此特別列入本書之章節中，與讀者們一起深入探討之。

由於在撰寫本書的五年期間，國內最新之官方版本的啟智教育課程綱要

僅有教育部於 1999 年所頒布之「特殊教育學校（班）國民教育階段智能障礙類課程綱要」（以下簡稱「1999 年版啟智課綱」），故而，在本書之討論內容與相關建議措施中，皆以「1999 年版啟智課綱」作為主要之參考依據。將來，國內若推出任何更新版本之啟智課綱，初學者之參酌態度與使用方法，應亦可如同對於「1999 年版啟智課綱」一樣，將之視為重要而寶貴之啟智教學的專業資產，並予以珍惜與善用。實則，即便官方在未來頒布更新版本之啟智課綱以後，筆者亦建議初學者莫將「1999 年版啟智課綱」從此丟入垃圾筒，因為，其中關於六大領域之課程內容與架構，誠內藏許多國內特教學者的共同智慧，故仍有一定程度之參考價值。

最後，在此特別感謝我的博士論文指導教授　吳武典博士（國立台灣師範大學前教育學院院長暨特教系名譽教授）、我的碩士論文指導教授　林惠芬博士（國立彰化師範大學特教系教授）、　張英鵬博士（慈濟大學教授）、以及　魏俊華博士（國立台東大學特教系教授）為本書寫序，讓本書之分量與可看性為之大增。此外，也要感謝所有同意本書引用其在教案設計上的網路作業／作品的修課同學們，由於他們的作業／作品提供作為各章闡述、澄清各項概念之範例，讓本書內容因而增色不少。因此，在此謹向我的學生們致上極高之謝忱！如果沒有他們的嘗試錯誤，就不會誘發筆者撰寫本書之動機！如果缺少他們的作品來充當說明範例，本書亦將黯然失色！更要感激的是，內人玲伶與心理出版社陳文玲編輯協助修改錯字、潤飾文句與用語，讓本書內容更為通順。在本書之編輯過程中，幸蒙林敬堯總編輯的寶貴意見，使得本書得以享有優質的封面與美工設計，亦令人銘感五內！由於筆者識見淺薄，本書雖經再三校對，然訛誤之處仍在所難免，書中若有任何尚待改進之處，敬祈各界方家不吝指教，以利再版修訂之參考！

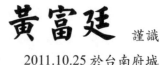

黃富廷　謹識

2011.10.25 於台南府城

Chapter 1

何謂「教學活動設計」？

一 教學活動設計之簡介

在中文語法裡，「教學活動設計」一詞具有名詞與動詞的特性——若以名詞視之，通常簡稱為「教案」；反之，若以動詞視之，則可稱為「教案設計」。為配合平常在教室中之習慣用語，以下皆以「教案」或「教案設計」簡稱之。

「教案」猶如一場40分鐘（國小部）或45分鐘（國中部）之教學活動的「劇本」，其中，關於教學活動之「設計方針」（此即為相關之教學目標）與「實施流程」（此即為相關之教學活動流程）皆有系統地予以描述。在大學裡，訓練準教師們設計教案，可以幫助他們充分運用在大學階段所學到的全部相關專業知能，將之匯集在一個能力點上——亦即：透過「教案設計」而具體展現出來。是故，從教案設計所展現出來的品質與水平，即可大略地窺測或診斷出教案設計者的專業知能或教學功力究竟已達何種程度，故亦可進一步就其能力弱點予以補強。

在真實情境中，亦有所謂「簡案」（即：簡便型教案）之類的教學活動設計，其內容乃為原始格式之標準教案（相對於簡案，有人另稱為「詳案」）內容之濃縮版。不過，對於未出茅廬的準教師而言，較不適合僅以「撰寫簡案」之方式來進行教學活動設計之訓練，因為，如此一來，教學活動中之所有應注意到的細節，將因為某些部分被省略不寫，而使得準教師們

得不到完整的職前訓練。實則,「簡案」在這整套「教學活動設計」之訓練課程中的位階或施教時機,應較適用於後段較高階之專業能力水平的準教師來使用。由於在前段之初階課程中,其已接受過「完整之教學活動設計」(詳案)的基本課程,後續高階訓練過程較著重於教案設計上所需之「創意與批判」、「活用與變通」等能力之培養,是故後段訓練中僅以簡案來進行師資培訓,在時間調配上可能比較有效率。

二 教案之內容結構

如圖 1-1 所示,教案之結構主要可大分為二,此即:❶目標設計、❷活動設計。其中,「目標設計」之邏輯層次有三,包含:❶教學單元、❷單元目標、❸行為目標(此亦可稱為「具體目標」)。而「活動設計」之流程則包括:❶準備活動、❷發展活動、❸綜合活動。

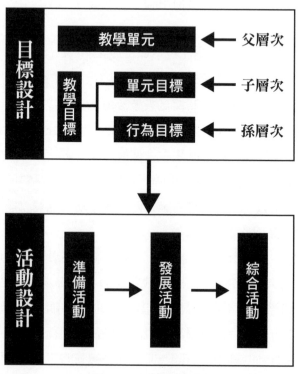

圖 1-1　教案的結構

　　「目標設計」之三個邏輯層次，基本上具備「父→子→孫」之上下衍生與相互依存的關係。其中，「教學單元」之邏輯層次的位階最高，由此衍生出下面兩層之「教學目標」——亦即：「單元目標」與「行為目標」，其中，「行為目標」係衍生自「單元目標」。

　　「活動設計」之三個主要流程，基本上必須依循「準備活動→發展活動→綜合活動」之發展主軸來設計。「活動設計」的內容，係為「目標設計」之具體行動展現。「目標設計」好比是「理想」，而「活動設計」就是將理想轉化為具體行動的「實施步驟」。如果沒有搭配完善的「活動設計」，那麼，再優秀的「目標設計」都只能算是「紙上談兵」。反之，如果沒有優秀的「目標設計」來作為行動綱領，那麼，再完善的「活動設計」也可能流於「方向失焦」、「漫無目的」、或「文不對題」。因此，教案的基本結構，必須搭配完善的「活動設計」與優秀的「目標設計」，才可以將教案設計者的教學理念轉化為實際可行的教學步驟，讓智能障礙學生從中習得相關之知識、概念、與技能。

　　如前所述，「教案」是教學過程的劇本，而「目標設計」則好比是教案的構思藍圖或行動綱領，教學過程中的所有大、小方向都在目標設計中清楚呈現。設計者的專業功力或構思邏輯是否夠好、夠強，從目標設計中，一眼即可窺知。所以，一般而言，若欲評判一份教案之良窳，先從「目標設計」下手來檢驗或分析，即可初步瞭然於胸。相對地，「活動設計」則好比是教學過程的細節規劃，其內容包含：每個教學小步驟要如何搭配行為目標來進行鋪排或推演、教師應該營造出什麼教學情境或條件、時間該怎麼分配、應使用哪些人／時／地／事／物之教學資源、必須遵照什麼評量標準來檢測學習者是否習得預期之知識／概念／技能等等。

　　基本上，教案設計者若欲寫好「目標設計」與「活動設計」，乃必須具備足夠的專業知能才可遂行，換言之，特教系或特教學程之初學「啟智教學活動設計」的大學生，若想寫好「目標設計」與「活動設計」，至少必須在所有相關之心理學、教育學、特教課程的知識、概念、技能上，統統擁有一定程度的既得專業水平，才可以設計出品質夠好的作品，否則，寫出來的「目標設計」與「活動設計」很可能呈現出「不符理論」、「結構混亂」、

「自相矛盾」、「邏輯不通」、或「華而不實」（中看不中用）之現象。例
如：初學者（本書所稱之「初學者」，皆指乍學「啟智教學活動設計」之特
教學程或特教系的修課學生）如果沒學好 Piaget 的兒童認知發展理論，那麼，
其將不知如何針對各類不同認知發展階段的智能障礙學生設計出適用之教材
或教具，如表 1-1 所示，Inhelder (1968) 即曾指出不同智能障礙程度之學生的
最高認知發展階段，乃分別為：

表 1-1　不同智能障礙程度之學生的最高認知發展階段

智能障礙程度	重度／極重度	中度	輕度	臨界
WISC-IQ	10～39	40～54	55～69	70～85
最高認知發展階段	感覺動作期	運思前期	具體運思期	形式運思期

從表 1-1 明顯可見：輕、中、重度智能障礙學生的最高認知發展，僅及於具
體運思期，因此，我們幾乎可以確定：大多數智能障礙學生乃不善於抽象思
考，更不善於抽象符號之學習。如果啟智班（本書所指之「啟智班」皆泛
指：啟智學校之班級、以及普通學校之啟智班）教師在教材設計上，過度傾
斜於符號式的抽象視（知）覺呈現，那麼，這將會明顯不利於智能障礙學生
的學習。總之，特教學程或特教系學生在大學四年內所學習的專業課程內
容，最後將彙整並展現在「診斷」、「處方」與「治療」這三項基本專業能
力上，如果初學者沒有具備足夠之「診斷」、「處方」與「治療」的專業能
力水平，那麼，其勢必無法設計出夠好、夠專業的啟智班教案。是故，畢業
前的「教案設計」應可視為大學四年之學習成果的總驗收，其功能有點類似
過去的「畢業論文」，甚至於，「教案設計」在特教教學專業上的實際驗收
功能，更遠勝於「畢業論文」。

三　特教專業能力之三層結構：診斷、處方、治療

如前所述，教案之設計能力，幾乎可以視為特教學程或特教系學生之總
體特教專業能力的具體展現。而特教專業能力之結構乃不外乎「診斷」、
「處方」與「治療」等三個面向（見圖 1-2）。其中，「特教教學設計」或

「啟智教學活動設計」係屬實施教學之治療階段的上層專業能力，因為它是上層專業能力，故需要搭配優秀之中、下層專業能力，方可順利展現初學者之個人整體專業能力。因此，換個角度來看：上層之治療階段的教學設計與教學能力，應該可視為三層能力之最後總集成或總展現，因而，在這三層「特教專業能力供應鏈」之中，如果沒有良好、充裕之中、下層（處方與診斷）之「專業能力的原料供應」，那麼，最上層之教學設計與教學能力的「產出」必然隨之吃緊，因而無法提高產能，進而製造出品質良好的特教教學與服務。

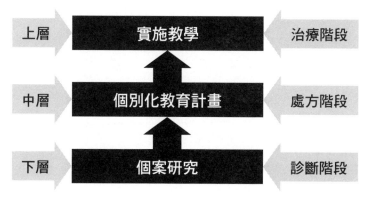

圖 1-2　特教專業能力的結構

　　在這三層特教專業能力的連鎖反應中，如果特教學程或特教系學生無法在下層做好精確的診斷，找不到智能障礙學生的學習能力起點，那麼，其所提供之教學單元，則極有可能缺乏足夠的功能性或實用價值，進而無法提供適當的教學處方，最終，該處方在後來的治療階段中，自然無法產生應有之療效（教學成效）。即便特教學程或特教系學生可以做好下層之診斷，卻無法開出適當的處方，那麼，此種欠妥之處方，其療效亦將無法完全對症奏效。最糟糕的是，初學者如果空有優質之中、下層專業能力，卻缺乏關鍵之上層專業能力來予以實踐，則一切亦歸枉然。因此，從圖 1-2 的結構來看，特教學程或特教系學生若欲提高個人之特教專業能力——或者，更具體來講，若欲提高個人之特教教學活動設計能力，則應將上、中、下層之特教專業能力統統練好基本功——打好堅強的實力基礎，建構出完整之「個人專業

能力供應鏈」，那麼，特教學程或特教系學生方有可能製造且提供優質的特
教教學品質。

Chapter 2

智能障礙學生之相關特質
與教案設計因應之道

　　啟智教學之施教對象乃為智能障礙學生，因此，初學者對於智能障礙學生之相關特質（亦即：潛在缺陷、學習特質、人格特質）應該要有足夠的了解，將來，在進行啟智教案設計之時，方有章法可循。因此，本章之主要目的，乃針對智能障礙學生之相關特質做一系統化整理，再以之推演出教案設計上的注意事項，以供初學者參考。

一　智能障礙學生的潛在缺陷

　　依據教育部於 1998 年所頒布之「身心障礙及資賦優異學生鑑定原則鑑定基準」之規定，「智能障礙」係指個人之智能發展較同年齡者明顯遲緩，且在學習及生活適應能力表現上有嚴重困難者；其鑑定基準如下：

❶ 心智功能明顯低下或個別智力測驗結果未達平均數負二個標準差。

❷ 學生在自我照顧、動作、溝通、社會情緒或學科學習等表現上較同年齡者有顯著困難情形（教育部，1998）。

實則，「智能障礙」只是一個集合名詞，智能障礙族群係為異質團體（郭為藩，1998；Haring, 1982），是故，每位智能障礙者之障礙原因未必相同，造成其功能缺陷情形亦有極大的個別差異。鄭玉疊 (1987) 即曾指出：智能障礙兒童的成因複雜，隨著成因及對象之差異，形成各式各樣的知覺障礙，如：

❶ 身體的知覺障礙，

❷ 身體四肢的大小肌肉發展，

❸ 空間感、平衡感、方向感的發展，

❹ 動作協調性、敏捷性問題，

❺ 質與量的感覺，

❻ 視知覺障礙，

❼ 手眼協調、眼足協調困難，

❽ 觸知覺障礙，

❾ 聽知覺障礙，

❿ 嗅知覺、味知覺障礙。

　　這些感官知覺的障礙，影響智能障礙兒童之學習與社會適應甚鉅。智能障礙者之個別差異情形，亦可由 Meyen (1978)所提出之智能障礙者附帶功能障礙出現率而見之一斑（見表 2-1）。

表 2-1　智能障礙者各類附帶障礙出現百分比

功能	無障礙（％）	部分障礙（％）	嚴重障礙（％）
行動	57.8	32.4	9.9
上肢大肌肉控制	57.5	34.2	8.2
上肢小肌肉控制	56.1	34.9	9.0
語言	45.1	33.4	21.5
聽力	85.0	11.5	3.4
視力	73.3	20.9	5.9
癲癇或痙攣	82.3	15.1	2.7
行為、情緒失常	58.1	35.7	6.3
大、小便自理	77.5	10.2	12.3

資料來源：Meyen (1978).

表 2-1 顯示：智能障礙者之各項障礙出現率乃介於 2.7%～35.7%之間。一般而言，智能障礙學生的潛在缺陷實為構成「影響其學習效能」之主要原因，故而值得準教師們予以深入探索與研究。其相關重點，茲分述如下：

(一) 性別方面

陳榮華與盧台華分析第二次台灣地區特殊兒童普查結果顯示：智能障礙者之男、女比例為 56.6：43.4 (Chen & Lu, 1994)。由此可見：智能障礙男性人口約較女性多出 13.2%。此外，在智能障礙族群中，有些智能障礙病因只發生於單一性別身上，或在某單一性別具有較高發生率的傾向，因此，性別因素著實不容忽視，例如：Turner 症候群，亦稱「性別發育不全症」(gonadal aplasia)，患者只有 X 性染色體，由於缺乏另一個 X 染色體，故只發生在女性身上（程玉鑾，1988；Drew, Hardman, & Logan, 1996; Williams, Richman, & Yarbrough, 1992）。在婦女族群中，每 2,500 人就可能有一人罹患 Turner 症候群 (Magalini & Magalini, 1997)。而 Rett 症候群至今亦只在女性身上發現 (Burd, 1991; Perry, Sarlo-McGarvey, & Factor, 1992)，其與 Turner 症候群一樣，皆屬於「單發在女性身上」的智能障礙相關疾病。相反地，Lesch-Nyhan 症候群則為一種與 X 染色體有關連的隱性遺傳疾病，只發生在男孩身上（牛頓出版股份有限公司，1989）。而 Gilles de la Tourette 症候群亦有 75% 的機會發生在男性身上 (Magalini & Magalini, 1997)。此外，X 染色體易脆症 (Fragile X syndrome) 為人類最常見的遺傳性智能障礙疾病之一（白日東，1992），在 X 染色體易脆症的兩性患者中，具有智能障礙基因 (FMR-1) 的男性大多成為智能障礙者，而過半數具有同樣 FMR-1 基因的女性則在智力測驗全量表中落入正常智力範圍 (Mazzocco, Pennington, & Hagerman, 1994)，受該症影響的男性呈現高比例的智能障礙傾向，並具有一大堆生理與行為問題 (Bregman, Dykens, Watson, Ort, & Leckman, 1987)。是故，綜觀上述內容可知，智能障礙族群的性別因素，除了兩性皆可罹患的一般性質以外，還具有下列兩個特性：

❶ 男性具較高出現率：在整體智能障礙族群中，男性人口之智能障礙出現率通常比女性還高。

❷ 單一性別傾向：某些智能障礙病因只在單一性別出現，或在某一性別具有較高的出現率。

(二) 年齡方面

　　一般而言，啟智班教師在初步比較不同智能障礙學生之間的學習／認知能力水平之時，最容易參考的資料即為：智能障礙學生之智商與年齡。實則，年齡乃為造成個別差異的一項重要因素，個體之體型、體能、認知、記憶、經驗、觀念，乃至於對工作的滿意需求與行事動機，都與年齡有關（李青蓉、魏丕信、施郁芬、邱昭彰，1998）。不論智能障礙或非智能障礙，年齡在所有兒童的類化學習中皆造成個別差異 (Drew, Hardman, & Logan, 1996)。學者一致認為：造成智能障礙兒童語言發展遲緩的原因中，認知能力與年齡是兩大主要因素：因為認知能力的低落，致使智能障礙兒童語言表達能力薄弱；因為生理年齡的發展較慢，所以需多花些時間學習，才可達到與一般兒童相似的語言能力 (Brooks, Sperber, & MacCauley, 1984)。許天威與徐享良 (1983) 曾以 6～12 歲的 75 名一般兒童（男 37、女 38）、53 名輕度智能障礙兒童（男 23、女 30）及 55 名中度智能障礙兒童（男 33、女 22）為樣本，研究不同年齡層的兒童在各種手眼協調測驗上的反應情形，結果顯示：年齡愈大之兒童，其手眼協調反應也愈佳。劉鴻香在修訂「兒童班達完形測驗」(The Bender Gestalt Test for Young Children)、「傅若斯蒂視知－動發展測驗」(The Development Test of Visual Perception, DTVP)、以及二次修訂「拜瑞視覺動作統整發展測驗」(The Beery-Buktenica Development Test of Visual-Motor Integration) 等研究報告中皆指出：各年齡組的受試者在手眼協調測驗的得分，乃存在「年齡愈高則手眼協調能力愈佳」之趨勢（劉鴻香，1975；1980；1985）。此外，國內若干學者（柯永河，1983；陳東陞，1985）的研究亦有相同的結論。

(三) 電腦操控能力方面

　　隨著電腦輔助教學 (computer-assisted instruction) 在國內特教界之愈形普及，因而使得智能障礙學生之電腦操控能力也愈來愈受重視，因為，其可影響智能障礙學生之電腦輔助教學的可行性與教學成敗。基本上，電腦操控能力與智能障礙學生之精細動作發展乃有極為密切之關係。智能障礙者在電腦

操控能力方面，最差強人意的項目可能是視動控制、平衡、上肢協調、速度與靈巧（何華國，1999）。若以唐氏症 (Down's syndrome) 患者為例，其肌肉神經與語言發展似乎受到唐氏症之影響而呈現出遲滯之現象 (Cobo-Lewis, Oller, Lynch, & Levine, 1996)。此外，智能障礙程度與生理異常之間的確存在正相關 (Westling, 1986)。在動作技能及效率方面，智能障礙者也較同年齡、同性別的一般人低劣，尤其是在愈精確的動作、愈複雜的技巧、以及統整協調的操作上，智能障礙者的成績乃相形愈差；若比較各級智能障礙者，則重度智能障礙者的動作技能遠不如中度智能障礙者，而中度智能障礙者的動作技能又不如輕度智能障礙者（陳榮華，1992）。許天威與徐享良 (1983) 曾指出：不論智能障礙兒童或一般兒童，視動統整能力會隨著心理年齡的增加而逐漸發展，但智能障礙兒童的視動統整能力的發展較相同實足年齡的普通兒童緩慢，兒童視動統整能力的發展與心理年齡相關，相同實足年齡的兒童中，其心理年齡愈大，則視動統整能力的發展也愈快；同樣地，心理年齡愈小的兒童，其視動統整能力之發展也愈緩慢。陳榮華 (1965) 亦以 20 名一般兒童與 20 名智能障礙兒童為對象，探討智商水準與動作及手藝技能之關係，研究結果發現：智能障礙兒童在選擇反應時間與手指靈巧測驗的得分，乃比一般兒童差，智商 70～80 的兒童表現也較智商 50～59 的兒童要好，但在測驗成績上，智能障礙兒童的個別差異甚大。由此可見：智能障礙學生的知動發展情形可能和智能障礙程度有關，進而影響其電腦操控能力，對其電腦輔助教學成效亦可能造成若干影響。

(四) 認知發展方面

　　某些學者、專家曾經假設：智能障礙者之障礙程度愈重，則其中樞神經系統 (central nervous system) 之損傷程度愈大，因而癲癇發作之可能性亦愈高 (Alvarez & Hazlett, 1983; Huttenlocher & Hapke, 1990)。若干研究報告的確指出：通常，智能障礙者比一般人擁有相對較高的癲癇發作比率 (Bennett, Dunlop, & Ziring, 1983; Corbett, Harris, & Robinson, 1979)。根據腦波圖(EEG)研究結果，正常兒童的腦波中，α波（正常波）出現率多，δ波少；但智能障礙兒童則 δ 波多，α 波少，顯見智能障礙兒童的大腦機能乃劣於正常兒童（陳東

陸，1981）。此外，從 Inhelder (1968) 的說法亦可得知：各類智能障礙兒童可能達到的認知發展最高階段分別是：❶重度與極重度智能障礙：感覺動作期，❷中度智能障礙：運思前期，❸輕度智能障礙：具體運思期，❹臨界智能障礙（智商 70～85）：僅能從事較簡易的形式運思。Inhelder (1968) 的說法從 Mahoney、Glover 與 Finger (1981) 的研究結果即可得到部分印證，其曾經取樣 18 名唐氏症智能障礙兒童和 18 名相同心理年齡的一般兒童，探討感覺動作 (sensorimotor) 和語言發展的關係，作者利用「心理發展順序量表」(The Ordinal Scale of Psychological Development) 與「接受性及表達性語言量表」(Receptive and Expressive Emergent Language Scale) 兩測驗作為研究工具，結果指出：唐氏症兒童在 Piaget 的感覺動作期中的發展，大多數和相同心理年齡（但生理年齡較小）的普通兒童相同，顯然可見：智能障礙學生之感覺動作期的發展，乃落後於相同生理年齡的普通學生。此外，學習遷移和認知發展可謂息息相關。何華國 (1999) 認為：智力測驗的許多題項多與歸納、推理與概念化能力的評量有關，由於智能障礙者在這些測驗上的成績皆偏低，因而其歸納、推理與概念化的能力也在一般兒童之下。智能障礙學生從事於抽象思考或符號思考（如：自我反省和假設）均受限，這種問題顯然和其認知發展有關，一般皆假定輕度智能障礙兒童無法達到 Piaget 所謂的形式運思階段，即使他們已成人，也只能達到具體運思的階段 (Haring & McCormick, 1990)。智能障礙兒童的認知功能顯現出遲緩現象，在智力測驗的分數較低，對於類化 (generalization) 和概念化 (conceptualization) 的發展遲緩，缺乏理解技能，其短期記憶力差，對於辨別、排序和分辨類似東西感到困難；這些認知上的缺陷，導致課業學習上的困難 (Ysseldyke & Algozzine, 1990)。因此，智能障礙兒童通常伴隨學習上的障礙，如果和一般兒童比較，則出現顯著的學習遲緩，在輔導智能障礙兒童時，應注意其學習特性和心理特質 (Luftig, 1987)。

(五) 視知—動發展方面

Rief (1993) 曾指出：大多數學生主要之學習管道係為視覺與觸／動覺，只有 15%學生偏賴聽覺學習，由此可見：傳統口述教學法能帶給智能障礙學

生的學習效果，乃十分有限。Getman 試圖透過視覺訓練 (visual training) 來改善兒童的基本視覺動作學習基模，他相信這些視覺動作學習基模的成功發展，是所有學習的必要條件，包括學業學習在內；Getman 相信有效的認知有賴於基本能力，尤其是視覺和視覺動作能力，我們可預期視覺和視覺動作發展上的弱點和缺陷，會產生許多不同的學習失調和學業失效，Getman 和其他視覺訓練者遂極力試圖改進、補救、矯正有缺陷的視覺和視覺動作能力（黃慧貞譯，1994）。中國傳統概念認為「聰明」的基本條件不僅需要建立在個體的「耳聰」，而且也要在「目明」之上，Getman 著重視覺動作發展的概念，誠與此不謀而合。通常，智能障礙兒童會出現的缺陷特徵包括：活動過少 (hypoactivity)、活動過多 (hyperactivity)、固執 (preservation)、以及不協調 (incoordination) 等現象 (Myers & Hammill, 1976)。而視動統整能力在發展過程中如果出現障礙的話，往往會顯現出不協調的動作。Dunn (1973) 曾指出：智力與動作能力有著正相關，智力愈低則動作效能 (motor proficiency) 也愈差；智能障礙者在精細動作方面，如：手眼協調也比一般人落後。此外，智能障礙者的注意廣度 (breadth of attention span) 通常也較一般人狹窄（何華國，1999）。陳東陞 (1976a) 曾對 213 位國小一～六年級的一般兒童與 30 位智能障礙兒童做視野測量，結果發現：在同一生理年齡階段下，一般兒童的視野仍優於智能障礙兒童。陳東陞 (1976b) 亦曾對 50 名智能障礙兒童及 10 名一般兒童做過眼球運動機能上的比較實驗，結果顯示：智能障礙兒童無論在隨意及不隨意性眼球運動機能上均劣於一般兒童；而且，在智能障礙族群中，較低智商兒童乃呈現出劣於較高智商兒童的趨勢。由這些結果推論，智能障礙兒童大腦皮質的前額葉及後頭葉可能受到某種程度的損傷，以致其隨意性及不隨意性眼球運動的機能發生某種程度的障礙。因此，如何對智能障礙兒童施行眼球運動的訓練以恢復、增進其眼球運動機能，實為一項值得吾人研究的課題。一般說來，除了家族文化性引起的智能障礙外，其餘各類智能障礙兒童在視動協調的動作表現均顯著低於一般兒童 (Bruininks, 1977; Chou, 1983)。Chou (1983) 曾針對學障、智能障礙及一般兒童各 30 名，比較三組兒童在「立即神經反射鑑別測驗」(Quick Neurological Screening Test) 上的差異情形，測驗內容包括手指靈巧、手眼協調、身體平衡等項目，三組受

試者在 15 項分測驗中，有 12 項達到顯著差異，智能障礙兒童的視動協調顯然比其餘兩組兒童還差。劉鴻香 (1972) 在修訂「視覺－動作統整發展測驗」(The Developmental Test of Visual-Motor Integration, VMI) 時，也發現：受試兒童在 VMI 的得分與心理年齡的相關高於與實足年齡之相關，這種相關情形會隨著年齡的增加而有升高的趨勢，而且，智能障礙兒童在 VMI 的得分也較相同實足年齡之一般兒童顯著為低，智商 50～75 的智能障礙兒童在抄繪幾何圖形的得分也較智商 50 以下的智能障礙兒童為高，男、女生的視動統整能力的發展並無明顯的差異存在，但受試兒童在 VMI 的得分與學業成績之間，彼此互有相關。Bruininks (1977) 曾經比較 72 名輕度智能障礙兒童、19 名中度智能障礙兒童及 91 名普通兒童在「布歐動作效能測驗」(Bruininks-Oseretsky Test of Motor Proficiency) 的表現，輕度與中度智能障礙兒童在所有的動作測驗項目中，都比一般兒童要差，尤其是在需要同時協調兩側身體與序列移動和視－動協調平衡等項目上。周台傑 (1986) 曾經分析相關文獻，針對智能障礙兒童之視動發展歸納出下列結果：視動統整能力與智力／學習成就有關、性別間的視動統整能力並無顯著差異、智能障礙兒童的視動統整能力較相同實足年齡的一般兒童要差、視動統整能力會隨年齡的增長而進步。視覺一直是各種知覺領域中最受重視的一環，無論在認知理論或特殊／補救教育圈中均是如此，聽覺則較為其次（黃慧貞譯，1994），是故，視知－動發展與智能障礙學生之學習成效亦應有其息息相關之因果關係。

(六) 聽知覺發展方面

在智能障礙族群中，有些患者比其它智能障礙原因的人具有更高的聽力損失機會，例如：唐氏症 (Brooks, Wooley, & Kanjilal, 1972) 及 Turner 症候群 (Jones, 1988)。而且，到中年以後，唐氏症患者的聽力損失機會更高，例如：Evenhuis、van Zanten、Brocaar 與 Roerdinkholder (1992) 曾以中耳聽診器 (otoscopy)、電阻抗聽力檢測 (impedance audiometry)、腦幹誘發反應聽力檢測 (brainstem evoked response audiometry)、純音聽力檢測 (pure tone audiometry) 等方法對 35 位安置於機構內的唐氏症患者進行研究，其中，在腦幹誘發反應聽力檢測組之 59 隻耳朵中，有 56 隻耳朵（佔 95%）的聽力損失介於 20～94.9

dB 之間，並且發現這些中年受試者的聽力損失情形比其它研究中的年輕唐氏症患者（聽力損失介於 25～42 dB）還高。唐氏症之病因可包含三種正染色體異常類型 (Drew, Hardman, & Logan, 1996)，這三種類型的總發生率約在每 1,000 位初生嬰兒中即有 1～1.5 位個案出現 (Dykens, Hodapp, & Evans, 1994)。因此，在啟智班或啟智學校中，患有聽力損失之智能障礙學生應有其一定數量。智能障礙兒童由於智力低落、腦器質性損傷、情緒不穩、耳朵聽不到或重聽等因素，所以常伴有說話或聽語方面的障礙（林美女，1981）。一般人對於熟悉的音響、某人的腳步聲或咳嗽聲，常可不用視覺而僅憑聽覺即可辨識，不過，一旦大腦皮質側頭葉遭致損傷，則對於聲音、語言即無法產生認知作用，此一症狀稱為聽覺性失認症，患此症者對於聲音的感覺與認知常有「不聞其聲」或「聽而不聞」的情形，腦傷的智能障礙兒童或成人常有此一聽覺認知上的障礙（陳東陞，1981）。類似的聽覺認知障礙，在自閉症 (autism) 患者身上亦可發現。奧瑞崗自閉症研究中心主任 Edelson 曾指出：自閉兒之所以需要接受聽覺訓練的學理基礎，乃由於：一般而言，我們知道自閉症者在處理聽覺資訊方面有問題，世界各地的學者業已檢視了自閉症患者的腦波，而發現了這些人看起來並沒有正常地處理聽覺訊息，除此之外，許多自閉症患者對環境中某些聲音還顯示有負面的反應（王大延譯，1997）。自閉症與腦傷患者在智能障礙族群中佔有少數人口比例，因此，具有聽覺障礙的智能障礙學生應亦有其人，此種聽覺障礙對其學習／認知能力之影響，著實值得吾人加以關切。

智能障礙學生之學習特質

馬玉貴、張寧生、孫淑君與鄒冬梅 (1996) 曾經指出，智能障礙學生的思維能力會表現在幾個方面，諸如：❶直觀形象，抽象概括水平低、❷思維之目的性質與靈活性差、❸缺乏思維的獨立性和批判性、❹不會運用思考策略、❺語言發展遲緩／水平低／缺陷十分普遍。因此，相較於普通班學生，智能障礙學生乃有其獨特之學習特質，初學者應深入熟悉之。茲分述如下：

(一) 學習興趣／動機較為薄弱

　　何華國 (1999) 指出：智能障礙者在好勝動機方面要比常人為低，而在養護機構中的智能障礙兒童則又比不在養護機構者為低。中國大陸學者馬玉貴、張寧生、孫淑君與鄒冬梅 (1996) 則指出：智能障礙學生也想取勝，也想顯示自己的才幹，但是，他們在這方面的動力往往不足，在一般學生身上的那種主動挑戰、主動出擊的雄心，在智能障礙學生身上是極少見的。林寶山 (1992) 對於智能障礙者之學習動機曾作過精確的描述：「……動機會直接影響到學習。智能障礙兒童常被認為沒有學習的興趣，也不願意努力地學習較困難的任務。他們在未進入學校之前，大多已經遭遇到許多失敗的經驗，這些失敗可能是由於他們本身發展上的遲緩所致，也可能是受到家庭及周圍環境的不良態度影響。由於過去所遭到的失敗經驗，使得他們在學校也遭遇挫折，使得他們的學習動機和態度都受到影響。事實上，智能障礙兒童也有『求成的動機』，他們也希望獲致成功並得到他人的贊許，但是由於他們過去的失敗歷史和經驗，使得他們較傾向於去避免失敗而不是去尋求成功。換言之，他們很容易安於少許的滿足和成就，而不會去努力達成那些原本是他們能力可及的目標和任務。由於智能不足者比常人經驗過較多的失敗，因此他們也較容易產生預期失敗的心理。智能不足者常會責備自己動作太慢或認為不會做，如果在許多事件的嘗試上，智能不足者被預期要遭致失敗，則此種『態度』將會影響其『行為』。智能不足者在經歷一段時期的失敗之後，常會去設法避免失敗，而非『努力求成功』」（頁 204-205）。智能障礙學生的這些問題或許可以透過電腦輔助學習 (computer-assisted learning) 加以解決，因為，許多國內、外的研究已指出：電腦輔助學習確實能提升學生的學習成就、減少學習時間、並改善學生的學習興趣與態度（廖遠光，1992；Casteel, 1989; Krendl & Liberman, 1988; Kulik & Kulik, 1987）。

(二) 注意力之缺陷

　　「注意」在感覺過程中扮演非常重要的角色，否則會有「視而不見，聽而不聞」的情形發生，因此集中注意是感覺發生的首要條件（李青蓉、魏丕

信、施郁芬、邱昭彰，1998）。張正芬 (1987) 即曾指出：智能障礙學生的注意力與聽覺記憶較顯低落。陳榮華 (1992) 則進一步整理各家學者之說法，結果顯示智能障礙學生在注意力變項上，乃呈現出三大特色，此即：注意廣度狹窄、注意力較易分散、以及不善於選擇性注意。Fisher 與 Zeaman (1973) 的研究顯示：智能障礙者對刺激的特徵，存在著選擇及注意的困難。Alabiso 認為：智能障礙者在注意廣度、焦點、選擇性注意等方面均有顯著的缺失（引自陳榮華，1992）。智能障礙學生之注意力容易分散，常受到周圍的聲、光、物的刺激影響，因此，注意力很難持續，長者或可數分鐘，短者可能僅數秒鐘而已，尤其是有些腦傷的學生，由於對主體與背景的知覺上障礙，注意力難以集中（林寶山，1992）。Grimes (1981) 則發現：對於容易分心的孩童而言，可以利用電腦中的色彩線索、動畫、畫底線、或改變字體大小等方式來增進其注意力。

(三) 容易預期失敗

何華國 (1999) 指出：智能障礙學生對於學習具有失敗的預期，因為智能障礙學生比常人經驗了更多的失敗，此種屢次之挫折，極容易造成自信心之貶損。究其原因：因為智能障礙學生常常經驗到失敗的滋味，所以缺乏信心，抱負水準也較低，面臨各種測驗或是學業活動時，未曾嘗試即已期待失敗，並焦慮於如何逃避失敗後所要承受的挫折（陳榮華，1992）。因此，智能障礙學生非常需要鼓勵，而且，自信心極易受到打擊，啟智班教師必須設法讓智能障礙學生享有更多的成功經驗，以建立其自信心。

(四) 不善於組織學習材料

德國心理學家 H. Ebbinghaus 的研究指出：有意義之材料的記憶保留時間，乃較無意義的材料更為長久（引自 Adams, 1967），例如：這個亂碼字串「&^%b#E^)cQ&pR#8&H!@x」看起來毫無規律，即使用力死背，也很容易忘記，而「September Celebration」則為有意義的字串，故較易牢記。Spitz 指出：智能障礙者較常人在組織學習材料方面，有更多的困難，該項缺陷進而嚴重影響其回憶習得材料之能力（引自何華國，2000）。由此可見：智能

障礙學生之所以無法有效地記住啟智班教材內容，其中一大原因，極有可能就是因為他們「不善於組織學習材料」（也就是：不善於將無意義的材料加以組織，進而使之成為較易記憶之有意義的材料）所使然。而訓練智能障礙學生組織學習材料的第一步驟，就是要使之能夠分辨不同資料之間的異同，之後，再依照資料之間的邏輯包含關係（如：黃色屬於顏色的一種）、先後次序關係（如：開水龍頭的動作順序）、以及上下依存關係（如：國家與人民）……等加以分類之後，來進行有意義、有系統的組織。

(五) 短期記憶力缺陷

Ellis 指出：智能障礙學生在記憶上的缺陷，主要在於他們短期記憶方面，而其短期記憶之困難，主要在於無法善用適當的複習策略所致（引自何華國，2000）。陳榮華 (1992) 則進一步指出：雖然智能障礙學生在短期記憶方面遭遇到較多的困難，但是，在長期記憶方面，其所遭遇之困難則較少。換言之，智能障礙學生在學習新奇的事物時，往往比普通人要花費更多時間，方能學到一定程度的效果，然而，當他們習得某些知識、概念、技能之後，則較不易遺忘。因此，智能障礙學生在記憶力方面的困難，乃以短期記憶較需要特別予以指導。關於教育上的因應之道，陳榮華 (1992) 提出了一些極具參考價值的建議：❶提示教材時，應注意各部分之相等刺激值，並明確地逐一反覆陳述這些部分；❷記憶作業之變換必須由易而難，從「大類目」到「小類目」；❸呈現刺激物時，若進一步標示其名稱，更能增進短暫記憶效果；❹瞬間呈示器、速示卡、或錄音裝置都可以作為訓練短暫記憶的工具；❺訓練短暫記憶所使用的刺激物，盡可能選用與智能障礙學生生活經驗、或其學科有關的東西；❻指導智能障礙學生做過度學習，並藉由具體操作方式學習各種事實與概念，或使用各種感官來學習同一種教材。

(六) 學習遷移困難

「學習遷移」(transfer of learning) 係指：學習結果擴展或類化的現象；學習遷移在性質上包括正遷移與負遷移兩類；前者指舊的學習結果有助於新的學習，後者指舊學習的結果妨礙或抑制了新的學習；在學習上所重視的

是：加強正遷移，而避免負遷移；其中，正遷移又有兩種形式：其一為水平遷移，其二為垂直遷移；水平遷移是指個人將所學的經驗，推廣應用到其他類似且難度相同的情境去，例如：學生在課堂上學會新字新詞後，可以應用到課外書籍的閱讀上，使學得的知識範圍擴大；垂直遷移是指個人能把學得的經驗，在遇到新的情境時加以重新組合，形成比舊經驗更高一層次的學習，例如：兒童最初以具體的事物學習算術的加減運算，而後經過垂直的遷移就能以抽象的概念求解，包括四則運算的應用題，此種學習遷移的方式能使學習者的能力升高，學到運用已有的舊知識去求取更高一層次的新知識（張春興，1989）。Denny 曾經指出：智能障礙學生比普通學生在學習遷移方面，面臨了更多的困難（引自何華國，1999）。是故，為了幫助智能障礙學生在學習上能做有效的遷移，啟智班教師在選擇教材時，應注意其是否具有意義與實用性，並按照教材的難易程度做順序性的排列，以減少學習的困難，而且，指導智能障礙學生應用所學，以增進其學習遷移的能力（何華國，2000）。

(七) 語言發展遲緩

　　陳榮華 (1992) 指出：智能障礙學生在語言變項上，乃呈現出❶語言能力發展遲滯、❷語言障礙之現象。基本上，智能障礙程度愈重，語言障礙或語言發展遲滯的現象也愈嚴重。因此，對於大多數重度智能障礙學生而言，語言的理解與表達皆不是他們的能力強項，尤其，在課堂上，更不適合讓他們僅僅透過聽覺途徑的口語接受力（聽）與口語表達力（說）來進行師生互動與溝通，因為，這樣一來，會讓大多數重度智能障礙學生陷入溝通能力的窘境，其宛如讓他們只能利用弱項能力來進行學習活動，乃極不利於智能障礙學生之學習。職是之故，本書乃於第 8 章（啟智教案設計的重要原則）提出「感官途徑適當原則」（第 174 頁），其主要論點即建議：啟智班教師在進行教學活動設計時，應該盡量讓智能障礙學生有機會「以優勢感官為主、以其他（較為弱勢之）感官為輔」來進行學習，例如：對於大多數重度智能障礙學生而言，其即較適合「以觸／視覺為主、以聽覺為輔」來進行課堂上的學習活動。

三 智能障礙學生之人格特質

　　馬玉貴、張寧生、孫淑君與鄒冬梅(1996)曾經指出，智能障礙學生之個性特點可包含：❶在自我評價上，往往比正常人自卑，看不到自己的力量，不相信自己的力量；❷對社會接納和贊許的需求比正常兒童為高；❸成就動機比正常人低；❹比正常兒童具有更高的焦慮反應；❺比正常兒童更常用較為原始的防衛機制。日本學者三木安正則將智能障礙學生之個性類型分為五種，此即：幼稚懦弱型（乖巧、老實、憨頭憨腦、聽話、愛勞動）、固執型（缺乏靈活性）、興奮衝動型（精力充沛、情緒亢進、暴怒時會亂摔東西、隨便推拉別人、惡作劇、常遊蕩街頭、不顧行為後果）、凌亂型（做事漫無目的、與自己有關的事不做、無關的事忙著做、廢話連篇）、抑鬱型（精神萎靡、態度冷淡、呆若木雞、毫無表情、終日沉默寡言、膽小怕事、可為一點小事而引起不快、消沉）（引自馬玉貴、張寧生、孫淑君、鄒冬梅，1996）。是故，相較於普通班學生，智能障礙學生乃有其獨特之人格特質，初學者應深入熟悉之。茲分述如下：

(一) 愛受褒獎

　　何華國(2000)指出：智能障礙學生由於社會接觸的貧乏，而比一般人更具有被社會接納的需求；而且，某些研究中指出：智能障礙學生與較高社經地位的兒童在有形的獎勵下，皆比在無形的增強下表現得更好。通常，智能障礙學生的「愛受褒獎傾向」乃非常明顯，而且，一旦有刺激，就馬上有反應。以前，在啟智學校任教時，筆者曾經做過一個小小的實驗：首先，趁某位智能障礙學生犯錯時，針對其行為予以口頭責備，當場，該生馬上淚眼汪汪、哭得不成人形；十幾分鐘後，再故意下達某項難度適中的指令，使之成功完美地達成任務後，立刻給予稍多於平時數量的原級增強物，並搭配口語之極力褒獎，結果：該生在幾分鐘前的失魂落魄表情乃瞬間於焉消失，而且，消失得簡直毫無蹤跡，一走出教室就馬上和同學在走廊上打打鬧鬧！當然，這就是智能障礙學生短期記憶較為薄弱所使然，使之不會長期執著或陷

入某種心理情境，此宛如佛教《金剛經》所提及之「應無所住而生其心」，此種「不執著」的高層功力，讓筆者屢屢深刻體會到老子在《道德經》所說之「大智若愚，大巧若拙」的境界！總之，從上述之小小個人實驗中，可以看出：教師應可妥善運用智能障礙學生的「愛受褒獎傾向」，因為，如同台南啟智學校的某一條校內箴言所述：「孩子永遠朝著被鼓勵的方向來發展」，適時地給他們「褒」一下，又不必花錢，卻很有效，何樂而不為呢！

(二) 外控傾向

何華國 (2000) 指出：智能障礙學生表現出「外在導向」的情形，比「非智能障礙學生」更為常見；所謂的「外在導向」即為：當兒童時常遭遇失敗或碰上要處理的問題為其力所未逮時，會很自然地對本身的能力或資源喪失信心，並轉而尋求外在的線索以為己助的現象。智能障礙者為了避免遭受失敗，在解決問題形式上，顯然傾向於依賴別人之指導、或仿效他人，故被稱為外誘型態；而且，智能障礙者對於本身在行為經驗中所遭受的增強作用，自認為並非來自本身行為的後果，而是受制於外來因素，諸如具有權威的人、命運、或是運氣等等，並認為：本人對這些事件之發生則毫無影響力可言，因而產生所謂「外控傾向」之現象（陳榮華，1992）。因此，所謂的「雄心壯志」，在智能障礙學生身上是極難看得到的，對他們而言，應該很難理解李白所描寫之「俱懷逸興壯思飛，欲上青天攬明月」的心境。不過，即便如此，並不代表智能障礙學生絕對不想追求「成功」或「成就」，因為，每當看到他們成功做完一件事就高興得眉飛色舞的模樣，即可知道：智能障礙學生與一般人同樣喜愛成功之快感的心情，乃不相上下。因為他們能力比一般人較差，所以可能不敢太追求成功，但不表示他們不想成功，他們所需要的，是多一點的鼓勵，以增強其自信心，如此一來，他們才有可能變得少一點「外控」、而多一點「內控」！

(三) 不能預知危險

智能障礙兒童最讓人擔憂的一點就是：他們對於危險毫無自我保護的意識，他們不知道什麼樣的事情會帶來嚴重的後果；他們也弄不清楚自己是

誰，在走丟時，尤其麻煩（何文譯，1993）。智能障礙學生因為不知道什麼叫做「危險」，所以不曉得「危險在哪裡」，更無法「預知危險」。依據筆者在啟智學校的教學經驗，智能障礙學生「不能預知危險」的各種行為類型中，回想起來，「走失」一項最令人印象深刻。有些學生一走失就長達幾個星期之久，使得家長、教師一直處於耽心的狀態，這種心理煎熬實在筆墨難以形容！此外，在筆者記憶中，還曾經有一位高職部畢業生，口語應答能力頗佳，也喜歡到卡拉 OK 去和陌生人湊熱鬧，有一次，卡拉 OK 被縱火，其他人都跑光了，只有他不知道要逃跑，雖然，萬幸的是，沒有發生什麼生命危險，卻被誤以為是縱火犯。如果要說：教啟智班有什麼比普通班還要累人的事，那麼，「上班時整天都要耽心班上的智能障礙學生隨時可能發生危險」應屬其中一項工作上造成頗重之心理壓力的來源。

(四) 不善於表達／處理挫折

何華國 (1999) 指出：智能障礙學生在面對挫折時，較常使用原始性心理防衛機制。至於，何謂「原始性心理防衛機制」？我們可以引用「這不是肯德基」的廣告來予以說明：年紀已經不小的役男，因為買不到真正的肯德基食品，居然藉由小孩子常用之「躺在地上滾」的方式來表達其內心之挫折。「原始性心理防衛機制」是指童年生活經歷所形成的心理防衛機制，一般人到了成人時期，會以不同的方式來表達／處理挫折，然而，智能障礙學生卻可能無法發展出較高層次之心理防衛機制，而只好從大腦調出舊經驗資料——也就是「原始性心理防衛機制」——出來使用。所以，在學校裡面，教師宜設法教導智能障礙學生如何使用適當的表達／求助技巧，使之即時將內心的挫折與壓力告訴身邊的重要他人——包含：家人、親戚、朋友、同學、師長、同事、老闆……等等。此外，由於智能障礙學生不善於表達／處理挫折，所以，也要依賴生活中的重要他人來予以敏察，才能適時提供協助與輔導。

(五) 易固執，應變差

何華國 (2000) 指出：智能障礙學生的「固執僵硬」常被視為其重要人格

特質之一，此類僵化的人格特質，多可從其行為的反覆、刻板、以及對某些人的異常依附情形，而見之一斑。該「固執僵硬」特質反應在實際學習生活中，會形成學習遷移能力較為薄弱的現象，遇事較不懂應變，亦較不會舉一反三。智能障礙者若遇到習慣性反應所不能解決的問題時，仍然不會採取臨機應變的措施，而一意單憑一套老方式來處理此一難題（陳榮華，1992）。筆者在啟智學校任教時，曾經擔任輔導室資料組長一職，每天中午會請一位高職部學生幫我到校門口領取素食便當。一開始，要花一些時間才能訓練該生養成天天幫我領便當的習慣，然而，一養成習慣後，就很難改變，且拙於應變。於是，早期國內尚未施行「週休二日」制度時，週六還要上半天課，那位學生依然在上午第 4 節下課前，來問我要不要領便當，這就是缺乏變通的行為表現。其實，「不變」與「善變」之間，並沒有一定的「好」或「壞」，例如：智能障礙學生一旦喜歡你，那麼他們的愛心比一般人還堅定不移，這一點「死忠」個性，應該可以視為優點。只不過，在這個世界上生存，經常要應付外在條件的不斷變化，在這方面如果缺乏應變力，就比較吃虧，於是被視為能力上的缺點。站在教育立場，我們希望：他們在保留內心純樸、善良、可愛、與世無爭的美好天性之外，還能具備更多的能力來照顧好自己，而「應變力」就是他們應該予以強化的重點之一。

(六) 求勝動機較低

如前所述，馬玉貴、張寧生、孫淑君與鄒冬梅 (1996) 曾經指出：智能障礙學生之成就動機比正常人為低。何華國 (1999) 亦指出：智能障礙者在好勝動機方面要比常人為低，而在養護機構中的智能障礙兒童則又比不在養護機構者為低。因此，智能障礙學生雖然不是不想品嚐成功的滋味與快感，然而，基於現實因素，卻往往不敢太過奢求。尤其，對於從未經驗過的新奇事物，較缺乏嘗試的勇氣。在提供學習訊息／刺激時，要分別依照每位智能障礙學生其對於新奇之學習材料的「吸收力」或「接受度」，透過「由少而多」、「由易而難」的方式來逐步增加學習量。此外，在教學中，「多鼓勵、少責備」的師生互動原則，以及「多設法提供成功經驗」的教學設計策略，皆可提升智能障礙學生之求勝動機。

(七) 容易焦慮

何華國 (2000) 指出：智能障礙者通常比同年齡或較年幼之非智能障礙者表現出更高的焦慮水準。如前所述，馬玉貴、張寧生、孫淑君與鄒冬梅 (1996) 亦曾指出：智能障礙學生比正常兒童具有更高的焦慮反應。在學校中，會引發智能障礙學生之焦慮反應的主要來源，通常與「學習內容」（讓智能障礙學生害怕無法完成課業要求）及「班級常規」（讓智能障礙學生不能如同在家裡一樣自由自在地行動）較有關連。所以，在教材內容之設計與編排上，應遵守「由易而難」之教學活動設計原則；而在教室管理／師生互動上，應營造溫暖的氣氛，如此一來，教師若能有效地透過這兩項措施來盡量移除學校／教室中的焦慮源，則應可降低智能障礙學生之焦慮傾向。

(八) 異常行為

西谷三四郎 (1973) 曾經指出：智能障礙者之異常行為可分為四大類，此即：❶反應型行為異常（過動、少動、顯著不適應行為）、❷心因型行為異常（精神身體症、習癖、神經質症狀）、❸反社會行為異常（不正當行為、犯罪）、❹罹病過程之行為異常（精神病或腦損傷所導致之過動、少動、固著、怪異的病態行為）。在啟智班中，智能障礙學生之常見異常行為，乃不外乎：過動、少動、自我刺激行為(self-stimulatory behaviors)、自我傷害行為(self-injurious behaviors)、以及其他顯著不適應行為（如：哭鬧、上課亂走動……等）。較為嚴重者，應透過醫學途徑來治療；反之，較為輕微者，則可透過教育／心理途徑來予以輔導。

四 教案設計的因應之道

針對智能障礙學生所展現之獨特的學習／人格特質，初學者在進行啟智教學活動設計時，應該妥善予以因應。茲分述如下：

(一) 善用電腦輔助教學

　　Choy (1995) 認為：電腦結合教育與娛樂，使兒童學習起來既容易、又好玩，電腦可以增進兒童的社交技能、語文能力、認知發展、問題解決能力和手眼協調能力。因此，在啟智班實施電腦輔助教學，應為值得啟智班教師努力嘗試之教學類型。以下針對若干相關因素逐項予以探討：

1. 電腦輔助學習與注意力／學習動機之關係

　　Becker (1988) 曾指出：學生對於學習電腦經常是滿懷熱情的，Neufeld (1982) 亦發現：電腦在學校中已普遍受到學生的喜愛與注意。筆者過去的研究指出：受試之智能障礙學生在電腦輔助學習中所表現之學習動機與注意力，普遍較平常的傳統教學為佳（黃富廷，2000），此頗符合 Becker (1988) 與 Neufeld (1982) 之說法。Wood (1983) 的研究亦顯示：學生的學習動機可以受到電腦的增強，Chen 與 Bernard-Opitz (1993) 之研究結果也顯示：電腦輔助學習組的學習動機乃高於傳統教學組。不過，仍有若干研究顯示相反之結果，如：Milne (1990) 曾指出：電腦輔助學習組與傳統教學組的學習動機，並無顯著差異。也許造成這些不同研究結果的主要原因，乃在於是否能夠適當選擇電腦輔助學習軟體。在筆者過去之研究中，受訪的導師們也注意到：雖然電腦輔助學習可以提升智能障礙學生的學習動機與注意力，不過，仍受到學習內容之難易度的影響，而且此種情形不管在傳統教學或在電腦輔助學習中皆然（黃富廷，2000）。智能障礙學生本來學習動機就比較差（洪榮照、張昇鵬，1997），預期失敗心理特濃、容易逃避失敗（陳榮華，1992），因此只要碰到比較難一點的學習內容時，就顯得注意渙散、興趣缺缺。因此，電腦輔助教學仍應顧及教學軟體之教材難度，如此才有可能提升智能障礙學生之注意力與學習動機。

2. 電腦輔助學習與學習能力之關係

　　此外，筆者過去的研究亦指出：高鍵盤操控能力組之持續注意顯然大於低鍵盤操控能力組，而且，在教學過程中發現：鍵盤方向鍵的學習難度可能

高於滑鼠,因為學會操作鍵盤之受試者絕大多數也能學會滑鼠操作,而學會操作滑鼠之受試者則未必能學會鍵盤操作(黃富廷,2000)。由此可知:學習內容或電腦輸入設備之操作難度會影響受試者之學習動機與注意力。此外,受試之智能障礙學生在鍵盤操控能力、認知發展、視知-動發展、聽知覺發展等方面較佳者,所顯露之學習動機相對較高(黃富廷,2000)。Hativa 與 Shorer (1989) 的研究也指出:高組學生從電腦輔助學習中受益的程度乃高於低組學生。高組學生在電腦輔助學習的過程中,所感受到的困難與挫折相對較低,其學習動機自然較低組為佳。相關文獻一致認為智能障礙學生的成就動機本來就比較差(何華國,1999;洪榮照、張昇鵬,1997;馬玉貴、張寧生、孫淑君、鄒冬梅,1996;郭為藩,1998;陳榮華,1992),不過陳榮華 (1992) 卻曾指出:若能配合智能障礙學生的學習能力,適當地選擇、設計教材內容,那麼,他們的學習動機也應可獲得提升。

3. 電腦輔助學習與性別之關係

筆者過去之研究曾經指出:電腦輔助教學在提高不同性別之智能障礙學生的學習動機方面,乃顯然呈現出「男生高於女生」之結果;受訪之啟智班導師們認為:受試之智能障礙男生傾向於將「電腦遊戲」當作「電玩」來看待,在社會文化上的性別角色期待中,男生玩電動玩具的允許空間乃較女生更為寬廣,玩「電動」是屬於男生專有的次級文化,而不是女生的次級文化(黃富廷,2000)。Campbell (1990) 針對電腦刻板印象的研究亦顯示類似的結果:受試的大學生認為電腦是專屬於男生的學習領域。因此,男生對於電腦遊戲的學習動機自然較女生獲得更大的允許與支持。Spielberger (1970) 曾探討男、女生對於學習電腦的焦慮,以及這些焦慮對於電腦學習成效的影響,結果顯示:男、女生學習電腦的焦慮程度顯然有所不同。Abler 與 Sed-lacek (1985) 則發現:女生對學習電腦顯得比男生還焦慮,且更缺乏自信。電腦焦慮被認為會影響到使用者學習以及運用電腦系統的態度與方式,研究指出:當焦慮存在時,學習電腦的過程會有困難與壓抑;使用電腦的頻率和時間下降,能力純熟度低落,應用範圍狹隘(李青蓉、魏丕信、施郁芬、邱昭彰,1998)。在學習態度上,Dambrot (1985) 曾指出:男、女生對於電腦化

教學的態度有顯著差異；Abler 與 Sedlacek (1987) 則發現：男生對於電腦的態度顯然比女生還積極。而且，男生使用電腦的頻率乃高於女生 (Nickell, 1987)。Campbell 與 Perry (1988) 針對學習電腦之成功歸因的研究結果顯示：男生多歸因於自己的能力，而女生則歸因為無法掌握的環境因素，而且，男生對於電腦化學習的態度顯然優於女生。如此看來，女生在學習電腦時所面臨之「習得無力感」(learned helplessness) 或「電腦恐懼症」(computer phobia) 顯然較男生來得嚴重。雖然少數研究指出，男、女受試者對於上電腦課的態度並無顯著差異 (Ledbetter, 1975)，不過，綜合上述，男生對於學習電腦的態度或動機似乎在程度上比女生略勝一籌，此一現象亦相對反應於學習成效上，如：Hativa 與 Shorer (1989) 的研究即指出：男生的電腦學習成效高於女生；Fletcher 與 Atkinson (1972) 曾研究電腦輔助學習對於閱讀成效的影響，發現男女皆可從電腦輔助學習中受惠，惟男生相對獲益較多。因此，啟智班教師在進行電腦輔助教學之時，應該顧及到男、女智能障礙學生之學習動機與電腦焦慮上的差異，並分別慎選適用於男、女智能障礙學生之電腦輔助教學軟體。

(二) 以鼓勵代替責備

何華國 (2000) 指出：智能障礙學生存在著積極與消極的反應傾向，基本上是一種既期待、又怕受傷害的情形；一般而言，啟智班教師皆了解：有些智能障礙學生在見到教師或許會呈現出戒慎惶恐的情形，但實際上，他們也存在和教師接觸互動的願望；因此，為建立良好的師生關係，教師尤應在和智能障礙學生初次見面時，表現出和顏悅納的態度，則智能障礙學生自然會出現積極的反應傾向，消極的反應傾向就較少有機會浮現。以前在啟智學校服務時，曾經聽過這樣一句話：「孩子永遠朝著被鼓勵的方向來發展」，一語道破啟智教學的一大重點：以鼓勵代替責備！更精確地講，也就是：多鼓勵、少責備！尤其，智能障礙學生因為較常面臨失敗經驗，導致自信心不足，在面對任何事務與挑戰時，較容易產生預期失敗心理。過去曾有若干研究報告顯示：教師的態度、期待及師生互動情形極可能影響學生的學業表現 (Brophy & Good, 1970; Rosenthal, 1974)。因此，在師生互動中，應該多以鼓

勵方式，來提高智能障礙學生之自信心、學習動機、以及學習成效。

(三) 排除各類感官干擾

　　教過啟智班的教師，八成都聽過「人來瘋」這句話，它很傳神地描述了智能障礙學生容易受到外在刺激干擾的現象。因此，在啟智班教學實務中，排除各類感官干擾，乃成為非常重要的一件事，例如：❶教學過程中，教具的呈現方式，最好嚴守「一次一件、用完即收」的原則，以避免教具之間的彼此干擾。而且，❷要慎選啟智班教室之座落位置，千萬不要臨近臭水溝或營養午餐廚房（嗅覺干擾）、校內福利社或大馬路旁（聽覺干擾）、以及校內重要的行人動線附近（視／聽覺干擾）。❸在智能障礙學生的教室座落位置的安排方面，也要設法避免各人或各組之間的視／聽覺干擾。❹設法排除教室中不必要的感官干擾，如：教室的門窗可改用「單向透視」之玻璃，或加裝「單向透視」之透明貼紙，以避免來自走廊的視覺干擾。此外，❺教師之發音應力求口齒清晰，如同前述，在智能障礙學生族群中，伴隨出現聽覺障礙或聽力損失者，乃不在少數，因此，啟智班教師在進行口語溝通時，應力求發音之口齒清晰，以排除聽覺上的另類干擾。

(四) 盡量提供成功的經驗

　　此項與前段之「以鼓勵代替責備」的原理原則，乃極為雷同。智能障礙學生由於較常面對失敗，所以缺乏自信心，那麼，如果多為智能障礙學生提供成功經驗，則可以建立其自信心。在《冬冬的學校生活》（原文書名《窓ぎわのトットちゃん》，係為日本藝人黑柳徹子所著，有些中譯版本則依據原著書名而直譯為《窗口邊的豆豆》）一書中，有一個很好的類似案例：小林校長為了幫助個子長得比較矮的小朋友建立自信心，在進行運動會的賽跑項目之前，特別把跑道改裝成隧道模樣，於是，個子長得比較高的學生必須低頭彎腰才可以辛苦跑完全程，而個子長得比較矮的學生則一路抬頭挺胸、毫無阻礙地向前衝，競賽結果下來，矮個子的學生第一次在運動會大獲全勝，個個信心大增（李雀美譯，1983）。當初看到這則故事，內心著實深深受到感動！原來，運動會是用來鼓舞人心，而不是拿來比較能力高低的，這

樣的人本教育風格,實在太酷了!同理,智能障礙學生應該也非常需要此類人本教育風格吧!在教學實務上,啟智班教師可依據智能障礙學生的能力水平,降低教材難度,使之再稍做努力,即可達成學習任務。如此一來,盡量為智能障礙學生提供成功的經驗,逐漸建立其學習自信心。

(五) 善用行為改變技術

行為改變技術可以幫助啟智班教師去除智能障礙學生之不適當行為,並塑造良好的行為。所以,初學者最好在畢業前,要設法修習過「行為改變技術」的相關科目,並完全消化、熟悉其原理原則,對於提高教室管理的功力,必有其效。讀者們應該都知道,有些身心障礙學生會伴隨出現「自我刺激行為」,嚴重一點的,會發展成為「自我傷害行為」。依據加拿大瑪基大學做過的「感覺剝奪 (sensory deprivation) 實驗」顯示:有些受試者在參與實驗數小時之後,就有幻覺經驗產生,他們對於時間、空間的觀念開始產生混淆,注意力無法集中,也無法專心思考,並且容易變得躁怒,性情不穩(劉安彥,1978)。感覺剝奪實驗所啟示吾人者,乃為:不僅適當的神經生理發展需要感覺經驗,而且正常功能的維持也需要感覺經驗(王文科譯,1991)。據此,筆者初步推測:有些身心障礙學生則由於感覺傳遞之生理障礙而造成「類感覺遲鈍」之異常現象,導致大腦無法接收到足夠之外來刺激量,遂以「自體補償」之方式(亦即:自我刺激行為或自我傷害行為)來維持大腦的運作功能,因而呈現出不適當的教室行為。陳榮華 (1992) 指出:「自我傷害行為」係指個體的舉動足以傷害到自己身體,諸如:撞頭、猛打臉部及身體、咬四肢、挖眼球、拔頭髮、用頭撞破窗門⋯⋯等等。以前,筆者在啟智學校任教時,班上有一位伴隨腦性麻痺的智能障礙小男生 —— 小偉,很喜歡啃自己的手指頭,連手指頭都已經破皮流血了,還一直用力啃咬。這明顯是一種自我傷害行為,後來,經過家長同意後,在他手上塗抹綠油精、配合行為改變技術(先以綠油精剝奪他的舒適感,再以「去除或不塗抹綠油精」當作負增強,只要「不啃咬手指頭」,即予以負增強),情況才稍有改善。另外的行為改變案例,是關於我的一位得意門生 —— 博仔,他是一位唐氏症的住宿生,每當到了各週的最後一個上課日,他爸爸會來學校載

他回家，此時他通常就無法專心上課，經常坐不到 5 分鐘，就起身走到窗邊去看看他爸爸的機車是否已經來到學校。後來，利用一通假電話（我故意拿起班級電話，假裝接通他爸爸，再對著話筒故意大聲說給他聽：「博仔不乖，不要來接他了！」）、配合行為改變技術（只要他不乖乖坐在座位上，就以「告訴他爸爸不要來學校載他回家」當作懲罰。「懲罰」與「負增強」的最大區別就是：前者屬於「被動實施」——唯當學生做錯事之時，教師才被動地予以懲罰；而後者則為「主動實施」——先主動剝奪其舒適感，唯當行為得到改善後才停止剝奪），他才願意乖乖回到座位上。所以，啟智班教師在平常教學生活中，應該多深入了解班上學生的喜惡，再以其「喜好之人、時、地、事、物」來誘導、塑造適當的行為，或以其「厭惡之人、時、地、事、物」來去除不適當行為。

(六) 編序教學

「編序教學」(programmed instruction) 係指：根據操作制約原理所設計的一種循序漸進的教學方法；編序教學之基本構思乃為：將教材內容詳加分析，使之成為前後連續的小單元；由簡而繁、由淺而深地順序排列，就像登爬階梯一樣，只要第一階層通過，即可以之為基礎晉升到第二階層學習；只要第二階層通過，即可再以第一、二兩階層之習得經驗為基礎，而晉升到第三階層的學習；如此逐層而上，最後即可達到預定的教學目標；在理論上，編序教學係根據操作制約學習的原理，而在方法上，編序教學則採取了連續漸進法（張春興，1989）。因此，編序教學所使用之教學目標，乃如同本書第 4 章（目標設計：單元目標與行為目標之基本概念）之討論中，由 Bateman 與 Herr (2006) 所提出之直線型 (linear style) 行為目標，其學習流程必須依循一定程序方可完成整個學習任務。編序教學之所以適用於智能障礙學生，主要由於：❶設計編序教材的過程中，必須利用「工作分析法」(task analysis) 將某一知識、概念、技能加以切割，使其學習步伐變成「細步化」以後，再有系統地依照「由易而難」的順序來實施教學，此乃完全符合啟智教學活動設計之「細步化原則」與「由易而難原則」；❷由於必須依照智能障礙學生的學習／認知能力水平，將教材予以細步化——直到學習難度／步伐適中為

止，因此，編序教學乃完全符合啟智教學活動設計之「難度／步伐適中原則」（關於「細步化原則」、「由易而難原則」、以及「難度／步伐適中原則」之細節，請參考本書第 8 章）。

(七) 過度學習

「過度學習（over-learning）效應」係由德國著名心理學家 H. Ebbinghaus 所提出，其主要意涵乃為：一個人要掌握所學的知識，一定要經常提醒自己通過反覆練習，才能得到鞏固，亦即：人們對所學習、記憶的內容達到了初步掌握的程度之後，如果再用原來所花時間的一半去鞏固強化，使學習程度達到 150%，將會使記憶得到強化（MBA 智庫百科，2010）。就廣義而言，將 Ebbinghaus 的「過度學習效應」應用於啟智班教學而形成「過度學習」之操作型態時，教師欲使智能障礙學生之學習狀態形成「過度化」的操作向度乃有三，此即：❶學習次數／時間（例如：在同樣是「穿衣服」的教學單元中，某位智能障礙學生教了 2 次還學不會穿衣服，若多教 n 次則較有可能學會穿衣服，因此，在「學習次數／時間之過度化」方面，「過度學習」乃與啟智教學活動設計之「過度學習原則」極有關連）、❷學習深度（例如：在同樣是「為客人盛杯水」的教學單元中，如果某位智能障礙學生已經學會如何把水倒入杯中，則可進一步使之學習如何盛好「八分滿」的杯水，因此，在「學習深度之過度化」方面，「過度學習」乃與啟智教學活動設計之「先易後難原則」極有關連）、以及❸學習廣度（例如：在同樣是「認識水龍頭」的教學單元中，智能障礙學生學會操作某一種水龍頭之後，再使之多學幾種別的水龍頭，因此，在「學習廣度之過度化」方面，「過度學習」乃與啟智教學活動設計之「最大類化原則」極有關連）。由於智能障礙學生的短期記憶能力較為薄弱，因此非常需要透過「過度學習」來提升其學習效率，職是之故，「過度學習」儼然成為啟智班常用的教學策略之一。

(八) 多重感官學習

多重感官學習之教學活動設計，乃與本書在第 8 章所提及之「多重感官原則」（這關係到智能障礙學生用於學習之感官途徑的數量問題）以及「感

官途徑適當原則」（這關係到智能障礙學生用於學習之感官途徑的優勢搭配問題）較有關連。「多重感官」之相對詞即為「單一感官」，差別在於：智能障礙學生在整個教學／學習過程中，其所可資運用之感官刺激／線索的種類與數量，兩者乃互有不同。理論上，在進行某一教學單元之學習活動時，智能障礙學生若能透過較多樣化的感官途徑來學習，即代表：其可在大腦中存入較多種類與數量之相關感官刺激／訊息，將來在回憶學習材料時，大腦中即擁有較多的素材或線索可資調用，故而，可幫助智能障礙學生更有效地形成短期記憶。此外，在設計多重感官學習活動時，教師宜注意到「感官途徑適當原則」，換言之，應該設法讓智能障礙學生透過「以優勢感官途徑為主、以其他感官途徑為輔」之方式來參與學習活動（例如：對於伴隨重度視覺障礙之智能障礙學生，即不宜使之「以視覺途徑為主、以其他感官途徑為輔」來進行學習，因為，這樣子等於讓該生以弱項能力來參與學習活動，反之，應改採「以觸／聽覺感官途徑為主、以視覺途徑為輔」之方式來進行學習），如此一來，將較有利其學習。

(九) 活動化／遊戲化之教學活動設計

基本上，由於智能障礙學生的專注力與學習動機皆較為薄弱，因而，在啟智班教學活動設計中，必須絞盡腦汁針對這兩項弱點來改善教學／學習方式，進而提高學習效果。其中，活動化／遊戲化之教學活動設計對於提升智能障礙學生之學習興趣或動機，乃有其明顯效果。所以，啟智班教學活動設計應該排除傳統普通班常見之「聽中學」(learning by listening) 的教學／學習風格，因為這種方式最為抽象而無聊。依據 Inhelder (1968) 的研究結果，不同智能障礙程度之學生的最高認知發展階段，乃分別為：❶重度／極重度智能障礙學生 (WISC-IQ＝10～39)：感覺動作期、❷中度智能障礙學生 (WISC-IQ＝40～54)：運思前期、❸輕度智能障礙學生 (WISC-IQ＝55～69)：具體運思期、❹臨界智能障礙學生 (WISC-IQ＝70～85)：形式運思期。是故，安置於啟智班的所有智能障礙學生皆無法發展到形式運思期，他們適合透過較為具體的教材來進行學習，職是之故，至少，啟智班教師應該讓智能障礙學生在課堂上有「做中學」(learning by doing) 的機會，使之透過具體操作來形成

概念或習得技能。如果能進一步為智能障礙學生提供「玩中學」(learning by playing) 的學習方式，那會更棒！因為「玩中學」的教學／學習方式最令智能障礙學生感到有趣而好玩，對於提升智能障礙學生參與學習活動之動機、以及延長其於學習過程之專注時間，皆有助益。

Chapter 3

目標設計：
教學目標的內涵

一　教學目標的邏輯層次

　　「教案」是教學活動的劇本，而「教學目標」則是教案的設計方針，其有如教案的 DNA，也就是教案的設計藍圖。對「IEP」（個別化教育計畫）而言，教學目標＝學年目標＋學期目標，或者，教學目標＝長期目標＋短期目標；而對「教案」而言，教學目標＝單元目標＋行為目標。在 IEP 部分，依據「特殊教育法施行細則」規定：在 IEP 之中，須撰寫學年目標及學期目標（教育部，2003）。是故，IEP 之教學目標僅包含「學年目標＋學期目標」這 2 個設計邏輯層次。而在教案部分，基本上，教案的教學目標設計乃存在著 3 層的邏輯思維，此即：「單元名稱＋單元目標＋行為目標」，三者內含上下衍生之關係，若以通俗用語來形容：這 3 層邏輯架構則好比是「父→子→孫」的關係。若以教學單元「認識水龍頭」為例，教案設計者最初看到這個單元名稱時，首先會考慮的，是「認識水龍頭」需要教授哪些「大方向」，將這些「大方向」予以整理之後，即可形成所謂的「單元目標」，例如：「認識水龍頭」的其中一個最常被想到的「單元目標」，就是「能認識水龍頭的使用方法」。接下來，設計者須思考的是：若要讓班上智能障礙學生認識水龍頭的使用方法，那麼，應該透過哪些具體化的教學目標來達成，而這些「具體化的教學目標」就是所謂的「行為目標」，亦稱為「具體目標」。

如：單元目標「能認識水龍頭的使用方法」即可能包含下列「行為目標」：

能指認水龍頭的開關

能握住水龍頭開關

能以逆時針方向旋轉水龍頭開關一圈

能以逆時針方向旋轉水龍頭開關兩圈

能以逆時針方向旋轉水龍頭開關到底

能以順時針方向旋轉水龍頭開關一圈

能以順時針方向旋轉水龍頭開關兩圈

能以順時針方向旋轉水龍頭開關到底

二 教案中的教學目標

　　一般而言，教案中的「教學目標」，係指「單元目標」與「行為目標」。「單元目標」之層次或位階較高，也較抽象；而「行為目標」之層次或位階則最低，也最具體。在此要特別提出來說明的是，國內有些教案格式將本書之「單元目標」稱為「教學目標」，因為那是該教學單元中的主要教學方針，故在命名時特別強調「教學」之意涵。而本書為求精確，乃將重點置於「單元」二字，目的在於強調：那是「該教學單元專用」的授課大方向，故以「單元目標」稱之（實則，本書所使用之教案格式並非由筆者所發明，筆者亦只是從國內諸多現存之教案格式中，挑選出較符合自己的認知與構想者來使用而已）。而一節課 40 分鐘（國小部）或 45 分鐘（國中部）所使用之「與教學有關」的目標，則可包含「單元目標」與「行為目標」，故將之合稱為「教學目標」。

　　對於初學者而言，「單元名稱」（或「教學單元」）究竟要如何無中生有地憑空構思出來，可能是一件十分傷腦筋的事情。為了解決這項初學者的困擾，在此提供一個入門簡捷法，供大家參考。其實，在設計教案時，初學者可以將「特殊教育學校（班）國民教育階段智能障礙類課程綱要」（以下

簡稱「1999 年版啟智課綱」）（教育部，1999）之中的「學習目標」當作「教學單元」來使用，俟後，再依據智能障礙學生的認知功能來決定教學範圍之長短或教學步伐之大小即可。不過，在使用時，仍須強調「活用原則」，並非每一個「學習目標」都只能一成不變地直接當作一個「教學單元」來看待或使用，例如：生活教育中的兩個學習目標——男外表特徵、女外表特徵（教育部，1999），這兩個學習目標可能不適合分開來教，而較適宜結合為「認識男女特徵」或「認識性別」之教學單元來進行教學。

三 提供給初學者設計或規劃教學目標的入門簡捷法

　　國內 IEP 表格所提供之 2 層教學目標設計的邏輯架構，其實可與教案之 3 層邏輯結構進行整合，使兩者趨於一致。美國學者 Larsen 與 Poplin (1980) 即曾指出：在美國法規所明訂之 IEP 的「年度目標」(annual goals) 與「短期教學目標」(short-term instructional objectives) 之間，設計者可直接自行插入一層「普通目標」(general objectives)，並藉由「普通目標」來落實「年度目標」所期望學生達成的技能。經整理後，如表 3-1 所呈現之不同設計格式間的教學目標對應參考結構，依照 Larsen 與 Poplin (1980) 之建議，增列「普通目標」之後，美式 IEP 即變成 3 層之設計邏輯架構。而國內之 IEP 格式，依據「特殊教育法施行細則」之規定，亦屬 2 層教學目標（學年目標＋學期目標）之設計邏輯結構，其中之「學期目標」需設計「評量標準」（教育部，2003），是故，該 IEP 格式之「學期目標」已具備「行為目標」之屬性（關於這方面的判別理由，留待後續段落予以說明），是故，筆者建議參考 Larsen 與 Poplin (1980) 的說法，在「學年目標」與「學期目標」中間，插入一項「普通目標」，那麼，新的國內 IEP 之 3 層邏輯結構即可與 Larsen 與 Poplin (1980) 所建議之美式 IEP 的 3 層結構完全呼應。上述關於增列「普通目標」之建議，不一定要透過修法來予以完成，只要教師在設計 IEP 的教學目標時，直接自行增加「普通目標」的設計手續即可達成。

表 3-1　入門簡捷法：不同設計格式之間的教學目標對應參考結構

Larsen 與 Poplin (1980)	啟智課程綱要	國內 IEP	本書教案格式
年度目標	學習目標	學年目標	單元名稱
普通目標	單元目標	普通目標	單元目標
短期教學目標	行為目標	學期目標	行為目標

註：本表之標楷體部分，即為本書建議教案設計者自行直接增入之教學目標。

　　基本上，「教案」的教學目標，係取自「IEP」的教學目標。一般而言，初學「啟智教學活動設計」的特教學程或特教系學生，在設計或規劃 IEP 的「教學目標」（包含：學年目標、學期目標）時，通常會感到無所適從。是故，如同之前所述，初學者在一開始如果無所適從的話，則或可參考本書所提供之入門簡捷法，經過一段時間的學習與鍛鍊，等到初學者在啟智 IEP 之教學目標的設計功力大增以後，即可打破該入門簡捷法的思考窠臼，逐行設計出更為優秀的作品來。

　　已知：IEP 的內容乃為每位智能障礙學生提供了「診斷的細節」與「處方的大方針」，教師再根據這些「診斷」（如：學生現況描述）與「處方」（如：長期目標與短期目標），進一步轉化為「治療」的細節（如：啟智教學活動設計）。根據之前的建議：初學者在規劃或設計 IEP 的「教學目標」時，如果一時無所適從，則可逕自參考「1999 年版啟智課綱」之內容，並將其中之「學習目標」當作設計 IEP 之「學年目標」的座標參考點。因為，課綱之「學習目標」所臚列者，皆為智能障礙學生之學習大方向，因此，在進行診斷與處方時，初學者可事先詳細研究「1999 年版啟智課綱」之六大領域的所有「學習目標」，並將之作為參考架構來進行診斷與處方。因此，在表 3-1 中，筆者即建議：初學者如果一時無所適從的話，不妨暫將「學習目標」（學習的大方向）的位階，視為與「學年目標」（大處方）等高。俟後，依據「學年目標」所進一步轉化、衍生出來的「學期目標」（小處方）依法必須配備「評量標準」，故已具備「行為目標」的特徵。因為，只有「可操作＋可觀察」的具體目標，才具備「可評量」之特質。同理，配備「評量標準」的教學目標，自然必須因為「可操作＋可觀察」而得以「可被評量」，否則這些「評量標準」就形同虛設。而「行為目標」的基本特徵，就是必須

具有「可操作＋可觀察」之屬性，如此，方可進一步獲得「可評量」之特質。因此，我們可以進一步推知：依法必須配備「評量標準」的「學期目標」，因為其已具備「評量標準」而使之可被評量，故而，吾人可以確定：其已具備「行為目標」之基本特徵，故而，在性質上，「學期目標」與「行為目標」即可置於相同高度之位階。

在前述中，筆者已提及美國學者 Larsen 與 Poplin (1980) 所建議之 IEP 的 3 層邏輯結構（在既有之「年度目標」與「短期教學目標」中間，另增「普通目標」），並建議國內啟智班教師在設計 IEP 之教學目標時，不妨將「學年目標」的大方向轉化為若干「普通目標」，再進一步依據這些「普通目標」來衍生出最具體（因有配備評量標準）的「學期目標」。既然 IEP 之「學期目標」可與教案之「行為目標」置於同一位階，那麼，在教案中，位於「行為目標」（教案之孫層目標）之上一層的「單元目標」（教案之子層目標），其邏輯層次自然可對應於 IEP 之「普通目標」；而位於「單元目標」（教案之子層目標）之上一層的「單元名稱」（教案之父層目標），其邏輯層次自然亦可對應於 IEP 之「學年目標」。雖然，此類目標邏輯層次的對應結構不一定可以適用於所有情況（而且，在某些情形下，此種對應結構還可能顯得有點牽強），但對於無所適從的初學者而言，倒是一個暫可參考的入門簡捷法。

四　結語：「目標設計」之 3 層邏輯結構的優點與簡捷法的適用性

實則，依據筆者昔日在啟智學校的執教經驗：教案或 IEP 之表格格式，最好能依據 3 層邏輯思維結構來進行設計，方可順利遂行。先從教案來看，「單元名稱」（最抽象）與「行為目標」（最具體）之間，若無「單元目標」來予以承轉、演繹、或銜接，那麼，設計者極不易僅僅看到一個十分抽象而籠統的「單元名稱」，即可直截了當地設計出一套具體而可行的「行為目標」（亦稱為「具體目標」）。關於 IEP 部分，國內之「特殊教育法施行細則」規定：在 IEP 之中，須撰寫學年目標及學期目標，且須為學期目標訂

定評量日期及評量標準（教育部，2003）。如此看來，國內 IEP 之「學期目標」必須具備「評量標準」，故已具備「行為目標」之屬性，那麼，吾人可參考表 3-1 之「國內 IEP」的設計思維，將國內 IEP 之「學期目標」視為等同於教案之「行為目標」或美式 IEP 之「短期教學目標」的屬性與位階，並另外參考 Larsen 與 Poplin (1980) 之建議作法，在中層增列一層「普通目標」，如此一來，將 IEP 之「學年目標」轉化並衍生為「學期目標」的過程，方始有可能顯得較為順暢。最後，筆者必須說明的是：表 3-1 所提供之不同設計格式間的教學目標對應構想，乃以重度智能障礙學生之學習特徵、學習步伐、以及學習需求為參考依據，因為，只有重度智能障礙學生所需要的教學單元，才較有可能需要透過一個學年的時間來教完，而且，特教學程或特教系學生在學習「啟智教學活動設計」時，應將挑戰難度較高之「重度智能障礙學生的教學」當作第一優先考量，如果重度智能障礙學生之教學實務都可以勝任，那麼，輕／中度智能障礙學生之教學自然不構成威脅（不過，以上討論內容所涉及者，乃為「入門簡捷法」針對教學目標之邏輯層次間的對應與設定，而初學者在一開始學習如何撰寫啟智班教案之時，其所假想之練習對象則較宜設定為「小三（國小部）或國二（國中部）之中度智能障礙學生」，因為，其設計難度不會太高、也不會太低，將來，待初學者攻克「小三／國二中度智能障礙學生」之教案設計難題以後，對於輕度與重度智能障礙學生部分，即可取得「進可攻、退可守」之最有利的學習戰略點，對其後續之延伸學習，誠較為有益）。關於輕／中度智能障礙學生所需要之教學目標的對應關係，表 3-1 之參考性可能會稍微降低一點，初學者在使用表 3-1 時，較宜以重度智能障礙學生為參考基準點，而在為輕／中度智能障礙學生設計教學目標時，其教學目標所需之教學時程與教學範圍大小，則必須進一步加以調整才行。表 3-1 之教學目標的對應構想，只是為了提供給初學者一個較容易入手的對等參考架構而已，實則，其中之每一對應層次之教學目標間的屬性誠未必 100%完全相同，初學者在乍入啟智班教案之撰寫實務時，可以之作為設計構思之參考起點，待其專業水平與撰寫功力愈來愈高強之後，表 3-1 可能就不那麼適用了。

Chapter 4

目標設計：
單元目標與行為目標之基本概念

一　先從啟智課綱談起

　　依據教育部(1999)所頒布之「特殊教育學校（班）國民教育階段智能障礙類課程綱要」（以下簡稱「1999年版啟智課綱」）的規定：國民小學每節課為40分鐘，而國民中學則為45分鐘。因此，在撰寫教案時，每節課之時間總長度，必須依照「1999年版啟智課綱」之規定來標示。此外，「1999年版啟智課綱」乃以「學習領域名稱」來當作「科目名稱」，其中，總共分為六大領域（見表4-1），該六大領域乃依照統整性課程之概念來予以劃分，故已摒棄過去所使用之分化性課程的設計概念。在班級實務上，國中／小之各年段於六大領域的每週上課節數，乃如表4-1所示（教育部，1999），基本上，啟智班在編排各班課表之時，應該遵守表4-1所規範之各科每週上課節數的架構。

　　在實務上，啟智班之各科教學理念乃透過一連串系統化的「教學單元」來予以實踐，因此，當「教學單元」落實到每節課40或45分鐘的班級教學實務之時，其自然而然登上每節課之教學內容的最高位階。而在為每節課之教學內容進行教案設計時，其內容主要分為「目標設計」與「活動設計」這兩部分。如同筆者在第3章（目標設計：教學目標的內涵）所提及者；如果初學者不知如何決定教學單元之內容，則可藉由表3-1所介紹之「入門簡捷

表 4-1　國中／小啟智學校（班）之各科每週上課節數表

六大領域	小一	小二	小三	小四	小五	小六	國一	國二	國三
生活教育	6-10	6-10	7-9	7-9	5-7	5-7	3-5	3-5	3-5
社會適應	2-3	2-3	3-4	3-4	4-5	4-5	5-7	5-7	5-7
實用語文	4-7	4-7	5-9	5-9	6-10	6-10	4-6	4-6	4-6
實用數學	2-3	2-3	4-5	4-5	4-5	4-5	2-4	2-4	2-4
休閒教育	6-8	6-8	8-10	8-10	9-11	9-11	6-8	6-8	6-8
職業生活	0-1	0-1	0-2	0-2	1-3	1-3	7-10	9-12	9-14
合計	26	26	33	33	35	35	33-34	35-36	35-38

法」的操作要領，直接從「1999 年版啟智課綱」擇用適當之「學習目標」來當作 IEP 之「學年目標」或教案之「教學單元」。而在「目標設計」之中，「教學單元」乃如同表 4-2 所示，位居「父層」之最高邏輯層次，其後，由「父層」所衍生而來的「子層」──單元目標──乃為該節課之教學主要大方向，接下來，再由「子層」所進一步衍生而出之「孫層」──行為目標（又稱為「具體目標」）──則為該單元目標之具體細節。如同第 1 章之圖 1-1 所呈現者，「單元目標」與「行為目標」構成了每節課之教學內容的「教學目標」，兩者之間存在著上下衍生之關係，並與「教學單元」合併成為「目標設計」之三大邏輯層次。

表 4-2　目標設計之三大邏輯層次與相關屬性

屬性	教學單元	單元目標	行為目標
邏輯層次	父層	子層	孫層
抽象程度	最抽象	可抽象	最具體
依據來源	❶自編教材 ❷啟智課程綱要 ❸其他課程或教材	教學單元名稱	單元目標
本質	教學單元之標題	該教學單元之施教大方向	該單元目標之具體細節或方向
動詞之使用	尚未使用動詞	可使用抽象／具體動詞	僅能使用具體動詞

智能障礙學生之各科能力起點的初判與診斷

　　當啟智班教師接到一個啟智班之時，最初，應該針對智能障礙學生的各項能力進行評量。那麼，究竟應該評量哪些項目，吾人或可參考 Larsen 與 Poplin (1980) 之說法，從若干鑑定項目來著手，其包含：智力 (intelligence)、感官功能 (sensory)、學科表現 (academic performance)、社交行為狀態與適應行為 (sociobehavioral status and adaptive behavior)、溝通狀況 (communicative status)、健康與動作能力 (health and motor abilities)。不過，在進行這一連串測驗與評量之前，啟智班教師亦可透過「年齡」與「智商」這兩項資料，對班上智能障礙學生之學習／認知能力進行簡易初判。理論上，對於同年齡之智能障礙學生而言，智商愈低者，其學習／認知能力愈低；同理，對於同智商之智能障礙學生而言，年齡愈小者，其學習／認知能力亦愈低。俟後，在進行更深入之個案研究時，則可透過實地觀察、與智能障礙學生直接互動、訪問以前教過該生之教師／現任原班導師／家長、研究智能障礙學生的作品與檔案資料、進行正式或非正式測驗……等方式，來進一步了解智能障礙學生之各項能力水平。其實，與啟智班教學最直接有關的，就是「1999 年版啟智課綱」之六大領域，吾人若欲針對智能障礙學生在六大領域的學習／認知能力進行精確之評量，最需要的，就是六大領域的「成就測驗」。試以「實用數學」為例：如果國內已有「實用數學成就測驗」可資使用，那麼，啟智班教師即可從測驗結果中，精確得知智能障礙學生的數學能力在全國常模的比對中，究竟處於「幾歲」或「幾年級」的能力。那麼，接下來應該開出什麼學習處方，即可一目瞭然。不過，目前國內並未開發出六大領域的成就測驗，因此，只能替代性地透過觀察、互動、訪談、測驗、個案研究等手段來綜合研判智能障礙學生之各項能力的優／弱點。其中，頗值得一提的是，何華國 (2000) 曾經針對國內測驗工具不足之困境，提出替代性診斷之「試探性的構想」，亦即：針對啟智課程之各個學科設計出行為目標序列，再透過多元題項來評量每一個行為目標，依此逐步找出智能障礙學生在各個學科上的能力起點。何華國 (2000) 針對國內測驗工具不足所提出之「替代性診斷

法」，頗值得啟智教育工作者在班級實務中予以嘗試，因為，任何有能力設計出足夠專業水平之行為目標的啟智班教師，皆可自行撰寫六大領域之評量用行為目標序列。該「替代性診斷法」還有另一個優點，那就是：在評量之前，由於行為目標序列已然備足，是故，一旦找出智能障礙學生的現有能力起點落入哪一個行為目標（如：編號 4.8 的行為目標），那麼，接下來，即可直接將下一個行為目標（亦即：編號 4.9 的行為目標）當作「學習處方」來逕行教學，這樣子直接從行為目標序列所診斷出來的能力起點，因為在開處方時，不必多一道手續——還要依據測驗結果（如：實用數學能力＝3.7 年級程度）來進一步轉化、設計出行為目標（亦即：接下來，實用數學能力＝3.7 年級程度的智能障礙學生應該學習哪些行為目標），因此，對於教學工作而言，誠更為直接、省力、精確。也許，有些啟智班教師會認為：在國內測驗工具不足的現有困境中，雖然該「替代性診斷法」提供了一個可行的方向，但亦無疑增加了啟智班教師的文書工作負擔（因為事前必須設計數量頗為可觀之行為目標序列）。關於其解法，筆者認為：如果國內啟智教育界能透過教育部中部辦公室出面主導，並撥款設計出一套「啟智六大領域行為目標資料庫之網路整合系統」，而且，依照啟智課綱六大領域之學習目標的排列順序，有系統地予以編號，再讓全國啟智班教師將他們每學期所設計的行為目標序列依照編號來上傳，幾年下來，即可整合並串接成為一套為數可觀之六大領域行為目標資料庫。各地區之啟智班教師上網參考、下載所需之行為目標序列以後，可逕行使用或進一步將之改寫為適用於班上智能障礙學生之行為目標序列，而且，修改後的行為目標序列亦可再度上傳，以擴充原有之行為目標資料庫，讓後來者在下載行為目標序列時，可以擁有更多樣而豐富的選擇。經過如此不斷地循環、擴充之後，啟智班教師在何華國 (2000) 所提出之「替代性診斷法」上的文書工作負擔，應可明顯獲得降低。

三 單元目標：教學單元的施教大方向

如表 4-2 所示，「教學單元」之構想來源，可以取自：❶自編教材、❷啟智課程綱要、以及❸其他課程或教材。如果，初學者在構思教學單元時，

苦尋不得線索（依據經驗，每年總會有幾位初學者不知道要教什麼才好），那麼，其或可參考本書第 3 章所建議之「入門簡捷法」——直接擷取「1999年版啟智課綱」之六大領域的「學習目標」來加以修改或逕行使用。基本上，「單元目標」之內容，乃承續「教學單元」而來。更具體地描述之，「單元目標」即為該教學單元之「施教大方向」。假設：某位啟智班教師預計進行「認識水龍頭」之教學單元，首先，其可如下所示，試圖勾勒出該教學單元之教學大方向的初步構想（請注意：下列「初步構想」的動詞主角可以是教師、也可以是學生，而下示範例之動詞主角乃為「教師」）：

- 讓班上智能障礙學生學習如何打開水龍頭
- 讓班上智能障礙學生學會如何關閉水龍頭
- 讓班上智能障礙學生學會使用各類不同形式的水龍頭

之後，再將上示之「初步構想」進一步轉化為下列「單元目標」（請注意：從「單元目標」開始，其撰寫角度理應一律以「學生」為本位，因此，下列「單元目標」的動詞主角已改為「學生」）：

- 能使用標準（旋轉）型水龍頭
- 能使用上下扳動型水龍頭
- 能使用左右扳動型水龍頭
- 能使用紅外線感應型水龍頭
- 能使用限秒給水型水龍頭

基本上，「單元目標」可以使用抽象動詞或具體動詞。通常，抽象動詞的語意包含範圍乃大於具體動詞，而具體動詞之間，其語意包含範圍亦可以有大小之分。因此，在撰寫單元目標時，設計者皆可找到語意包含範圍夠大的抽象動詞或具體動詞來使用，而不必刻意考慮動詞之「具體性」或「抽象性」。總之，「單元目標」之主要任務，乃將「教學單元」之教學構想進行因式分解、並轉化為可行之施教大方向，以供後續設計行為目標之用。理論

上，吾人並無法單獨透過一道手續即可直接將「教學單元」轉化為具體可行之「行為目標」。最精簡之流程，仍須透過兩階段之轉化手續方可達成，亦即：❶先將「教學單元」之教學構想轉化為「單元目標」，之後，❷再將「單元目標」之施教大方向進一步衍生為具體可行之「行為目標」。

四 行為目標

如表 4-3 所示，將前一段所示之「單元目標」轉化為「行為目標」之後，即可將之依序寫入教案中。其中，「行為目標」之編號必須與「單元目標」相呼應，例如：編號為「1.」之「單元目標」所衍生之「行為目標」，一律須以「1-x.」作為編號開頭，如此一來，兩者之間的相依衍生關係，即可一目瞭然。

表 4-3　教案中的單元目標與行為目標

目標設計	
單元目標	行為目標
1. 能使用標準（旋轉）型水龍頭 2. 能使用上下扳動型水龍頭 3. 能使用左右扳動型水龍頭 4. 能使用紅外線感應型水龍頭 5. 能使用限秒給水型水龍頭	1-1. 能指認標準（旋轉）型水龍頭 1-2. 能打開標準（旋轉）型水龍頭 1-3. 能關閉標準（旋轉）型水龍頭 2-1. 能指認上下扳動型水龍頭 2-2. 能打開上下扳動型水龍頭 2-3. 能關閉上下扳動型水龍頭 3-1. 能指認左右扳動型水龍頭 3-2. 能打開左右扳動型水龍頭 3-3. 能關閉左右扳動型水龍頭 4-1. 能指認紅外線感應型水龍頭 4-2. 能打開紅外線感應型水龍頭 4-3. 能關閉紅外線感應型水龍頭 5-1. 能指認限秒給水型水龍頭 5-2. 能打開限秒給水型水龍頭 5-3. 能關閉限秒給水型水龍頭

　　一般而言，「行為目標」乃為所有教學目標中，其所描述之動作或行為的「具體性」最強，故而，亦可稱為「具體目標」。Bateman 與 Herr (2006) 曾經指出：在所有的行為目標設計中，讓學習者從學習起點達到終點的方式或類型，乃不外乎下列兩種：

1. 圓餅型 (Pie Style)

　　如圖 4-1 所示，圓餅型行為目標在步驟／流程／漸層之間的層次或順序實較不明顯，如：「認識顏色」的學習步驟／流程／漸層乃較不明確，亦即：到底首先要認識哪一種顏色、接下來再認識哪一種顏色、最後又應該認識哪一種顏色……等等，其流程未必一定只能依循某一標準順序或層次，才可以完成整個學習任務。

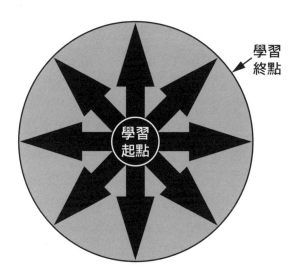

圖 4-1　圓餅型行為目標

2. 直線型 (Linear Style)

　　如圖 4-2 所示，直線型行為目標在步驟／流程／漸層之間的層次或順序則極為明顯，如：「加→減→乘→除」的學習步驟／流程／漸層乃非常明確，其學習流程必須依循一定程序方可完成整個學習任務。

圖 4-2　直線型行為目標

　　Bateman 與 Herr (2006) 所提之「直線型」行為目標，乃與行為目標之「難度漸層」較為有關，因為，直線型行為目標之「前進路線」主要透過「難度漸層」所鋪陳之順序來逐步實施，關於設計「難度漸層」之具體細節，將在本書第 5 章（目標設計：將單元目標演繹成為行為目標的方法）予以介紹。而圓餅型行為目標則因為其中之「難度漸層」較無必然而明顯之系統化的順序關係，因此，初學者在將單元目標演繹成為行為目標之時，可任意自由設計其實施順序。

　　基本上，「行為目標」上承「單元目標」之教學大方向，下接「活動設計」之實施細節，因此，在整個教案設計中，乃扮演著「承先啟後」之重要樞紐的角色。一般而言，國內在撰寫行為目標時，習慣以「能」作為敘述之開頭，如：

　　能在上課鐘響後 30 秒內進入教室

　　能正確指認黃色色卡

　　能在玻璃杯內倒滿八分滿的飲用水

因此，為了提醒初學者在撰寫行為目標時，一定要記得這個不成文的規範（亦即：在開頭加上「能」字），本書第 7 章（目標設計：初學者在目標設計上常犯之錯誤類型）乃特別增列一項「無『能』的迷思」（雖然造成此一錯誤類型之原因並非源自於任何概念上的「迷思」，不過，為了維持第 7 章以「迷思」來命名「錯誤類型」之一貫性，乃特予保留之）。有趣的是，從 Larsen 與 Poplin (1980) 之專書中所呈現的範例來看，美國人的習慣乃以「學習者名字＋will」作為行為目標之開頭，例如：

Jon will answer appropriately to how + verb questions.

Jon will be able to put on coat and hat.

Jon will be able to walk for 20 minutes.

通常，台灣人不習慣在行為目標中寫入學習者的名字。不管是美國或台灣，這些不成文的規範，與其把它當作「麻煩的八股」，吾寧將之視為「專業與外行之間的微細區分點」。套句俗話來說：「國有國法，家有家規」，而各個專業領域則「行有行規」，所以，如果內行人都會在行為目標開頭寫上「能」字，那麼，觸犯「無『能』的迷思」者，或許將因「不懂內行人規範」而在行家的內心深處悄悄地留下了「專業力不足」的印象。英語有句諺語說得好：「魔鬼就在細節裡」(The devil is in the details)，意思是說：事情的成敗，往往取決於隱而未見的細微處，而不是顯而易見的表象。或許，特教專業與外行的分野，關鍵也就在如同「能或無能」之類的細節裡！初學者在學習「啟智教學活動設計」的一開頭，大家都是一張張的白紙，專業能力同樣等於零，經過一段時間的學習之後，為何有些人會變得比較內行？而有些人則為何還是那麼外行？依據個人實際觀察心得，造成兩者之專業能力差異的主要原因，應該就在於：學習過程中，對於「細節處之魔鬼」的敏察力、用心程度、以及問題解決力的落差所使然吧！

(一) 行為目標的組成要件

在 Gagné、Briggs 與 Wager (1992) 所撰寫之《教學設計原則》(*Principles of Instructional Design*) 一書中，其曾經指出：行為目標係包含：對象、情境、工具／限制／特殊條件、習得能力動詞、動作動詞等五項要件。Kibler、Cegala、Miles 與 Barker (1974) 則認為行為目標必須包含：行為主體、實際行為、行為結果／內容、行為條件、過關標準等五大要件。而李翠玲 (2001) 則提出另一種更為清晰而易懂的說法，亦即：行為目標主要包含：對象、行為、結果、標準、條件／情境等五大組成要件。如前所述，台灣人在撰寫行為目標時，通常會省略「對象」（也就是「學習者的名字」），所以，台灣之行為目標僅包含四大組成要件，此即：行為、結果、標準、條件／情境，

而且，通常不一定會將這四大組成要件統統同時寫出來，以下分別逐項予以舉例說明：

1. 行為＋結果

在圖 4-3 的行為目標範例中，「指認」即屬「行為」（也就是「動詞」所在），而「指認蘋果的圖卡」這一整件事則為「結果」。圖 4-3 之行為目標範例可視為行為目標之基礎形式，因為其僅包含最基本的兩個組成要件：行為與結果。

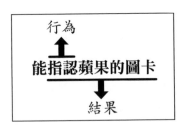

圖 4-3　「行為＋結果」的行為目標範例

2. 行為＋標準＋結果

在圖 4-4 的行為目標範例中，基於圖 4-3 之「行為＋結果」的原始架構上，又增列了「標準」（也就是「評量標準」）進來，亦即：如果智能障礙學生在「操作總量」為「10 張水果圖卡」之中，能夠正確指認出「預期達成量」為「5 張蘋果圖卡」之過關門檻（亦即：其評量標準＝$\dfrac{預期達成量}{操作總量}$＝

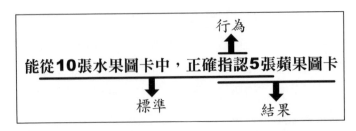

圖 4-4　「行為＋標準＋結果」的行為目標範例

$\frac{5}{10}$），則在該時間橫切面之當下，即可視為：其已習得該行為目標所預期習得之知識、概念或技能。

在教案之中，教學者對於「行為＋標準＋結果」之行為目標的處理方式，可以有二，此即：❶如同圖4-4之範例一樣，把「行為＋標準＋結果」同時寫入行為目標裡面；或者，❷如同表4-4所示，將之分開來寫，也就是說：在行為目標之中，只寫圖4-3之「行為＋結果」的內容，而關於「標準」部分則另寫於「活動設計」之「評量標準」的欄位中。

表 4-4　將「行為＋標準＋結果」分開來寫之範例

活動設計				
行為目標	教學活動	教學資源	時間	評量標準
1-1.能指認蘋果的圖卡	（略）	水果圖卡	3 分鐘	在 10 張水果圖卡中，正確指認 5 張蘋果圖卡
1-2.能指認檸檬的圖卡		水果圖卡	3 分鐘	在 10 張水果圖卡中，正確指認 5 張檸檬圖卡

3. 行為＋情境／條件＋結果

在圖 4-5 的行為目標範例中，基於圖 4-3 之「行為＋結果」的原始架構上，又增列了「情境／條件」進來，亦即：將「條件」或「情境」侷限或設定於「在教師提示下」的範圍內，俟後，再讓智能障礙學生達成該行為目標所預期習得之知識、概念或技能。

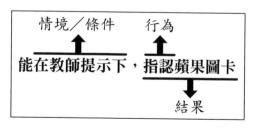

圖 4-5　「行為＋情境／條件＋結果」的行為目標範例(1)

此外，若從心理學行為學派的觀點來看，在教學設計上，「條件」或「情境」亦可具備「設計學習刺激」或「提供學習刺激」的功能，例如：

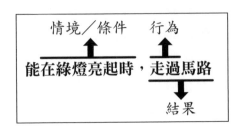

圖 4-6 　「行為＋情境／條件＋結果」的行為目標範例(2)

在圖 4-6 之中，「綠燈亮起」乃為「應否走過馬路」之「條件」或「情境」，智能障礙學生必須在確定接到該視覺類之學習刺激 (S, stimulus) 以後，才進一步判斷應否做出「走過馬路」之反應 (R, response)。如果智能障礙學生能夠順利形成該 S-R 聯結，即可視為其已習得該行為目標之知識、概念或技能。是故，藉由學習刺激之種類或數量等不同搭配，教學者可以進一步設計出不同難度漸層的行為目標序列，再逐步「由易而難」進行相關之教學步驟。這方面的技術細節，將在第 5 章做詳細介紹。

4. 行為＋標準＋情境／條件＋結果

從圖 4-7 的行為目標範例中，明顯可見：其於圖 4-4 之「行為＋標準＋結果」與圖 4-5 之「行為＋情境／條件＋結果」之間，取得行為目標之組成要件的聯集，最終形成「行為＋標準＋情境／條件＋結果」之行為目標組成結構，所以，這是最完整的行為目標寫法，由於其所內載之訊息最充分，故而，理論上，設計者應該盡量朝向這一類型的行為目標來撰寫。

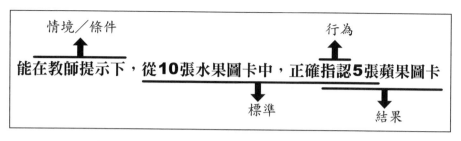

圖 4-7　「行為＋標準＋情境／條件＋結果」的行為目標範例(1)

(二) 行為目標之評量標準

　　圖 4-7 之行為目標範例使用了「比值型」的評量標準，而圖 4-8 之行為目標範例則使用了「時間型」之評量標準。基本上，評量標準乃透過「可量化」之量數來界定行為目標的過關門檻，如此，方可進行具體化之教學評量。一般而言，評量標準之常用「量數」可包含：比值、百分比（較不適用於啟智班）、次數、速率、頻率、時間、長度、重量、數量、體積、……等。關於不同量數類型之評量標準的設計技術細節，亦將在第 5 章予以詳細介紹。

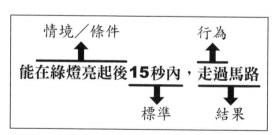

圖 4-8　「行為＋標準＋情境／條件＋結果」的行為目標範例(2)

(三) 行為目標必須使用具體動詞

　　如圖 4-9 所示，行為目標所使用之具體動詞，必須是「可操作」、「可觀察」、而且「可評量」的動詞才行。只要是符合此一「三可原則」之動詞，基本上即可視之為「具體動詞」，反之，未能符合「三可原則」之動詞，則可稱之為「抽象動詞」。

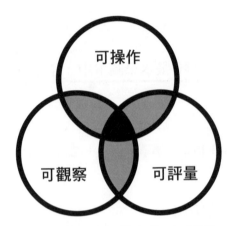

圖 4-9　具體動詞所應具備之「三可原則」的內涵

　　一般而言，抽象動詞僅能實施「心理操作」，如：欣賞、愛國、尊敬……等，這些動作只能在「心理面」進行，而無法在外表形成具體可見之影像。除此之外，有些抽象動詞看似具體，實則無法具體操作，如：認識、了解、遵守……等。那麼，何謂「具體操作」呢？簡言之，就是「要能做出可以被觀察得到的動作與影像」，亦即：不但要能「可被操作」，而且也要能「可被觀察」才行，唯有具備此二項條件者，方為「可被評量」之具體動詞，因此，「可評量動詞」應可視為「具體動詞」之同義詞。試以「愛國」為例：此一動詞即使可被操作，卻無法被觀察，當然難以評量，因此，未能滿足「三可原則」之所有條件，遂只能歸類為抽象動詞。在撰寫行為目標時，設計者必須將抽象動詞轉化為具體動詞，方可滿足行為目標之使用需求。假設：在某位教學者之大腦中的原始構想，乃想要寫出一個行為目標——「能愛國」，卻因為「愛國」是抽象動詞而無法被使用於「行為目標」之中，那麼，就必須進行「動詞具體化」之轉換工作——也就是說：要將「愛國」的「具體表現行為」統統詳列出來，再細加篩選。而「愛國」的具體表現行為，可能包含：

- 看到升國旗要敬禮
- 聽到國歌要立正站好

- 愛用國貨
- 會唱國歌
- 國慶日要掛國旗
- 要知道本國的歷史
- 要了解本國的地理
- 知道國家元首的名字
- 知道國慶日是哪一天

以上僅列舉若干較具代表性之「愛國」的具體表現行為，接下來，設計者必須針對上列之具體表現行為進行詳細的審察，如果無誤的話，即可進行第二階段之「行為目標化」的轉換工作，茲條列如下：

- 看到升國旗要敬禮 → 能在國旗升起時行舉手禮
- 聽到國歌要立正站好 → 能在國歌響起時立正站好
- 愛用國貨 → 能購買大同電鍋
- 會唱國歌 → 能唱國歌
- 國慶日要掛國旗 → 能在國慶日掛國旗
- 要知道本國的歷史 → 能說出辛亥革命的事蹟
- 要了解本國的地理 → 能說出台灣的主要山脈
- 知道國家元首是誰 → 能指出現任總統的照片
- 知道國慶日是哪一天 → 能說出十月十日是國慶日

最後步驟，要再度檢查「行為目標化」之過程中所使用的動詞「夠不夠具體」，如果都符合「三可原則」，那麼，這些「行為目標」即可適用。實則，因為「能愛國」太過抽象，因此，較適合當作「單元目標」來使用。所以，上述示範之「將抽象動詞予以具體化」的步驟，其實也就是「把單元目標轉換為行為目標」的基本流程。關於「具體動詞」與「抽象動詞」之區別方法與細節，將在本書第6章（目標設計：具體動詞與抽象動詞之概念澄清）進一步予以詳述。

(四) 行為目標的特徵

　　Larsen 與 Poplin (1980) 認為「短期教學目標」的特徵，乃包含：用詞的具體性、主要的行為表現、顯而易見的行為、評量標準、相關條件、學生導向之行為表現、所需時間長短、對教材／教具／教法的應用性。實則，如同本書在第 3 章（目標設計：教學目標的內涵）所討論者，「短期教學目標」之屬性乃較趨近於「行為目標」。因此，Larsen 與 Poplin (1980) 所提出之「短期教學目標」的特徵，亦可視為「行為目標」之特徵。以下借用 Larsen 與 Poplin (1980) 所提出之特徵框架，再配合筆者過去在基層之教學心得，逐項予以舉例說明：

1. 用詞的具體性 (Levels of Specificity)

　　理論上，「行為目標」的用詞必須力求具體，亦即：其所界定之語意的「指向標的」必須明白、具體、清晰，例如：

A. 能購買國貨
B. 能購買華碩電腦

上示A例之「國貨」，其所包含之語意範圍著實太大，因而顯得不夠明白、具體、清晰，基本上，「國貨」是一個集合名詞，它可以意指大同電鍋、華碩電腦、宏達電手機、裕隆汽車……等等，究竟這一個行為目標想要操作的是哪一類的「國貨」？或是哪一個品牌的「國貨」？都沒有明確標示出來，因而使得教學者或「行為目標」之操作者（亦即：學習者）將會陷入無所適從的窘境。反之，上述B例則清楚明白地指出該行為目標所要操作之標的國貨，就是「華碩電腦」。如此一來，教學者與學習者方知如何具體操作該行為目標，在後續之「活動設計」中，亦始知應該準備哪些教具。為了方便區別起見，吾人不妨將上述 B 例之語意「指向標的」已然具體、清晰之名詞——華碩電腦，稱之為「具體名詞」，而 A 例之語意「指向標的」尚嫌抽象、模糊之名詞——國貨，則稱之為「抽象名詞」。實則，「語意力求精

確」亦內含「具體：可操作、可觀察」之意涵，例如：

    C.能愛用<u>國貨</u>

    D.能購買<u>大同電鍋</u>

上述 C 例使用了抽象動詞──愛用、以及抽象名詞──國貨，因此，明顯可見：C 例之具體程度顯然不足，故無法滿足行為目標之基本要求。換言之，「愛用國貨」的字面意思大家都可以理解，但是，在具體操作上，究竟應該怎麼「愛用」國貨，而且應該愛用哪些「國貨」，在文字上卻是無跡可循，因而使得 C 例終究無法被具體實施。反之，D 例則使用了具體動詞──購買、以及具體名詞──大同電鍋，因而，明顯可見：D 例之具體程度與可行性皆已滿足「行為目標」之基本要求。換言之，從 D 例所提供的訊息中，已清楚告知大家：「愛用」的具體動作，就是「購買」國貨，而不是「打開」國貨、或是「定期擦拭」國貨；而且，應該購買的，究竟是什麼國貨呢？D 例也清楚地標明了：是「大同電鍋」，而不是「宏碁電腦」、或是「大同冰箱」。綜合來看，D 例較為「具體：可操作、可觀察」，而 C 例則否，其關鍵區別點，乃在於「語意力求精確」之程度的不同。

2. 主要的行為表現 (Principal Performance)

    Dillman 與 Rahmlow (1972) 曾經指出：教學目標必須清楚陳述主要行為之表現內容。若將這句話套用在行為目標上，其意涵亦即：「行為目標」應該使用精確而適當的具體動詞。現在，假設有一個「單元目標」如下：

    能認識芒果

如前所述，將單元目標轉化為行為目標的過程中，必須將單元目標的抽象動詞「認識」轉化為具體動詞，其具體表現之動作可能包含：指出、說出、唱出、畫出、寫出、拿出……等。試以「指出」為例，我們可以設計下列行為目標：

能依教師指示，在 10 張水果圖卡中，正確指出 5 張芒果圖卡

單就「圖卡」這個教具的特性來說，其較適用「指出」或「拿出」的動作，而「唱出」則較不適用之。當然，「使用精確而適當的動詞」在啟智班教學中所代表的另一層意涵，亦可能是：針對智能障礙學生之肢體動作的優／弱點，設計出其所適用之動詞，例如：對於口語能力較為薄弱的大多數重度智能障礙學生而言，若使之透過「說出」來表達「對於芒果的認識」，如：

能說出芒果的名稱
能說出芒果的顏色
能說出芒果的味道
能說出芒果的形狀

如此之設計，顯然強人所難，故較不適用於重度智能障礙學生，反之，若改用「指出」則可能較為適當。同理，「寫出」可能需要搭配較高之認知功能以及較多的識字量，方可完成其動作，故亦較不適用於大多數重度智能障礙學生，如：

能寫出芒果的名稱
能寫出芒果的顏色
能寫出芒果的味道
能寫出芒果的形狀

此外，由於某些智能障礙學生亦可能伴隨其他障礙——如：智能障礙＋視障，那麼，「畫出」或「寫出」即可能較不適用於該類智能障礙學生。總之，教師應該事先深入了解學習者之肢體動作的優／弱點，再為之設計出適用的動詞，以作為該行為目標之行為表現的內容。

3. 顯而易見的行為 (Overt Behavior)

依據 Larsen 與 Poplin (1980) 的說法：「顯而易見」(overt) 的行為，也就是「可觀察」(observable) 的行為。再進一步推論之：因為「可觀察」，所以才「可評量」。是故，「顯而易見」的行為，不但是「可觀察」的行為，更是「可評量」的行為。最終，這一切的推論重心將會統統聚焦於「具體動詞」之上。如前所述，「可評量動詞」應可視為「具體動詞」之同義詞，所以，「顯而易見的行為」所討論者，其核心主題即為「具體動詞」，換言之，行為目標的一大特徵，就是「必須使用具體動詞」。此一議題在前一段落「(三)行為目標必須使用具體動詞」之中已經討論過，在此不再贅述。

4. 評量標準 (Evaluation of Performance Criteria)

Larsen 與 Poplin (1980) 指出：評量標準界定了行為目標的外顯動作「如何」以及「何時」才算成功過關。行為目標若無設定客觀而量化的評量標準，那麼，智能障礙學生要學到什麼程度才算「精熟」，將只會淪為教師之個人主觀判斷。所以，評量標準乃是行為目標之另一大特徵所在。關於評量標準之重點，已在前一段「(二)行為目標之評量標準」做過介紹，更深入的探討亦將在第 5 章予以詳述，在此不再贅述。

5. 相關條件 (Relevant Conditions)

此處所謂之「相關條件」即為李翠玲 (2001) 所提出之行為目標組成要件的結構之中的「條件」。Larsen 與 Poplin (1980) 認為：「條件」(conditions) 乃是行為目標之中必須明白設定之重要組成要件；有時，某些動作或行為之「條件」乃隱而未現、或不必特別明列，然而，一旦某些「條件」與行為目標有關，則應將之列入行為目標之重要組成要件。「條件」之相關內容已在前一段「(一)行為目標的組成要件」的「3.行為＋情境／條件＋結果」之中予以介紹，在此不再贅述。

6. 學生導向之行為表現 (Student-Directed Performance)

　　Larsen 與 Poplin (1980) 指出：行為目標所設計的動作或行為，主要是用來要求「學生」執行的，而不是給教師用的。換言之，行為目標的動作主角是「學生」，而不是教師。因此，行為目標顯然蘊含「以學生為中心、以兒童為本位」之教育精神。有些初學者在這方面仍缺乏清晰的概念，因而，在撰寫行為目標時，居然錯將「教師」當成動作的主角，例如：

　　　　能協助學生在穿衣時對準最下層的一對鈕扣

也許，造成此類錯誤概念之原因，乃由於這些初學者誤以為：行為目標是「教學目標」的一種，既然是「教學用」的，其功能自然屬於「陳述教師如何教學」之用途。這樣的概念真是大錯特錯！職是之故，本書第 7 章乃特別羅列一項「『動詞主角』的迷思」，相關內容在第 7 章將會有詳細討論，在此亦不再贅述。上示之行為目標明顯錯將「教師」當成動作之主角，其正確寫法應改為：

　　　　能在教師協助下，把衣服最下層的一對鈕扣並排地放在一起

經過修正之後，該行為目標顯然已改將「學生」當成動作之主角。行為目標之學理基礎，似乎頗受心理學行為學派之影響。從行為學派的角度來看：古典制約作用中所建立的刺激 (S)—反應 (R) 聯結，可用以解釋教育上很多基本學習現象（張春興，1996）。換言之，在行為學派學者的眼裡，「學習」就是「形成 S-R 聯結的過程」。而在實驗室中，操作「S-R 聯結」的主角，就是受試者（例如：實驗室中的鴿子、老鼠），而不是實驗者；同理，在教室中，操作學習活動之「S-R 聯結」的主角，亦為「學習者」，而不是教學者。所以，或許基於這樣的緣故，「行為目標」雖然是「教學目標」的一種，但是，它的動作主角自然而然被認為是「學生」，而不是教師。也許，「教學目標」這個名詞，在不知不覺中導致某些初學者形成「『動詞主角』的迷

思」，若將之改稱為「學習目標」，則或可避免之。同樣地，在心理學行為學派學者的眼中，若將「教學活動」改稱為「學習活動」、將「教學者」改稱為「學習輔導者」、將「教學目標」改稱為「學習目標」、將「教案」改稱為「學案」、「教具」改稱為「學具」，或許更為合適。

7. 所需時間長短 (Length of Time Involved)

在啟智班教學中，決定一個行為目標或一串行為目標序列之教學時間長短的主要因素，乃為智能障礙學生之認知／學習功能。而初判智能障礙學生之認知／學習功能的主要因素，則為智商與年齡。換言之，對於相同智商的智能障礙學生而言，年齡愈小者，其認知／學習功能愈低；反之，對於相同年齡的智能障礙學生而言，智商愈低者，其認知／學習功能愈低。因此，同樣一個行為目標，對於智商愈低、或者年齡愈小的智能障礙學生而言，所需之學習時間將會愈長。試以下列行為目標為例：

能打開水龍頭

在相同年齡的前提下，該行為目標對於資優生而言，到了適學年齡階段，應該不用再教了。即便是輕度智能障礙學生，也可能一節課即可習得其相關知能。而對於中度智能障礙學生，則可能需要花費幾節課的時間來完成教學。至於重度智能障礙學生，或許一週時間都不夠用吧！其實，筆者認為：表面上，Larsen 與 Poplin (1980) 將「所需時間長短」列入行為目標的特徵，著實有點牽強，因為，試就前述李翠玲 (2001) 對於行為目標之組成要件的說法來看，其中並無「時間」一項。因此，若要深入體會 Larsen 與 Poplin (1980) 的真正用意，或許，其目的乃欲指出：設計行為目標時，必須考慮的時間要素乃為：在每學期有限的教學時間下，行為目標所內含之「學習步伐」與智能障礙學生之「認知／學習功能」是否適配。若以上述之行為目標「能打開水龍頭」來看，對於粗大動作發展明顯落後的智能障礙學生而言，其可能要花費一個月以上的時間才可以順利完成所有學習任務，如此一來，教學者應該將這個行為目標予以「細步伐」──把它切割成為一串學習步伐更小、且至

少在一週內適用的行為目標。因此，同樣一個行為目標，對於不同年齡、智商的智能障礙學生而言，其所蘊含之時間長短，並非人人一致。教學者應該配合學校有限的教學時間，針對不同認知／學習功能的智能障礙學生，設計出學習步伐大小適中的行為目標。

8.對教材／教具／教法的應用性 (Applicability to Methods and Materials)

　　Larsen 與 Poplin (1980) 指出：一個好的行為目標，要有能力引導教師去選擇適當的教材／教具 (material) 與教法 (method)，儘管如此，通常在行為目標的字裡行間，卻不會明白指出特定的教材／教具，不過，如果行為目標必須使用到特定教材／教具（例如：算盤、數線、特定專用工具、或義肢設備）的話，行為目標中應該將這些教材／教具明列出來；至於教法方面，除非針對特定個體，否則，為一群學生所撰寫的行為目標中，應該避免指定特定之教法，以保留教師在運用教法上的靈活空間。實則，在台灣，很少人會在行為目標中明白寫上特定教法，一般而言，國人所寫的行為目標內容，最多也僅限定在李翠玲 (2001) 所提出的行為目標組成框架之內而已，所以，Larsen 與 Poplin (1980) 的上述叮嚀，似乎可能只適用於美國，而不適用於台灣。然而，在教材／教具方面，Larsen 與 Poplin (1980) 之說法似乎亦可適用於國內的情況。試以之前呈現過的下列行為目標為例：

　　　　能在教師提示下，從 10 張水果圖卡中，正確指出 5 張蘋果圖卡

在上述行為目標中，明白寫出所需之教材／教具——水果圖卡與蘋果圖卡——是極為自然而正常的現象，因為，如果不將教材／教具寫出來，就無法指明該行為目標之動作的「受詞」為何。不過，如果基於某些特定的教學需求與考量，而使得該行為目標所使用的水果圖卡與蘋果圖卡一定要使用某一廠牌的產品才行，那麼，自然應該在行為目標的字裡行間予以明述，否則，僅以一般陳述方式來撰寫即可。

(五) 設計行為目標必須考慮的向度

教學者在設計行為目標時，應該考量若干重要向度，才可以設計出較為適用的行為目標，茲分述如下：

1. 學習者的認知／學習能力水平

如前所述，吾人在初判智能障礙學生之學習／認知能力水平時，多半取決於「智商」與「年齡」這兩大因素。後續之進一步的個案研究，則應該透過實地觀察、與智能障礙學生直接互動、訪問以前教過該生之教師／現任原班導師／家長、研究智能障礙學生的作品與檔案資料、進行正式或非正式測驗……等等，來深入了解智能障礙學生的學習／認知能力水平，這些工作即為特教系學生所應該精熟之專業能力之一，亦即：診斷功力。在特教系的師資培育課程中，「特殊兒童評量與診斷」、「個案研究」之類的科目，即屬「診斷類」的特教專業領域。當啟智班教師能夠精確診斷出智能障礙學生的能力起點、且掌握其能力上的優／弱點之後，才有可能進一步設計出適用於該智能障礙學生之教材。

2. 學習步伐的大小

承前所述，啟智班教師在診斷出智能障礙學生的認知／學習能力水平之後，才可以設計出學習步伐之大小適中的教材內容。而在教學現場中，「學習步伐的大小」所帶給智能障礙學生的最直接感受，應該會轉化為「教材的難易度」。若是學習步伐太大，那麼，該教材會給人感覺太難；反之，倘若學習步伐太小，則該教材會給人感覺太過簡單。總之，學習步伐之過與不及，乃皆非所宜。至於，怎麼做才能知道學習步伐要「多大」或「多小」才適用，其取決關鍵乃在於智能障礙學生之學習／認知能力水平，因此非常依賴啟智班教師在「診斷」上的功力。當啟智班教師能夠精確診斷出智能障礙學生之學習／認知能力水平之後，亦需搭配優秀的「處方能力」才行，否則，後續開出來的「學習處方」極有可能會不合用。在特教系的課程結構中，「個別化教育的理念與實施」之類的科目，則屬於「處方類」的特教專

業領域。至於「特殊教育教學設計」、「啟智教學活動設計」之類的科目，
則一半屬於「處方類」（在目標設計部分）、另一半屬於「治療類」（在活
動設計部分）的特教專業領域。當然，對於初學者而言，最初所開出來的學
習處方，多半具有「試探性」的作用，如果第一次開出的處方不合用，則應
該立即予以修正，其操作原則很簡單：如果學習步伐太大了，就再切細一
點；反之，如果學習步伐太小了，就再放寬一點。

3.學習者的優勢感官途徑

　　教學者在設計啟智教案時，特別要考慮到智能障礙學生的優勢感官途
徑。因為，在教學過程中，教學者會提供若干學習刺激(S)，讓學習者做出反
應 (R)。而人類的感官乃為接收外來刺激的主要途徑，教學者應該盡量讓智
能障礙學生有充分的機會運用其優勢感官來接收學習刺激，如此一來，學習
過程中的「S-R 聯結」才有可能形成。例如：對於口語能力較為薄弱的大多
數重度智能障礙學生而言，聽覺途徑之接收（聽）與表達（說）皆極有可能
無法構成他們的優勢感官途徑，因此，除非有能力透過輔助科技來改善其聽
覺感官途徑之接收與表達的功能，否則，應該讓智能障礙學生改以相對上較
為優勢之替代性感官途徑來進行學習。所以，試以重度智能障礙學生為例：
初學者如果在試教時，一直純粹以「口語講授」之方式來進行教學，這無疑
是要讓重度智能障礙學生透過他們的弱勢感官途徑──聽覺──來進行學
習，如此則顯然不宜。如果無法借助輔助科技來改善其聽覺感官途徑之接收
與表達的功能，那麼，初學者即應尋求替代性感官途徑來進行教學，例如：
視覺（亦即：搭配模型、圖片或影像來進行教學）。而在目標設計中，這些
感官途徑會反應在行為目標所使用的「情境／條件動詞」上，換言之，智能
障礙學生主要透過哪些優勢感官來達成學習刺激之有效接收，即應該列為行
為目標設計之重要考量向度。例如：對於重度智能障礙學生而言，如果啟智
班教師為之設計出下列行為目標：

　　能依照教師之口頭指令，在 10 張水果圖卡中，正確拿出 5 張蘋果圖卡

那麼，該行為目標顯然極有可能讓重度智能障礙學生因為聽不懂教師之口頭指令，而無所適從。或許，該行為目標可改寫為下列之「視覺配對」的形式：

> 能依照教師所呈現之蘋果圖卡，在 10 張水果圖卡中，正確拿出 5 張蘋果圖卡

如此一來，讓智能障礙學生改用相對上較為優勢的視覺感官途徑來進行學習，理應更為適當。而且，教師在進行上示修改後之「視覺配對」行為目標的教學活動時，即使加上聽覺感官刺激（亦即：教師在教學過程中，除了呈現蘋果圖卡以外，還直覺地加上口語提示），也不會影響重度智能障礙學生在接收學習刺激上的主要效能，而且，加上聽覺「輔助」刺激，或許亦能提供若干助益。

4. 適用於學習者的動作反應類型

承接上一段所述，優勢感官途徑影響了智能障礙學生在「接收刺激」與「做出反應」的效能。因此，在行為目標中，到底應該讓智能障礙學生以何種動作來做出反應，其考量重點，仍與優勢感官途徑極為有關。例如：大多數重度智能障礙學生在聽覺感官途徑之「接收」（聽）能力較為薄弱，自然會影響其「表達」（說）能力之效能。如此一來，在行為目標中，教學者若堅持要讓重度智能障礙學生「說出」，則較顯不宜（當然，如果受教之重度智能障礙學生可以勝任的話，使之「說出」亦未嘗不可）。例如：有些初學者曾經設計出下列的行為目標：

> 能在看到男生圖片時，<u>說出</u>「他是男生」
>
> 能在看到女生圖片時，<u>說出</u>「她是女生」

該行為目標已明顯觸犯了「『說出』的迷思」（關於該迷思之詳細內容，請參閱本書第 7 章），亦即：讓重度智能障礙學生透過其動作上的弱項能力，

來做出學習反應。如果改用下示之動作上的優勢能力來做反應,應較適合:

　　能依教師所呈現之男女模型,在 10 張男女生圖卡中,正確<u>指出</u> 5 張
　　男生圖卡
　　能依教師所呈現之男女模型,在 10 張男女生圖卡中,正確<u>指出</u> 5 張
　　女生圖卡

上示之行為目標已將「說出」改為「指出」,其動作難度明顯較低,故較適用於重度智能障礙學生。總之,啟智班教師在為不同學習/認知能力的智能障礙學生設計行為目標時,應使之有機會利用其優勢動作能力來做反應,如此一來,「有效教學」方有可能發生。

Chapter 5

目標設計：
將單元目標演繹成為行為目標的方法

　　將「單元目標」演繹成為「行為目標」的任務內容，主要包含：❶把較為抽象的單元目標，轉化為具體的行為目標，也就是把單元目標具體化；❷在為行為目標排序的時候，要做出難度漸層。初學者欲將單元目標演繹為行為目標時，由於經驗不足，經常捉襟見肘、腸枯思竭、或苦無章法可循。因此，在本章中，筆者試圖將過去之教學實務經驗加以整理，歸納出系統化的演繹方法，希望能縮短／減少初學者在嘗試錯誤上的時間／次數。以下提供之演繹方法中，除了「順序法」與「倒序法」比較未具難度漸層之必然性以外，其餘大多數的方法乃或多或少蘊藏著「難度漸層」的特性。

一　協助逐褪法

　　此一方法乃依據「協助逐褪原則」之設計原理所衍生出來，將教師之「協助」或「提示」逐步予以褪除，亦可製造出難度漸層。以下列舉諸例，以供參考：

能在教師全程之肢體與口語協助下，綁好左腳鞋帶

能在教師之肢體與口語的關鍵提示下，綁好左腳鞋帶

能在教師全程之肢體協助下，綁好左腳鞋帶

能在教師之肢體的關鍵提示下，綁好左腳鞋帶

能在教師全程之口語協助下，綁好左腳鞋帶

能在教師之口語的關鍵提示下，綁好左腳鞋帶

能全程自行綁好左腳鞋帶

一般而言，適用於智能障礙學生之「協助逐褪序列」，可參考下列順序來設計出「由易而難」之難度漸層：

1. 口語＋肢體協助（人為輔助）

❶ 全程協助

　　A. 全程協助完成

　　B. 全程示範

❷ 部分時間協助／重點協助

　　A. 重點協助

　　B. 重點示範

2. 肢體協助（人為輔助）

❶ 全程協助

❷ 部分時間協助／重點協助

3. 口語協助（人為輔助）

❶ 全程協助

❷ 部分時間協助／重點協助

4. 非口語／肢體協助（非人為輔助）

❶ 輔助線索

❷ 記憶術（記憶重點口訣）

❸ 流程提示機器（口訣播放機）

5. 無任何協助（獨立完成）

上述之「輔助線索」，對於智能障礙學生之學習乃非常重要，因而使用機率極高，如：為協助智能障礙學生在穿鞋時能成功分辨左、右腳，教師可事先在左腳（或右腳）上做記號，以協助區別。又如：教導智能障礙學生在招待客人時「能在杯子裡倒入八分滿的水」，對於重度智能障礙學生而言，「八分滿」可能是一個很難跨越的學習瓶頸，因此，教師可教導智能障礙學生使用透明杯，並事先在「八分滿」的水平位置畫一條輔助線，以解決其「無法釐清八分滿水位之位置何在」的學習障礙。

Larsen 與 Poplin (1980) 曾提出一套「線索褪除」(Cue Reduction) 的難度漸層系統，此即：

1. 模仿 (imitation)：學生被要求模仿一個行為；
2. 示範 (modeling)：透過示範來協助學生完成一個學習任務；
3. 口語指示 (verbal instruction)：為學生提供學習任務之口語指示或解釋；
4. 口語複誦 (verbal rehearsal)：學生記憶或複述口語指示，以助其完成學習任務；
5. 非口語指示 (nonverbal instruction)：提供學生可理解之訊號 (signal)，以作為何時或如何針對學習刺激做出反應的線索；
6. 提示 (prompting)：一開始，以直接協助學生之方式助其進行學習任務；
7. 肢體引導 (physical priming)：教師做出與完成標的行為有關之動作，對學生進行肢體引導；
8. 重點強調(emphasis)：透過教師在某些面向之重點式的指導／指示／示意，對學生的學習反應做出提示；
9. 助記(mnemonics)：為學生提供肢體或口語之助記設備，以助其完成學習任務。

筆者認為：將上述「線索褪除」之難度漸層系統應用於智能障礙學生時，應做若干活用與調整，因為，對於口語接收能力無礙的普通班學生而言，口語協助的重要性可能勝過肢體協助，不過，對於口語接收能力較為薄弱的大多數重度智能障礙學生而言，肢體協助的重要性，可能反而勝過口語協助，所以，上述之「線索褪除」在口語協助與肢體協助方面的難度順序，應視學習者之情況而予以機動調換。

二 難度漸增法

　　「難度漸增法」乃試圖在行為目標序列中，製造出學習難度的漸層，最適用於智能障礙學生者，係為「由易而難」之難度漸層。一般而言，難度漸層的表列方式皆採取「標的行為」之正向表列，例如：

　　能在鐘響後 5 分鐘之內<u>進教室</u>

如果將上述行為目標改以負向表列方式來陳述，則往往容易觸犯行為目標之撰寫原則上的「否定句的迷思」，例如：

　　能在鐘響後 5 分鐘內<u>不在走廊上逗留</u>

在此，筆者之所以必須強調初學者應該盡量避免觸犯「否定句的迷思」的主要原因，乃由於：如果在行為目標的陳述上，明言指出智能障礙學生「不做出」某一行為，那麼，評量的「標的行為」即聚焦於「智能障礙學生『不做出』某一行為」之上，如此一來，即可能產生兩種較不妥適之結果，亦即：❶因為智能障礙學生沒做出什麼行為，所以沒有「標的行為」可供評量；❷「標的行為」就是「教育目標」的原子單位，也就是「教師希望智能障礙學生應該習得之學習目標的最終具體展現」，如果沒有直接指明智能障礙學生應該習得之正向行為，則將會使得學習目標明顯弱化或失焦。試以上例來看，「進教室」才是智能障礙學生應該習得之正向「標的行為」，而不是「不在走廊上逗留」，因為「不在走廊上逗留」不代表一定就要「進教室」，也許（對於某些有提供餐宿服務的啟智學校而言）是「進餐廳」或「進寢室」也說不定，如此一來，真正希望智能障礙學生習得之「標的行為」——進教室，在負向表列中，就很容易被弱化或失焦。所以，在撰寫行為目標時，宜採取正向表列之方式來直接指出「標的行為」。在接下來的段落中，茲將各種不同演繹原理之難度漸層的撰寫方法，逐一介紹如下：

(一) 學習條件的漸增／漸嚴

　　有時，透過學習刺激數量／種類的增加可以產生學習條件上的難度漸層。因此，在正向表列上，我們可以製造出「由少而多」之學習刺激數量／種類的區別，來營造出「從易到難」的學習難度漸層。由於智能障礙學生有選擇注意的困難（何華國，2000），因此，「標的刺激」以外的「非標的學習刺激」，皆可視為干擾刺激，將干擾刺激做成有系統的組合，即可轉化為「干擾選項」。以下列舉諸例，以供參考：

範例一：干擾選項之「種類」的漸增

　　能在 1 個紅球、1 個藍球中，依指示正確指出紅球

　　能在 1 個紅球、1 個藍球、1 個綠球中，依指示正確指出紅球

　　能在 1 個紅球、1 個藍球、1 個綠球、1 個黃球中，依指示正確指出紅球

　　能在 1 個紅球、1 個藍球、1 個綠球、1 個黃球、1 個棕球中，依指示正確指出紅球

　　能在 1 個紅球、1 個藍球、1 個綠球、1 個黃球、1 個棕球、1 個白球中，依指示正確指出紅球

　　能在 1 個紅球、1 個藍球、1 個綠球、1 個黃球、1 個棕球、1 個白球、1 個黑球中，依指示正確指出紅球

範例二：干擾選項之「數量」的漸增

　　能在 1 個紅球、1 個藍球中，依指示正確指出紅球

　　能在 1 個紅球、2 個藍球中，依指示正確指出紅球

　　能在 2 個紅球、2 個藍球中，依指示正確指出紅球

　　能在 2 個紅球、3 個藍球中，依指示正確指出紅球

　　能在 3 個紅球、3 個藍球中，依指示正確指出紅球

　　能在 3 個紅球、4 個藍球中，依指示正確指出紅球

上述之兩個範例，還可以混合使用，製造出「花式」的難度漸層。此外，「標的刺激」與「干擾刺激」在數量上的同步／非同步漸增，也可以形成另一種難度漸層。以下列舉諸例，以供參考：

範例三：非同步漸增

能在 1 個紅球、1 個藍球、1 個白球中，依指示正確指出紅球

能在 2 個紅球、1 個藍球、1 個白球中，依指示正確指出所有紅球

能在 3 個紅球、2 個藍球、2 個白球中，依指示正確指出所有紅球

能在 4 個紅球、2 個藍球、2 個白球中，依指示正確指出所有紅球

能在 5 個紅球、3 個藍球、3 個白球中，依指示正確指出所有紅球

能在 6 個紅球、3 個藍球、3 個白球中，依指示正確指出所有紅球

範例四：同步漸增

能在 1 個紅球、1 個藍球、1 個白球中，依指示正確指出紅球

能在 2 個紅球、2 個藍球、2 個白球中，依指示正確指出所有紅球

能在 3 個紅球、3 個藍球、3 個白球中，依指示正確指出所有紅球

能在 4 個紅球、4 個藍球、4 個白球中，依指示正確指出所有紅球

能在 5 個紅球、5 個藍球、5 個白球中，依指示正確指出所有紅球

能在 6 個紅球、6 個藍球、6 個白球中，依指示正確指出所有紅球

(二) 評量標準的漸嚴

一般而言，評量標準所常用之「量數」乃包含：比值、百分比（此較不適用於啟智教學，因為，在「達成比」公式 [亦即：達成比 $= \dfrac{實際達成數量}{預計達成數量}$] 之中，若將所有「達成比」轉化為「達成百分比」[亦即：達成百分比 $= (\dfrac{實際達成數量}{預計達成數量} \times 100)\% = \dfrac{達成比 \times 100}{100}$]，則所有智能障礙學生的分母必然統

統變為 100，如此一來，吾人將無法精確得知每位智能障礙學生之分子、分母在實際操作數量上的個別差異）、次數、速率、頻率、時間、長度、重量、數量、體積、……等。因此，在正向表列上，我們可以製造出「由小而大」（比值）、「由少而多」（次數）、「由慢而快」（速率）、「由間歇而頻繁」（頻率）、「由長而短」（時間）、「由短而長」（長度）、「由輕而重」（重量）、「由少而多」（數量）、「由小而大」（體積）、……等學習評量量數的區別，來營造出「從易到難」的學習難度漸層。以下列舉諸例，以供參考：

1. 由小而大（比值 $= \dfrac{數量}{數量} = \dfrac{完成量}{總量}$）

能在 5 對不同顏色的色卡中，正確將 1 對相同顏色的色卡放在一起

能在 5 對不同顏色的色卡中，正確將 2 對相同顏色的色卡放在一起

能在 5 對不同顏色的色卡中，正確將 3 對相同顏色的色卡放在一起

能在 5 對不同顏色的色卡中，正確將 4 對相同顏色的色卡放在一起

能在 5 對不同顏色的色卡中，正確將 5 對相同顏色的色卡放在一起

2. 由少而多（次數）

能正確投進 1 個籃球

能正確投進 5 個籃球

能正確投進 10 個籃球

能正確投進 15 個籃球

能正確投進 20 個籃球

3-1. 由慢（小速率）而快（大速率）（速率＝$\dfrac{固定次數}{時間}$）

能於 20 分鐘之內正確在（1 個）垃圾筒上裝好垃圾袋

能於 15 分鐘之內正確在垃圾筒上裝好垃圾袋

能於 10 分鐘之內正確在垃圾筒上裝好垃圾袋

能於 5 分鐘之內正確在垃圾筒上裝好垃圾袋

能於 1 分鐘之內正確在垃圾筒上裝好垃圾袋

3-2. 由慢（小速率）而快（大速率）（速率＝$\dfrac{次數}{固定時間}$）

能於 10 分鐘之內正確在 1 個垃圾筒上裝好垃圾袋

能於 10 分鐘之內正確在 2 個垃圾筒上裝好垃圾袋

能於 10 分鐘之內正確在 3 個垃圾筒上裝好垃圾袋

能於 10 分鐘之內正確在 4 個垃圾筒上裝好垃圾袋

能於 10 分鐘之內正確在 5 個垃圾筒上裝好垃圾袋

4-1. 由間歇而頻繁（頻率＝$\dfrac{次數}{固定時間}$）

能在 1 天之內自行到校園撿拾 1 次垃圾（當校園環保小義工）

能在 1 天之內自行到校園撿拾 2 次垃圾

能在 1 天之內自行到校園撿拾 3 次垃圾

能在 1 天之內自行到校園撿拾 4 次垃圾

能在 1 天之內自行到校園撿拾 5 次垃圾

4-2. 由間歇而頻繁（頻率＝$\dfrac{\text{固定次數}}{\text{時間}}$）

能在 5 天之內自行到校園撿拾 1 次垃圾（當校園環保小義工）

能在 4 天之內自行到校園撿拾 1 次垃圾

能在 3 天之內自行到校園撿拾 1 次垃圾

能在 2 天之內自行到校園撿拾 1 次垃圾

能在 1 天之內自行到校園撿拾 1 次垃圾

5. 由長而短（時間）

能在 20 分鐘之內收好自己的餐具

能在 15 分鐘之內收好自己的餐具

能在 10 分鐘之內收好自己的餐具

能在 5 分鐘之內收好自己的餐具

能在 3 分鐘之內收好自己的餐具

6. 由短而長（長度）

能自行走完 1 公尺遠的健康步道

能自行走完 2 公尺遠的健康步道

能自行走完 3 公尺遠的健康步道

能自行走完 5 公尺遠的健康步道

能自行走完 10 公尺遠的健康步道

能自行走完 15 公尺遠的健康步道

能自行走完 20 公尺遠的健康步道

7. 由輕而重（重量）

能自行泡製 1 公斤的汽車洗潔水

能自行泡製 2 公斤的汽車洗潔水

能自行泡製 3 公斤的汽車洗潔水

能自行泡製 4 公斤的汽車洗潔水

能自行泡製 5 公斤的汽車洗潔水

8. 由少而多（數量）

能正確扣好 1 個鈕扣

能正確扣好 2 個鈕扣

能正確扣好 3 個鈕扣

能正確扣好 4 個鈕扣

能正確扣好 5 個鈕扣

9. 由小而大（體積）

能自行到洗手台提取 $\frac{1}{5}$ 水桶滿的水

能自行到洗手台提取 $\frac{2}{5}$ 水桶滿的水

能自行到洗手台提取 $\frac{3}{5}$ 水桶滿的水

能自行到洗手台提取 $\frac{4}{5}$ 水桶滿的水

(三) 學習數量的漸增

單位時間內所須完成之「學習元素之數量」的漸增，可製造出難度的漸層，此一概念與前段「(二)評量標準的漸嚴」所屬之「8.由少而多（數量）」部分，具有極大的重疊性／相似性。因此，在正向表列上，我們可以製造出

「由少而多」之學習數量的區別，來營造出「從易到難」的學習難度漸層。以下列舉諸例，以供參考：

能把 1 張椅子擦乾淨

能把 2 張椅子擦乾淨

能把 3 張椅子擦乾淨

能把 4 張椅子擦乾淨

能把 5 張椅子擦乾淨

(四) 操作時間的漸減

完成行為目標的時間愈短，難度愈高，此一概念與前段「(二)評量標準的漸嚴」所屬之「5.由長而短（時間）」部分，具有極大的重疊性／相似性。因此，在正向表列上，我們可以製造出「由慢而快」之操作時間的區別，來營造出「從易到難」的學習難度漸層。以下列舉諸例，以供參考：

能在鐘響後 30 秒之內進教室

能在鐘響後 25 秒之內進教室

能在鐘響後 20 秒之內進教室

能在鐘響後 15 秒之內進教室

能在鐘響後 10 秒之內進教室

能在鐘響後 5 秒之內進教室

(五) 學習步伐的漸寬／漸廣

基本上，學習步伐愈細步化，學習難度愈低；反之則愈高。如此一來，在正向表列上，我們可以製造出「由細而粗」或「由小而大」之學習步伐的區別，來營造出「從易到難」的學習難度漸層。以下列舉諸例，以供參考：

能寫出「和為個位數」之不進位加法運算的答案

能寫出「和為十位數」之不進位加法運算的答案

能寫出「和為百位數」之不進位加法運算的答案

能寫出「和為個位數」之進位加法運算的答案

能寫出「和為十位數」之進位加法運算的答案

能寫出「和為百位數」之進位加法運算的答案

(六) 由具體到抽象

依據兒童認知發展原理，智能障礙學生在符號／圖形認知上，乃依循「具體」→「半具體（半抽象）」→「抽象」之路徑來發展。因此，循此符號／圖形認知發展路徑，亦可設計出難度漸層。以下列舉諸例，以供參考：

能在 1 男 1 女的真人中，正確指出男生（女生）

能在 1 男 1 女的人體模型中，正確指出男生（女生）

能在 1 男 1 女之 1：1 等真比例的人像立牌中，正確指出男生（女生）

能在 1 男 1 女的彩色相片中，正確指出男生（女生）

能在 1 男 1 女的黑白照片中，正確指出男生（女生）

能在 1 男 1 女的人像彩色寫實畫中，正確指出男生（女生）

能在 1 男 1 女的人像黑白寫實畫中，正確指出男生（女生）

能在 1 男 1 女的人像彩色卡通畫中，正確指出男生（女生）

能在 1 男 1 女的人像黑白卡通畫中，正確指出男生（女生）

能在 1 男 1 女的彩色人體線畫中，正確指出男生（女生）

能在 1 男 1 女的黑白人體線畫中，正確指出男生（女生）

能在 1 男 1 女的人體剪影中，正確指出男生（女生）

能在「♂」、「♀」的符號中，正確指出符號「♂」（「♀」）

能在「男」、「女」國字中，正確指出國字「男」（「女」）

三　順序法

　　「順序法」所涉及之「教學／學習元素」的涵蓋範圍，可包含理論（如：兒童認知發展理論）、原理（如：先具體後抽象原理）、原則（如：先凡例後特例原則）、動作流程、學習難易度、活動時間序列、學習條件複雜度、學習標準之高低、課程結構／認知發展序列（如：先學加減、後學乘除）、活動設計結構（如：先學分項、後學整合）、教師協助量（如：協助逐褪原則）⋯⋯等相關教學／學習元素之屬性的正向排序，而工作分析則是最常被用來進行「學習元素拆解」的方法之一。以下列舉「開水龍頭」的例子，以供參考：

　　能把手放在水龍頭上
　　能握住水龍頭
　　能以逆時針方向旋轉水龍頭 1 圈
　　能以逆時針方向旋轉水龍頭 2 圈
　　能以逆時針方向旋轉水龍頭 3 圈
　　能以逆時針方向旋轉水龍頭 4 圈
　　能以逆時針方向旋轉水龍頭 5 圈
　　能以逆時針方向完全打開水龍頭

四　倒序法

　　基本上，「倒序法」較適用於學習／認知功能較高的智能障礙學生，因此，智能障礙程度愈重的學生，愈不適用「倒序法」。其理由乃因為：事件的順序流程是自然而真實的演變步驟，如果讓智能障礙學生以「倒序法」習得該教學單元的知識與技能，將來在真實生活中應用這些知識或技能的時候，智能障礙學生還必須有能力針對其流程進行「逆向推理」，才有可能成

功。如此一來，「倒序法」即違反啟智教學活動設計之「零推論原則」(zero-degree inference)。不過，在啟智教學中，有些單元也可以使用「倒序法」，甚至，有時還非用不可，例如：在「開／關水龍頭」的教學單元中，智能障礙學生必須學會「打開水龍頭」（順序）以及「關閉水龍頭」（倒序）；此外，在「穿／脫衣服（褲子、鞋子、襪子）」、「開／關瓶蓋」或「認識上學／回家路線」等教學單元中，皆必須同時以「順序法」及「倒序法」來學習該單元之知識或技能。總之，事件的自然演變流程／原理若僅具備「單向性」的話，那麼，對於智能障礙程度愈重的學生，愈不適用「倒序法」；反之，事件的自然演變流程／原理如果同時具備「正、反雙向性」的話，則亦可使用「倒序法」。以下列舉「關水龍頭」的例子，以供參考：

能把手放在水龍頭上
能握住水龍頭
能以順時針方向旋轉水龍頭 1 圈
能以順時針方向旋轉水龍頭 2 圈
能以順時針方向旋轉水龍頭 3 圈
能以順時針方向旋轉水龍頭 4 圈
能以順時針方向旋轉水龍頭 5 圈
能以順時針方向完全關閉水龍頭

五　先分後合法

「先分後合法」之主要精神乃在於：當教師依據單元目標來設計行為目標時，可先逐項鋪排「分項元素」之學習活動，俟後，再將各類分項元素整合起來，進行「綜合式學習」。因此，這類排序方法，亦隱含「先易後難」之設計原理。因為，分項元素的學習通常較為簡單，而將各類分項元素統整在一起學習時，需要運用到更高層次的學習／認知功能，因而，其學習難度亦相對較高。以下列舉諸例，以供參考：

範例一

　　單元目標：能打開水龍頭

　　行為目標：能指認水龍頭（分項）

　　　　　　　能把手放在水龍頭上面（分項）

　　　　　　　能握住水龍頭（分項）

　　　　　　　能依逆時針旋轉水龍頭（分項）

　　　　　　　能自行打開水龍頭（整合）

範例二

　　單元目標：能繫鞋帶

　　行為目標：能指認鞋帶（分項）

　　　　　　　能拿住鞋帶（分項）

　　　　　　　能以鞋帶穿洞（分項）

　　　　　　　能以鞋帶交叉穿洞（分項）

　　　　　　　能自行繫鞋帶（整合）

範例三

　　單元目標：能坐公車回家

　　行為目標：能指認硬幣（分項）

　　　　　　　能指認鈔票（分項）

　　　　　　　能指認車票（分項）

　　　　　　　能指認公車（分項）

　　　　　　　能指認公車站（分項）

　　　　　　　能指認起點站牌（分項）

　　　　　　　能指認終點站牌（分項）

　　　　　　　能指認公車司機（分項）

能指認售票處（分項）

能指認售票人員（分項）

能找錢（分項）

能買票（分項）

能自行搭公車回家（整合）

六 具體事件法

　　把較為抽象的單元目標，轉化為具體可行的事件，每一事件即可用來形成一個行為目標。試以「能愛國」這個單元目標為例，將其具體可行之「愛國」行動／事件轉化為行為目標後，可寫成：

能唱國歌

能在聽到國歌時，跟著唱國歌

能在聽到國歌時，立正站好

能指認本國國旗

能對國旗敬禮

能說出國旗的歷史來源

能指認國貨

能購買國貨

能在國慶日掛國旗

能說出國慶日的歷史來源

此外，在「認知、情意、技能」這三個學習向度中，「情意類」的單元目標皆屬「心理操作」，而非「具體操作」，故較為抽象。「能愛國」亦可歸類為「情意類」的單元目標，由上述示範可知：透過「具體事件法」，即可將較為抽象之情意類「單元目標」之具體可行的行動／事件轉化為「行為目標」。

Chapter 6

目標設計：
具體動詞與抽象動詞之概念澄清

　　本書所提及之教案中的「教學目標」，在概念上，係包含「單元目標」及「行為目標」。其中，「行為目標」（具體目標）所使用之動詞 $(v, verb)$ 必須是「具體 $(c, concrete)$ 動詞」(v_c) 才行，如果不使用具體動詞，那麼，該行為目標即不能視為「具體目標」。因為，行為目標在所有教學目標群中雖屬最低位階，卻是具備最大之「可執行要素」的階層，因此，其理應擁有最具象、最具體的設計內涵，據此，後續之教學活動設計方能以行為目標為基礎（這部分涉及教案的前半截：「目標設計」），進一步以之為藍圖而設計出可操作、可執行的教學活動（這部分涉及教案的後半截：「活動設計」）。是故，本章之目的，即在於協助讀者澄清一個概念：「何謂具體動詞？」相對地，亦使讀者了解「具體動詞」之相對詞——「抽象 $(a, abstract)$ 動詞」(v_a)——的意涵。

一　「具體動詞」的判定基準

(一) 三可原則：缺一而不「可」

　　如果要確認一個行為目標所使用之動詞是否為具體動詞，我們有一個簡單的方法可資運用，亦即，利用「三可原則」來予以檢驗。「三可原則」之內涵包含「可操作」、「可觀察」、「可評量」（assessable，為與「抽象動

詞」(v_a) 及「感官動詞」(v_s) 做出區分，特別另以 assessable 之中的英文字母 b 來標示之，故以 v_b 來表示「可評量動詞」）等三個面向。首先，一個具體動詞必須要能夠被外顯操作才行。此一「外顯操作」之概念，係相對於「心理操作」而言。例如：「能愛護小動物」，其中之動詞──「愛護」──只能實施心理操作（在心裡想），但無法進行外顯操作（把它做出來而使該動作被別人看得到）。一個具體動詞若屬「可被操作」（第一「可」），則該動作方得以「可被觀察」（第二「可」）；而可被觀察的動作，方進一步「可被評量」（第三「可」）。換言之，具體動詞所堅決奉行的，是「三可主義」的路線。而且，此處所介紹之「三可原則」的內涵，係具備「可」與「可」之間相互依存的關係，缺一而不「可」。如果用數學上的集合概念來予以說明，那麼，一個具體動詞應該具備第 4 章之圖 4-9 的交集（黑色）部分的性質。

(二) 可評量動詞成份總量之單一化

除此之外，因為行為目標最多只能有 1 個可評量的具體動作，也只能產生 1 個可評量的具體結果，因此，具體動詞所具備的動詞結構，須使「可評量動詞 (v_b) 成份 (C, component) C_{v_b} 之總體數量 (n, number)── $\sum n(C_{v_b})$ ──達到單一化，也就是：使 $\sum n(C_{v_b}) = 1$」。動詞結構之「可評量動詞成份 (C_{v_b}) 總量單一化」未必等於「動詞成份 (C_v) 總量單一化」（亦即：$\sum n(C_v) = 1$）。試以「觸控」這個複合動詞為例，來進行說明：

1. 在動詞成份 (C_v) 方面

首先，我們要針對該複合動作做動詞結構分析，最後可得：「觸控」=「觸摸」（其動詞成份數量 $n(C_v) = 1$）+「控制」（其動詞成份數量 $n(C_v) = 1$），所以，「觸控」之動詞成份總量 $\sum n(C_v) = 1 + 1 = 2$，亦即：「觸控」包含了 2 個動詞成份。因為 $\sum n(C_v) = 2 \neq 1$，所以「觸控」所包含的動詞成份總量未達單一化。

2. 在可評量動詞成份 (C_{v_b}) 方面

在「觸控＝觸摸＋控制」的複合動詞結構中，「觸摸」乃屬於可評量具體動詞（故其可評量動詞成份之數量 $n(C_{v_b}) = 1$），而「控制」則為不可評量之抽象動詞（故其可評量動詞成份之數量 $n(C_{v_b}) = 0$），所以，「觸摸」之可評量動詞成份總量 $\sum n(C_{v_b}) = 1 + 0 = 1$（按：關於某一動詞究竟是屬於「具體動詞」或「抽象動詞」的判別方法，將於本章後續段落中詳加介紹），亦即：「觸控」只包含了 1 個可評量動詞成份。因為 $\sum n(C_{v_b}) = 1$，所以「觸控」所包含的可評量動詞成份總量已達單一化。

3. 研判

雖然，「觸控」之動詞成份 (C_v) 總量未達單一化，然而，其所包含之可評量動詞成份 (C_{v_b}) 總量卻已達單一化，因此可以確定：「觸控」這個複合動詞最多只會呈現出一個可評量的具體動作，最後，也只會產生一個可評量的具體結果。若某一行為目標在具體動詞方面只使用「觸控」這一個動詞，那麼，該行為目標將可滿足「可操作」、「可觀察」之屬性，在後續衍生狀況中，自然亦可滿足「可評量」之條件，最終，該行為目標將可完全滿足「三可原則」之要求。因此，我們可以說：「觸控」可歸類為適用於行為目標的「可評量 (b) 具體 (c) 動詞」(v_{b+c})。

如果，我們把「適用於行為目標的具體動詞」（以下若無特別說明，則一律簡稱為「具體動詞」）當作一個數學上的「具體動詞集合」(V_c) 來看待，那麼，從「可評量」的觀點來看，「具體動詞」(v_c) 遂可表示為：

$$v_c \in V_c = \{v \mid \max(\sum n(C_{v_b})) = \min(\sum n(C_{v_b})) = 1\}$$

上式中，v_c ＝具體動詞、V_c ＝具體動詞的集合、v ＝動詞的集合元素、$n(C_{v_b})$ ＝可評量動詞成份的數量、$\sum n(C_{v_b})$ ＝可評量動詞成份總量。任何動詞要被判定為具體動詞，在上式中，提出了唯一的 1 個關鍵判別條件，亦即：$\max(\sum n(C_{v_b})) = \min(\sum n(C_{v_b})) = 1$，換言之，該動詞之可評量動詞成份總量

$\sum n(C_{v_b})$「最 多」（*max*, maximum）只 能 1 個，而 且，「最 少」（*min*, minimum）也只能 1 個。其所蘊藏之意涵如下：

1. 在屬性上

只有具體動詞才可被評量，而且，只有內含「可評量動詞成份」(C_{v_b}) 的動詞，才有可能成為「具體動詞」(v_c)。反之，不能被評量的動詞，即屬「抽象動詞」(v_a)。在「三可原則」中，我們可以說：「可操作」是為了「可觀察」，而「可觀察」則是為了「可評量」。所以，判別「具體動詞」或「抽象動詞」的關鍵區辨點，即在於「該動詞是否可被評量 (b)」。因為，逆向推論起來：當某一動詞「可被評量」，我們必然推知其「可被觀察」；當某一動詞「可被觀察」，我們必然推知其「可被操作」。故而，吾人可以進一步簡化得知：「具體動詞」(v_c) 必然是「可評量動詞」(v_b)，而且，唯有「可評量動詞」(v_b) 才可以被充當「具體動詞」(v_c) 來使用。

2. 在數量上

❶ 任何動詞所包含之「可評量動詞成份總量」若等於 0（亦即：$\sum n(C_{v_b}) = 0 \neq 1$），那麼，該動詞必然屬於「抽象動詞」($v_a$)。該動詞將因只具備 0 個可評量動詞 ($v_b$)，而無法產生任何具體結果，故不能被視為適用於行為目標的「具體動詞」。

❷ 任何動詞所包含之「可評量動詞成份總量」若大於 1（亦即：$\sum n(C_{v_b}) > 1 \neq 1$），那麼，該動詞將因具備 ≥ 2 個可評量動詞 (v_b)，而產生 ≥ 2 個可評量的具體結果，最後，終因違反「行為目標只能有 1 個可評量之具體動詞、且只能產生 1 個可評量之具體結果」的原則，而不能被視為適用於行為目標的「具體動詞」。

總之，任何動詞若要成為「具體動詞」，那麼，其所包含之「可評量動詞成份」的總量，「過」（亦即：$\sum n(C_{v_b}) > 1$）與「不及」（亦即：$\sum n(C_{v_b}) < 1$）都不行，一定只能嚴格控制在「單一化」（亦即：$\sum n(C_{v_b}) = 1$）的範圍內才行。若將具體動詞 (v_c) 的「主要相關特性」

(*prop*, property) 視為一個「屬性集合」$prop(v_c)$ 來看待，那麼，在概念上，其可表示為：

$$prop(v_c) = \{具體，可評量，可評量動詞成份總量單一化\}$$

② 具體動詞之「三可原則」的研判實例

有些動詞看似具體，卻實則抽象，往往造成初學者的困擾。因此，接下來，筆者提出若干實例，幫助大家進一步利用「三可原則」來判斷某一動詞是否屬於具體動詞。例如：

能在鏡中<u>看到</u>自己的臉部五官

表面上，「看到」似乎可以進行外顯操作，但夠不夠具體，卻有待商榷。例如：當某人「看到」外在事物時，他可以利用眼睛來操作視覺動作，此時，即便該動作已具備「可操作」之要素，卻未必進一步滿足「可觀察」之充分條件。因為，很可能操作者已在努力操作（努力地看）之中，但觀察者卻很難看出有何差別（無法確知他有沒有在看、或有沒有看到）。既然很難辨別或觀察，自然就不易評量。因此，充其量，「看到」只能具備「可操作」之要素，卻未必符合「可觀察」、「可評量」之條件。接下來，再看看下面的例子：

能<u>尊敬</u>師長

這個動詞——「尊敬」——完全只能在內心進行抽象操作，而無法進行外顯之具體操作。是故，即使它可以在心理上進行「操作」，卻未必可以被觀察。既然不易被觀察，自然無法被評量。

三 判別具體動詞之「大易輸入法」──閉目判像法

在課堂上，筆者常向初學者介紹一個關於「具體動詞」(v_c) 的簡易判別法，此即：「閉目判像法」。例如：以「能愛國」這個目標為例，在研判「愛國」是否為具體動詞時，首先，大家可以閉上眼睛，幻想有一個智能障礙小朋友正在「愛國」，然後，再問問自己：「我是否從剛才的想像中，清楚地看到了該小朋友表現出任何關於『愛國』之外顯行為的影像或畫面？」如果「有」，即代表該動詞為具體動詞，其可適用於行為目標；反之，如果「沒有」，那麼，該動詞即屬抽象動詞，故不適用於行為目標。

在使用「閉目判像法」時，一定要100%忠於行為目標所使用之「動詞」的原文字義，不可擅自過度想像，否則容易導致誤判。例如：筆者在課堂上，曾經要求初學者針對「能愛用國貨」這個教學目標進行閉目判像。結果，有些初學者判定「愛用」是屬於具體動詞。筆者問他們：「你們剛才在腦海裡出現了什麼畫面？」其中有些人回答說：「我剛才看到有人在使用大同電鍋。」這就是最經典之「擅自過度想像」的實例！筆者所出題的教學目標是「能愛用『國貨』」，而不是「能愛用『大同電鍋』」。其實，精確來講，「國貨」是抽象名詞 (n_a)（它只是一個抽象的集合名詞，或只是一個抽象的泛稱，沒有指出具體的品名或物件），而「大同電鍋」則是具體名詞 (n_c)（因為它指出了一個具體的品名或物件）。在「閉目判像法」的世界裡，「國貨」和「大同電鍋」是差別很大的！

此外，諸如「看到」、「聽到」、「嗅到」、「聞到」之類的感官動詞，透過「閉目判像法」來進行初步判別時，在腦海裡所想像的畫面或影像中，應該以「最小動作量」來當作「篩選劑量」，因為最小篩選劑量才是最嚴格、且不易導致誤判的「安全劑量」。試以「看到」為例：「看到」的動作劑量，可以大到「睜大眼睛用力看」，也可以小到「兩眼一動也不動地看」。在這條「看到」的動作劑量的「光譜」中，最小值就是「兩眼一動也不動地看」，這種動作即使「可操作」，也無法清晰辨別或觀察，甚至無法準確評量。是故，在「閉目判像法」中，諸如「看到」之類的感官動詞，經

過「最小安全劑量」的嚴格篩選後，由於這些感官動詞的動作並不夠具體，導致不可評量，因此，咸應歸類為「抽象動詞」(v_a)。不過，最後筆者要提醒讀者的是，並非所有的感官動詞都必然是抽象動詞，試以觸覺上的「摸到」或味覺上的「嚐到」為例：透過「閉目判像法」來進行初步判別，「摸到」或「嚐到」的動作就十分具體可察、且可評量，因此應歸類為「具體動詞」(v_c)。

㊃ 只有使用「具體動詞」的行為目標才可能有「評量標準」

任何「行為目標」都應具備相對應之「評量標準」，否則，吾人將無從確知學習者是否已習得該行為目標所指向之知識、概念、技能。由於行為目標在所有教學目標群中，係屬最低階、且最具體之描述，因此，其已具備可評量之要件。換言之，任何教學目標只要未達可操作（「三可原則」之第一「可」）之最具體的描述，而依然殘留抽象之動詞屬性，則必然不適用於後續之觀察（「三可原則」之第二「可」）與評量（「三可原則」之第三「可」）。是故，吾人可以明確地形成一個結論：只有使用「具體動詞」的行為目標，才可能有「評量標準」。這個結論為何要特別被提出來呢？它有何重要性呢？其實，在國內現有之教案或個別化教育計畫 (IEP) 的格式中，大家所使用的目標名稱皆未必統一，是故，我們如何判斷哪個目標是行為目標呢？例如：有些 IEP 格式只呈現「長期目標」與「短期目標」，初學者就曾問筆者：「老師，我怎麼判斷這個『短期目標』是否為『行為目標』呢？」其實，答案很簡單：只有使用「具體動詞」的行為目標才會有「評量標準」，換言之，只有具備「評量標準」的教學目標，才有可能是「行為目標」。如果該「短期目標」具備「評量標準」之設計，那麼，它就已經具備「行為目標」之基本屬性，反之則否。總之，國內關於教案或個別化教育計畫 (IEP) 的格式皆未必統一，對於目標之稱呼可能大異其趣，在進行判斷時，先深入研究該目標之屬性後，再套入「只有使用『具體動詞』的行為目標才會有『評量標準』」之判別點來思考，結果即可一目瞭然。

五 感官動詞

　　若從心理學之行為主義學派的角度來詮釋「學習」，那麼，「學習」應可視為一連串「刺激—反應」(S-R) 聯結之塑造過程。是故，在教學實況中，教學者必須為行為目標設計教學情境／條件，而且，教學者可能會經常要求學習者在接受相關之情境／條件的學習刺激 (S) 以後，再做出某些「評量用動詞」的動作反應(R)。既然這些情境／條件一定要使用到動詞，如此一來，不就統統會陷入「雙動詞迷思」嗎？其實不然。人類要靠視、聽、觸、味、嗅等感官來接受外來訊息（而且，前三項之使用頻率多半呈現「視覺＞聽覺＞觸覺」之現象），以進行學習活動，是故，在做出「評量用動詞」的動作之前，學習者必然要先使用「感官動詞」（大多數的感官動詞皆屬「情境／條件動詞」）來接收學習刺激，俟後，才能做出正確之「評量用具體動詞」的反應。此種「先感官動詞、後評量用具體動詞」的設計方式，乃為學習活動之自然常態，不能視為陷入「雙動詞迷思」（關於「雙動詞迷思」之細節，請參閱本書第 7 章——目標設計：初學者在目標設計上常犯之錯誤類型）。反之，下例未使用任何感官（s, sensory）動詞 (v_s)，且使用兩個具體動詞 (v_c)，故已觸犯「雙動詞迷思」。

　　　　能指著男同學，說出：「他是男生」

上例若如同下例所示，將具體動詞 (v_c)「指著」改為感官動詞 (v_s)「看到」，即可擺脫「雙動詞迷思」：

　　　　能在看到男同學後，說出：「他是男生」

事實上，有些「感官動詞」屬於具體動詞、有些則屬於抽象動詞，該五種感官之動詞屬性分析，如表 6-1 所示。

　　由於，並非所有的感官動詞都是具體動詞，是故，在當作情境／條件用

表 6-1　「感官動詞」之屬性分析

感官	動詞	三可原則			判定結果	判定是否滿足「三可原則」之理由
		可操作	可觀察	可評量		
視覺	看到	✓	✓ ✗	✗	抽象動詞	無法100%確認有「看」是否有「到」
聽覺	聽到	✓	✓ ✗	✗	抽象動詞	無法100%確認有「聽」是否有「到」
觸覺	摸到	✓	✓	✓	具體動詞	「用手去摸」的外顯動作極易分辨
味覺	嚐到	✓	✓	✓	具體動詞	「用嘴去嚐」的外顯動作極易分辨
嗅覺	聞到	✓	✓ ✗	✗	抽象動詞	無法100%確認有「聞」是否有「到」

動詞之時，教學者要特別留意的是：在教學活動進行中所提供的刺激，應屬愈清晰可辨者愈佳。

六　「完美的具體動詞」與「類抽象動詞」之區別

有時，「具體動詞」(v_c) 因為搭配抽象名詞 (n_a)（該類名詞乃不具體、含混不清、或所指定之物品名稱較不明確，故亦可稱之為「模糊名詞」或「含混名詞」，為與動詞分類名稱互相呼應，特稱之為「抽象名詞」），經由「v_c ＋n_a」之交互作用而突變成為「類抽象動詞」($\hat{v}_a$)（雖其本質原屬具體動詞，而作用結果卻宛如抽象動詞一樣）。試以下例來進行說明：

　　能正確指認國貨

上例之行為目標中，「指認」是「具體動詞」(v_c)，「國貨」則為「抽象名詞」(n_a)，而不是「具體名詞」(n_c)（通常，n_c 已清楚指出物品之名稱，而不是一個模糊的集合名詞，故亦可稱之為「清晰名詞」或「精確名詞」，為與動詞分類名稱互相呼應，特稱之為「具體名詞」）。以下再列舉兩個行為目

標，進行更深入的比較說明：

A. 能在電器商店中指認<u>國貨</u>
B. 能在電器商店中指認<u>大同電鍋</u>

上列之兩個行為目標中，例 B 所使用之名詞（大同電鍋）比例 A 之名詞（國貨）更為具體而明確，故而，例 B 之「大同電鍋」乃屬於「具體名詞」(n_c)，而例 A 的「國貨」則屬於「抽象名詞」(n_a)。雖然兩者所使用之具體動詞皆為「指認」，但是，A、B 兩例之差別乃在於：因為例 B 所使用之名詞較為具體，其所指稱之「具體名詞」(n_c) 的物品乃具體、清晰、而且真實，因而，在教學現場之操作中，例 B 之「指認大同電鍋」因為使用「具體名詞」(n_c)之緣故，而使其行為變得確實、具體、可行，最終遂可產生具體之結果。而例 A 之「指認國貨」則因為其所指稱之「標的名詞」(target noun) 並不夠清晰而難以具體遂行，終而無法產生具體之結果。職是之故，吾人應可形成下列兩個小小結論：

完美的具體動詞 ($perfect\ v_c$) ＝具體動詞 (v_c)＋具體名詞 (n_c)

而且，

類抽象動詞 ($\hat{v}_a$)＝具體動詞 (v_c)＋抽象名詞 (n_a)

依據筆者經驗：有些初學者在撰寫行為目標時，會將「具體動詞」(v_c)搭配「抽象名詞」(n_a) 來使用，這種搭配組合會使得「具體動詞」(v_c) 搖身一變而成為「類抽象動詞」。其實，「具體動詞」所使用的，必然是「具體名詞」，而絕非「抽象名詞」。因此，我們可以進一步指出下列關於「具體動詞」(v_c) 或「類抽象動詞」($\hat{v}_a$) 之使用 (use) 情形：

1. 具體動詞 (v_c) 之使用情形 $use\,(v_c)$，可存在下列兩種運作模式：

❶ $use(v_c)=v_c+n_c-n_a$：具體動詞 (v_c) 搭配使用具體名詞 (n_c)，且不使用抽象名詞 (n_a)，如：

能正確指認 (v_c) 大同電鍋 (n_c)

❷ $use(v_c)=v_c+(0\times n_c)-n_a$：具體動詞 (v_c) 搭配使用 0 個具體名詞 (n_c)，且不使用抽象名詞 (n_a)，如：

能單腳跳 (v_c)

2. 類抽象動詞 $(\hat{v}_a)$ 之使用情形 $use(\hat{v}_a)$，可存在 $use(\hat{v}_a)=v_c+n_a-n_c$ 之運作模式，亦即：具體動詞 (v_c) 搭配使用抽象名詞 (n_a)，且不使用具體名詞 (n_c)，如：

能正確指認 (v_c) 國貨 (n_a)

總之，在行為目標之設計規範中，當具體動詞 (v_c) 搭配抽象名詞 (n_a) 來使用時（如：「能正確指認國貨」），抽象名詞（如：「國貨」）會讓其所搭配之具體動詞（如：「指認」）產生「無法清楚明白究竟要操作什麼具體之物品」的「抽象化」作用，因而導致該「具體動詞」突變成為「類抽象動詞」。在行為目標中，雖然「類抽象動詞」的本來面目是「具體動詞」，但是，因為它搭配使用了「抽象名詞」，而使得該「具體動詞」無法產生具體結果，此一情形乃好比被廢去原有之「具體動詞」的功能，因而，看起來猶如「抽象動詞」無法產生具體結果一般，故特別稱之為「類抽象動詞」$(\hat{v}_a)$。

 七 灰階動詞（「看似具體、又似抽象」或「既可具體、亦可抽象」的動詞）

基本上，「具體動詞」與「抽象動詞」乃如同黑白分明的兩大動詞陣

營，但是，從表 6-1 中卻可發現到：「看到」、「聽到」或「聞到」等類之感官動詞因為動作不明顯，而變得看似具體，實則抽象。這類動詞彷彿身處於既黑又白、甚至使人黑白難辨的灰色地帶，為便於溝通概念起見，特別將之命名為「灰階動詞」。此外，諸如「呼吸」之類的非感官動詞，因為無法 100% 確認其動作，亦須將之視為灰階動詞。所有的灰階動詞，因為無法 100% 確認其動作是否符合「三可原則」，因而，為求保險、周延起見，其只能被列為「抽象動詞」(v_a)。

除此之外，還有一類「可變式灰階動詞」，會因為內蘊之動詞結構的不同，而產生具體／抽象之動詞屬性的差別，如：「模仿」一詞等於「看到 (v_a)」＋「做出示範者的具體 (v_c)／抽象 (v_a) 動作」，因此，「模仿」會搭配出下列兩種結果：

1. 當「模仿」＝「看到」(v_a)＋「做出」(v_c)＝v_{ac} 時，「模仿」是具體動詞 ($v_{ac} \in V_c$)
2. 當「模仿」＝「看到」(v_a)＋「做出」(v_a)＝v_{aa} 時，「模仿」是抽象動詞 ($v_{aa} \in V_a$)

看來，「模仿」這類的灰階動詞就彷彿是變色龍或變形金剛一樣，在這兒可以變身為具體動詞 (v_c)，在那兒又可以變身為抽象動詞 (v_a)。關於這些變色龍或變形金剛之動詞屬性的研判方法，將在後續之「複合動詞」中進一步予以說明。

八 複合動詞

在中文的常用詞彙裡，存在著一種「表面上看起來雖像是只有一個動作，而實際上卻內含兩個動作 ($v_{xy} = v_x + v_y$)」的「複合動詞」(v_{xy})，其動詞成份 (C_v) 之總量必然存在 $\sum n(C_v) = 1 + 1 = 2$ 的內建結構，然而，其可評量動詞成份 (C_{v_b}) 之總量卻可呈現出 $\sum n(C_{v_b}) = 0 + 0 = 0$ 或 $\sum n(C_{v_b}) = 0 + 1 = 1$ 或

$\sum n(C_{v_b}) = 1 + 1 = 2$ 之結果。當教案設計者有意將「複合動詞」用於行為目標時，必須特別注意的重點是：即便複合動詞所具備之「動詞成份」(C_v) 必然未達「單一化」、且為「二元化」，亦即：$\sum n(C_v) = 2$，然而，其所內含之「可評量動詞成份」(C_{v_b}) 總量卻非達「單一化」（亦即：$\sum n(C_{v_b}) = 1$）不可。一般而言，這類複合動詞總共包含顯性、隱性兩類。下示即為常見之顯性複合動詞，例如：

指認＝指出＋辨認
看懂＝看到＋理解
區分＝區別＋分辨
察覺＝觀察＋發覺

上述之顯性複合動詞，從字面上可以很容易地拆解出兩個動詞來。而下示之隱性複合動詞，則不易直接從字面上拆解出兩個動詞來，例如：

模仿＝看到＋做出示範者的動作
朗讀＝看到＋唸出

那麼，這些複合動詞之文字意涵所內蘊的兩個動詞，相互結合在一起之後，究竟會變成具體動詞、還是抽象動詞呢？其判定準則為何？首先，讓我們端詳一下表 6-2 所顯示之複合動詞之雙動詞搭配結果的屬性分析表。

表 6-2　複合動詞 (v_{xy})之雙動詞搭配結果的屬性分析

	具體動詞 (v_c)	抽象動詞 (v_a)
具體動詞 (v_c)	cc 型複合動詞 ($v_c + v_c = v_{cc}$)	ca 型複合動詞 ($v_c + v_a = v_{ca}$)
抽象動詞 (v_a)	ac 型複合動詞 ($v_a + v_c = v_{ac}$)	aa 型複合動詞 ($v_a + v_a = v_{aa}$)

我們可以將表 6-2 的分析結果應用在一些實例上，如：

1. cc 型複合動詞 (v_{cc}) $\in$ 具體動詞 ($v_c + v_c = v_{cc} \in V_c$)

仿說 (v_{cc})＝模仿^c (v_c)＋說出 (v_c)

仿做 (v_{cc})＝模仿^c (v_c)＋做出 (v_c)

仿唸 (v_{cc})＝模仿^c (v_c)＋唸出 (v_c)

仿畫 (v_{cc})＝模仿^c (v_c)＋畫畫 (v_c)

仿寫 (v_{cc})＝模仿^c (v_c)＋書寫 (v_c)

仿唱 (v_{cc})＝模仿^c (v_c)＋歌唱 (v_c)

唱跳 (v_{cc})＝唱歌 (v_c)＋跳舞 (v_c)

【註：❶cc 型複合動詞 (v_{cc}) 雖然屬於具體動詞，但是，除非其中一個動詞是感官動詞或「模仿^c」之類的可變式灰階動詞，否則，將之應用於行為目標時，容易因為可評量動詞成份 (C_{v_b}) 總量未達「單一化」($\sum n(c_{v_b}) \neq 1$)而觸犯了「雙動詞迷思」。❷在上示例子中，「模仿」乃屬於「可變式灰階動詞」，其最後之動詞屬性將因示範者所做出之動詞屬性的不同，而有具體 (v_c) 或抽象 (v_a) 等兩種結果之區別，為便於辨識起見，乃在此處及後續討論中，分別以「模仿^a」（此一動詞係屬抽象動詞 (v_a)）及「模仿^c」（此一動詞係屬具體動詞 (v_c)）來標明其動詞屬性。】

2. ac 型複合動詞 (v_{ac}) $\in$ 具體動詞 ($v_a + v_c = v_{ac} \in V_c$)

朗讀 (v_{ac})＝看到 (v_a)＋唸出 (v_c)

競走 (v_{ac})＝競爭 (v_a)＋走路 (v_c)

歡唱 (v_{ac})＝歡喜 (v_a)＋唱歌 (v_c)

聽寫 (v_{ac})＝聽到 (v_a)＋書寫 (v_c)

模仿^c (v_{ac})＝看到 (v_a)＋做出示範者的具體動作 (v_c)

3. ca 型複合動詞 (v_{ca}) $\in$ 具體動詞 ($v_c + v_a = v_{ca} \in V_c$)

指認 (v_{ca})＝指出 (v_c)＋辨認 (v_a)

做完 (v_{ca})＝做出 (v_c)＋完成 (v_a)

摸讀 (v_{ca})＝觸摸 (v_c)＋解讀 (v_a)

觸控 (v_{ca})＝觸摸 (v_c)＋控制 (v_a)

按選 (v_{ca})＝按下 (v_c)＋選擇 (v_a)

4. *aa* 型複合動詞 (v_{aa}) ∈ 抽象動詞 $(v_a + v_a = v_{aa} \in V_a)$

看懂 (v_{aa})＝看到 (v_a)＋理解 (v_a)

區分 (v_{aa})＝區別 (v_a)＋分辨 (v_a)

察覺 (v_{aa})＝觀察 (v_a)＋發覺 (v_a)

愛用 (v_{aa}) ＝喜愛 (v_a)＋使用 (v_a)

模仿 $^a(v_{aa})$＝看到 (v_a)＋做出示範者的抽象動作 (v_a)

仿造 (v_{aa})＝模仿 $^a(v_a)$＋製造 (v_a)

若以數學之交集 (∩) 概念來予以說明（因為，在概念上，複合動詞乃意指：兩個動詞必須在同時出現之機率或條件下，才會產生該類動詞之行為表現），表 6-2 之「複合動詞」的不同結合方式，可以搭配出下列三種結果：

1. 具體動詞 (v_c)∩ 具體動詞 (v_c)＝具體動詞 $(v_c \cap v_c = v_{cc} \in V_c)$
2. 具體動詞 (v_c)∩ 抽象動詞 (v_a)＝具體動詞 $(v_c \cap v_a = v_{ca} = v_a \cap v_c = v_{ac} \in V_c)$
3. 抽象動詞 (v_a)∩ 抽象動詞 (v_a)＝抽象動詞 $(v_a \cap v_a = v_{aa} \in V_a)$

我們可進一步利用數學式來描述表 6-2 的判定原理，此即：

設：動詞代碼 $code(v_a)＝0$，$code(v_c)＝1$

令：動詞屬性 $attr(v) = \sum_{i=1}^{m} code(v_{a_i}) + \sum_{j=1}^{n} code(v_{e_j})$ ⋯⋯⋯⋯ 複合動詞判別式

則，動詞屬性之判定方式為：

❶ 當 $attr(v)＝0$ 時，該動詞之屬性＝抽象動詞 (v_a)；

❷ 當 $attr(v) \neq 0$ 時，該動詞之屬性＝具體動詞 (v_c)。

例 1：唱跳 $(v_{cc}=v_c+v_c)$

$\because attr(唱跳)=code(唱歌)+code(跳舞)$

$=code\,(v_c)+code\,(v_c)$

$=1+1$

$=2\neq0$

$\therefore$ 唱跳 = 具體動詞 (v_c)

例 2：競走 $(v_{ac}=v_a+v_c)$

$\because attr(競走)=code(競爭)+code(走路)$

$=code\,(v_a)+code\,(v_c)$

$=0+1$

$=1\neq0$

$\therefore$ 競走 = 具體動詞 (v_c)

例 3：摸讀 $(v_{ca}=v_c+v_a)$

$\because attr(摸讀)=code(觸摸)+code(解讀)$

$=code\,(v_c)+code\,(v_a)$

$=1+0$

$=1\neq0$

$\therefore$ 摸讀 = 具體動詞 (v_c)

例 4：看懂 $(v_{aa}=v_a+v_a)$

$\because attr(看懂)=code(看到)+code(理解)$

$=code\,(v_a)+code\,(v_a)$

$=0+0$

$=0$

$\therefore$ 看懂 = 抽象動詞 (v_a)

將上述之討論內容加以整理後，我們可以利用複合動詞判別式，將表 6-2 改寫為表 6-3。

表 6-3　複合動詞判別式之數值分析

	具體動詞 (v_c)	抽象動詞 (v_a)
具體動詞 (v_c)	$\because attr(v_{cc}) = code(v_c) + code(v_c)$ $= 1 + 1$ $= 2 \neq 0$ $\therefore v_{cc} = $ 具體動詞 (v_c)	$\because attr(v_{ca}) = code(v_c) + code(v_a)$ $= 1 + 0$ $= 1 \neq 0$ $\therefore v_{ca} = $ 具體動詞 (v_c)
抽象動詞 (v_a)	$\because attr(v_{ac}) = code(v_a) + code(v_c)$ $= 0 + 1$ $= 1 \neq 0$ $\therefore v_{ac} = $ 具體動詞 (v_c)	$\because attr(v_{aa}) = code(v_a) + code(v_a)$ $= 0 + 0$ $= 0$ $\therefore v_{aa} = $ 抽象動詞 (v_a)

　　其中，$attr(v)$ 必然為正整數，其可能出現之計算結果，只有 0、1、2 等三個數值，據此，吾人可進一步歸納出 $attr(v) = 0$ 與 $attr(v) \neq 0$ 這兩種情形。若改以另一種角度來予以解讀，則或可將 $attr(v)$ 視為複合動詞之「具體值」，其中：

❶ 當 $attr(v_{xy}) = 0$ 時
　　$\because$ 具體值 $= 0$
　　$\therefore v_{xy} = $ 抽象動詞 (v_a)
❷ 當 $attr(v_{xy}) \neq 0$ 時
　　$\because$ 具體值 $\neq 0$
　　$\therefore v_{xy} = $ 具體動詞 (v_c)

　　在「行為目標」之中，其所適用者，乃為「ca 型複合動詞」(v_{ca}) 與「ac 型複合動詞」(v_{ac})，因為兩者皆僅僅內含一個具體動詞，故只會產生一個具體結果。反之，「行為目標」則較不宜使用「aa 型複合動詞」(v_{aa}) 與「cc 型複合動詞」(v_{cc})，前者因為是抽象動詞 (v_a) 的緣故，原本就不適用於行為目標；後者因為內含兩個具體動詞而會產生兩個具體結果，故容易觸犯「雙動詞迷思」。

Chapter 7

目標設計：
初學者在目標設計上常犯之錯誤類型

　　如圖 7-1 所示，本章所探討之「目標設計」，即為教案結構中的第一部分子結構。「目標設計」之邏輯結構，總共分為三層，此即：單元名稱→單元目標→行為目標，故其設計內容主要係著眼於「單元目標」與「行為目標」。

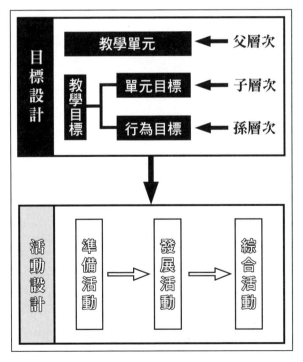

圖 7-1　「目標設計」係屬教案之第一部分子結構

　　由於經驗不足或概念不清，初學者在學習撰寫「教學目標」（包含：單元目標、行為目標）時，經常會出現一些共通之錯誤類型。Bateman 與 Herr (2006) 即曾指出下列三項撰寫行為目標時常犯的迷思：

迷思 1：如果行為目標包含百分比，即可評量。例如：

能在一天的 80%時間中控制好自己的行為

能撰寫 75%正確的自傳

能 90%正確說出書中的大意

迷思 2：如果行為目標包含專業技術用語，即屬有效。例如：

能內化民主的價值

能改善中央聽覺處理功能

能展現適當的人際與溝通技巧

迷思 3：如果行為目標包含動作動詞，即可評量。例如：

能研判高危險性的行為

能展現對於日期的了解

能透過問答來澄清概念

　　實則，依據筆者實際之教學經驗，初學者常犯之迷思（錯誤類型）絕對不止上述三項而已。因此，個人認為：若能將這些初學者常犯之錯誤類型整理出來，讓大家仔細研究，應該對於教案撰寫功力的提升會有幫助，至少，初學者在研究過這些錯誤類型之後，再犯同類錯誤的機率理應可獲降低。（按：以下各類錯誤類型之迷思的排序，並無隱含任何有關犯錯頻率、重要性、難易度……等等之次序關係，其僅依這些錯誤類型在筆者之教學筆記中之出現順序而任意排序。）

一 「雙動詞」的迷思（併論「多動詞迷思」與「無動詞迷思」）

本段標題所提及之「無動詞」、「雙動詞」、與「多動詞」，乃皆指「具體動詞」而言，換言之，當一個行為目標具備 0 個（無動詞迷思）、2 個（雙動詞迷思）、或是 ≧ 3 個（多動詞迷思）「具體動詞」之時，在教學現場之實際評量上，可分別造成「因為沒有具體動詞可供評量（無動詞迷思）」或「因為具體動詞超過 1 個而導致評量結果之混淆（雙／多動詞迷思）」的窘境。由此可見：初學者在撰寫行為目標時，必須嚴格遵守「只使用 1 個具體動詞」之規範，否則將造成「無動詞迷思」、「雙動詞迷思」、與「多動詞迷思」等三種錯誤類型。

(一) 基本概念

基本上，一個行為目標只能有一個具體動詞，且只能有一個具體結果，此處所謂之具體動詞係指「評量用動詞」（在行為目標中，用於評量之「標的 (target) 動詞」）而言，例如：

能正確<u>指認</u>短頭髮的男同學

上例中，其「評量用動詞」就是「指認」，而由該動詞所產生之結果即為「正確指認短頭髮的男同學」。

初學者在撰寫行為目標之措辭上，可能會陷入「雙動詞迷思」，亦即：在一個行為目標中出現兩個「可評量（assessable，為與『抽象 (abstract) 動詞』(v_a) 做出區分，以下另以 assessable 之字母 b 來標示之）動詞」(v_b)，於是造成評量上的混淆。因為，如此一來，在評量出來的結果中，吾人並無法釐清：該結果是否100%單獨針對某一個「評量用動詞」所評量而來。下示之行為目標即為陷入「雙動詞迷思」之範例：

能<u>指著</u>男同學，<u>說出</u>：「他是男生」

此例所使用的兩個動詞——「指著」與「說出」——都是具體動詞，換言之，兩者皆具備「可評量」之特性，因此，都可以被視為「評量用動詞」。基於「任何行為目標只能有一個具體動詞，且只能有一個具體結果」之規範，對同一個行為目標而言，如果出現兩個可評量之具體動詞，在教學現場之實地操作中，教學者將極有可能陷入「因為只能評量一個具體動詞，卻不知道究竟要評量哪一個具體動詞才好」的窘境，而且，即使做完了評量，那麼，最後所評量的具體結果，究竟由哪一個具體動詞所產生，也將難以分辨。

(二)「$v_s + v_c$」或「$v_S + v_R$」之 S-R 雙動詞搭配

在行為目標之「感官動詞 (s, sensory) v_s（此亦即為接收學習刺激 (S) 之動詞 v_S）＋具體動詞(c, concrete) v_c（此亦即為針對學習刺激做反應 (R) 之動詞 v_R）」的 S-R 雙動詞搭配中，後接之「具體動詞」(v_c) 如果是複合動詞 (v_{xy})，那麼，設計者可利用表 6-3 之原則來判斷該複合動詞是否為具體動詞。如果，「雙動詞迷思」係指：在同一個行為目標中，使用了兩個或兩個以上之「可操作＋可觀察＋可評量」的具體動詞，因而導致「評量混淆」之後果。那麼，「1 個感官動詞 v_s ＋ 1 個抽象動詞 v_a」之雙動詞搭配，是否亦觸犯了「雙動詞的迷思」，頗值得深入探討，例如：

能<u>看懂</u>電影《賽德克·巴萊》的主旨

其中，「看懂」即為複合動詞 v_{xy}，如同以下分析所示，「看懂」乃內含「1 個感官動詞 v_s ＋ 1 個抽象動詞 v_a」之雙動詞搭配結構：

看懂（aa 型抽象動詞 v_{aa}）＝看到（抽象感官動詞 v_s）＋理解（抽象動詞 v_a）

上例之雙動詞類型，因為都使用了抽象動詞，所以，最後將導致「因為無具體動詞可用，故無法產生評量結果」。不過，由於這樣子並不會造成「評量混淆」之窘境，故不能視為觸犯「雙動詞迷思」，而宜將該錯誤類型歸類為「無動詞迷思」（無「具體動詞」之迷思）。反之，行為目標的動詞設計，若呈現「1 個感官動詞 v_s（不管該感官動詞是具體動詞或抽象動詞都沒關係，因為那是接受感官刺激 (S) 之自然學習途徑，且其必然屬於『非評量 $(\bar{b})$ 用動詞 $(v_{\bar{b}})$』）＋1 個具體動詞 v_c（針對學習刺激 (S) 做出反應 (R) 之動詞）」之設計，例如：

能<u>朗讀</u>課文

其中，「朗讀」即為複合動詞 v_{xy}，如同以下分析所示，「朗讀」乃內含「1 個感官動詞 v_s＋1 個具體動詞 v_c」之雙動詞搭配結構：

朗讀（ac 型具體動詞 v_{ac}）＝看到（抽象感官動詞 v_s）＋唸出（具體動詞 v_c）

上示之行為目標（能朗讀課文），因為只使用了一個「可評量具體動詞」（v_{b+c}），故可擺脫「雙動詞之迷思」。

　　基本上，廣義的「雙動詞迷思」可視為：未能將「可評量 (b) 具體 (c) 動詞」（v_{b+c}）的數量 (n, number) 控制在 $n(v_{b+c})＝1$（其中，$n(v_{b+c})$ 所代表之意思即為「可評量具體動詞 (v_{b+c}) 的數量 (n)」，且 $n(v_{b+c})\in\mathbb{N}$）之動詞設計的型態下，因而造成評量之混淆。若進一步予以深究，那麼，以下列舉之動詞搭配情形，可能會陷入「雙動詞迷思」（下示之「具體動詞」皆指「非感官動詞類之具體動詞」，而且，在下列討論中一律使用 $N(\geq 2)$ 來表示「若干數量」之符號，其中，「感官動詞」(v_s) 因為只用來接收學習刺激 (S)，而非用來充當做反應 (R) 之評量用動詞，故皆可視為「非評量用動詞」或「非可評量動詞」($v_{\bar{b}}$)，亦即：$v_s\in V_{\bar{b}}＝\{v\,|\,v＝v_{\bar{b}}$ 或 $v\neq v_b\}＝$非可評量動詞 ($v_{\bar{b}}$) 之集合）：

例 1a. 具體動詞 (v_c)＋具體動詞 (v_c)：$n(v_{b+c})＝2$

例 1b. 具體動詞 (v_c)＋$N×$具體動詞 (v_c)：$n(v_{b+c})≥3$

例 2a. 具體動詞 (v_c)＋抽象動詞 (v_a)＋具體動詞 (v_c)：$n(v_{b+c})＝2$

例 2b. 具體動詞 (v_c)＋抽象動詞 (v_a)＋$N×$具體動詞 (v_c)：$n(v_{b+c})≥3$

例 3a. 具體動詞 (v_c)＋$N×$抽象動詞 (v_a)＋具體動詞 (v_c)：$n(v_{b+c})＝2$

例 3b. 具體動詞 (v_c)＋$N×$抽象動詞 (v_a)＋$N×$具體動詞 (v_c)：
　　$n(v_{b+c})≥3$

例 4a. 具體動詞 (v_c)＋感官動詞 (v_s)＋具體動詞 (v_c)：$n(v_{b+c})＝2$

例 4b. 具體動詞 (v_c)＋感官動詞 (v_s)＋$N×$具體動詞 (v_c)：$n(v_{b+c})≥3$

例 5a. 具體動詞 (v_c)＋$N×$感官動詞 (v_s)＋具體動詞 (v_c)：$n(v_{b+c})＝2$

例 5b. 具體動詞 (v_c)＋$N×$感官動詞 (v_s)＋$N×$具體動詞 (v_c)：
　　$n(v_{b+c})≥3$

例 6a. 具體動詞 (v_c)＋感官動詞 (v_s)＋抽象動詞 (v_a)＋具體動詞 (v_c)：
　　$n(v_{b+c})＝2$

例 6b. 具體動詞 (v_c)＋感官動詞 (v_s)＋抽象動詞 (v_a)＋$N×$具體動詞
　　(v_c)：$n(v_{b+c})≥3$

例 7a. 具體動詞 (v_c)＋$N×$感官動詞 (v_s)＋抽象動詞 (v_a)＋具體動詞
　　(v_c)：$n(v_{b+c})＝2$

例 7b. 具體動詞 (v_c)＋$N×$感官動詞 (v_s)＋抽象動詞 (v_a)＋$N×$具體動
　　詞 (v_c)：$n(v_{b+c})≥3$

例 8a. 具體動詞 (v_c) ＋感官動詞 (v_s) ＋$N×$抽象動詞 (v_a) ＋具體動詞 (v_c)：$n(v_{b+c})＝2$

例 8b. 具體動詞 (v_c) ＋感官動詞 (v_s) ＋$N×$抽象動詞 (v_a) ＋$N×$具體動詞 (v_c)：$n(v_{b+c}) \geq 3$

例 9a. 具體動詞 (v_c) ＋$N×$感官動詞 (v_s) ＋$N×$抽象動詞 (v_a) ＋具體動詞 (v_c)：$n(v_{b+c})＝2$

例 9b. 具體動詞 (v_c) ＋$N×$感官動詞 (v_s) ＋$N×$抽象動詞 (v_a) ＋$N×$具體動詞 (v_c)：$n(v_{b+c}) \geq 3$

實則，上示之「例*b」皆已觸犯「多動詞迷思」，因為，其所包含之可評量具體動詞 (v_{b+c})，在數量上，咸呈現出 $n(v_{b+c}) \geq 3$ 之型態；而上示之「例*a」則已觸犯「雙動詞迷思」——其所內含之可評量具體動詞 (v_{b+c})，在數量上，皆呈現出 $n(v_{b+c})＝2$ 之型態。因此，「多動詞迷思」亦可視為「雙動詞迷思」之衍生變種；而「雙動詞迷思」則可視為「多動詞迷思」之特例。

此外，下示之例 10～12 則已經觸犯「無動詞迷思」。表面上，其雖然呈現出「單動詞」、「雙動詞」、或「多動詞」的型態，卻未包含任何可評量具體動詞 (v_{b+c})，亦即：在數量上，一律呈現出 $n(v_{b+c})＝0$ 之型態，故不能視之為「雙動詞迷思」或「多動詞迷思」。在教學現場之實際評量上，「無動詞迷思」將導致「無具體動詞可供評量」之另一種窘境。

例 10a. 感官動詞 (v_s)：$n(v_{b+c})＝0$

例 10b. 感官動詞 (v_s) ＋感官動詞 (v_s)：$n(v_{b+c})＝0$

例 10c. 感官動詞 (v_s) ＋$N×$感官動詞 (v_s)：$n(v_{b+c})＝0$

例 11a. 抽象動詞 (v_a)：$n(v_{b+c})＝0$

例 11b. 抽象動詞 (v_a) ＋抽象動詞 (v_a)：$n(v_{b+c})＝0$

例 11c. 抽象動詞 (v_a) ＋$N×$抽象動詞 (v_a)：$n(v_{b+c})＝0$

例 12a. 感官動詞 (v_s) ＋抽象動詞 (v_a)： $n(v_{b+c})＝0$

例 12b. 感官動詞 (v_s) ＋ $N\times$ 抽象動詞 (v_a)： $n(v_{b+c})＝0$

例 12c. $N\times$ 感官動詞 (v_s) ＋抽象動詞 (v_a)： $n(v_{b+c})＝0$

例 12d. $N\times$ 感官動詞 (v_s) ＋ $N\times$ 抽象動詞 (v_a)： $n(v_{b+c})＝0$

反觀下示之例 13～16，則未曾陷入「無動詞迷思」（導致無具體動詞可供評量）、「雙動詞迷思」（導致評量之混淆）、或「多動詞迷思」（導致評量之混淆）：

例 13. 具體動詞 (v_c)： $n(v_{b+c})＝1$

例 14a. 具體動詞 (v_c) ＋抽象動詞 (v_a)： $n(v_{b+c})＝1$

例 14b. 具體動詞 (v_c) ＋ $N\times$ 抽象動詞 (v_a)： $n(v_{b+c})＝1$

例 15a. 具體動詞 (v_c) ＋感官動詞 (v_s)： $n(v_{b+c})＝1$

例 15b. 具體動詞 (v_c) ＋ $N\times$ 感官動詞 (v_s)： $n(v_{b+c})＝1$

例 16a. 具體動詞 (v_c) ＋抽象動詞 (v_a) ＋感官動詞 (v_s)： $n(v_{b+c})＝1$

例 16b. 具體動詞 (v_c) ＋抽象動詞 (v_a) ＋ $N\times$ 感官動詞 (v_s)： $n(v_{b+c})＝1$

例 16c. 具體動詞 (v_c) ＋ $N\times$ 抽象動詞 (v_a) ＋感官動詞 (v_s)： $n(v_{b+c})＝1$

例 16d. 具體動詞 (v_c) ＋ $N\times$ 抽象動詞 (v_a) ＋ $N\times$ 感官動詞 (v_s)：
$n(v_{b+c})＝1$

在此，關於「感官動詞」與「雙動詞迷思」之間的關係，有必要進一步舉例予以澄清。實則，在任何行為目標之內，不管感官動詞 (v_s) 是否有被寫出來，其必然內含「至少存在一個感官動詞」的事實。是故，下示之行為目標中，例 A1 雖然沒有寫出任何感官動詞，實則，其可視為例 A2 之同義句，且隱含一個「看到」的感官動詞。從行為學派的觀點來看，「感官動詞 (v_s)（接受刺激）＋具體動詞 (v_c)（做出反應）」$(v_s＋v_c)$ 之動詞配置，其實就是

一種「刺激 (S)＋反應 (R)」($v_S + v_R$) 的聯結設計，這樣的行為目標設計，目的是為了要強化 S-R 聯結，當該 S-R 聯結形成某種程度的穩定性以後，我們就說：智能障礙學生已經學會了這個行為目標。是故，在任何教學現場中，學習者皆須接收相關之學習刺激 (S)，再做出相對之反應 (R)，而感官動詞 (v_s) 即屬「接受學習刺激用之動詞 (v_S)」，而非「做出反應之評量用具體動詞 (v_R)」。是故，該行為目標所使用之動詞乃為「看到 ($v_s \in V_b$)＋放置 (v_c)」，屬於前述之「例 15a」的動詞搭配類型，而且，其所包含之可評量具體動詞 (v_{b+c}) 在數量上僅呈現出 $\sum n(v_{b+c}) = 1$ 之狀態，因此，尚未陷入「雙動詞迷思」。

A1. 能將相同顏色的圓球<u>放置</u>在一起

A2. 能在<u>看到</u> (v_S) 相同顏色的圓球時，將之<u>放置</u> (v_R) 在一起

因此，在理解上例之事實後，再回來看下例時，顯然可見：例 B1 與例 B2 皆已觸犯「雙動詞迷思」。雖然，在表面上，例 B1 只呈現出「指出 (v_c)＋說出 (v_c)」($2v_c$) 之動詞搭配，其實，例 B1 乃如同例 B2 一樣，內含「$1v_s + 2v_c$」或「$1v_S + 2v_R$」之動詞組合，而且屬於前述之「例 4a」的動詞搭配類型，故而，下例已明顯觸犯「雙動詞迷思」。

B1. 能指著男同學，<u>說出</u>：「他是男生」

B2. 能在<u>看到</u> (v_S) 男同學時，<u>指著</u> (v_R) 男同學，並<u>說出</u> (v_R)：「他是男生」

在感官動詞 (v_s) 之使用數量上，如果教學者設計出「$nv_s + 1v_c$」（n 個感官動詞＋1 個具體動詞）或「$nv_S + 1v_R$」的行為目標，亦未陷入「雙動詞迷思」，因為它只使用一個評量用的具體動詞。是故，「$nv_s + 1v_c$」之類的動詞設計乃完全符合教學原理，而不能視為觸犯「雙動詞迷思」。反之，前述之例 B2 所呈現的「S-R-R」之類的動詞設計，即明顯觸犯「雙動詞迷思」。

理論上，在進行教學設計時，搭配不同數量的感官動詞，可形成難度漸

層。因此，有時可能需要以 n 個感官動詞 ($\sum_{i=1}^{n} v_{s_i}$) 來搭配 1 個評量用具體動詞 (v_c)（也就是前述之「$nv_s + 1v_c$」的意思），其數學式可表示為：

$$\sum_{i=1}^{n} v_{s_i} + v_c$$
$$= (v_{s_1} + v_{s_2} + v_{s_3} + ... + v_{s_n}) + v_c$$
$$= nv_s + 1v_c$$

如同前面的討論，此種動詞搭配型態皆未觸犯「雙動詞迷思」。至於，如何搭配不同數量的感官動詞以形成難度漸層，試以下例來予以說明：

C1. 能在綠燈亮起後，沿著斑馬線走過馬路

C2. 能在看到 (v_{s_1}) 綠燈亮起後，一邊看著 (v_{s_2}) 斑馬線、一邊沿著斑馬線走過 (v_c) 馬路

上示之例 C1 已事先做過「避免使用感官動詞」之修辭處理，實則，智能障礙學生必須如同例C2所示，先「看到」(v_{s_1}) 綠燈亮起、且「看著」(v_{s_2}) 斑馬線，才可以沿著斑馬線「走過」(v_c) 馬路，很明顯地，這是屬於「$v_{s_1} + v_{s_2} + v_c$」的例子，可歸類為前述之例 15b 的動詞搭配類型。上例使用兩個感官動詞（看到＋看著）以及一個具體動詞（走過），總共有三個動詞，這只是將基本型「$v_s + v_c$」延伸並轉化為「$\sum_{i=1}^{n} v_{s_i} + v_c$」的變種。此處之「$n$ 個感官動詞＋1 個具體動詞」($\sum_{i=1}^{n} v_{s_i} + v_c$) 係將感官刺激予以複雜化，希望學習者能在刺激辨別度更複雜、難度更高、或學習線索更充裕的學習情境／條件之下，做出正確的反應，而其所使用之「評量用動詞」仍只有一個具體動詞，因此未陷入「雙動詞迷思」。事實上，不同數量之感官動詞的搭配使用，可形成另類之感官刺激的「難度 (d) 漸層」，進而協助教師設計出行為目標的結構化排序系統，例如：

$d=1$：能在看到綠燈亮起後，走過馬路

$d=1$：能一邊看著斑馬線、一邊沿著斑馬線走過馬路

$d=2$：能在看到綠燈亮起後，一邊看著斑馬線、一邊沿著斑馬線走
過馬路

上示範例中，難度 $d=1$ 之行為目標，因為只使用 1 個感官動詞，故其操作難度顯然小於使用 2 個感官動詞且導致難度 $d=2$ 之行為目標。初學者可依照此一原理，透過不同數量的感官動詞搭配，而設計出行為目標之難度漸層序列。不過，儘管如此，「$\sum_{i=1}^{n} v_{s_i} + v_c$」之類的動詞搭配設計，雖不違反「無動詞迷思」、「雙動詞迷思」、或「多動詞迷思」，仍應盡量避免過度複雜為宜。原則上，刺激情境愈簡明、愈清晰、愈單一化，應愈適合智能障礙學生之學習特質。反之，愈資優之學生，才可以一次同時處理愈多樣化之學習刺激情境，並做出反應。

(三) cc 型複合動詞

本書在第 6 章（目標設計：具體動詞與抽象動詞之概念澄清）中曾經討論過「cc 型複合動詞 (v_{cc})」，該類複合動詞的最大特色，乃由 2 個具體動詞 (v_c) 所組合而成，例如：

唱跳 (v_{cc})＝唱歌 (v_c)＋跳舞 (v_c)

雖然，表面上，「唱跳 (v_{cc})」看起來只是 1 個動詞，實則內含 2 個具體動詞，亦即：「唱歌 (v_c)」和「跳舞 (v_c)」，因此，在行為目標之中，若不慎使用 1 個「cc 型複合動詞」，即如同使用了 2 個具體動詞一樣，也是會觸犯「雙動詞迷思」。

(四) 「雙動詞迷思」所指涉者係為學習者專用之可評量具體動詞

在此，筆者必須特別強調的一個重點是：基本上，「雙動詞迷思」所指涉之「動詞」係為「學習者專用」之可評量具體動詞，是故，當設計者在同一行為目標中使用這類動詞之總量達到 ≥ 2 時，即觸犯「雙動詞迷思」或「多動詞迷思」。若欲更清楚剖析之，那麼，構成「雙動詞迷思」之必要的動詞

屬性乃包含：

1. 學習者 (*l*, learner) 所使用之動詞 (v_l)
2. 可評量動詞 (v_b)
3. 具體動詞 (v_c)
4. 上述動詞屬性係在某一行為目標之同一動詞中呈現
5. 具備上述所有屬性之動詞的總數量＝2

此外，若延續上述討論，那麼，相關之動詞屬性的組合情形亦包含：

6. 當具備前述第1～4項屬性之動詞的總量已達 ≥ 3 時，即屬「多動詞迷思」
7. 當具備前述第1～4項屬性之動詞的總量＝0 時，即屬「無動詞迷思」

是故，下列行為目標並未觸犯「雙動詞迷思」：

能在國旗升起時行舉手禮

上示之行為目標總共使用了2個動詞，其中，「升起」是給「國旗」使用的，而「行舉手禮」則是「學習者」所專用的。因為「行舉手禮」是「學習者專用之可評量具體動詞」(v_{l+b+c})，且數量＝1，故尚未觸犯「雙動詞迷思」。

同理，下列行為目標亦未觸犯「雙動詞迷思」：

能在看到國旗升起時行舉手禮

在這個行為目標中，總共使用了 3 個動詞，其中，「升起」是給「國旗」使用的，而「看到」與「行舉手禮」則是「學習者」所專用的。由於「看到」屬於用來接收學習刺激／訊息的「感官動詞」，其既非「評量用動詞」，亦

非讓學習者用來做反應的「具體動詞」，所以，只有「行舉手禮」才算是「評量用具體動詞」。整體看來，該行為目標所使用之「學習者專用之可評量具體動詞」(v_{l+b+c}) 的總數量＝1，故尚未觸犯「雙動詞迷思」。

　　而下列行為目標則已觸犯「雙動詞迷思」：

　　　能在<u>聽到</u>國歌被<u>播放</u>時，就地<u>立正站好</u>並<u>唱</u>國歌

上示之行為目標總共使用了 4 個動詞，其中，「播放」是「播放國歌者」所使用之動詞，而「聽到」、「立正站好」、「唱歌」則是「學習者」專用之動詞。「聽到」係為「感官動詞」，故不屬於「評量用具體動詞」，而「立正站好」、「唱歌」則皆屬「學習者專用之可評量具體動詞」(v_{l+b+c})，且總數量＝2，故已觸犯「雙動詞迷思」。

　　同理，讀者應亦可輕易研判：下列行為目標已觸犯了「雙動詞迷思」。

　　　能在<u>看到</u>國旗被<u>升起</u>時，就地<u>立正站好</u>並<u>行舉手禮</u>

上示之行為目標總共使用了 4 個動詞，其中，「升起」是「升國旗者」所使用之動詞，而「看到」、「立正站好」、「行舉手禮」則是「學習者」專用之動詞。「看到」係為「感官動詞」，故不屬於「評量用具體動詞」，而「立正站好」、「行舉手禮」則皆屬「學習者專用之可評量具體動詞」(v_{l+b+c})，且總數量＝2，故已觸犯「雙動詞迷思」。

(五) 去除「雙動詞」的措辭技巧

1. 省略感官動詞

　　如前所述，學習活動主要包含「接受刺激」(S) 與「做出反應」(R) 這兩大結構。因此，任何行為目標都至少隱含一個感官動詞，用以接受學習刺激，而此一感官動詞有時是被省略不寫的。以此反思之，如果某一行為目標出現「1 個用來接受學習刺激 (S) 的感官動詞＋1 個用來做反應 (R) 的評量用

具體動詞」之「$v_S + v_R$」雙動詞呈現方式，雖然這並不陷入真正的「雙動詞迷思」，但是，在字面上，吾人仍可省略感官動詞，將該行為目標化約為單動詞之撰寫型態。試以下列之行為目標為例：

　　能在看到綠燈亮起後走過馬路

其中，「看到」是感官動詞，可作如下之省略：

　　能在綠燈亮起後走過馬路

如此一來，在字面上，只留下「走過」這個評量用動詞，可完全去除「是否會觸犯『雙動詞』迷思」之顧慮。在此要特別說明的是：上例中，「亮起」這個動詞的主詞是「綠燈」，而不是「學習者」，故不在「雙動詞迷思」的討論之列。不過，並非所有感官動詞都適合被省略，如：

　　能在聽到國歌時，就地立正站好

該感官動詞「聽到」如果被省略掉，整句話的語意、措辭就顯得極不通順了。

2. 將感官動詞改寫為介系詞

　　如前段所述，雖然「1 個用來接受學習刺激 (S) 的感官動詞＋1 個用來做反應 (R) 的評量用具體動詞」之「$v_S + v_R$」雙動詞呈現方式並未陷入真正的「雙動詞迷思」，然而，若能進一步將之化約為單動詞之撰寫型態，更可以完全去除「是否會觸犯『雙動詞』迷思」之顧慮。在下示之行為目標中，吾人即可將感官動詞改寫為介系詞，以進行動詞之化約。

　　能看著黑板的圖片，指出短髮同學的照片

將上例之感官動詞（看著）改寫為介系詞之型態（在～中）以後，該行為目標只留下一個具體動詞（指出）。

能在<u>黑板的圖片中</u>，指出短髮同學的照片

3. 將具體動詞改寫為介系詞

如下例所示，該行為目標已明顯觸犯「雙動詞」迷思，因其包含「拿起」與「照」這兩個具體動詞，接下來，我們試圖將「拿起鏡子」轉化為介系詞句型。

能<u>拿起鏡子</u>照自己

為去除「雙動詞」迷思，吾人可如同下例所示，將其中一個具體動詞改寫為介系詞：

能<u>在鏡子前面</u>照自己

將上例之具體動詞（拿起）改寫為介系詞之型態（在～前面）以後，該行為目標只留下一個評量用之具體動詞（照）。

4. 將行為目標進行「一分為二」之拆解

讓我們繼續引用前述之行為目標來進行說明。如果，教學者認為：下例之「拿起鏡子」與「照鏡子」都是學習者應該學習的能力，既不能將「拿起鏡子」改寫為「在鏡子前面」，亦不能將「拿起鏡子」直接刪除。如此一來，可將行為目標進行「一分為二」之拆解。

能<u>拿起鏡子</u>照自己

經過「一分為二」之拆解後，上述之行為目標變成以下的兩個行為目標。教學者以兩階段的方式，先讓學習者學會「能拿起鏡子」之後，再使之「能在鏡子前面照自己」。

A. 能**拿**起鏡子
B. 能在鏡子前面**照**自己

學習者既然「能拿起鏡子」，且「能在鏡子前面照自己」，那麼，可以合理推論：其亦理當「能拿起鏡子照自己」。

5. 將具體動詞改寫為感官動詞

如下例所示：這個行為目標顯然已觸犯「雙動詞」迷思，因為它包含兩個符合「三可原則」的可評量動詞，此即：「指著」與「說出」。

能**指**著男同學，**說**出「他是男生」

為將雙動詞化約為單動詞，吾人可將上述行為目標之中的一個具體動詞改寫為感官動詞。因為「1 個用來接受學習刺激 (S) 的感官動詞＋1 個用來做反應 (R) 的評量用具體動詞」之「$v_S + v_R$」雙動詞呈現方式並未觸犯「雙動詞迷思」，是故，如下所示，吾人可將其中一個具體動詞（指著）改寫為感官動詞（看到），如此一來，即可擺脫「雙動詞」迷思。

能在**看**到男同學時，**說**出「他是男生」

甚至於，吾人可進一步利用前段「2.將感官動詞改寫為介系詞」所提及之技巧，將上例之感官動詞改寫為介系詞，此即：

能在男同學**面前**說出「他是男生」

如此一來，即可將該行為目標完全化約為單動詞之撰寫型態。

二 「有與無」的迷思

在教學時，有些對立概念的兩端特質必須同時放在一起，透過「比較」來習得應有之清晰概念（如：長－短、明－暗、大－小、有－無、輕－重、……等），如果分開來教，因為無從比較，就難以達到應有之教學效果，這種教學目標設計上的錯誤類型，特別將之命名為「有與無」的迷思。該錯誤類型的發現，係來自某次練習教學單元「有與無」的教案撰寫過程中，經調查結果，不少同學皆陷入同一設計概念的錯誤與迷思（將「有」與「無」分開來教），為便於後續課堂討論之區別起見，特別以該教學單元來作為此一錯誤類型之名稱。在「1999 年版啟智課綱」中，實用數學之準數概念的第一個學習目標即為「有與無」（教育部，1999）。在為教學單元「有與無」設計單元目標時，犯此錯誤類型之初學者的「單元目標」設計，常以下列模式呈現：

1. 能了解「有」的概念
2. 能了解「無」的概念
3. 能分辨「有」與「無」的概念

從中清楚可見，這些設計者認為：應該先教「有」的概念，再教「無」的概念，最後則將「有」與「無」的概念結合在一起進行「分辨／比較」之教學。實則，「有」與「無」的學習，應該在兩者同時呈現、並進行相互比對之後，才能順利了解何為「有」、何為「無」，兩者如影隨形，缺一而不可。是故，上述目標 1、2 之設計誠屬徒勞，任何需要從兩個概念對立、且不可分割的學習標的物中，透過同時呈現、相互比較之方式才能夠習得概念，卻反而將之分開進行教學的設計思考錯誤，吾人將之通稱為「『有與無』的迷思」。簡言之，當兩個屬性互為對立的概念或物品，應該以「合」的觀點將之合在一起教學，卻誤以「分」的角度將之分開進行教學，即屬此類迷思。而本段所提之「有與無」的目標設計，則最好以下列「合」的思考角度

來設計，較可避免陷入「『有與無』的迷思」：

單元目標：

1. 能辨別教室中某些同學是否存在

2. 能辨別教室中某些掃地用具是否存在

3. 能辨別教室中某些文具是否存在

4. 能辨別教室中某些餐具是否存在

不過，初學者應特別注意：有些目標設計與此類「『有與無』的迷思」看似雷同、而實則稍有差異，應該要能夠加以區分，如：在設計「認識男女」之教案時，男、女正好是兩個屬性互為對立的學習標的，不過，在將男、女特徵放在一起比較、且從兩者之異同點來學習如何區別男、女之前，亦可事先分別學習男、女之特徵（「分」的教學），之後再放在一起進行比較（「合」的教學），因此，下列之目標設計，未必犯了「『有與無』的迷思」：

單元目標：

1. 能透過女生真人的外表特徵來認識女生

2. 能透過男生真人的外表特徵來認識男生

3. 能透過男／女生真人的外表特徵來分辨男／女生

反過來看，在「認識男女」的例子中，如果一開始就擺脫前述之「分」的設計思維，轉而一開始即直接改以「合」的概念來設計，則亦無不可。下列所示者，即為擺脫「分」之教學的範例：

單元目標：

1. 能認識男、女在人體部位上的特徵區別點

2. 能認識男、女在衣著上的特徵區別點

3. 能認識男、女在頭髮上的特徵區別點

4. 能認識男、女在玩具上的特徵區別點

5. 能藉由上述特徵區別點來辨別自己的性別

6. 能藉由上述特徵區別點來辨別家人的性別

7. 能藉由上述特徵區別點來辨別班上同學的性別

8. 能藉由上述特徵區別點來辨別路人的性別

上例一開始就將男、女這兩個概念對立的學習標的物放在一起，以利於從男、女特徵之直接比較中來進行學習，因此已擺脫「分」的設計思維，全程改以「合」的概念來設計教學目標，亦可協助學習者從男、女特徵之比較中，習得男、女之概念，是故，以「認識男女」為例，其看似陷入「『有與無』的迷思」，實則亦無不可。

　　總之，「有」與「無」因為必須同時呈現（「合」的學習），方可透過「比較」來習得概念。而「男」與「女」因為未必一定要同時呈現才可以透過「比較」來習得概念，故而，其不但可以透過「先後個別呈現」之方式來分開學習（「分」的學習），亦可藉由「同時呈現」之方式來進行比較學習（「合」的學習）。教學者在設計目標時，應能夠辨認何者可以「分」、何者只能「合」，如此，方可擺脫「有與無」的迷思。

三　「說出」的迷思

　　這方面的迷思，其核心意涵主要可分為兩類，茲分述如下：

類型一、讓大多數可能沒有口語能力的重度智能障礙學生「說出」

　　依據筆者的教學經驗，有些初學者在設計目標時，會讓大多數可能沒有口語能力的重度智能障礙學生「說出」。如：

能說出班上同學的性別

此類迷思顯示出：初學者對於重度智能障礙學生的學習能力或學習特質，了解不夠深入。基本上，智能障礙程度愈重的學生，口語能力可能愈差。是故，與其讓重度智能障礙學生「說出」，還不如讓他們「指出」。因為，對於智能障礙學生而言，「指出」的難度乃低於「說出」。因此，前述之行為目標可改寫為：

能<u>指出</u>與自己同性別的班上同學

類型二、以為智能障礙學生「說出」之後即已學會該行為目標

在普通班的教案設計中，有時，讓普通班學生「說出」某些答案或概念，可用以確定該生已習得某些觀念或能力。但是，此類教學設計方式如果援用到智能障礙學生身上，卻未必行得通，因為：

1. 智能障礙程度愈重的學生，愈可能缺乏口語能力；
2. 智能障礙學生即便說出了某些答案，亦未必代表其已習得、形成相關之概念。

因此，教學者如果以為讓智能障礙學生「說出」某些答案之後，即確定其已學會該行為目標之觀念或技能，此可能已陷入「『說出』的迷思」。如下例所示，就算智能障礙學生真的能夠看著男（女）同學後仿說出「男（女）生」，也不代表他們已經從中習得「男（女）生」的意涵。

能在老師的口語引導下，看著男（女）同學，仿說「男（女）生」

如果智能障礙學生具備口語能力，則使之「說出」，實固無不可。不過，「說出」並不是用以確定智能障礙學生是否習得相關概念之唯一手段或途徑，利用其他具體動作——如：「指出」——亦可達到相同之目的，而且，「指出」之操作難度較「說出」為低，故更適用於智能障礙程度較重的學生。

四 「通例與變則」的迷思

此一迷思之發現，乃來自於上課中，筆者讓修課學生練習「認識男女」此一單元之教學目標設計的過程中，發現同學們不知如何處理「通例」與「變則」，故以之作為該類迷思之名稱。該故事是：初學者在設計「認識男女」之教學目標時，試圖讓智能障礙學生藉由男、女不同之衣著，來分辨自己和班上同學之性別。原本之設計，想藉由「男生穿褲子，女生穿裙子」之通例來作為「區分男、女」之準則。不過，事後卻又發現「女生也會穿褲子」之變則。如此一來，這條「區分男、女」的通例準則，就會出現與之互為矛盾的變則，因而產生「通例與變則」的迷思。解決此一迷思的方法，可以「先教通例、後教變則」——讓智能障礙學生十分精熟通例之準則後，再來教導變則，而且，對於智能障礙程度愈重的學生而言，其所需之學習「通例」的時間可能要愈長，因而愈不可能在一節課 40 或 45 分鐘內即可一次教完通例與變則。對於智能障礙程度愈重的學生而言，通例與變則的教學間隔時間，可能愈長愈好，如此，愈可確定通例之學習效果可達一定程度的穩定性。此外，關於「通例與變則」的迷思，亦有下列若干變種，其可資參考之教學流程如下：

1. 先殊相、後共相
2. 先單純、後複雜
3. 先簡易、後困難
4. 先自己、後他人
5. 先部分、後整體

五 「動詞主角」的迷思

教學目標——尤其是行為目標——的動作主角是「學生」，而不是「教師」。換言之，教學目標之背後所隱含的中心思想，係為「以學生為中心、以兒童為本位」的教學設計思維。設計者一旦違反此一基本思維，在設計教

學目標時，即很可能會陷入「『動詞主角』的迷思」。下示之行為目標即為陷入「『動詞主角』的迷思」的典型案例：

能在兩位男女同學中，指出長頭髮的同學，老師告訴他：「這是女生」

上例的設計錯誤點，乃在於「老師告訴他：『這是女生』」這幾個字，因為其動作主角是教師（教學者），而不是學生（學習者）。其實，通常以「能……」作為起頭的行為目標，是將其句中之主詞（動作的主角）給省略的。如果將上例加以修改、並還原其主詞的話，可改寫為：

學習者能在兩位男女同學中，正確指認長頭髮的女同學

句子的主詞既然是「學習者」，那麼，後面所接續的動詞自然也是由該主詞所操作，釐清此一概念之後，所撰寫出來的行為目標就不會再度陷入「動詞主角的迷思」了！下列單元目標亦陷入「『動詞主角』的迷思」：

單元目標：
　能使男生了解自己的性別
　能使女生了解自己的性別

其自我檢驗方法乃如同上述，只要在單元目標最前面加上「學習者」三字，再看看語意通不通順，即可見分曉，如：

單元目標：
　學習者能使男生了解自己的性別
　學習者能使女生了解自己的性別

很明顯地，上述兩句單元目標加上「學習者」之後，產生語意上的自相矛盾，由此可見：原來的兩句單元目標的撰寫方式是不適當的。

六 「雙主角」的迷思

　　有些初學者在撰寫行為目標時，會呈現出兩個行為目標的「主角」與兩個各自專屬的「動詞」，此種錯誤類型即為「雙主角」的迷思，亦即：該行為目標出現了兩個「操作者」。下列兩個行為目標所呈現之錯誤類型，即屬「雙主角」的迷思。造成此類迷思的主要原因，就是同時呈現「教師」與「學生」之主詞與動詞，於是，在同一個行為目標中，看起來有兩個「動詞主角」，而且，兩者都有各自專屬之具體動詞。

　　老師拿出一張男生的照片，學生能在老師的引導下，正確指出男生圖卡

　　老師拿出一張女生的照片，學生能在老師的引導下，正確指出女生圖卡

上示兩個行為目標，可修改為下列形式，較不會觸犯「雙主角」的迷思：

　　能在看到男生照片時，正確指出男生圖卡

　　能在看到女生照片時，正確指出女生圖卡

換言之，去除「教師」之主詞與動詞之後，可以看出：修改後的行為目標，乃留下「學生」當作該行為目標之唯一操作者（在台灣，「學生」字樣或學生姓名通常省略不寫），而且，以「1 個感官動詞 ($v_s \in V_S$) ＋1 個具體動詞 ($v_c \in V_R$)」的方式呈現，屬於「$1 \times v_S$（接收學習刺激之感官動詞）＋$1 \times v_R$（做反應之具體動詞）」的動詞搭配結構，所以，並未觸犯「雙動詞」的迷思，而且，去除「教師」之主詞與動詞之後，即已擺脫「雙主角」的迷思。

　　從行為目標的規範「一個行為目標只能有一個具體動詞、也只能有一個

具體結果」來看，既然「只能有一個具體動詞、也只能有一個具體結果」，其中即已隱含「只能有一個主角」的意涵。可以確定的是：觸犯「動詞主角的迷思」之初學者已知「一個行為目標只能有一個主角」，卻錯把「教師」取代「學生」來當作動詞主角；而觸犯「雙主角的迷思」之初學者卻不知「一個行為目標只能有一個主角」，而指定了兩個行為目標的主角。

七 「雙結果」之迷思

這個錯誤類型與「雙動詞迷思」一樣，違反行為目標的撰寫原則，亦即：一個行為目標只能有一個具體動詞、且只能有一個具體結果。因為，該原則所規範的條件下，其評量工作最易進行，且評量結果的診斷性也最清晰。下示之行為目標即為陷入「雙結果迷思」的例子：

> 能使小朋友從（一男一女）示範同學中，指認長頭髮的女生、短頭髮的男生

上例雖無使用雙動詞，卻有雙結果（而且還陷入「動詞主角的迷思」，因為其動詞主角是教師，而不是學生）。實則，每一個具體結果皆必然來自於每一個相對應的具體動詞，是故，上例雖未寫出雙動詞之字語，卻內含雙動詞之事實，亦即：第一個動詞「指認$_1$」（指認長頭髮的女生）與第二個動詞「指認$_2$」（指認短頭髮的男生）。如此一來，在做行為目標之評量時，如果學習者尚未通過該行為目標的話，吾人將無法得知：學習者是「不會指認長頭髮的女生」（「指認$_1$」未通過）、還是「不會指認短頭髮的男生」（「指認$_2$」未通過）。如果，改將該行為目標拆為兩句來寫，就不會有此評量混淆之顧慮，此即：

> 能從一男一女之示範同學中，正確指認出長頭髮的女生
> 能從一男一女之示範同學中，正確指認出短頭髮的男生

經過如此修改之後，即可擺脫「雙結果的迷思」（以及「動詞主角的迷思」），上述評量混淆的顧慮，就可以一掃而空了。

八 「無『能』」之迷思

一般而言，教學目標的撰寫上，乃存在某些基本規範，如：在撰寫教學目標時，通常要以「能」為起頭；而在撰寫行為目標時，更要進一步遵守「三可原則」之規範。然而，有些初學者在撰寫教學目標時，卻偶爾會忘了在目標之開頭加寫一個「能」字。例如：

單元目標：
了解價目表上的數字金額
進行「麵包麵包對對碰」的遊戲

上述兩個單元目標宜改寫為：

單元目標：
能了解價目表上的數字金額
能進行「麵包麵包對對碰」的遊戲

依據筆者之教學經驗，經過多次練習與檢討、提醒之後，陷入「無『能』」之迷思的初學者人數會愈來愈少，因此，這是習慣養成的問題。雖然造成此一錯誤類型之原因並非源自於任何概念上的「迷思」，不過，為了維持本章以「迷思」來命名「錯誤類型」之一貫性，乃特予保留之。

九 「目標內容不明」的迷思

下例所呈現者，係為初學者在撰寫教學目標時，可能會觸犯之「目標內容不明」的迷思。本例之「目標內容不明」的迷思，乃發生於單元目標，設

計者只寫出「能認識自己」，卻沒有指明要學習者認識自己的什麼東西。端詳其具體目標之後，才了解：原來，設計者希望他的學生能認識自己的頭髮長度與衣著類型。

單元目標：

　1. 能認識自己

行為目標：

　1-1. 能指出圖片中與自己相「同」頭髮長度的人

　1-2. 能指出圖片中與自己相「異」頭髮長度的人

　1-3. 能說出圖中人物是屬於長髮或是短髮

　1-4. 能說出自己是屬於長髮或短髮

　1-5. 能指出圖片中與自己穿著相同類型的衣服的人

　1-6. 能指出圖片中與自己穿著相異類型的衣服的人

　1-7. 能說出圖中衣服的類型（褲子、裙子）

　1-8. 能說出自己身上所穿的衣服類型（褲子、裙子）

在這種情形下，設計者所撰寫的單元目標著實顯得過於語焉不詳，此種情形即為上述所謂之「目標內容不明」的迷思。為求精確，設計者可將其單元目標改寫如下：

單元目標：

　1. 能認識自己的頭髮長度

　2. 能認識自己的衣著類型

而這兩條單元目標各自所衍生之行為目標的編號，也應該隨之進行如下之修改：

行為目標：

1-1. 能指出圖片中與自己相「同」頭髮長度的人

1-2. 能指出圖片中與自己相「異」頭髮長度的人

1-3. 能說出圖中人物是屬於長髮或是短髮

1-4. 能說出自己是屬於長髮或短髮

2-1. 能指出圖片中與自己穿著相同類型的衣服的人

2-2. 能指出圖片中與自己穿著相異類型的衣服的人

2-3. 能說出圖中衣服的類型（褲子、裙子）

2-4. 能說出自己身上所穿的衣服類型（褲子、裙子）

十 「目標間邏輯失焦」的迷思

在教案的目標設計中，目標之間的邏輯關係結構，乃如圖 7-2 所示，總共可分為三個層次，亦即：父層次（教學單元）、子層次（單元目標）、以及孫層次（行為目標）。其中，「教學單元」的教學大方向，係以「單元目標」的形式來呈現，接下來，將單元目標予以具體化之後，即進一步轉化為「行為目標」（通常亦稱為「具體目標」）。因此，這父、子、孫三個層次的目標邏輯，乃存在著「父生子、子生孫」的衍生關係，彼此間環環相扣，絲毫失焦不得。

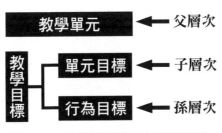

圖 7-2　目標邏輯的父子孫三層次

初學者在進行目標設計時，如果對於某一教學單元在整體課程結構中的角色、該單元之教育心理學原理、或該單元在教學上所能觸及的形式與範圍尚未十分了解，即有可能觸犯「『目標間邏輯失焦』的迷思」，因而，一不小心就會寫出似是而非的教學目標出來。例如：

單元目標：

　　1.能透過繪本學習準數的概念

行為目標：

　　1-1. 能坐在椅子上

　　1-2. 能將頭面對教師

　　1-3. 能將眼神對焦在教師身上

　　1-4. 能專注於老師的繪本

　　1-5. 能在肢體協助下指出繪本的主角（毛毛蟲）

　　1-6. 能自行指出繪本的主角（毛毛蟲）

　　1-7. 能仿說主角是毛毛蟲

　　1-8. 能自行說出主角是毛毛蟲

若仔細分析上示之設計案例，即可發現：

　1. 行為目標雖然有透過繪本來進行教學，然而，行為目標的內容卻絲毫未曾涉及準數教學。因此，上例之行為目標未能抓住單元目標打算要進行「準數教學」的大義，使得單元目標與行為目標之間形成非常嚴重的邏輯失焦。

　2. 再進一步仔細探討，即使智能障礙學生習得行為目標的終點行為──「1-8.能自行說出主角是毛毛蟲」，也並不代表該生已經「能透過繪本學習準數的概念」。

是故，上示案例之「行為目標」顯然未能呼應或達到「單元目標」所欲達成之教學效果，而且，這些「行為目標」也顯然不是衍生自該「單元目標」，其中，子層邏輯與孫層邏輯之間並沒有存在任何串接或衍生關係，這樣的目標邏輯其實並不通順，諸如此類的錯誤類型皆可歸類為「『目標間邏輯失焦』的迷思」。吾人似可合理懷疑：上示案例之設計者對於「準數」的概念可能未曾觸及或認識不清，因而，使其行為目標設計不僅嚴重離題，而且根本未曾觸題。

十一 「否定句」的迷思

有時，初學者會寫出一些「否定句形式」的教學目標，例如：

能不爬牆

能不在上課時吵鬧

能不打架

能不闖紅燈

能不忘記關電燈

能不忘記關水龍頭

能不失禮

能不在聽到國歌時隨意走動

能不亂放餐具

能不在排隊時插隊

能不欺負弱小

能不亂丟垃圾

上述這些教學目標的共同特徵，就是統統以「否定句形式」來呈現。有時，教案設計者因為「不讓學習者做出某些不適當／負面／問題行為」，而在直覺上以「否定句形式」來撰寫教學目標。從「單元目標」的設計觀點來看，如果教學者希望特別強調學習者應該去除某些不適當／負面／問題行為，那麼，以「否定句形式」來撰寫單元目標，實無不妥。不過，若改由「行為目標」的觀點來探討之，那麼，以「否定句形式」來撰寫行為目標，就會違反行為目標設計的「三可原則」，因為學習者「不做出任何動作」，也就是「不操作」——不做出某些具體行為且不呈現出任何具體可見的動作，將使其行為變得「無法觀察」，進而「無法評量」。因此，「不做出任何動作」這一件事，連「三可原則」的「第一可」（可操作）都無法滿足，進而使得其餘「兩可」（可觀察、可評量）也都無法隨之形成，故而，「不做出任何

動作」只能勉強列為某種「抽象的心理動作」，而不能算是完全滿足「可操作、可觀察、可評量」這三個條件的「具體動作」。

綜合上述討論，吾人可以得知：以「否定句形式」來呈現教學目標，就「單元目標」的設計來看，並無不可（不過，除非一定要特別強調「不讓學習者做出」某些不適當／負面／問題行為，否則，若是可以的話，應該盡量避免為宜）；然而，就「行為目標」之設計而言，就會違反撰寫行為目標所應遵守的「三可原則」。因此，「『否定句』的迷思」係針對「行為目標」之設計而言；而在「單元目標」設計方面，即使一定要使用「否定句形式」的強調語氣，也並不觸犯「『否定句』的迷思」。

十二 「局部適用」的迷思

下列行為目標只適用某些性別，而不適用於其它性別，因此，只呈現出「局部適用性」：

1. 能依照<u>女生性別</u>自行拿起適合的物件
2. 能依照<u>男生性別</u>自行拿起適合的物件

理論上，任何行為目標皆應適用該教學單元或教學軸線之「所有學習者」，方能符合啟智教學活動設計的「最大參與原則」。是故，上例之行為目標宜修改為：

能依照<u>自己的性別</u>自行拿起適合的物件

如此，始能適用於該教學單元或教學軸線之所有學習者，使之因而有參與該學習活動的機會與可能性。

十三 「語文混用」的迷思

在單元目標／行為目標中，同時使用兩種以上的語文來呈現，如果「非用不可」的話，其實無傷大雅。但是，如果沒有絕對之「語文混用」的必要，則應以「中文單獨呈現」作為優先首選。下示之實例即在行為目標中同時呈現中／英文，應盡量避免。

能正確指出男 model

能正確指出女 model

在學校中，即便是輕度智能障礙學生，也鮮少有機會學習到外語，對於中、重度智能障礙學生而言，更是微乎其微。依據教育部 (1999) 所頒布之「特殊教育學校（班）國民教育階段智能障礙類課程綱要」（以下簡稱「1999 年版啟智課綱」），智能障礙學生僅在「實用語文」之「外文符號」細目中，才有機會學習「認讀商店／食品／物品／禁止／警告／指示外文符號」。理論上，「學習認讀外文符號」乃較適用於輕度智能障礙學生，而對於中、重度智能障礙學生則較不適用。因此，在教育部 (1999) 所頒布之「1999 年版啟智課綱」中，對智能障礙學生施教外文之機會著實極為鮮少。教師在設計行為目標之用辭時，宜與教學內容一致，亦即：教學內容中若未曾使用外文，則理應在行為目標用辭中避用外文。除非必須教導智能障礙學生「認讀商店／食品／物品／禁止／警告／指示外文符號」，才適合在行為目標中使用與商店、食品、物品、禁止、警告、指示有關之外文符號。總之，以上論述僅以「1999 年版啟智課綱」為例來說明。實則，在教育部 (2010) 所頒布之「特殊教育課程教材教法及評量方式實施辦法」中，並未強制要求高中以下各級學校在啟智教學方面一定非用「1999 年版啟智課綱」不可。如果某校決定在啟智課程中加強外語教學，則在智能障礙學生之教材中出現外文之機率亦可能因而增加。惟在行為目標之用辭上，仍應遵守「與教學內容一致」之基本原則——在教學內容中有教到外文時，才在行為目標用辭中使用到外文符號，

否則理應避免觸犯「語文混用的迷思」。

十四 「百分比」的迷思

　　此一迷思在本章一開始之 Bateman 與 Herr (2006) 的說法中，亦曾出現過。實則，在普通班教案中，以百分比來描述行為目標之評量標準，並無不可，但是，在啟智班教案中，若以百分比形式來設計行為目標之評量標準，即較不適當，原因是：這樣子會使得該評量標準喪失「個別化教學」的精神。為方便以下討論，我們可以假定有兩位智能障礙學生：A 生是小三輕度智能障礙，而 B 生則為小三中度智能障礙。在某一教學單元中，教師分別設定下列兩個不同的評量標準：

　　A 生：能在 20 個題目中答對 10 題
　　B 生：能在 6 個題目中答對 3 題

若另以百分比形式來表示，則兩者皆可改寫成：

　　能答對 50%的題目

從上示描述中，顯然可見：百分比形式之評量標準著實具有強烈的「通則化」或「通用化」的功能（故較適用於普通班）。本來 A 生與 B 生的評量標準是內容互異的，當兩者化成百分比形式之後，僅以同樣的一行敘述句即可適用於兩位智能障礙學生。如此一來，當原本 A 生之評量標準 $\frac{10}{20}$ 與 B 生之評量標準 $\frac{3}{6}$ 統統轉化為 $\frac{50}{100}$ 之後，已明顯喪失「個人獨特」或「個人專屬」之個別化教學的性質。實則，我們在啟智班之教學評量中，往往必須精確掌握的，就是每位智能障礙學生的真實分子（實際達成總量）與真實分母（預計達成總量），如此才可清楚掌握每位智能障礙學生在算式 $\frac{實際達成總量}{預計達成總量}$ 之

中的真實原始數量，以掌握每位智能障礙學生所接受之個別化教學的實質內涵，而運用「百分比」之評量標準恰巧會嚴重弱化此一個別化教學的基本精神。

十五　「難度欠妥」的迷思

有時，初學者所設計的教學目標，顯然未能適配於智能障礙學生的認知／學習能力水平，此類錯誤類型，特別稱之為「難度欠妥的迷思」。試以下示之教學目標為例，來加以說明：

單元目標：
　1. 能從外表分辨性別
　2. 能分辨男、女代號
行為目標：
　1-1. 能說出男生的外表特徵 3 項
　1-2. 能說出女生的外表特徵 3 項
　1-3. 能說出男生的服裝特徵 2 項
　1-4. 能說出女生的服裝特徵 2 項
　2-1. 能說出♀、♂各代表的性別
　2-2. 能舉例常代表男生和女生的顏色
　2-3. 能將常見的男女廁所標誌圖卡分類

在筆者的實際教學過程中，特別要求初學者在撰寫教學目標時，先嘗試針對國小部三年級中度智能障礙學生來設計，而在上示之教學目標中，第 2 項單元目標及其所屬之 2-1～2-3 的行為目標顯然不適用於中度智能障礙學生。因為，Inhelder (1968) 曾經指出：不同智能障礙程度之學生的最高認知發展階段，乃分別為：❶重度／極重度智能障礙 (WISC-IQ＝10～39)：感覺動作期，❷中度智能障礙 (WISC-IQ＝40～54)：運思前期，❸輕度智能障礙

(WISC-IQ＝55～69)：具體運思期，❹臨界智能障礙(WISC-IQ＝70～85)：形式運思期。因此，基本上，抽象符號之教材乃不適用於國小三年級之中度智能障礙學生。實則，在「認識男女特徵」的教學單元中，教師可選用之教材類型的「光譜」，由具體到抽象，可如圖7-3所示之結構來依序鋪陳（當然，圖7-3的教材光譜只是所有可能被設計出來之其中一種結構類型而已）。

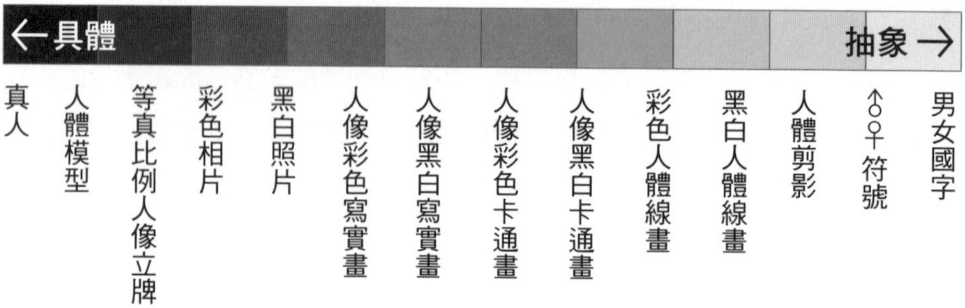

← 具體　　　　　　　　　　　　　　　　　　　抽象 →

真人｜人體模型｜等真比例人像立牌｜彩色相片｜黑白照片｜人像彩色寫實畫｜人像黑白寫實畫｜人像彩色卡通畫｜人像黑白卡通畫｜彩色人體線畫｜黑白人體線畫｜人體剪影｜↑♂♀符號｜男女國字

圖 7-3　「認識男女特徵」的教材光譜

從圖7-3清楚可見：在上述「光譜」中，「♂、♀」符號乃較偏向抽象符號的一端。而中度智能障礙學生之最高認知發展僅達到「運思前期」，是故，其尚未具備足夠的認知能力來進行抽象符號之學習。如此一來，在目標設計中，讓國小部三年級中度智能障礙學生進行「♂、♀」之抽象符號的學習活動，顯然陷入「教材難度欠妥」之窘境，其較為保守之解法：教師在選用教材類型之時，應可朝向「具體端」刻意多作挪移，因此，至少可從「人體模型」開始下手，再漸漸朝向「抽象端」來逐步推展。

十六　「抽象名詞」的迷思

在撰寫行為目標時，初學者必須留意：除了動詞有「具體」與「抽象」之分以外，名詞亦然。換言之，行為目標之動作的「受詞標的物」，若指稱不夠明確而具體的話，即屬「抽象名詞」；反之，則可稱之為「具體名詞」。為進一步澄清其概念，試以下例來予以說明：

單元目標：

　1. 能知道男性的特徵

行為目標：

　1-1. 能指出男性特徵的圖片

　1-2. 能指出老師指定之<u>男性特徵</u>的圖片

上例中，關於「男性特徵」部分，保留了不小的模糊空間。因為，「男性特徵」不止一項，究竟其所指為何？卻仍十分籠統！試以其中之行為目標 1-1 為例，若欲清楚指明其「受詞標的物」，可將之改寫如下：

　1-1. 能指出<u>喉結</u>的圖片

　1-2. 能指出<u>鬍鬚</u>的圖片

如此一來，「喉結」與「鬍鬚」所指稱之「受詞標的物」乃較「男性特徵」更為清楚而具體，前者即屬「具體名詞」，而後者則為「抽象名詞」。在行為目標中，僅僅使用「具體動詞」仍然不夠，還須搭配使用「具體名詞」才行，否則，「具體動詞」若搭配使用「抽象名詞」，其結果，依然有被「抽象動詞化」而使得該具體動詞化身為「類抽象動詞」之疑慮。例如：

　A. 能購買<u>國貨</u>

　B. 能購買<u>大同電鍋</u>

上示之舉例中，「購買」屬於「具體動詞」，不過，在 A 例中，因為搭配了性質屬於「抽象名詞」的「國貨」，而使得該「具體動詞」結合「抽象名詞」的後果，讓整個動作或行為變得非常抽象而模糊，因為，其中並未清楚指明：要購買的，究竟是哪一項國貨，因此，在教學現場之實際操作中，即使想讓智能障礙學生去購買，也不知要買什麼東西。反之，在 B 例中已清楚標明：要讓智能障礙學生去購買的國貨，就是「大同電鍋」，其所指稱之「受詞標的物」極為清楚而明瞭，於是，整個動作的具體實踐，方始有可能。

十七 「邏輯層次設計欠妥」的迷思

　　如同本書第 1 章（何謂「教學活動設計」？）所述，「目標設計」之邏輯層次有三，亦即：❶教學單元、❷單元目標、以及❸行為目標，其中蘊含「上下包含」及「上下衍生」的關係。如果，初學者在目標設計中，未能將這三個邏輯層次做出清楚區分，即觸犯了「邏輯層次設計欠妥」的迷思。試以下例來進行說明：

　　單元目標：
　　1. 能辨別男、女
　　行為目標：
　　1-1. 能區別男布偶、女布偶
　　1-2. 能聽老師的口令，從一堆布偶中拿出老師指定的性別
　　1-3. 能指出卡通中的男性角色、女性角色
　　1-4. 能聽 mp3 錄音檔，說出此刻播放的是男生還是女生的聲音
　　1-5. 能說出站在自己面前的同學的性別
　　1-7. 能說出背對自己的同學的性別
　　1-8. 能從大合照的照片中，指出哪個是男、哪個是女

　　上例中，其教學單元為「認識男女特徵」，主要目的在教導智能障礙學生「如何分辨男、女」，而該位初學者所設計之「單元目標」卻與「單元名稱」之教學主旨完全重疊，因而使得「單元目標」與「單元名稱」之間的邏輯層次區別度嚴重被弱化，導致「目標設計之邏輯層次欠妥」的缺失。吾人似可推測：該初學者似乎缺乏一個設計上的思考流程，亦即：先將「如何分辨男、女」的教學大方向予以列出而使之形成「單元目標」，於是，最終陷入了「『認識男女特徵』的教學大方向就是『能如何分辨男、女』」的思考侷限與設計窘境。實則，要教導智能障礙學生分辨男、女，可先從衣著、髮

型、玩具、喜好顏色……等一般世俗通則來進行，這些就是該教學單元的執教大方向，因此，在「單元目標」方面，至少可列出：

單元目標：
    1. 能辨別男生與女生之衣著
    2. 能辨別男生與女生之髮型
    3. 能辨別男生與女生之玩具
    4. 能辨別男生與女生之喜好顏色
    5. 能依據上述 4 項特性來分辨男生與女生

當然，用來教導智能障礙學生「如何區別男生與女生」的參考點，乃不止上述 4 種而已，其實，「生理特徵」也是其中一項區別參考點，只是，為了避免產生不可逆料的教學負面效果，乃暫將該區別參考點予以擱置，例如：若是教導「女生有胸部、男生沒有胸部」這一個區別男、女特徵之參考點，事後，有些智能障礙學生可能會去翻看或觸摸別人的胸部，若是確定該生之學習／認知能力可以進一步理解相關之社會規範、且予以遵守的話，自然可以使用該區別參考點來進行教學，否則，宜將其優先順序予以後置，且暫先使用衣著、髮型、玩具、喜好顏色……等較無顧慮之區別參考點。

十八 「目標內容衝突」的迷思

這類的迷思係指：教學者所設計之目標的內容產生自相矛盾或不合邏輯的現象，因而顯得不可行。例如：

1. 能說出自己身上有<u>長頭髮</u>
2. 能說出自己身上有<u>短頭髮</u>

上例中，因為任何人在某一時間點上，只能擁有長髮或短髮，故不可能同時

學習該兩項行為目標。這類迷思往往由於初學者尚無法以足夠的鳥瞰高度來統整全部目標設計的思考架構,因而陷入顧此失彼之窘境所使然。一般而言,經過多次反覆練習之後,陷入此類迷思的情形,都會得到改善。

Chapter 8

啟智教案設計的重要原則

一　前言

　　教育部 (1999) 在其所頒布之「特殊教育學校（班）國民教育階段智能障礙類課程綱要」（以下簡稱「1999 年版啟智課綱」）中，曾經列出七大教學原則，以供教學者參考之用，其包含：個別化原則、類化原則、協同原則、安全原則、實作原則、啟發原則、增強原則，由此可見：這些教學原則對於啟智教學之重要性，初學者應該徹底了解其學理與要旨，且將之銘記在心，千萬不可輕忽。因為教學對象——智能障礙學生——之學習／認知特質的獨特性，而使得啟智教師在進行教學活動設計時，必須注意到若干啟智教學活動設計的重要原則。如果忽略、未詳這些啟智教學活動設計的重要原則，可能會使得設計出來的啟智教案因為欠缺應有的「啟智教學考量」，而失去應有的「啟智教學特性」。最後，設計出來的教案可能會比較像「普通班教案」，而不像「啟智班教案」。所以，本章之目的，即希望介紹若干啟智教學活動設計的重要原則，提供給啟智教案的初學者來參考，使之在學習過程中，更能掌握專業之「啟智教案設計思考的重點／方向」，以提高其學習效能。（註：為了與「活動設計」做一區隔、且避免讀者混淆起見，特將本章原名「啟智教學活動設計的重要原則」更改為「啟智教案設計的重要原則」，以突顯本章針對教案做全盤考量之特性。）

二　啟智教學活動設計的重要原則

　　基於過去在基層之啟智學校（班）與大學特教系的教學經驗，發現：初學者所應注意之啟智教學原則，乃不偏限於「1999 年版啟智課綱」所明示之七大原則，經過筆者多年來在實際教學中不斷琢磨、且漸漸掌握初學者之學習瓶頸與特性之後，終於整理出下列 34 項啟智教學活動設計的重要原則（註：其中之標題編號，並不隱含優先順序、難易度或重要性之排序意涵），其乃完全根據啟智教學活動設計之必備專業考量所提出，希望能幫助初學者減少嘗試錯誤之時數，盡早提升其教學功力。

1. 零推論原則

　　由於智能障礙學生在推理、類化能力上的缺陷，使得教師在進行教學時，應該營造出「愈逼真愈好」的學習環境，使其將習得知識／技能應用於真實生活情境時，不必進行「再推論」之思維過程，即可直接活用。例如：在進行「認識男女特徵」這個教學單元時，教學者可能會教導智能障礙學生透過「男／女髮型的不同」來分辨男／女，依據筆者的經驗，有些教學者會使用假髮來進行教學。曾經有些初學者是在黑板上單獨展現長／短假髮，這樣的教學方式就可能未能滿足「零推論原則」，因為頭髮是長在人身上的，若是單獨呈現長／短假髮，即代表教師還要讓智能障礙學生進行後續推論：「老師所教的這些假髮都是長在人身上的」，對於智能障礙程度愈重的學生而言，愈難自行在心理上操作這種後續推論。因此，對於智能障礙程度愈重（也就是推理能力愈弱）的學生而言，「單獨呈現假髮」將愈顯得違背「零推論原則」。又例如：在進行「認識交通標誌」這個教學單元的教學活動時，與其將智能障礙學生留在校內進行「交通標誌模型之模擬學習」，還不如將智能障礙學生帶到校外真實的道路上，進行「交通標誌之實況學習」。如此一來，智能障礙學生即可省略「將模擬學習之習得知識／技能應用於真實道路中之交通標誌」的推理／類化過程。對教學者而言，此種「零推論」之教學更能提升智能障礙學生正確將習得知識／技能應用於真實生活情境的

成功率。由於智能障礙程度愈重或年紀愈小的學生，其推理／類化能力愈低，因此，愈需要教師給予「零推論」之教學活動設計。當代最新的「障礙」概念，已經不再將所有「造成障礙的原因」歸咎於障礙者本身之主觀身、心條件，相反地，其轉而主張「障礙乃由環境所造成」。如果，智能障礙學生將習得之知識／技能應用於真實生活情境時，還需要進行「再推論」之思維過程，且因為過程中受限於自身之推理、類化能力的缺陷，而導致「環境」（或「真實生活之條件／因素／變異／情境」）繼續成為智能障礙學生無法活用所學之主要障礙原因，那麼，教師應該嘗試改用「零推論」之教學活動設計，以排除「環境」所造成之「學習—活用」的障礙。

2. 最大個別化原則

依據本書所提過的「個別化程度第一方程式」（$I-1$ 方程式）的概念（註：關於 $I-1$ 方程式之細節，請詳閱本書第 9 章「多軸線教學活動設計」之內容）（黃富廷，2009）：

$$I = \frac{T}{s}$$

在班上學生人數 s 固定不變的情形下，教師在進行教學時，若能提供愈多的教學軸線 T，則其個別化程度 I 將愈高。是故，我們可以下一個操作型定義：所謂的「最大個別化原則」就是追求「個別化程度的 I 值趨近於 1」的一種教學理念。通常，其實施方式乃透過下列三種方式來進行：

❶ 分組教學

其實施方式乃將班上智能障礙學生分為若干學習小組來進行教學，每一小組即代表一條教學軸線，因此，分組數量愈多，即可提供愈多的教學軸線，相對地，其個別化程度愈高。試以國小啟智班為例，每班編制 2 位教師，其變化方式包含：

A.單師教學：只有 1 位教師下場進行教學，最常見者，教師可依照學習／認知能力將班上智能障礙學生分為高／低兩組，當教師對高組學生進行直接教學時，讓低組學生操作「自動作業」（亦即：不需教師在旁指導即可自行理解操作規則，並進而逐步完成的作業／任務），若

干分鐘後交換（該師改對低組學生進行直接教學，並讓高組學生操作「自動作業」），以此反覆。

B.雙師教學：班上 2 位教師同時下場進行教學，常見方式有二：

a. 1 師 1 組：依照學習／認知能力將班上智能障礙學生分為高／低 2 組，兩位教師 1 人帶 1 組，是故，每位教師乃分別針對高組或低組學生進行直接教學，如此一來，不必設計自動作業。此類教學方式至少可提供 2 條教學軸線。

b. 1 師 2 組：其實施方式，先將班上智能障礙學生依照學習／認知能力分為 2 大組，2 位教師 1 人帶 1 大組。之後，每位教師再從自己任教的大組中，進一步分出高／低小組，並依照上述之「單師教學」的方式來進行教學。因此，2 位教師總共可以分出 4 小組的學生來進行教學，並至少提供 4 條教學軸線。

❷ 分科教學

此種教學方式，乃依據教學科目之不同，而針對不同的教師來進行教學任務的分配。是故，在任何科目（如：實用語文、實用數學、……等）的教學時間內，只會有 1 位教師下場進行教學。在此類教學分工的限定下，若欲提高教學軸線數量，往往只能藉由「單師教學」的方式來達成。

❸ 協同教學

常見之「協同教學」的實施方式乃分為下列幾種：

A.主副式：全程提供 ≥1 條教學軸線，其中，參與該單元之教學工作的教師總人數可以 ≥2 人，由 1 位教師當主角（掌控整個教學活動的步驟與節奏），其餘教師當配角（在一旁協助主角教師進行教學活動）。

B.均工式：全程提供 ≥1 條教學軸線，其中，參與該單元之教學工作的教師總人數可以 ≥2 人。與「主副式」不同的是，「均工式」沒有設定主角教師，其反而將教學內容平均切割為若干小部分，每位教師各自負責一小部分的教學分工（分為若干學習站），再依時間串聯／並聯的方式來進行分組教學。

C.混合式：此乃「主副式」與「均工式」之混合版本，全程提供 ≥1 條

教學軸線，其中，參與該單元之教學工作的教師總人數可以 ≥ 2 人，
將教學內容平均切割為若干小部分（因此而分為若干小組），每一小
組由 1 位教師當主角，其餘教師當配角。

此外，若從下示之「個別化程度第二方程式」（$I-2$ 方程式）的概念
（註：關於 $I-2$ 方程式之細節，請詳閱本書第 9 章之內容）來看：

$$I = \frac{T}{g_s} \quad (g_s = 分組數量)$$

若能透過嚴謹的教育診斷，檢核出啟智班所有智能障礙學生的真正學習／認
知能力，並針對能力相近之智能障礙學生而將以合併為學習分組，那麼，教
師即可透過提供較小的教學軸線數量，而達到更大的個別化程度。

3. 多重感官原則

此處所提及之「多重感官原則」的原始概念乃源自「多重感官教學
法」。多重感官教學之概念，最初係由 Fernald 於 1943 年所提出，其乃為障
礙學生所發展出之某種結合視覺 (visual)、聽覺 (audio)、動覺 (kinesthetic)、
觸覺 (tactile) 的多重感官教學策略，一般簡稱為「VAKT 教學法」(Salend,
1998)。若以廣義之角度來予以詮釋，則其亦可解讀為：在教學時，若愈能提
供多樣化的感官途徑來讓智能障礙學生進行學習，那麼，智能障礙學生儲存
在大腦中的感官刺激也將會愈趨於多元化，因而，愈有助於智能障礙學生形
成短期記憶，進而發展長期記憶。如前所述，一般而言，「多重感官教學
法」或「VAKT 教學法」，其所使用之感官功能乃主要包含：視、聽、動、
觸等感覺／知覺。若將「多重感官」之概念予以最大化延伸，那麼，如果能
提升智能障礙學生之學習成效，則再加入嗅覺與味覺來進行多重感官教學，
亦未嘗不可。總之，只要能提升智能障礙學生的學習成效，那麼，任何有助
於增加智能障礙學生之學習效果的感官功能，皆可嘗試使用之。例如，當教
師試圖教導智能障礙學生「認識數字」時，可以從下列感官著手：

❶ 視覺：呈現數字的字卡，使智能障礙學生觀看。
❷ 聽覺：播放或唸出數字的讀音，讓智能障礙學生聆聽。

❸ 觸覺：展示數字的觸摸板（製作方法：在漆成白色的平滑木板上，以強力膠寫上數字，再撒上細沙，使之黏著在木板上，待膠乾之後，白色木板上會呈現出黑色而粗糙的細沙數字），讓智能障礙學生以手指觸摸的方式來「摸寫」木板上的數字。

若套用電腦術語來描述，我們可以說：在上述之「認識數字」的多種感官學習過程中，智能障礙學生係以視覺、聽覺、觸覺等三種「儲存格式」，在大腦中存入三種不同「檔案類型」的資料，因此，將來再回憶時，智能障礙學生就會擁有三種「資料搜尋」的途徑可資使用。國內亦不乏多重感官教學之實際支持例證，試以謝慧如(2009)之研究來看，其結果顯示：國小啟智班學生在多重感官教學之語彙學習的立即效果，乃較圖卡教學更為明顯，而且，該兩種教學對國小啟智班學生之語彙學習皆具有保留效果；此外，國小啟智班學生在多重感官教學之語彙表達保留效果，乃較圖卡教學更為明顯；在圖卡教學與多重感官教學後，國小啟智班學生之語彙聽辨學習效果，皆比語彙表達學習效果為佳。基本上，資料搜尋的管道愈多，愈能有助於智能障礙學生快速找到資料，進而提升其學習成效。

4.最大類化原則（充分類化原則）

「最大類化原則」亦可稱為「充分類化原則」。「類化」(generalization)一詞本身蘊含「舉一反三」、「學習遷移」、「觸類旁通」的意思。基本上，IQ愈高的兒童，其類化能力愈強；反之，則愈低。因此，智能障礙兒童的類化能力常較一般同儕低落。職是之故，教師在設計啟智課程／教材時，應該幫助智能障礙兒童做最大化的「類化式學習」或「學習內容的類化」。試以「認識水龍頭」這個教學單元為例：由於生活中可以見到的水龍頭，其形式五花八門，如果教師只教最常見的「旋轉式水龍頭」，一旦智能障礙學生在生活中突然碰到「上下壓桿式水龍頭」，就會不知所措。因此，當教師教完常見的「旋轉式水龍頭」之後，應該進一步幫助智能障礙兒童在「認識水龍頭」這方面進行最大化的類化學習——隨後繼續學習「上下壓桿式水龍頭」、「左右拉桿式水龍頭」、「開關分離型之旋轉式水龍頭」（使用時才將水龍頭開關插入上端開口的插槽）、「省水型按壓式水龍頭」、「紅外線

感應式水龍頭」……等等。又如：在進行「認識男、女特徵」這個教學單元時，如果只教智能障礙兒童從「衣著」來區別男女，那麼就未能滿足啟智教學活動設計的「最大類化原則」——讓智能障礙兒童從最充分的線索來區別男女。因此，教智能障礙兒童從「衣著」來區別男女之後，還應該繼續教導智能障礙兒童從「頭髮」、「生理」、「聲音」、「玩具」……等面向來區別男女。因此，「充分類化原則」的最終目的，就是要使智能障礙學生的學習內容達到「相關知識／線索的最大化」，以彌補其類化能力之不足。

5. 充分學習原則

「充分學習原則」之基本精神，與「最大類化原則」有些關連，兩者之目的皆希望能為智能障礙學生提供最充分的學習內容，以利其就學、就業、就養。試以前述之「認識水龍頭」這個教學單元為例，由於水龍頭的種類頗多，教師在設計此一單元時，應將智能障礙學生在生活中所有可能接觸／使用到的水龍頭種類統統列入教材範圍，如此一來，「智能障礙學生因為碰到不懂的水龍頭而陷入用水窘境」之機率，理應可獲降低。又如：在「到賣場購物」的教學單元中，為了要讓智能障礙學生能充分習得在賣場購物之所有知識／概念／技能，教師可能必須透過「蛛網式教學設計」，來規劃所有科目之橫向聯繫的系統架構，讓智能障礙學生在相關科目中皆能充分習得關於「到賣場購物」所需之知識／概念／技能。一般而言，讓智能障礙學生充分學習，即等於讓智能障礙學生習得最大類化之教材內容，因此，「充分學習原則」與「最大類化原則」乃相輔相成，缺一而不可。此外，一般亦常將教學目標分為三大類，此即：認知、情意、技能，「充分學習原則」在此類教學設計之思維中，即指：教師應該在該單元之教學活動設計中，讓智能障礙學生充分學習到該單元所預期提供之完整的認知、情意、技能。

6. 過度學習原則

由於智能障礙學生在短期記憶上的缺陷，導致形成記憶刻痕的難度較高，因而，在教學設計中，必須針對智能障礙學生之此一弱點，予以反覆複習——亦即：不斷嘗試提供「形成記憶刻痕」的機會，以期增加學習的成功

率。試以符號學習為例,如果普通班學生需要一週當量的教學次數／時間來習得阿拉伯數字,那麼,智能障礙學生所需之教學次數／時間可能遠遠超過一週的當量。因此,在啟智教學活動設計中,教師可能需要應用「過度學習」的概念,來提供更多量之「形成記憶刻痕」的機會與次數,以提升學習效果。此外,在實施「過度學習」的過程中,應該盡量透過「遊戲化」與「多變化」的教學活動設計策略,來維持或提高智能障礙學生的學習動機／興趣。本書在第 2 章(智能障礙學生之相關特質與教案設計因應之道)討論「過度學習」時,曾指出:就廣義而言,啟智班之「過度學習」的操作向度有三,此即:❶學習次數、❷學習深度、以及❸學習廣度。而此處之「過度學習原則」的討論向度乃較集中於 H. Ebbinghaus 當初探討「過度學習效應」之時,所涉及之「記憶時間」或「記憶次數」上面。換言之,在啟智班教學中,可透過「學習時間」或「學習次數」之增加而形成「過度學習」,並藉此提升其學習成效。

7. 具體操作原則

「具體操作原則」的教學活動設計概念,乃源自杜威 (John F. Dewey) 所提出之「做中學」的教育口號。不過,「具體操作」與「做中學」的意涵,彼此之間仍互有差異。基本上,「做中學」的廣義定義域,乃可包含「具體操作」與「心理操作」這兩個子範圍。而「具體操作」之相對詞即為「心理操作」,例如:「愛國」這個動詞的原始本身意涵僅及於心理操作,而未擴及具體操作,因為,當某人正處於「努力愛國中」的狀態時,即便當事者已經「愛得死去活來」,旁人仍無法從外表窺盡其內心之真實全貌,所以,「愛國」只能算是「抽象動詞」,而不能歸類為「具體動詞」。對於智能障礙程度愈重的學生而言,其愈不適合進行抽象的「心理操作」,是故,教師應該為之設計出愈具體的操作活動,乃愈適合其學習／認知特質。Inhelder (1968) 的研究已經明確指出,不同智能障礙程度學生的最高認知發展階段,乃分別為:❶重度／極重度智能障礙 (WISC-IQ＝10～39):感覺動作期,❷中度智能障礙 (WISC-IQ＝40～54):運思前期,❸輕度智能障礙 (WISC-IQ＝55～69):具體運思期,❹臨界智能障礙 (WISC-IQ＝70～85):形式運思

期。可見：輕／中／重／極重度之智能障礙學生的認知發展，最高僅及於具
體運思期，換言之，大多數智能障礙兒童仍無法進行抽象思考（未達形式運
思期），因此，教師在設計啟智教學活動時，教材／課程內容應該愈具體愈
佳。同理，在教學過程中，讓智能障礙學生進行實地操作時，其操作項目／
內容也應該愈具體愈好。此外，依據前述之「多重感官原則」，讓智能障礙
學生從具體操作中進行學習，可提供更多重之感官訊息來源，亦有助於提升
智能障礙學生之學習成效。原則上，初學者在進行啟智教學活動設計時，能
構思出「做中學」的教案內容，就已經算是可以過關了。不過，對智能障礙
兒童而言，「做中學」的學習成效並非已達最高境界，當教案設計者的功力
隨著教學經驗之累積而日漸增強之後，應該設法讓自己有能力進一步設計出
「玩中學」的教案內容，讓智能障礙兒童的學習成效也隨之更上層樓。

8. 最大參與原則

「最大參與原則」的要義乃主要著眼於：教師在進行教學活動設計時，
應該盡量讓所有智能障礙學生都有機會參與教室裡的教學／學習活動，而不
能忽略能力最強與最弱的兩端學生。因此，如果在啟智班僅以單一軸線 (one
thread, 1T) 的方式來進行教學——亦即：讓班上各種不同學習能力的智能障
礙學生共用同一個教學單元與學習難度，則往往無法滿足班上所有智能障礙
學生的學習需求。因此，「最大參與原則」的主要訴求，乃隱含著「多軸線
(multiple threads, MT) 教學」的精神。依據前述之 $I-1$ 方程式 $I=\dfrac{T}{s}$ 的概念：
在班上智能障礙學生人數 s 不變的情形下，當教師在同一節課中所提供的教
學軸線數量 T 愈趨近於 s 之時，則其所達成之個別化程度 I 乃愈大。依此推理
可知：當班上每位智能障礙學生都獨享一條個人專屬的教學軸線時，該班所
有智能障礙學生之學習參與率乃達最大化。是故，這樣的多軸線教學設計，
其主要之變化形式有三：

❶ 同教學單元，多難度層次：全班 s 位智能障礙學生統統使用同一教學單
元 (u, unit)，教師在該教學單元中，針對不同學習／認知能力的智能障
礙學生，分別設計不同難度的教材內容與學習步伐。

❷ 異教學單元，組內相同難度層次：全班 s 位智能障礙學生不僅不共用同

一教學單元，相反地，可能每生各自使用不同的教學單元（此時，教學單元總數量 (n, number) 乃為 $3 \leq n(u) = s$），或者，若干學生共用同一教學單元（此時，教學單元總數量乃為 $3 \leq n(u) < s$），換言之，教師針對不同學習／認知能力的智能障礙學生而予以分組，每組各自使用不同的教學單元，而同組之智能障礙學生則使用相同難度之教材內容與學習步伐。

❸ 異教學單元，組內不同難度層次：此種類型與第❷項不同的是，教師針對不同學習／認知能力的智能障礙學生而予以分組，每組各自使用不同的教學單元，而同組之智能障礙學生則不使用相同難度之教材與學習步伐，換言之，在各組中，教師還進一步針對組內不同學習／認知能力的智能障礙學生設計出不同難度之教材內容與學習步伐。

總之，在同一節課的教學中，若教師能為班上所有智能障礙學生提供愈多的教學軸線數量 T，則不僅使得個別化程度 I 愈趨近 1，亦可使得學習參與率愈趨近最大化。

9. 最少提示原則

與「最少提示原則」關係最密切的教學法，乃為「產婆法」與「啟發式教學法」，其精神乃在任何教學段落的第一個時間點 (t_1) 上，僅提供給智能障礙學生最小的提示量 (P, prompt) $\min(P)$，亦即：$P(t_1) \rightarrow \min(P(t_i))$（讓教學第一時間的提示量 $P(t_1)$ 趨近於整個教學時間序列 t_i 中的最小提示量 $\min(P(t_i))$），藉此，讓智能障礙學生有獨自思考以找尋答案之機會與空間。嚴格來講，「最少提示」並不等於「零提示」(zero-prompt) 或「不提示」(non-prompt)，而是在（各自具備不同提示刺激量之）可資使用的所有提示策略／方式中，優先考慮給予智能障礙學生最小量之提示，以促使智能障礙學生進行獨立思考，進而養成習慣。在實施上，這整個流程是動態的，而不是一成不變的靜態過程。

10. 最小協助原則

「最小協助原則」與「最少提示原則」的概念十分相近，但並不完全相

同。若從數學的集合觀念來看，「最小協助 (a, asisstance)」min(a) 應該包含「最少提示」min(P)，亦即：min(a) ⊃ min(P)（見圖 8-1），換言之：「提示」只是眾多「協助」方式的其中一個選項而已。

圖 8-1　「最小協助」與「最少提示」的集合關係

　　教師在教學過程中，對智能障礙學生所提供的教學協助，最常見者，乃包含：肢體協助、口語協助、以及標記協助（輔助記號）。我們可以舉一個例子來探討「協助」與「提示」的區別：在教學過程中，教師可能❶全程透過肢體來協助智能障礙學生完成學習任務，也可能❷只在智能障礙學生忘記如何操作時，才透過肢體動作來提供重點協助。前者❶，是個不折不扣的「肢體協助」，但較不像是「肢體提示」；而後者❷，不僅可以是「肢體協助」，更可以視為「肢體提示」。所以，「協助」與「提示」之間，應該不只具備「數學集合上」的差異，亦應具備「質」與「量」的區別。

　　若以時間軸的角度來看，試將「教學全程」視為遍布無限多個時間點所形成的數線，那麼，「最小協助原則」所指向之時間特性，應屬任何一個在時間橫切面上被截斷的時間座標點。教師在任何一個位於時間軸的橫切點上進行教學時，皆應遵守「最小協助原則」──在提供教學刺激的時間點 (t_i) 上，盡量不要立即提供任何「過量」（亦即：超過「最小教學協助量」min (a)）的協助，我們可藉由數學式，將此一概念表示為：

$$a(t_i) \leq \min (a(t_i))$$

其中，$a(t_i)$ 即為「教師在第 i 個時間點 (t_i) 上所提供的教學協助量 a」，而 $\min(a(t_i))$ 則為「教師在第 i 個時間點 (t_i) 上所能提供的最小教學協助量 $\min(a)$」。換言之，「最小協助原則」之核心要義就是：教師在任何一個教學時間點 t_i 上所提供的教學協助量 $a(t_i)$，「不能大於」其於該教學時間點 t_i 上所能提供的最小教學協助量 $\min(a(t_i))$。因此，若改以趨近值的角度來看，上式之概念亦可改寫為：

$$a(t_i) \to \min(a(t_i))$$

換言之，「最小協助原則」之主要精神乃在於：教師在任何一個教學時間點 t_i 上所提供的教學協助量 $a(t_i)$，「僅能趨近於」教師在該教學時間點 t_i 上所能提供的最小教學協助量 $\min(a(t_i))$。

教師將教學協助量壓低到最小化，其主要用意，乃希望為智能障礙學生留下「自行探索」或「獨立思考」的最大化空間，此即為 Socrates（蘇格拉底）所獨創之「產婆式教學法」（一般簡稱為「產婆法」）的精神所在——讓學生成為「答案」的「生產者」，而教師僅在一旁擔任「催生者」的產婆角色。當代之「啟發式教學法」的教學原理，亦與此十分雷同。雖然智能障礙學生在每一個教學時間點 t_i 上所能操作的學習步伐比較小，然而，小步伐亦有其自身之最大化「自行探索／獨立思考」空間。若以「個體自我參照」的角度來看，在任意教學時間點 t_i 上，智商 (IQ) 愈高的學生需要愈大的學習步伐，而 IQ 愈低的學生則需要愈小的學習步伐 (p, pace)，此一現象可藉由下式之「步智比」的概念來表示：

$$r = \psi \frac{p}{q} \to c_r$$

上式中，$q=$ 智商 (IQ)（以下暫以魏氏兒童智力量表 (WISC) 所測得之 IQ 為例，來進行討論），$p=$ 學習步伐的大小，$r=$ 步智比，$\psi=$ 方程式係數，此一係數將可能因人而異。「步智比」在現象界之真實存在的數理結構，可能是直線式的，也可能是曲線式的，為方便討論起見，上式暫以最簡單之直線式的角度來詮釋步智比的概念。其中，該方程式提供一個暫設式的假說，亦即：人類的「步智比」乃呈現出穩定之直線式（或可能是曲線式）的比例結

構，換言之，步智比 r 恆趨近於某一常數 c_r。為方便以下之討論，我們不妨暫設 $\psi=1$ 且 $r \to c_r=1$（此時，學習步伐 p 與智商 q 之間，將形成 100% 同步之正比關係），那麼，WISC-IQ $=q=135$ 的資優生，需要 $p=135$ 的學習步伐；而 WISC-IQ $=q=35$ 的智能障礙學生，則需要 $p=35$ 的學習步伐；換言之，因為 $r=\psi \dfrac{p}{q}=1 \times \dfrac{p}{q} \to c_r=1$，所以 $p=q$。接下來，我們再做一個暫設性假設，即：智能障礙學生之學習步伐 p 與其所需之自行探索／獨立思考空間 S（S, space）亦成正比。若將某位智能障礙學生所需之學習步伐 $p=35$ 的自行探索／獨立思考空間 S 的大小範圍，同步視為 $S=35$，那麼，教師應該在教學過程中，設法營造出 $S \to 35=\max(S)$ 的學習條件，讓智能障礙學生的自行探索／獨立思考空間達到最大化。因此，在教學過程中，教師應將教學協助量 a 控制在最小的範圍內，這概念就宛如存在「教與學之邊際（m, margin）總量」$m=(a+S) \to c_m$ 的現象或規律一樣（我們或可將「教師協助量 a」與「智能障礙學生之自行探索／獨立思考空間 S」的能量總和，暫此將之命名為「教與學之邊際總量 m」），對任何師生組合而言，該邊際總量 m 乃趨近於某一特定常數 c_m，且不同結構之師生組合，其所擁有之邊際總量常數 c_m 亦可能互不相同。在 m 恆定為某一常數值 c_m 的前提下，當教師協助量 $a(=c_m-S)$ 佔據愈多的比例時，智能障礙學生的自行探索／獨立思考空間 $S(=c_m-a)$ 就會受到愈大的壓縮，唯當教師設法將教學協助量 a 壓得愈低時，智能障礙學生方能擁有愈大的自行探索／獨立思考空間 S。理論上，若以「團體參照」的角度來看，且將資優生與智能障礙學生所需之教學協助量 a 放在一起比較時，可知：愈資優的學生，其所需之教學協助量 a 愈可以趨近最小值 $\min(a)$；而對於智能障礙程度愈重的學生而言，其所適用之教學協助量 a 將愈遠離最小值 $\min(a)$。但是，如同前述，若改以「個體自我參照」的角度來看，每一個體所需之教學協助量 a 可能互不相同，教師應該針對每一位學生之個人學習能力與特質，提供個別化需求之教學協助量 a 的最小值 $\min(a)$，讓每位學生都盡量有其「量身訂做」之最大化的自行探索或個人獨立思考的學習空間。

11. 協助逐褪原則（協助趨零原則）

前述之「最小協助原則」與「最少提示原則」都是屬於「靜態過程」的

概念（其實施時間僅止於時間軸上的某一橫切點），而此處之「協助逐褪原則」則屬「動態過程」（其實施時間點乃遍及整個施教範圍內的時間軸）之概念。如圖 8-2 所示，從時間軸的角度來看，教師在整個教學過程（若用「時間點」t_i（$i=1,2,3,...,n$）的概念來表示，其可視為由 t_1 到 t_n 所構成的時間點集合）之中，對於學生的協助量 a，從第一個時間點（t_1，也就是「開始」的時候）到最後的時間點（t_n，也就是「結尾」的時候）的變化，乃呈現「逐步褪除」（愈來愈少）的趨勢。

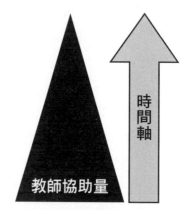

圖 8-2　「協助逐褪原則」之動態過程

　　以下試以教導智能障礙學生「穿鞋子」的教學單元為例，來說明教師協助量的「逐步褪除」過程：

t_1：教師全程動手幫助智能障礙學生穿鞋，並加以口頭說明

t_2：教師示範穿鞋，並加以口頭說明，智能障礙學生則一邊觀看、一邊模仿穿鞋

t_3：教師不動手示範，全程由智能障礙學生自行穿鞋，教師僅在智能障礙學生忘記穿鞋之操作步驟時，才動手協助，並加以口頭說明

t_4：教師不動手示範，全程由智能障礙學生自行穿鞋，教師全程僅以口頭指導智能障礙學生穿鞋

t_5：教師不動手示範，全程由智能障礙學生自行穿鞋，教師僅在智能障礙學生忘記穿鞋之操作流程時，才做口頭提示

t_6：教師不動手示範、不做口頭提示，全程由智能障礙學生自行穿鞋，教師僅事先在左腳鞋（或右腳鞋）上以油漆做記號，以協助智能障礙學生辨別左（右）腳鞋

t_7：教師不動手示範、不做口頭提示，且去除左腳鞋（或右腳鞋）之油漆記號，全程由智能障礙學生自行穿鞋

為方便說明起見，以上僅將「穿鞋子」的教學流程簡單劃分為 7 個時間點（亦即：7 個「協助逐步褪除」之步驟），其中，教師在各個時間點 t_i 所提供之教學協助量 $a(t_i)$，乃依照「$a(t_7) < a(t_6) < a(t_5) < a(t_4) < a(t_3) < a(t_2) < a(t_1)$」之原則來予以設計。因此，若以數學式來表示，那麼，「協助逐褪原則」之概念應可藉由下式來予以表示：

$$\overset{n}{\underset{i=1}{a}}(t_{i+1}) < \overset{n}{\underset{i=1}{a}}(t_i) \qquad (i \in \mathbb{N})$$

其中，$\overset{n}{\underset{i=1}{a}}(t_i)$ 乃為「教師在第 i 個時間點（t_i）上所提供的協助量 a」，是故，「$\overset{n}{\underset{i=1}{a}}(t_{i+1}) < \overset{n}{\underset{i=1}{a}}(t_i)$」即代表「教師在第 $i+1$ 個時間點所提供的教學協助量，乃小於其於第 i 個時間點所提供的教學協助量」，換言之，教師在下一個時間點（t_{i+1}）所提供的教學協助量，永遠小於在上一個時間點（t_i）所提供的教學協助量，依此，將教師協助量予以逐步褪除。因而，我們可以說：教師協助量 $\overset{n}{\underset{i=1}{a}}(t_i)$ 在時間點 t_i 上的整個變化過程，最終（當 $t_i \to \infty$ 時）乃存在其極限值 0，亦即：$\overset{n}{\underset{i=1}{\lim}}(a(t_{i \to \infty})) = 0$，也就是說：「協助逐褪原則」之教育理想與精神，乃希望藉由教師協助量之逐步褪除，最後達到趨近（亦即：兩個數值只會愈來愈接近，但永遠不會互相等於）「零協助」(zero-degree assistance) 之境界，讓智能障礙學生能夠獨立完成所有學習元素／任務，因此，「協助逐褪原則」亦可稱為「協助趨零原則」。

12. 立即回饋原則

由於智能障礙學生在形成短期記憶方面有其困難，因此，當智能障礙學生對於學習刺激做出任何反應時，教師應該對其學習反應之正確與否，立即予以回饋。如此，一來可強化其正確反應，二來可削弱其錯誤反應；反之，教師若延遲過久才針對智能障礙學生之學習反應做出回饋，那麼，智能障礙學生可能早已忘記自己當初做過什麼學習反應，自然也不知教師現在為何做出此等回饋。於是，當智能障礙學生獲得正增強時，因為不明為何受到此等增強（獎勵），而使得增強徒勞無功；反之，懲罰亦然。是故，教學回饋若要達到最佳效果，應該立即施行，千萬不能過度延遲，否則必然折損原本應有之教學效果。

13.「B 計畫」原則

在一般通俗用語上，「B 計畫」係指「緊急應變計畫」、「預備遞補計畫」或「備胎計畫」而言，亦即：當「A 計畫」──也就是「原始方案」──臨時碰到不可抗力因素或意外變故，而導致無法施行時，必須即刻用來採取應變措施的「第一預備方案」。教學活動本身乃存在若干程度的「變因」，這其中，有的可以事先預防，而有些則難以預料，因此，教師在進行教學活動設計時，應該事先把所有可能料想到的變因，做最大化的預測與預防，一旦原始的 A 計畫因故無法順利施行時，則應立即採取 B 計畫來予以取代並施行，如此一來，教學活動才不會當場開天窗。例如：教師在進行「認識交通標誌」這個教學單元時，依照啟智教學活動設計的「零推論原則」，最好把智能障礙學生帶到馬路上進行室外學習，但是，如果因為下大雨而不適宜將學生帶到室外時，則須改採「B 計畫」──室內交通標誌模型之教學活動。換言之，教師在設計「認識交通標誌」的教學活動時，除了設計室外型的「A 計畫」之外，亦應準備室內型的「B 計畫」，以圖應變。其他教學單元的變因與應變方式，在特徵與屬性上或許互有差異，教師咸應針對每個事件的獨特性質，進一步設計出適當的應變方案。當然，如同前述所言，有些變因是無法事先預料的，例如：地震、海嘯、學生突然發病、家長突然因故來校將

學生帶走、……等，雖然如此，教師仍應在腦力所及範圍內，盡量針對所有可能料想到的變因，做最充分的預測與預防，讓自己在教學活動的實施中，達到「應變力的最大化」或「不知所措之最小化」，並使得教學活動順利施行的可能性趨近於最佳理想境界。實則，本段標題所使用之「B計畫」一詞，嚴格上應指廣義之「所有可資運用的許多預備方案」（如：B_1計畫、B_2計畫、B_3計畫、……等），而非單指狹義的那一個「第一預備方案」（如：B計畫）。如圖8-3所示，教師在進行教學活動設計時，不一定只能準備一個「B計畫」（第一預備方案，也可以視為B_1計畫）而已，若能進一步再多準備一個「C計畫」（第二預備方案，也可以視為B_2計畫），則更佳。理論上，在教師腦力所及之範圍內，能準備愈多的預備方案愈好，如此一來，就愈能應付更多的突發狀況。只不過，在實際教學情況中，教師會在「最大應變準備」（費力）與「最小教學準備」（省力）之間，自行取得勞逸均衡點（一般而言，此一均衡點可能多半會落在狹義的「單一B計畫」之處），而不會無限制地準備一大堆B_1、B_2、B_3……等廣義的預備方案，此一現象乃人之常情，實無傷大雅。蓋理論與實務之間，永遠可能存在一定程度的落差，是故，在真實的教學現場中，不斷且適度地進行「理論落實在實務上」的權宜之變，乃誠屬自然。

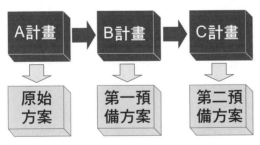

圖 8-3　「B計畫」的廣義概念

14. 理論變通原則

　　承上（B計畫原則）所述，教師在實施「認識交通標誌」此一單元之教學活動設計的A計畫時，依照啟智教學活動設計的「零推論原則」，最好把

智能障礙學生帶到馬路上進行室外學習活動，但是，如果因為碰到變故而無法實施原來所設計的A計畫（把智能障礙學生帶到馬路上進行學習）時，則須改採B計畫（在室內進行交通標誌模型之學習活動），如此一來，「零推論原則」勢必予以權衡變通才行，否則教學者將會陷入理論與實務之間的傾軋與掙扎，導致教學活動之窒礙難行。又例如：教師在進行「認識／分辨男女」的教學單元時，依照啟智教學活動設計的「零推論原則」，與其利用圖片／照片／人體模型來讓智能障礙學生認識男、女生理特徵，還不如透過真人來進行教學，方更能趨近於「零推論原則」的理想境界。然而，如此一來，在實施上恐怕會造成無謂的困擾與難以料想的負作用，因而，只好針對「零推論原則」採取權變措施，轉而改採人體模型的學習活動。總而言之，理論是「死的」，而教學現場是「活的」，把死的原理原則硬套入千變萬化之活生生的教學現場，必然有其天限所在。是故，吾人勢必針對這些理論應用於實務上的天限，進行適度的權變，方可以使得教學活動的實施變得暢通無阻。

15. 善用增強原則

誠如何華國(2000)所言：適當地選用增強物，對智能不足者學習動機的維持、複習策略的獲得與持續運用，可能是有幫助的。因此，啟智班教師對於行為改變技術應做深入之研讀，以提升個人在教學技巧／教室管理方面之專業知能。而此處所謂「善用增強原則」即指：教師應該熟悉並運用「行為改變技術」之相關策略與正增強、負增強、懲罰等手段，以消除智能障礙學生之不適當行為，並塑造良好之行為。在使用增強物方面，一般而言，對於年齡／智能較低之學生宜使用原級增強物（primary reinforcer，如：食物），而對於年齡／智能較高之學生則可使用次級增強物（secondary reinforcer，如：獎狀）。依據張春興(1991)的說法：原級增強物係指直接滿足個體需求的刺激物，而次級增強物則指經由學習而間接使個體滿足的刺激物。對於愈趨近輕度智能障礙之學生而言，其愈適用次級增強物；而對於愈趨近中度智能障礙之學生而言，則愈適用原級增強物。至於對重度／輕重度智能障礙學生而言，應該肯定只適用原級增強物。

16.「先簡易、後困難」原則（先易後難原則）

先教較為簡易的內容，之後再逐步增加難度，據此循序漸進，堆疊出教材難度序列。而且，智能障礙程度愈重之學生，其所適用之教材難度的切割密度理應愈高，學習步伐之分割大小亦理應愈細。至於，難度序列應該如何鋪排，請讀者參考並活用第 5 章「將單元目標演繹成為行為目標的方法」所介紹之原理／原則。當然，此處之「先易後難原則」並非僅適用於目標設計，在活動設計部分亦可適用。

17.「先分項、後整合」原則（「先部分、後整體」原則）

此乃「先易後難原則」之第一變種——先「分進」，後「合擊」；先「部分」，後「整體」；先教「分項」，後教「整合」。基本上，將一個知識／概念／技能化整為零，再逐一進行各分項之教學，其難度理應較低。因此，「先分項、後整合」本身已蘊含「先易後難」之難度層次的區別。試以「認識男女特徵」之教學單元為例，若一開始就直接讓智能障礙學生將男、女生之特徵放在一起進行整合性比較，難度自然較高；反之，若先分別學習男、女生之特徵，俟後，再進行兩者之特徵比較，循此鋪排出「先易後難」之漸層順序，其可行性自然相對較高。

18.「先具體、後抽象」原則

此乃「先易後難原則」之第二變種——先教「具體」概念，再教「抽象」概念。與此關連最密切者，當屬 Piaget 之兒童認知發展理論，為了讓讀者更易了解該理論，吾人或可暫以下列之另類方式來予以解讀。依據 Piaget 之認知發展理論，兒童在 0～2 歲之「感覺動作期」係透過感覺與動作來認識這個世界（張春興，1996）。若套用電腦術語來予以描述：這時期，兒童之大腦內的資料儲存格式係為「感覺」與「動作」之資訊類型，這是非常具體／具象的資料型態。不過，如果人類大腦僅能處理這類極為具體／具象的資料型態的話，那麼，看不見、聽不到、摸不了、聞不出、嗅不著的抽象概念，將無法出現在人類的思維中，這樣子的人類腦力將處於極為低階發展的

狀態。幸好，大多數兒童到了 2 歲時，會開始發展語言能力 (Wadsworth, 1979)，這是人類大腦從「具體」走向「抽象」的重要轉捩點。基本上，「語言」是一種抽象的資料型態，它以抽象的符號來表徵世間具體與抽象的萬事萬物。從 2 歲起，當兒童大腦開始發展語言時，其認知發展漸漸脫離「感覺動作期」，進而發展到另一個嶄新的里程碑──「運思前期」，這段認知發展期分布於2～7歲（張春興，1996），為期長達五年之久，比上一個「感覺動作期」所持續的時間還要多出三年。我們似乎可以如此想像：在這五年時間內，兒童的大腦如火如荼地進行著資料庫結構的大轉換，其所儲存之資料型態，開始逐漸淘汰舊有之較具體／具象、且較低階之「感覺」與「動作」的資料類型，而改以較為抽象、且較為高階之「語言」資料形式來予以替換。因此，我們可以說：兒童在 2～7 歲這五年內所進行的資料庫結構大改造，是為了後續的「抽象思維能力」來預先做好準備。接下來，在後續之抽象思維能力的發展過程中，人類係以「兩階段左轉」之方式來逐步達成，而不是一次到位。首先，兒童在 7～11 歲這四年的「具體運思期」(Wadsworth, 1979) 內，開始進行「語言」(L, language) 與「具象物」(C, concrete objects) 之間的 L-C 聯結學習。由於具象物可以看得見、聽得到、摸得了、聞得出、嗅得著，兒童得以藉由感官知覺來認識這個世界，並透過「語言」來予以表徵，最後，則以「語言」的資料型態，將「具象物」存入大腦的資料庫。當然，在此之前，兒童在「運思前期」已將其大腦從「感覺／動作資料庫」轉換為「語言資料庫」。當兒童的大腦內儲存了大量之「具象物的語言資料」之後，其知覺能力會將各類感官資訊進行統整與比較，並開始從「感覺」邁向「知覺」，這是大腦思維能力開啟「概念化」或「抽象化」之大門的發端。於是，到了 11 歲以上，兒童逐步發展出抽象思考的能力，Piaget 將之命名為「形式運思期」(Wadsworth, 1979)，這是大腦邁向抽象思維之「兩階段左轉」的第二個步驟。此時，兒童在原先具備 L-C 聯結學習能力的基礎上，開始進一步發展出「語言」(L) 與「抽象概念」(A, abstract concepts) 之間的 L-A 聯結學習能力，並將「抽象概念」以「語言符號」之資料型態存入大腦資料庫。不過，如表 1-1 所示，輕度智能障礙學生之最高認知發展也僅能及於「具體運思期」，因此，我們可以確定：大多數智能障礙學生的抽象思考

能力，仍過顯薄弱。職是之故，啟智教學活動設計的「『先具體、後抽象』原則」，其骨子裡的核心內涵似乎是略向「具象物之學習」來傾斜的，此乃由於大多數智能障礙學生尚未完整地發展出處理抽象符號／概念的能力所使然。換言之，啟智班教師在為智能障礙程度愈重之學生編製教材／自製教具時，其教材內容／教具形式理應愈具體愈好。試以「認識男女特徵」之教學單元所使用的教具形式為例，其所呈現之教具「由具體走向抽象」之難度漸層，或可如下依序使用：

A. 真人男女

B. 男女 1：1 仿真比例之立體模型

C. 男女縮小版立體模型

D. 男女 1：1 仿真比例之人物平面立牌

E. 男女彩色照片

F. 男女黑白照片

G. 彩色男女圖畫

H. 黑白男女圖畫

I. 男女彩色卡通圖畫

J. 男女黑白卡通圖畫

K. 男女全身線畫

L. 男女全身剪影圖

M. 男女全身之身形輪廓線條圖

N. 男女局部簡圖（只呈現部分身體，如：廁所常見之男／女頭部剪影）

O. 男女代表物品（如：廁所常見之「煙斗」與「高跟鞋」）

P. 男女之生物學符號「♂」與「♀」

Q. 漢字「男」與「女」

R. 英文單字「MAN」與「WOMAN」

上述之難度漸層中，愈後端者愈抽象、且協助判別／思考之具體線索愈少，

因而愈難學習。職是之故，此處所介紹之「先具體、後抽象」原則，其骨子裡乃蘊含「先易後難」之難度漸層。

19.「先殊相、後共相」原則

此乃「先易後難原則」之第三變種──先教「殊相」，再教「共相」。「殊相」與「共相」是理則學（邏輯學）之專有名詞，約等於數學集合關係上的「包含($\subset$)」或「屬於($\in$)」的概念。例如：「劉備是中國人」、「關羽也是中國人」，在數學上可表示為「劉備$\in$中國人」、「關羽$\in$中國人」，亦即：「劉備」與「關羽」是「中國人集合」中的兩個元素，於是，就這個例子而言，我們可以說：「劉備」與「關羽」是殊相，而「中國人」則為共相。在教學過程中，我們常常希望學生透過一些「實例」來逐步形成某些更高層次的「概念」，其中，「實例」往往是較為具體的殊相，而「概念」極有可能是較為抽象的「共相」。例如：我們可能希望學生形成「鳥有一對翅膀」之共相概念，那麼，在教學前，就「殊相」與「共相」之從屬關係的確認上，我們可依據 Aristotle（亞里斯多德）所提出之三段論證法，做出如同下例之若干推論：

a1-1. 大前提：鳥有一對翅膀（共相陳述）

a1-2. 小前提：麻雀有一對翅膀（殊相陳述）

a1-3. 推　　論：所以，麻雀是鳥（殊相與共相之從屬關係的推論陳述）

a2-1. 大前提：鳥有一對翅膀（共相陳述）

a2-2. 小前提：鸚鵡有一對翅膀（殊相陳述）

a2-3. 推　　論：所以，鸚鵡是鳥（殊相與共相之從屬關係的推論陳述）

a3-1. 大前提：鳥有一對翅膀（共相陳述）

a3-2. 小前提：烏鴉有一對翅膀（殊相陳述）

a3-3. 推　　論：所以，烏鴉是鳥（殊相與共相之從屬關係的推論陳述）

上述推論陳述中，僅暫以「鸚鵡」、「麻雀」與「烏鴉」來當作論例，其中，「鸚鵡」、「麻雀」與「烏鴉」是殊相，而「鳥」則為共相。在教室現場的真實學習過程中，其形成概念之順序可能恰巧與三段論證之流程相反。亦即：

b1-1. 麻雀有一對翅膀（殊相陳述）
b1-2. 麻雀是鳥（殊相與共相之從屬關係陳述）
b1-3. 所以，鳥有一對翅膀（形成共相概念）

b2-1. 鸚鵡有一對翅膀（殊相陳述）
b2-2. 鸚鵡是鳥（殊相與共相之從屬關係陳述）
b2-3. 所以，鳥有一對翅膀（形成共相概念）

b3-1. 烏鴉有一對翅膀（殊相陳述）
b3-2. 烏鴉是鳥（殊相與共相之從屬關係陳述）
b3-3. 所以，鳥有一對翅膀（形成共相概念）

明顯可見：「形成概念」或「概念化學習」之流程乃呈現出「先殊相、後共相」之順序。其中，「鸚鵡」、「麻雀」與「烏鴉」是具體的動物，可以讓智能障礙學生透過視／聽／嗅／味／觸等五種感官知覺來認識牠們，而「鳥類」則是無法透過感官來直接觸及之抽象名詞／概念，前者之學習難度較低，而後者則較高。如此一來，「先殊相、後共相」本身乃蘊含「先具體、後抽象」之「先易後難」的難度漸層關係。

20.「先凡例、後特例」原則（「先通則、後變異」原則）

此乃「先易後難原則」之第四變種——先教「凡例」，再教「特例」；亦即：先教「通則」，後教「變異」。任何概念學習往往在「凡例」之常態通則中，可能存在「特例」之變異，甚至於，兩者之間亦可能形成互為矛盾或令人混淆難辨之關係。例如：在教導智能障礙學生分辨男女時，有些教學

者試圖透過頭髮的長短，來教導智能障礙學生辨別男女，一般而言，「男生頭髮較短，女生頭髮較長」或「男生穿褲子，女生穿裙子」是常見之通則，但是，生活中出現反例變異之情形亦不乏可見。此時，其教學流程之鋪排，或可參考啟智教學活動設計之「先凡例、後特例」原則（「先通則、後變異」原則）來逐步施行。由於智能障礙學生之學習遷移／彈性思考／綜合研判之能力較弱，先教「凡例」再教「特例」之後的綜合統整活動，宜加強實施，必要時應該延長／增加上課節數，讓智能障礙學生有更充裕的時間來形成正確的概念。

21.「先自身、後他人」原則

此乃「先易後難原則」之第五變種——先教「自身」，再教「他人」。從 Piaget 的兒童認知發展理論，吾人可以了解：人類的認知發展，係從「自我中心」開始萌芽，進而「走出自我」（張春興，1996），再逐步發展出關注他人、與他人互動／合作之相關能力。因此，我們可以間接推知：認知發展愈低下之兒童，愈有可能停留在「自我中心」之階段，如此，智能障礙程度愈重的學生，可能愈無法關注他人、與他人互動／合作，換言之，對智能障礙程度愈重的學生而言，「關注自己」之難度可能相對地愈低於「關注他人」，反之，「關注他人」之難度可能相對地愈高於「關注自己」。因此，如果某一教學單元之教學／學習面向可能涉及「自身」與「他人」之層次區別時，教學者或可參考「先自身、後他人」之教案設計原則，以形成「先易後難」之難度漸層。

22.「先核心、後周邊」原則

此乃「先易後難原則」之第六變種——先教「核心」（主要教材內容），再教「周邊」（相關教材內容）。啟智班教師在進行教學活動設計時，之所以必須兼顧「核心」概念與「周邊」概念，乃由於為了要滿足啟智教學活動設計之「充分學習原則」與「最大類化原則」所使然。若以「搭公車」這個大單元為例，其核心教學單元係聚焦於認識公車、認識司機、認識售票人員、認識公車站牌……等，但是，智能障礙學生若欲完整地學會如何

「搭公車」，仍須學習相關之周邊教學單元才行，此諸如：認識數字、認識錢幣、認識「和為十位數以內」的加法、認識「差為十位數以內」的減法、認識搭車禮儀、認識時間、認識緊急事態下之求救／求助方法、認識搭車安全事項、認識公車站牌之國字……等。如此，依照「先核心、後周邊」原則來進行教學，循序漸進，讓智能障礙學生習得與「搭公車」有關之最充分、最完整的概念／知識／技能。再以「到賣場購物」這個大單元為例：在教育部 (1999) 所出版之「特殊教育學校（班）國民教育階段智能障礙類課程綱要」中，其原始、核心之課程設計概念係來自「休閒教育」之細目「逛街購物」。吾人可利用蛛網式課程設計來設計出其他各領域／科目之相關周邊課程內容（見圖 8-4）。

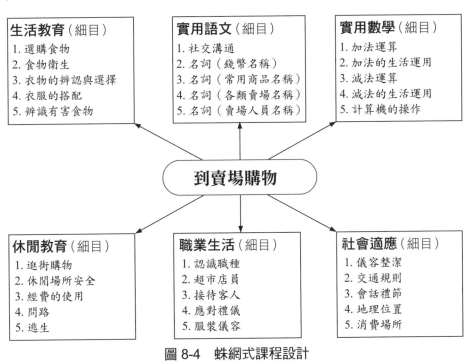

圖 8-4　蛛網式課程設計

　　因此，依照「先核心、後周邊」之啟智教學活動設計原則，一開始，教學者可以從「休閒教育」之細目「逛街購物」開始展開「到賣場購物」這個大單元的教學，接下來，再逐步針對各領域／科目之相關細目，擴展其周邊學習內容。關於圖 8-4 之設計方法，在此順便做若干補充說明：

A.一般而言，不一定所有科目都可以設計出相關教學內容，因此，啟智教學
活動設計之蛛網式圖形不一定都要六腳俱足。

B.各領域／科目之教學內容的設計位階，不一定皆以「細目」為主，教學者
亦可下降一級，以「學習目標」作為設計位階。關於啟智課程綱要之各領
域／科目教學內容的設計位階／邏輯層次，請參考「特殊教育學校（班）
國民教育階段智能障礙類課程綱要」（教育部，1999）之各領域／科目內
容的表格欄位。（註：1999 年版本之啟智課程綱要，乃直接以「領域名
稱」來當作「科目名稱」，因此，六大領域名稱就是六大科目名稱。）

C.圖 8-4 之各領域／科目的教學內容，乃直接參考並擷取「特殊教育學校
（班）國民教育階段智能障礙類課程綱要」（教育部，1999）之各領域／
科目的細目來使用。教學者可以自行構思教學內容，不一定非依照課程綱
要的內容來設計。不過，對於初學者而言，如果無法自行憑空構思出各領
域／科目之教學內容的話，則不妨參考、修改、或直接取用啟智課程綱要
之內容。

23.「先單調、後變化」原則

此乃「先易後難原則」之第七變種——先教「單調」，再教「變化」。
基本上，此處所指之「變化」係以「單調」為原始出發點所演變而來，因
此，「單調」的知識／概念／技能往往比較原始、單純，而從中進一步變
化、衍生而出者，則往往較為複雜、多樣。一般而言，從學習範圍與學習量
來看，「單調」教材的學習難度可能較低於「變化」的教材。是故，「先單
調、後變化」原則，亦隱含「先易後難」之難度漸層。試以「認識男女特
徵」之教學單元為例，有些教學者試圖讓智能障礙學生透過「頭髮長短」來
區別男女性別，而關於「認識男生特徵」部分，有些教學者之教學流程，在
一開始會提供的性別區別點可能是「男生的頭髮比較短」，這時候，教師只
會呈現一種最典型的「短髮」髮型（此即原始之「單調」概念），接下來，
在後續教學過程中，教師再陸續提供各類不同類型的「短髮」（此即衍生之
「變化」概念），以擴大智能障礙學生之認知範圍。因為智能障礙學生的學
習遷移能力較為薄弱，是故，教師若能在教案設計中，盡量提供各類的「短

髮」髮型，讓智能障礙學生對於「短髮之變化種類」的認知達到最大化，那麼，將來智能障礙學生在日常生活中對於各類「短髮」的誤判機率，才有可能隨之降低，此即之前所介紹過之「最大類化原則」的精神所在。

24. 細步化原則

依據 Bloom 所提出的「精熟學習」(mastery learning) 的精神，針對不同學習能力的學生，應該分別提供適當的教材難度與學習時間，以提高其學習成效（Larsen & Poplin, 1980）。如果學生在學習某一教學目標時出現困難，那麼，應該將該「教學目標」予以切細，形成若干個難度較低、範圍較小、步伐間距較細的「次教學目標」（行為目標），以利其學習。此一「切細」的動作，就是將教學目標予以「細步化」，在智能障礙兒童的教學活動設計中，尤其重要。試以「能運（籃）球」這個單元目標為例，該目標內含一連串的動作流程，如果智能障礙兒童無法一次學完所有關於「能運（籃）球」的動作元素，並將之串接起來，那麼，教師就必須將「能運（籃）球」進行動作的「因式分解」，也就是：轉而改以「分解動作」的方式來進行教學，最後再指導智能障礙學生將所有動作元素統整起來。是故，我們可利用工作分析之原理／原則，將「能運（籃）球」予以細步化，設計出下列的「行為目標」序列：

❶ 能將籃球握在手中
❷ 能在原地將籃球拋向空中
❸ 能在原地將從空中落下之籃球接住
❹ 能在原地將籃球拋至地上
❺ 能在原地更用力地將籃球拋至地上
❻ 能在原地將從地上彈起之籃球接住
❼ 能在原地連續兩次將從地上彈起之籃球接住
❽ 能在原地連續三次將從地上彈起之籃球接住
❾ 能在原地連續四次將從地上彈起之籃球接住
❿ 能在原地連續五次將從地上彈起之籃球接住

❶ 能在移動中將從地上彈起之籃球接住

❷ 能在移動中連續兩次將從地上彈起之籃球接住

❸ 能在移動中連續三次將從地上彈起之籃球接住

❹ 能在移動中連續四次將從地上彈起之籃球接住

❺ 能在移動中連續五次將從地上彈起之籃球接住

❻ 能在移動中連續十次將從地上彈起之籃球接住

基本上，智能障礙程度愈重的學生，其所需之學習步伐理應愈細，是故，同一教學單元之上課總時數隨之較長，分節上課之次數亦因而較多。

25. 安全第一原則

由於智能障礙學生對於「危機」或「危險」的感知力／預測力較弱，故而，一不小心則往往較易發生意外事故。教師在設計啟智教案時，應將「安全第一原則」置於優先考慮地位，絕對避免在教學過程中觸碰「死」、「傷」二字。其具體措施，以下列舉若干較具代表性之思考方向，以供參考：

❶ 教室中的方形桌角／牆角／高度 2 公尺以下牆面，應該加裝防撞泡棉。教室在最初設計時，宜避免在四周牆面中產生尖突之水泥柱，這些都是容易讓智能障礙學生不小心撞傷的不安全因素。

❷ 由於一般的金屬刀、剪較有割傷之虞，且陶瓷材質之碗、杯較易破裂，為安全起見，智能障礙學生在教室中宜改用塑膠材質且搭配圓滑造形之刀、剪、筷子、湯匙、碗、杯、水桶……等用具。

❸ 教室之門／窗玻璃應加貼防護膠膜，使之破裂時亦不易飛散，以避免門／窗玻璃因掉落而刺傷智能障礙學生。

❹ 靠近走廊之門／窗玻璃，改用毛玻璃或單向透視玻璃，以避免智能障礙學生因走廊之路人或參訪者之干擾而導致上課分心，進而產生危險——尤其是在進行美勞實作且使用到刀、剪時。

❺ 如圖 8-5 所示，若是教室空間允許的話，將智能障礙學生的課桌椅沿著 L 型的牆角擺置，且採用可移動式黑板（下課時可挪到貼牆處擺放），如此一來，可以騰出教室中央較大的活動空間與動線，以降低智能障

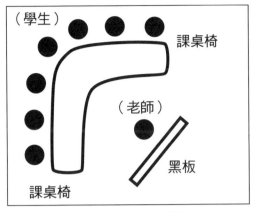

圖 8-5　教室桌椅擺置

礙學生因碰撞課桌椅而導致受傷的機率。此外，由於一般教室之電燈照明較不會注意到牆角處，因此，針對此一設計，擺置課桌椅之教室牆角的電燈數量亦須增加，以提高照明品質。

❻ 教學前，宜確實針對所有智能障礙學生做好教室常規訓練，如：守秩序、耐心與等待、遵守發言／行動規範、習得教室中之分配／分享規則……等，這些教室常規可排除某些危險因子，以提升教學／學習活動中的安全係數。

❼ 教學前，對於教學／學習場地的事先研究、篩選、勘察、防護──尤其是室外／校外教學場所，以及教師／教師助理之人力配置與設計等，應列為教學準備工作的標準作業流程。

❽ 教師在教學過程中，對智能障礙學生下達任何指令時，應確實遵守「指令清晰」（教師要發音清晰，且應面對著智能障礙學生下達指令，並在下達指令時確定智能障礙學生有在專心聆聽指令）與「逐一下達指令」（教師不宜在同一時間內下達 ≥ 2 個指令）等兩大基本原則，以免因為指令混淆而衍生出無謂的危險因子，導致智能障礙學生在錯亂／慌亂中受傷。

❾ 教學過程中，教師應隨時注意智能障礙學生的行為與情緒，並立即處理。尤其，智能障礙學生容易分心，在教學活動進行中，極有可能因為注意力不足而導致危險，教師應即時予以糾正，並隨時讓智能障礙

學生把注意力100%放在「說話中的授課者」身上。例如：如果教師在課堂上說話時，智能障礙學生仍然在座位上做自己的事，如此一來，一方面要眼睛看著老師、聆聽教師的講課內容，另一方面又要做自己的事（如：拿小刀割紙），這時一心二用，最容易發生危險，因此，教師在發言之前，其教學標準作業流程，應命令所有智能障礙學生先暫停所有動作、且雙手放在身體背面之後，教師才開始說話。

26. 舊經驗優先原則

在教導智能障礙學生學習新的教學單元，並希望智能障礙學生從中發展出新的概念之前，教師應做若干「教學前準備工作」或「先導研究」，亦即：在該單元的所有學習元素中，智能障礙學生已經具備哪些「與新單元有關」之舊經驗（包含：舊知識、舊概念、與舊技能）。俟後，在教學活動設計的流程鋪排中，即可先從智能障礙學生的舊經驗下手，讓智能障礙學生順利結合舊經驗，進而發展新概念，使其學習／認知上的心理障礙降到最低，如此，更有利於提升智能障礙學生之學習成效。一般而言，在教案的設計結構中，總共包含兩大部分，此即：目標設計、活動設計。而在教案之第二部分的活動設計中，總共又可分為準備活動、發展活動、以及綜合活動等三個步驟。在準備活動的設計中，主要任務則有二，亦即：引起動機、連結舊經驗，此乃「舊經驗優先原則」之重要體現。此外，在教案之第一部分的目標設計中，所謂的「舊經驗優先原則」係指：當智能障礙學生要從新的教學目標中習得／發展出新的知識與技能之時，宜優先從舊經驗開始導入所有學習活動與內容，使之從舊的知識／概念／技能學習遷移到新的知識／概念／技能。從另一個角度來看，如果，在新教學單元的行為目標序列中，包含了少數舊經驗與多數新經驗，那麼，在排序上，宜將舊經驗置於前，而將新經驗列於後，鋪排出「由舊入新」、「由熟悉到陌生」、「由已知發展未知」的學習流程。

27. 最低起點原則（限於單軸線教學）

實則，「最低起點原則」亦即為：啟智班教材難度取捨之「最小值取向

原則」。此處之「起點」係指智能障礙學生之「起點行為」或「能力起點」，亦即：智能障礙學生在學習某一教學單元之前的先備知識／技能水平。而「最低起點原則」則指：在決定教材難易度之時，應該以班上學習／認知能力最低之智能障礙學生的起點行為作為教學設計的參考點。如果，教師因為某些因素而未能採取「多軸線教學活動設計」，轉而採取最傳統的「單軸線教學活動設計」，那麼，在讓班上 n 個智能障礙學生共用單一教學軸線時，如果教師對於教材難易度的取捨上未能採取「最低起點原則」，即可能使得某些能力較低的智能障礙學生在教學活動中遭逢「教材難度過高」的學習困境，因而抹煞其參與學習活動的機會，進而無法滿足啟智教學活動設計之「最大參與原則」。此外，從另一個角度反過來看，「單軸線教學活動設計」搭配「最低起點原則」，亦可能對於班上某些能力較高的智能障礙學生而言，形成「難度過低」的現象，此時，宜在同一教學單元的教材中予以適度地加深、加廣，或進行複習活動，以滿足其學習需求。總之，運用「最低起點原則」之大前提，乃在於教師決定採用「單軸線教學活動設計」，換言之，當教學軸線愈趨近於單軸線時，教師為滿足啟智教學活動設計之「最大參與原則」，應該採取「最低起點原則」，如此，則「至少使得」該教學活動能夠適用於班上所有智能障礙學生，不讓班上任何一個智能障礙學生在啟智教學／學習活動中被忽略、或被遺忘，此亦為落實特教理念——「把每位孩子帶上來」(No Child Left Behind)——的具體作法！

28. 創意窮盡原則

　　倘若學生的智能障礙程度愈重，則其授課教師可能要愈資優、愈有創意一點才行，否則，要將看似簡單無奇的知識傳授給認知功能非常低落的智能障礙學生、且使之心領神會，可能會面臨某些程度的考驗。例如：「一加一等於二」的概念，對普通班學生而言，在進小學之前都已經能夠理解其中的數學原理，不過，這麼看似簡單無奇的概念，對於中／重度智能障礙學生而言，卻很難理解。於是乎，啟智班教師若要讓中／重度智能障礙學生理解「1＋1＝2」的概念，可能要窮盡自己的創意才行。此外，啟智教案十分強調「遊戲化設計」，教師若欲將任何行為目標演繹成為有趣且可行之遊戲化教

學活動,亦需窮盡創意才行。是故,啟智教師宜在日常生活中培養「創意式」的相對思考習慣,並開發/提升右腦的擴散性思考能量。

29. 排除干擾原則

基本上,智能障礙程度愈重的學生,其注意力愈難集中、長/短期記憶愈難形成、口語溝通能力愈弱、抽象思考能力愈差、學習動機的外控傾向愈強。這些弱點使得智能障礙程度愈重的學生,在學習的過程中,愈容易受到外界刺激的干擾,進而影響其學習成效。因此,就「廣義的干擾」層面來看,以下提出若干建議:

❶ 去除教室中的干擾刺激:人類在學習過程中所使用的感官,最主要乃為視覺與聽覺,其次則為觸覺。嗅覺與味覺雖然不是最常使用的學習感官,卻也可以形成干擾學習的刺激來源,因此,教師亦應注意這些干擾源,並設法予以排除。其作法,以下僅就干擾現象較為明顯之視/聽/嗅覺方面提出若干參考意見:

A.在視覺上:教學過程中,黑板上除了與教學/學習有關的刺激以外,應一律予以去除,而且,僅呈現與教學進行中的內容有關的學習刺激即可。例如:在一般教室中,常見到黑板兩旁被用來當作布告欄或獎懲記錄的區塊,這些在教學過程中都可能是干擾的來源,應該設法予以暫時/永久排除。此外,教室靠近走廊的窗戶應採用單向透視玻璃,或加貼單向透視貼紙,在視覺上只可從走廊看進教室內部,而不能從教室內部看到走廊。如此一來,上課時,如果有人來校參觀教學,或外面走廊有人嬉戲/走動,都不會對教室中的智能障礙學生形成不必要的視覺干擾來源。有些學校則在建築設計上,將靠近走廊的窗戶予以拆除、封填,或在建築設計的最初,即不設置靠近走廊的窗戶,以去除來自走廊的視覺干擾。

B.在聽覺上:啟智班/資源班的設置地點,應盡量避免聲源干擾,故不宜靠近大馬路、學校玄關、上/下學出入口、運動場、福利社、營養午餐廚房、游泳池……等。

C.在嗅覺上:啟智班/資源班的設置地點,亦應盡量避免嗅覺干擾,故

不宜靠近校外菜市場、臭水溝、福利社、營養午餐廚房……等。

❷ 提供更多的成功學習經驗：基本上，教室中的學習失敗經驗，對於智能障礙的學習動機具有抑制／干擾作用，因此，就「廣義的干擾」層面來看，教室中的學習失敗經驗也是一種學習上的干擾，宜設法排除。

❸ 教材應難度適中：提供難易度適中的教材，可增加智能障礙學生之成功學習的機率，因此可間接排除任何足以干擾／抑制智能障礙學生之學習動機的不利因素。是故，對於智能障礙程度愈重的學生，應提供愈具體的教材、教學情境愈朝向「零推論」的理想邁進、在教學過程中盡量減少語言能力上的負荷、且提供愈多元的感官學習途徑。

30. 善用輔具原則

輔助性科技 (assistive technology, AT) 之設計目的乃在於減輕或解除身心障礙者之損傷、殘障、或障礙程度，以促進其獨立生活之能力，進而得以主動參與各項社會／學習活動。輔助性科技亦有能力擴充 (augment) 障礙者之殘存能力，略過 (bypass) 其能力上的弱點，並補強 (compensate) 其能力不足或有待提升之處 (Lewis, 1993)。職是之故，當身心障礙者的障礙條件獲得減輕或移除時，其學習能力理應獲得改善或提升。啟智班教師在教學活動設計中，若能善用科技輔具，那麼，對於提升智能障礙學生之學習成效，自然有其裨益之處。尤其，當「智能障礙」與「輔助性科技」交會而擦出學術性的火花之時，其焦點多將聚集於「電腦輔助教學」(computer-assisted instruction) 之上。電腦軟體／多媒體有能力將影、音、圖、文彙整起來，為智能障礙學生提供豐富多樣、且精彩萬分之學習／感官刺激，若能善用之，則其所形成之電腦輔助教學效果理應不下於傳統之口述教學法。此外，啟智班教師若能活用輔具，則輔具亦將有可能變成好用之教具，如：將溝通板運用在符號學習上，不但可以節省教師之聲帶負擔，亦可為智能障礙學生提供另類之學習方式。試以符號學習為例，倘若啟智班教師能進一步依據每位智能障礙學生之學習能力而設計不同難度之教材，使其各擁一塊個人專屬之溝通板、且事先使之熟悉溝通板之操作／使用方法，那麼，在同一節課中施展多軸線教學之可能性將大大提高，進而提升該班教學之個別化程度。

31. 分節教學原則

同一個教學單元，對於智能障礙程度愈重的學生，需要使用愈多的總教學時數。因此，普通國小學生在 1 節課 40 分鐘內可以消化／吸收的教學單元內容，對輕度智能障礙學生可能需使用 2 節課才上得完，而對於中度智能障礙學生可能需要延長至 5 節課，至於重度／極重度智能障礙學生則可能要使用 ≥ 11 節課的時間才行。因此，對於智能障礙程度愈重的學生而言，其教學時數設計愈有可能使用到「分節教學原則」。如果要對「啟智班」下一個數學／統計學定義，或許我們可以說：它是「每位學生之 WISC-IQ 的 z 值在 −2.0 以下、且彼此間之學習能力在統計上達到.05 顯著差異之機率趨近於 1（*此代表吾人應假設：啟智班每位智能障礙學生之學習能力間的個別差異，達到顯著性之可能性乃極高*）」之學生組成結構的班級。因此，如果某一啟智班混合安置了輕、中、重度的智能障礙學生、且每位智能障礙學生之學習能力在統計上已達 .05 顯著差異，那麼，同一個教學單元，對該班每位智能障礙學生所需之學習總時數，極有可能是互不相同的。如此一來，啟智班教師如果依然使用傳統常見之單軸線教學設計來進行教學活動，則極有可能面臨教學總時數之分節設計上的衝突與錯亂。以上討論突顯了兩個重點：

❶ 智能障礙族群，在學習能力上應視為潛在性異質團體。

❷ 傳統較為常見之單軸線教學在啟智班教學現場上所可能出現之技術面問題，應予以重視。關於解決此一問題之可能思考方向，請參考第 16 章（*啟智班教材難度取捨採「最小值取向」在單軸線教學設計下的相關問題與解決之道*）之討論內容。

32. 難度／步伐適中原則

啟智教師在完成智能障礙學生的診斷工作（*找出智能障礙學生之學習能力的起點*）之後，接下來要開出適合的處方（*為智能障礙學生設計適用的 IEP、教學目標、與教學活動*），而此處所謂之「適合的處方」則至少必須符合「難度／步伐適中原則」，換言之，教師所設計之教材／教學目標／教學活動的難易度或學習步伐，必須配合智能障礙學生的學習／認知能力水平。

而啟智班教師衡量智能障礙學生之學習／認知能力水平的依據，主要乃為：
生理年齡 (CA, chorological age)、心理年齡 (MA, mental age)、以及智商 (IQ,
intelligence quotient)。循此，啟智班教師可透過智商公式 $IQ = \dfrac{MA}{CA}$ 來了解智
能障礙學生之 CA 與 MA 的發展是否同步、或者 MA 落後 CA 之程度。另
外，WISC-IQ（魏氏兒童智力量表所測得之離差智商）所包含之全量表 IQ、
語文量表 IQ、以及非語文量表 IQ 亦為重要參考資料，倘若智能障礙學生之
MA 資料付之闕如，則往往改以 WISC-IQ 與 CA 來評估智能障礙學生之學習
／認知能力水平。實則，在上述測驗資料之外，國內學者若能依據「特殊教
育學校（班）國民教育階段智能障礙類課程綱要」（教育部，1999）所設計
之六大領域來編製各學科之成就測驗，則更有助於啟智班教師能夠精確地測
量出每位智能障礙學生之各科能力起點。接下來，啟智班教師再進一步依據
智能障礙學生之 WISC-IQ 與 CA 來評估、設計其所適用之教材難度與學習步
伐，則一切將更臻完美。不過，由於國內測驗工具不足，上述之啟智課程綱
要的六大領域（科目）的成就測驗亦尚未問世，吾人或可參考何華國 (2000)
所提出之「試探性的構想」（教師自行為智能障礙學生在每一科目之需求，
設計學習目標序列，並依據每一學習目標設計相關之行為目標序列，再為每
一行為目標設計相關之評量方式／活動，逐步找出智能障礙學生已習得／未
習得之知識、概念、技能，依此診斷其能力起點），以解決現階段測驗工具
不足之困境。

33. 遊戲化原則

「遊戲化原則」係為啟智教學活動設計者針對智能障礙學生之認知／學
習特性，而進一步將「做中學」之概念轉化為「玩中學」的具體呈現。若藉
由過去之電腦輔助教學的研究結果來看：在教室觀察中發現，遊戲形式的電
腦軟體最受學生喜愛 (Birght, 1985; Cosden, Gerber, Semmel, Goldman, & Sem-
mel, 1987)；而且，電腦遊戲能使學生即使在較為枯燥乏味的課程中，也表現
出較高的興趣 (Malouf, 1985)，甚至，學生在遊戲中，也會顯現較佳的學習成
效 (Oyen & Bebko, 1996)。是故，在啟智教學活動設計中，由「遊戲化原則」
所衍生之「玩中學」的設計概念，不僅可以增加智能障礙學生的學習動機，

且可提升學習成效。

34. 感官途徑適當原則

依據 Rief (1993) 的說法：多數學生對於學習管道之依賴性，乃視覺多於聽覺。李青蓉、魏丕信、施郁芬與邱昭彰 (1998) 亦指出：人類主要是透過視覺來學習與記憶，其次是聽覺，然後才是其他的感覺。是故，在智能障礙學生用以接收學習／感官刺激之五種感官途徑（視覺、聽覺、嗅覺、味覺、觸覺）中，較常使用者，乃不外乎視覺、聽覺、以及觸覺，其中，關於「優勢感官」之使用情形，乃以視覺之使用頻率最高，而且，視覺感官途徑之「具體程度」，在五種感官途徑之中，亦屬最高，此乃由於其能提供較為完整之「學習標的物」的影像線索所使然。Fraiberg、Siegel 與 Gibson (1996) 的研究結果似能提供若干參考線索，他們指出：觸覺和聽覺雖能提供孩子對外界事物的組合，卻不如視覺功能來得重要。不過，有些智能障礙學生因為伴隨其他障礙，而使其優勢感官未必呈現出如同上述之一般使用情形，例如：某位智能障礙學生倘若面臨「智能障礙＋視覺障礙」之障礙條件，則其優勢感官未必如同一般人以視覺之使用頻率最高，且反而極有可能將其使用頻率改向第二順位之聽覺途徑來傾斜。是故，教師在進行啟智教案設計時，應該事先調查每一位智能障礙學生之優勢感官，並將之列入教學活動設計之重要考量因素，期使上課中的每位智能障礙學生都能利用最適當的優勢感官途徑來進行學習。尤其，智能障礙程度愈重的學生，愈適合使用較為具體的視覺途徑來進行學習，如果教學者事先未能注意到此一細節，且一味地過度依賴聽覺途徑來傳達教學訊息，那麼，在進行目標設計時，將極有可能觸犯「說出」的迷思。依據筆者的教學經驗，初學者乍入試教現場時，通常容易陷入「過度依賴語言」的迷思，較常見的現象，則例如：在引起動機時，全程僅透過聽覺途徑來傳達教學訊息／線索，此種教學方式，對於智能障礙程度愈重的學生而言，愈不適合，感覺上，就彷彿在啟智班以「普通班教學方式」對重度智能障礙學生來進行施教一樣，著實極端缺乏「啟智感」。

Chapter 9

多軸線教學活動設計

「多軸線 (multiple threads, MT) 教學」一詞，對於大多數特教界人士或啟智班教師而言，應該是陌生的。筆者在研究「如何提高啟智班教學之個別化程度」的過程中，為了便於表達相關概念，因而從電腦語彙中轉借過來、並衍生出此一新的特教名詞。在進行「多軸線教學」的相關討論之前，首先，為大家介紹下示之「個別化程度第一方程式」（以下簡稱「I–1 方程式」）（黃富廷，2009）：

$$I=\frac{T}{s} \quad (s \neq 0) \ (I \in \mathbb{Q} \text{且} T, s \in \mathbb{N})$$

在上式之中，I＝個別化程度 $(0 < I \leq 1)$、s＝學生人數、T＝教學軸線數量 $(0 < T \leq s)$。其中，當班級學生人數 s 被視為常數項之時，教學軸線 T 愈多，則個別化程度 I 愈高；反之，當教學軸線數量 T 被視為常數項之時，班級學生人數 s 愈多，則個別化程度 I 愈低。其實，「教學軸線」在過去慣用語彙中，乃較傾向於「分組數量」之概念，換言之，「教學軸線」係從「分組數量」所擴大出來的衍生概念，例如：傳統普通班教學只提供一套教材內容／教具／作業單／教學活動，讓全班學生共享之（亦即：將全班學生視為一個學習分組），在「多軸線教學設計」之概念體系下，此即為「單軸線」(one thread, 1T) 之教學活動設計概念；此外，啟智班較為常見之「高／低組之分

組教學」，乃將全班之智能障礙學生依照學習／認知能力分為高、低 2 組，全程提供 2 套不同學習難度之教材內容／教具／作業單／教學活動，讓各組分別獨享之，在「多軸線教學設計」之概念體系下，此即為「雙軸線」(two threads, 2T) 之教學活動設計概念。當教學軸線達到 ≥ 3 條之時，即屬「多軸線教學活動設計」之範疇。假如：某一國小啟智班招收滿編 10 位智能障礙學生，其彼此之學習／認知能力間的個別差異在統計上已達 .05 顯著差異，故而，該班智能障礙學生之真正需求乃為 $T = 10$ 條教學軸線，此時，教師若只提供單軸線教學，那麼，顯然該教學設計內容僅適用 1 位智能障礙學生，而不適用於其他 9 位智能障礙學生，亦即：該教學設計之「適配度」僅達 10%（在 $I-1$ 方程式中，其個別化程度 $I = \dfrac{T}{s} = \dfrac{1}{10} = 0.1$），而「違需度」（不符合需求之程度）則高達 90%；即使是啟智班較為常見之「高／低組雙軸線教學」亦只適用於其中 2 位智能障礙學生，而不適用於其他 8 位智能障礙學生，亦即：該教學設計之「適配度」僅達 20%（在 $I-1$ 方程式中，其個別化程度 $I = \dfrac{T}{s} = \dfrac{2}{10} = 0.2$），而「違需度」則高達 80%。在上述論例之中，單軸線或雙軸線教學之「違需度」（也就是智能障礙學生之「被犧牲率」）分別高達 90% 或 80%，該數據著實太高，距離特殊教育所標榜之「個別化教育」或「個別化教學」，其中之「表裡不一」程度誠令人感到非常意外！因此，從 $I-1$ 方程式 $I = \dfrac{T}{s}$ 之角度來看，若要提高啟智班教學之個別化程度，其解法有二，此即：❶把 s 降低（透過修法程序，將班級學生之滿編人數降低）、❷將 T 提高（設法增加教學軸線數量）。其中，第❶項之「把 s 降低」的作法，雖然能產生一定程度之效果，但必須透過修法程序來實現，誠過於緩不濟急；而第❷項之「將 T 提高」的作法（亦即：把教學軸線數量從單軸線、雙軸線提高到「最少 3 條軸線、最多 s 條軸線」($3 \leq T \leq s$) 之多軸線教學設計的境界），則可以完全操縱在啟智班教師之掌握範圍內，此亦為「多軸線教學設計概念」之主要思維與立論依據。換言之，在上述論例中，當教師為班上 10 位智能障礙學生提供 10T（10 條軸線）之多軸線教學時，該班教學之個別化程度方可達到 $I = \dfrac{T}{s} = \dfrac{10}{10} = 1$（也就是「100% 個別化」）的最高境界。

二　多軸線教學之基本概念

事實上，筆者在發展「多軸線教學設計概念」的歷程中，最初，「多軸線」一詞，乃借自兩個電腦程式設計的概念，此即：「多執行緒」(multi-threading) 與「多工」(multi-tasking)。很巧的是，兩者之英文縮寫與「多軸線」一樣，皆為「MT」。在本書中，「MT」則專門作為「多軸線」一詞之簡稱。原本，「多執行緒」係為作業系統的功能之一，其將電腦程式分成許多小部分（即：「執行緒」(thread)）來工作，如：Microsoft Word 能在使用時，同時進行拼字檢查及列印之任務，即為透過多執行緒來完成，是故，多執行緒可增加電腦軟體在同一時間內的服務數量；與「多執行緒」類似的概念，即為「多工」一詞，其可讓單一處理器同時操作很多執行程序(process)，如：在傳統的作業系統 DOS 之中，若開啟 PE-II 來進行文書編輯，PE-II 這個程式就會佔據所有的中央處理器(CPU)資源，此時，使用者無法再進行其他工作，此一現象稱之為「單機單工」；而在多工的環境下，每個程序的工作被分為許多小部分，當中央處理器為某一程序執行完某項工作後，便會轉換為另一個程序執行工作，如：在 Windows XP 的環境下，使用者可同時開啟 Microsoft Word 與 Microsoft Excel，一邊編輯文件、一邊處理試算表，此一現象稱之為「單機多工」（PC Shopper 編輯部，2001）。「多執行緒」與「多工」之共同特徵，乃可使電腦程式或作業系統同時進行「多軸線」之任務，將此概念應用於教學活動設計，吾人可稱之為「多軸線教學活動設計」，其意指：教師在進行教學活動時，將教學任務分為 T 個小部分（即：T 軸線），同時為班上 s 位智能障礙學生提供 T 項教學服務（其中，$0 < T \leq s$ 且 $T, s \in \mathbb{N}$）。由於國人習慣以 3 為多，因此，在本章後續內容中，當軸線數量 $T \geq 3$ (且 $T \leq s$) 之時，始稱之為「多軸線教學設計」，換言之，在進行多軸線教學時，會將班上學生依能力分為 T 組 $(s \geq T \geq 3)$，由一或多位教師進行教學，全程使用 $\leq T$ 個教學主題，藉由分組而做出 T 種學習難度之軸線區分，此稱為「多軸線教學活動設計」。以下，筆者將分別針對單軸線、雙軸線、以及多軸線等三種不同軸線數量之教學活動設計，來進行討論。

(一) 單軸線 (1T) 教學活動設計

　　如圖 9-1 所示，在單軸線教學活動設計中，教師為全班智能障礙學生設計 1 套課程，並準備 1 套教材與教具，亦即：教師僅為全班學生提供 1 道菜，讓全班學生共享之。在時間之運用上，單軸線教學活動設計乃全程以單一時間軸來進行，因此，教師不必設計自動作業，教學準備之工作負擔最低（註：所謂的「自動作業」係指：讓智能障礙學生在最小化的教師協助或指導之下，能獨自進行並完成之個人作業）。然而，由於全班所有智能障礙學生不分能力之高／低，或將全班智能障礙學生的學習能力視為同一程度，而統統共用 1 套課程、教材、教具、或作業單，故此種教學活動設計之個別化程度亦最差。原則上，班上學生之認知發展程度愈低、智力愈低下、課程本身之認知屬性愈強、或是該班智能障礙學生的個別差異愈大，那麼，適用單軸線教學活動設計的機率就隨之愈低。此外，單軸線教學活動設計對於教學時間之進行方式，乃以單一時間軸來進行，故無「並聯」、「串聯」之區別，換言之，因為單軸線教學活動設計並不是將全班智能障礙學生分為 g_s 組（ g_s ＝學生分組數量）來進行 $g_s \geq 2$ 組以上之分組教學（且僅將全班智能障礙學生分為或視為 g_s ＝1 組而已），故不必考慮「各組輪流進行教學」（串聯式教學時間運用）或「各組同時進行教學」（並聯式教學時間運用）之差異問題。總之，單軸線教學活動設計之實施難度最低、且教學準備之工作負擔

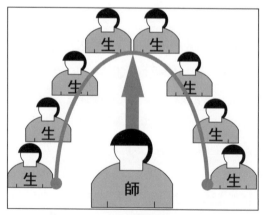

圖 9-1　單軸線教學活動設計

最輕鬆，亦即：「方便／省力指數」居冠，因而，在教學現場中被採用之頻率最高。在此必須特別說明的是：單軸線教學活動不一定只能由 1 位教師來進行，如果由數名教師以協同教學方式來進行單軸線教學，亦無不可。

(二) 雙軸線 (2T) 教學活動設計

在雙軸線教學活動設計中，教師為全班同學設計 2 套課程、教材、與教具，即：教師為全班智能障礙學生提供 2 道菜，並事先將班上所有智能障礙學生依學習／認知能力分為高、低 2 組，各組學生分別共用自己所屬之組別的教學軸線。雙軸線教學活動設計之「教學形式」可分為下列兩類：

1. 分科式的分組教學

如圖 9-2 所示，僅有 1 位教師為班上 s 位學生實施教學，且將班上學生依能力分為高、低 2 組，提供 2 條軸線之教學活動設計。此類分組方式之所以會被稱為「分科教學」的原因，乃由於學校在班級課表中已經註明：每一科目皆僅有 1 位專門負責該科教學的授課教師，亦即：甲老師負責實用語文、乙老師負責實用數學、甲老師負責生活教育、乙老師負責社會適應、……等。換言之，該班授課教師群乃以「科目別」來進行「分科式的」教學分工，因此，每一科目的教學時間內，僅有 1 位教師下場進行教學。

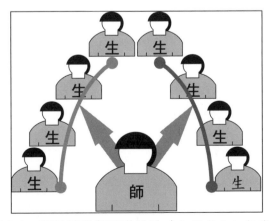

圖 9-2　雙軸線教學活動設計（分科式分組教學）

2. 分組式的分組教學

如圖 9-3 所示，共有 2 位教師為班上 s 位學生施教，且將班上學生依能力分為高、低 2 組，該 2 位教師各自負責 1 組單軸線教學，因此，總共提供 $1T + 1T = 2T$ 之教學活動。此類分組方式之所以有別於前述「分科教學」的地方，乃在於學校在課表中並未硬性規定每一科目皆僅有 1 位專門負責該科教學的授課教師，甚至有些學校可能以柔性鼓勵／硬性規定的方式，在課表中指出：在某些科目（尤其是認知性質較強的科目）的教學時間內，最好／必須進行協同教學或分組式的分組教學。是故，若以實用語文為例，在同一個實用語文的教學時段內，該班至少會有 2 位教師下場、且各自負責一組實用語文的教學。

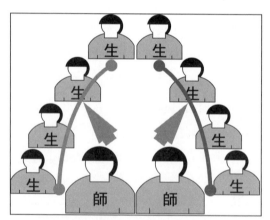

圖 9-3　雙軸線教學活動設計（分組式分組教學）

基本上，所謂的雙軸線教學活動設計之「時間運用」，總共可分為「串聯式」、「並聯式」兩類，茲分述如下：

1. 串聯式教學時間運用

基本上，串聯式教學時間運用係指：在教學時間軸（timeline，為與教學軸線 T 做區分，以下特別另以 L 來代表「教學時間軸」）的分配上，全程採取單時間軸 $(1L)$ 來進行雙軸線 $(2T)$ 教學，而且，此類教學時間運用方式在

「分科式分組教學」中較為常見（但不一定只限於僅有 1 位教師在場進行教學之情境中才可以使用，其亦可改由 ≥ 2 位教師下場進行協同教學，並採取串聯式教學時間運用），其特色係以「1 條串聯式時間軸搭配 2 條教學軸線」 (1L×2T) 方式（見圖 9-4）來進行，亦即：在雙軸線教學之串聯式單一時間軸的運作中，全程以 2 條教學軸線，將班上智能障礙學生分高、低 2 組輪流進行教學。在啟智班之教學實務中，一般常見之高、低組的分組教學，即屬雙軸線教學活動設計，此類教學活動設計之個別化程度，僅較單軸線教學活動設計稍佳。因為高、低 2 組之教學活動係採輪流方式來進行，因此，當教師在為高組學生進行直接教學時，須為低組學生準備自動作業，使之能在最小化之教師協助或指導的情形下，能透過自動作業來獨自進行並完成學習活動。當 2 組時間互換時，教師轉而為低組學生進行直接教學，此時，亦須為高組學生準備自動作業。是故，在雙軸線教學活動設計中，此種串聯式的教學時間運用方式，讓每一條教學軸線之分組學生受到教師直接施教之時間比例，僅各擁 50%。

圖 9-4　1 條串聯式時間軸搭配 2 條教學軸線 (1L×2T)

「串聯式教學時間運用」所需搭配之「自動作業」，因為在執行時，教師必須具備較精準的「診斷、處方」能力，因此，特別對教學新手而言，其工作負擔通常是較高的。綜合觀之，在本段所介紹之 2 種教學時間運用中，「1 條串聯式時間軸搭配 2 條教學軸線」乃具備下列之特性：

❶ 教學軸線：$T = 2$

❷ 教師人數：$t \geq 1$

❸ 時間軸數：$L = 1$

❹ 教學難度：比下一段介紹之並聯式時間運用還要低（雖然必須準備自動作業，但是，教學時不必同時負擔 2 組智能障礙學生之學習活動，其

難度較低）

❺ 選用機率：比下一段內容將要介紹之並聯式時間運用還要大

❻ 每條教學軸線 (T) 之學生所擁有之教師直接教學時間：50%

❼ 每條時間軸 (L) 之學生所擁有之教師直接教學時間：100%

總之，在實施「1 條串聯式時間軸搭配 2 條教學軸線」之教學活動設計時，教師人數並不一定只能限制為 1 人，其實，在多人協同的狀況下亦可進行單時間軸的雙軸線教學。由於是「串聯式教學時間運用」的關係，教師所能設計的教學時間軸只限於 1L，是故，若設定於同為「教師人數＝1 人」的條件下來進行比較，在此處所介紹之 2 種教學時間運用類型之中，「1 條串聯式時間軸搭配 2 條教學軸線」的教學難度是較小的（更何況是在教師多人協同下的教學，其教學負擔將會降得更低），因此，長久下來，被使用的機率乃比下一段所要介紹之「並聯式教學時間運用」還大。

2. 並聯式教學時間運用

基本上，常見之並聯式雙軸線教學的雙時間軸運用係指：在教學時間軸的分配上，全程採取雙時間軸 (2L) 來進行雙軸線 (2T) 教學，而且，此類教學時間運用方式在「分組式分組教學」中較為常見，其特色通常係以「2 條並聯式時間軸搭配 2 條教學軸線」(2L×2T) 方式（見圖 9-5）來進行。理論上，在雙軸線教學活動設計中，不論是 1 位教師單獨進行教學、或是 2 位教師同時進行教學，皆可採取並聯式教學時間運用。在並聯式教學過程中，全程分別為高、低 2 組各自進行單軸線教學（其進行方式，由 1 位教師同時進

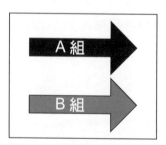

圖 9-5　2 條並聯式時間軸搭配 2 條教學軸線(2L×2T)

行 2 組教學、或由 2 位教師各負責 1 組來進行教學），故總共提供了 $1T+1T$ $=2T$ 之教學軸線。由於高、低 2 組皆無須在一旁等待教師來直接施教，因此，教師不必分別為高、低 2 組智能障礙學生準備自動作業。

　　總之，在此處所介紹之 2 種教學時間運用中，「2 條並聯式時間軸搭配 2 條教學軸線」乃具備下列之特性：

❶ 教學軸線：$T=2$

❷ 教師人數：$t \geq 1$

❸ 時間軸數：$L=2$

❹ 教學難度：比上一段介紹之串聯式時間運用還要高（雖然不必準備自動作業，但是，教學時必須同時負擔 2 組智能障礙學生之學習活動，其難度較高）

❺ 選用機率：比上一段介紹之串聯式時間運用還要小

❻ 每條教學軸線 (T) 之學生所擁有之教師直接教學時間：100%

❼ 每條時間軸 (L) 之學生所擁有之教師直接教學時間：100%

在實施「2 條並聯式時間軸搭配 2 條教學軸線」之教學活動設計時，教師人數並不一定只能限制為 1 人，其實，在多人協同的狀況下亦可進行之。若設定在同為「教師人數＝1 人」的條件下來進行比較，在本段所介紹之 2 種教師時間運用類型之中，「2 條並聯式時間軸搭配 2 條教學軸線」$(2L \times 2T)$ 的教學難度較大，因此，長久下來，其被使用之機率乃較前述之「1 條串聯式時間軸搭配 2 條教學軸線」$(1L \times 2T)$ 為低。

(三) 多軸線 (MT) 教學活動設計

　　如圖 9-6 所示，在多軸線教學活動設計中，教師為全班 s 位智能障礙學生設計 T 套不同難度之課程／教材／教學活動／教具／作業單 ($3 \leq T \leq s$ 且 $T, s \in \mathbb{N}$)，在時間上，全程以多軸線同步進行教學。換言之，教師為全班 s 位學生提供 T 道菜，其中，T 之最小值 $\min(T)=3$，而最大值 $\max(T)=s$。若全班總共有 $s=12$ 位學生，其最少可分為 3 組（即：每組 4 人），各組分別獨享專屬之課程／教材／教學活動／教具／作業單，此類教學活動設計之個別

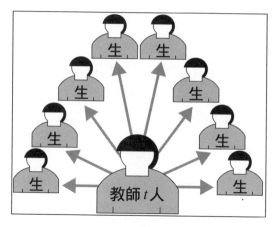

圖 9-6　多軸線教學活動設計$(t \geq 1)$

化程度將隨著教學軸線數量（T值）之增加而提高，在此例中，其最多則可分為 12 組（即：一人一組）。

　　在教學時間運用上，多軸線教學活動設計理應可分為串聯、並聯兩類，不過，當軸線數量 T 愈趨近於學生總人數 s 時（即：$T \rightarrow s$），愈不適用串聯式教學時間運用，因為分組太多（其最高境界為一人一組，即：使教學軸線數量 $T=s$），如果採取串聯式教學時間運用，那麼，在每班皆招收滿編學生人數（亦即：國小滿編 10 人，國中滿編 12 人）、而且在「$I-1$方程式」中達到最高個別化程度 $I=\dfrac{T}{s}=\dfrac{s}{s}=1$的情形下，一節課 40（國小部）或 45（國中部）分鐘進行下來，每位智能障礙學生（每人一組）被分配到的直接教學時間將降為國小部 $\dfrac{40}{T}=\dfrac{40}{s}=\dfrac{40}{10}=4$ 分鐘或國中部 $\dfrac{45}{T}=\dfrac{45}{s}=\dfrac{45}{12}=3.75$ 分鐘，故教學時間將少得非常可憐，而且教師要準備的自動作業將多達國小部 10 套或國中部 12 套，負擔極重！反之，當教學軸線數量 T 愈趨近於 3 時（即：$T \rightarrow 3$），似乎愈適合考慮採取串聯式教學時間運用，不過，在串聯式多軸線教學活動設計之中，學生最少分為 3 組，故教師總共須提供 3 條教學軸線，每條教學軸線中的智能障礙學生所得到之直接受教時間為國小部 $\dfrac{40}{T}=\dfrac{40}{3} \fallingdotseq 13.33$ 分鐘或國中部 $\dfrac{45}{T}=\dfrac{45}{3}=15$ 分鐘，誠亦顯得過少，而且，教師所須準備之自動作業雖僅 3 套，然亦負擔不小。是故，從多軸線教學活

動設計之特質來看,其可能較適用並聯式教學時間運用,而較不適合採取串聯式教學時間運用。多軸線教學活動設計之實施難度 $(d, \text{difficulty})$,在本章所討論之 3 種不同教學軸線的設計型態中,誠屬最高(亦即:$d_{MT} > d_{2T} > d_{1T}$,多軸線教學之難度乃大於單/雙軸線教學),對教師教學功力的挑戰性亦最強,不過,多軸線教學活動設計之個別化程度 (I) 卻最佳(即:$I_{MT} > I_{2T} > I_{1T}$)。在多軸線教學之時間運用上,各教學軸線係同時以並聯方式進行,因而,教師不必為智能障礙學生設計自動作業。但是,這並不代表多軸線教學活動設計在教學準備上的工作負荷會變得較低,因為要為班上 s 位學生準備 3~s 套課程/教材/教學活動/教具/作業單,其工作負擔著實不小。在教學現場的應用上,智能障礙學生之認知程度愈低、個別差異愈大、或是課程之認知性愈強,愈適用多軸線教學活動設計。至於,每次教學中,應該設計多少軸線來進行教學?或者,應該將班上學生分為多少組?則應視班上學生之學習/認知能力而定。基本上,班上學生如果能力愈一致,個別差異愈小,則愈能將學習/認知能力相近的智能障礙學生併為一組,而透過更少的軸線來進行教學;反之,如果班上學生能力愈參差不齊,個別差異愈大,則宜以愈多的軸線來進行教學。其中,透過「學生分組」、而不再只是根據「學生人數」來進行教學或設計教學軸線之概念,已經較不適用上述之「$I-1$方程式」,反而,與下一段將要介紹的「個別化程度第二方程式」($I-2$方程式)較為有關,換言之,在設計教學軸線時,「$I-1$方程式」之主要考量乃為「學生人數s」,而「$I-2$方程式」之主要考量則為「學生分組g_s」。

在教學實務中,當每班滿編學生人數不變(不降低現有之班級滿編學生人數,故政府教育財政支出不會因為增加班級數量而加重)、且全程遵守嚴謹之教學診斷過程的條件下,如何搭配使用多軸線教學活動設計來提升個別化程度的I值,是一個令人非常感興趣的現實議題。換言之,如何以「$I-1$方程式」$I = \dfrac{T}{s}$ 之原始概念作為思考之起點,試圖在不降低班級人數、且不隨便依照教師個人主觀想法而進行「$g_s \to 1$」(讓學生分組數量g_s趨近於 1 組,亦即:盡量將全班分為 1 組來進行教學)之分組措施的前提下,即可讓I值變得較高,這應該是政府與教師都深感興趣的一個特教議題。也許,有人一

開始就想到了過去令人詬病的「能力分班」制度，其實，如果能在制度設計中，排除相關之教育社會學上的負面效應，那麼「能力分班」誠有其正面功能。此外，將「能力分班」轉變為「隨科能力分組」，或許是較為可行的解決方法，不過，使用「隨科能力分組」的大前提是：校內的啟智班級數量要愈多愈好，最起碼的條件若能 ≥ 2 班則更佳。因此，我們須將「I-1方程式」改寫為下示之「I-2 方程式」（I＝個別化程度、g_s＝學生分組數量、T＝教學軸線數量）：

$$I = \frac{T}{g_s} \quad (g_s \neq 0)\,(I \in \mathbb{Q} \text{且} \, T, g_s \in \mathbb{N})$$

假設：某國小啟智班招收了滿編 10 位智能障礙學生，當這 10 位智能障礙學生的個別差異在統計上未達.05 顯著差異時，即不必利用「I-1方程式」計算該班教學之個別化程度，因為，此時，該班所需要的教學軸線總量乃呈現出 $T = g_s < s$ 之狀態，而不必提供 $T = s = \max(T)$ 之最大化教學軸線數量，因此，只要提供 $T \to g_s$（其中，$3 \leq g_s < s$，亦即：其分組數量 g_s 乃介於 3 組～$s-1$ 組之間）條教學軸線，即可滿足該班智能障礙學生之學習需求，此時，較適用「I-2方程式」來計算該班教學之個別化程度。所以，從「I-1方程式」的角度來看，多軸線教學須為啟智班之智能障礙學生提供 $3 \leq T \leq s$ 條教學軸線；而從「I-2方程式」的角度來看，多軸線教學則僅須為啟智班之智能障礙學生提供 $3 \leq T(=g_s) < s$ 條教學軸線即可。因此，在多軸線教學中，如何透過合理的措施，而降低啟智班所需之教學軸線數量，乃為至關重要的議題，關於此類議題，將於本書第 16 章予以深入探討。此外，由於多軸線教學在本質上乃具備較高之教學難度與教學負荷，因此，如何依據人因工程之「方便、省力」原則，來提高多軸線教學之可行性，亦將影響其被使用之機率與實施之成敗，此類相關議題將分別於本章以及本書第 10 章（啟智班多軸線教學之重要配套：AAG 設計）、第 11 章（活動設計：教學流程三部曲）之中予以討論。

三 「AAG 設計」對於多軸線教學之輔助功能

此段所要介紹的「AAG設計」，其所產生之自動化學習效應，可使多軸線教學活動更容易執行，「AAG設計」乃包含下列三項功能與內涵：

1. 自動執行 (Auto-run)：教師為智能障礙學生所準備之教具或作業單，應具備自動作業之功能，使其能在最小化之教師協助或指導的情形下，得以自動進行學習活動。

2. 自動除錯 (Auto-debug)：教師為智能障礙學生所準備之教具或作業單，應具備自動偵錯之功能，使得智能障礙學生在操弄教具或填寫作業單的過程中，不管做出正確或錯誤之反應，皆可立即予以回饋。使之在反覆不斷的嘗試錯誤 (trial and error)中，逐漸形成並習得正確的知識、概念、或技能。

3. 遊戲化設計 (Game design)：以電腦輔助教學為例，若干學者從教室觀察中發現遊戲形式的電腦軟體最受學生喜愛 (Birght, 1985; Cosden, Gerber, Semmel, Goldman, & Semmel, 1987)，而且電腦遊戲能使學生即使在較為枯燥乏味的課程中也表現出較高的興趣 (Malouf, 1985)，甚至學生在遊戲中也會顯現較佳的學習成效 (Oyen & Bebko, 1996)，因此，為智能障礙學生設計或挑選教材、教學活動、教具、作業單時，宜盡量以「遊戲形式」為主要考量，讓智能障礙學生能夠「玩中學」。

實則，電腦輔助教學應可視為「AAG設計」的經典範例。在電腦輔助教學過程中，電腦軟體可使智能障礙學生自動操作學習任務（此即 Auto-run 功能），一旦智能障礙學生做出正確或錯誤的反應，電腦輔助教學軟體會自動偵錯並予以立即回饋（此即 Auto-debug 功能），而且，大多數之電腦輔助教學軟體皆採遊戲化設計（此即 Game design 功能），以提升使用者之興趣與動機，是故，電腦輔助教學乃深具AAG設計之自動化功能與內涵。甚至於，在電腦輔助教學中，教師已退居為「學習輔助者」之角色，而不再是「教學主導者」，此亦為具體落實「以學生為中心、以兒童為本位」之教學理想的良好典範。多軸線教學活動設計之所以能在電腦輔助教學獲得極佳之實踐，

乃因為電腦輔助教學深具 AAG 設計之自動化功能與內涵所使然。除了電腦輔助教學以外，蒙特梭利教具亦具備 AAG 設計之自動化功能與內涵，如圖9-7 所示，智能障礙學生未經教師協助或在簡單示範說明下，即可了解遊戲規則，並自行將不同直徑的圓柱插入圓孔（此即 Auto-run 功能），若依圓柱直徑由大而小逐一進行，當圓柱與圓孔之直徑相同，即可密合插入，否則將無法順利完成（此即 Auto-debug 功能），全程如同玩具一樣，可讓智能障礙學生玩中學（此即 Game design 功能）。

圖 9-7　蒙特梭利教具（插柱）

基本上，最簡單的多軸線教學類型，乃為下一段所要介紹之「單主題、多層次」之多軸線教學活動設計，其與單軸線教學活動設計乃極為相似，兩者皆以單一教學主題或單一教學單元來進行教學，差別只在於：多軸線教學活動設計的學生，人手一份獨享之作業單或教具，且因 T 條軸線之互異情形而有 T 種學習難度之區分；而傳統單軸線教學活動設計的學生則沒有任何作業單或教具，多數情形則須與教師共用教學演示中所使用的那一份作業單或教具，故只有一種難度區分。此外，多軸線教學活動設計的學生在教學過程中不必等待，因為每人有適合自己學習能力的作業單或教具，其學習活動可透過「並聯式時間運用」之方式來同步進行。如果，教師能設計出 AAG 設

計之自動化功能與內涵,那麼,多軸線教學活動設計也可以很容易、很輕鬆地落實於啟智班教學。

㈣ 師院生實習多軸線教學活動設計的經驗談

多軸線教學活動設計的優點,可滿足「最大參與原則」,使得教學活動達到更佳之個別化境界,而且,智能障礙學生在教學中不必等待輪流使用同一份「教具」(反而,人手一套各自獨享之「學具」),可使等待過程中之無聊情緒得以最小化。愈是學科性的科目,因為認知性愈強,使得全班智能障礙學生之個別差異也可能相對愈高,因而愈需要使用多軸線教學活動設計;反之,愈是非學科性的科目,則愈可以採用傳統單軸線或雙軸線教學活動設計來進行教學。所以,筆者之立意,並非強調任何學習領域或任何教學單元皆一定非要採取多軸線教學不可,在教學現場中,上述之適用原則並無絕對必然性,教師可視實際情形而彈性活用之。其實,多軸線教學活動設計在本質上乃極為依賴教師之教學功力,因此,為讓就讀特教系的未來準教師們能及早練就一身多軸線教學活動設計的好本領,在職前師資培育階段,應使之儘早接觸並品嚐多軸線教學活動設計的滋味,以磨練、扎根其多軸線教學的專業能力。其中,在指導特教系學生練習多軸線教學活動設計時,可依據下列步驟來循序漸進予以實施:

【步驟1】「單主題、單層次」之單軸線教學活動設計

此乃最純粹之單軸線教學活動設計,亦為普通班常見之上課方式,屬於教學難度最低、教學負荷最小的上課型態。初學者在試教時,第一步,應從此類「純粹單軸線教學活動設計」入手,因其挑戰性最小,失敗率最低,故最易入門。在實際操作時,教師僅準備一套教材即可,且不必做出任何教材難度之區分,也不必準備自動作業,若有教具的話,也只是讓教師上課時拿來展示之用,而不是讓全班智能障礙學生用來進行個別之操作(因此,該「教具」僅僅就是教師用的「教具」,而不能被視為學生用的「學具」)。教師在「純粹單軸線教學活動設計」之中所扮演的角色,較傾向於傳統之

「教學主導者」，而不是「學習輔導者」。

【步驟2】「單主題、雙層次」之雙軸線教學活動設計

此類教學方式與步驟1之「單主題、單層次之純粹單軸線教學活動設計」的最大區別，乃在於：教師事先須將全班智能障礙學生依學習／認知能力分為2組，該2組智能障礙學生雖然共用同一教學主題，卻存在2種學習難度之區別。學習過程中，讓全班智能障礙學生使用同一教學主題或教學單元，但各組仍擁有該組獨享之作業單或教具，此時，不同認知／學習能力之分組學生的學習任務難度則在作業單、教具（學具）、或師生互動／問答之中，予以區分出來。

【步驟3】「單主題、多層次」之多軸線教學活動設計

此類教學方式與步驟2之「單主題、雙層次之雙軸線教學活動設計」的最大區別，乃在於：教師事先須將全班智能障礙學生依學習／認知能力分為≥3組，該≥3組智能障礙學生雖然共用同一教學主題，卻存在≥3種學習難度之區別。

【步驟4】「雙主題、單層次」之雙軸線教學活動設計

在此類教學中，教師設計了2個教學主題，每一主題皆保持單層次之設計型態，亦即：每一教學主題皆不做出任何難度區分，是故，總共提供2條教學軸線，此乃最原始、且最純粹之雙軸線教學活動設計。其實施方式可透過「1條串聯式時間軸搭配2條教學軸線」$(1L \times 2T)$ 或「2條並聯式時間軸搭配2條教學軸線」$(2L \times 2T)$ 來進行，其中，前項之「$1L \times 2T$ 教學活動設計」因為採取串聯式時間運用，故必須準備自動作業，而後項之「$2L \times 2T$ 教學活動設計」則否。

【步驟5】「雙主題、雙層次」之多軸線教學活動設計

在此類教學中，教師提供2個教學主題，每一主題中，又做出2種難度區分，總共形成$2 \times 2 = 4$條教學軸線，故已具備多軸線教學之型態，由於在

教學軸線之數量上已然 ≥ 3 條，而且，全班智能障礙學生必須依照學習／認知能力來分為 4 組，故較適宜採取並聯式時間運用。

【步驟 6】「雙主題、多層次」之多軸線教學活動設計

在此類教學中，教師提供 2 個教學主題，每一主題中，又做出 ≥ 3 種難度區分，是故，總共形成 ≥ 6 (≥ 3×2) 條教學軸線，故亦已具備多軸線教學之型態，且較適宜採取並聯式時間運用。

【步驟 7】「多主題、單層次」之多軸線教學活動設計

這是多軸線教學活動設計之最經典的類型，其中，教師所設計之教學主題數量，最少 3 個 (亦即：所有智能障礙學生分為 3 組，各組分別享有組內專屬之教學主題)，最多 s 個 (s ＝ 班上學生總人數，亦即：每人一組，各組之那一位智能障礙學生乃獨享一個自己個人專屬的教學主題)。每一主題皆採取單層次之設計，亦即：每一教學主題皆不做出任何難度區分，因此，這是難度層次最簡單之「多主題」的多軸線教學設計。其實，初學者若能熟練此類之多軸線教學型態，即已算是高手了。

筆者所指導之歷年特教系學生經過一段時間的試教練習之後，對於多軸線教學活動設計之心得，茲分項整理如下：

(一) 實施多軸線教學活動設計之優點

1. 上課時，多軸線教學活動設計可去除智能障礙學生之等待時間，每位學生在一節課內之學習目標與練習機會亦獲增多。
2. 多軸線教學活動設計可讓教師從智能障礙學生的個別操作中，更精確觀察、了解其個人能力的優／弱點、學習困難處、以及吸收程度。
3. 原本多軸線教學的工作負荷量會比單／雙軸線教學還要重，但是，如果在多軸線教學活動設計之中能做出「AAG 設計」，那麼，教師上課時反而會比較輕鬆。
4. 由於每位學生在多軸線教學活動設計之中有個人專屬的教學目標／教材／

教學活動／教具／作業單,因而較不會感到無聊,所以較易維持課堂秩序與學習專注力。

5. 多軸線教學活動設計需配合學生個別差異來因材施教,因此,智能障礙學生不會因為學習任務太難而覺得挫折,或因為太簡單而覺得無聊。

6. 因為多軸線教學活動設計可使每位學生都有事情做,因此較符合李翠玲 (2001) 在其所著之《特殊教育教學設計》一書中所建議之「最大參與原則」的要求。

(二) 實施多軸線教學活動設計之挑戰

基本上,「多軸線教學」是比傳統「單軸線教學」或「雙軸線教學」更具挑戰性的另一種教學方式。如果將「單軸線教學」比喻為「開螺旋槳飛機」、將「雙軸線教學」比喻為「開噴射飛機」,那麼,「多軸線教學」就彷彿是「開太空梭」一樣,飛行員必須累積足夠豐富的飛行時數之後,才有資格被美國航太總署 (NASA) 挑選為太空梭飛行員。因此,「多軸線教學」是一種比較適合教學經驗豐富的老手、或是天生極具教學稟賦的新手來進行的高階教學方式,其教學難度與挑戰性頗高,茲列述如下:

1. AAG 教學活動／教材／學具之設計極需創意:由於具備「AAG設計」乃為多軸線教學是否可行、或是否成功的關鍵,教師必須事先設計出適用之 AAG 教材／教學活動／學具。除非啟智班教師因為採取電腦輔助教學而使得 AAG 設計之難度獲得降低,否則這些設計工作在在都需要足夠的創造力方可遂行。

2. 各組間的教學干擾較難排除:試以國小部滿編 10 位智能障礙學生為例,如果在同一時間內提供最大個別化程度之 10T 教學活動設計,那麼,極有可能在同一教室內會有 10 條教學軸線同步進行,除非該班教師因為採取電腦輔助教學而得以透過使用耳機來排除聽覺干擾,否則聽覺干擾將不易排除。除此之外,由於教室空間有限,因而使得傳統之「非電腦輔助教學」的上課方式,亦不易排除各組之間的視覺干擾。

3. 教學準備工作的負荷量極大:除非啟智班教師因為採取電腦輔助教學而得以降低教學準備工作的負荷量,否則,當教學軸線數量愈多時,其工作負

荷將會愈大。

4. 教師必須具備精確診斷的功力：不管教師採取電腦輔助教學或非電腦輔助教學，皆需要精確之診斷功力，方可設計出難度適中的教學單元。甚至於可以說：精確的診斷功力，乃為教師能否實施多軸線教學之基本教學能力項目之一。

5. 教師所設計的自動作業要簡單易懂、具備 AAG 設計、且要能撐一段時間，亦即：要能設計出比學生之能力起點還要稍微難一點的作業單，否則，如果每位學生很快就完成了作業單，那麼教師就會陷入顧此失彼的窘境。

6. 承 5，因此，教師要有能力精確診斷出學生的能力起點，例如：上課前，可研究智能障礙學生之 IEP ／作品／成績，以進行檔案分析，最好配合家庭訪問，或詢問以前教過班上智能障礙學生的老師。若接到剛入學的新生，則需花費更多時間來進行教學診斷、檔案分析、家庭訪問、以及教室觀察。

7. 曾有某些智能障礙學生被其他同學的教具所吸引，反而使之分心。因此，應精確配合學生之能力、喜好來設計其專屬之教材／教學活動／教具／作業單，並巧妙安排座位，以降低互相干擾之可能性。

8. 展示教材／教具的時機要恰當，莫使教材／教具成為干擾學生學習之另類障礙點。而且，在教學時，最好能在同一時間內使用相同性質之教具，如：統一使用靜態或動態教具，不宜交錯搭配使用，以免造成干擾，使學生分心。

9. 由於每位智能障礙學生之認知發展程度不同，因此教材／教具／作業單須符合每位學生的能力，亦因為需要為不同能力的學生設計不同學習難度的教材／教具／作業單，所以事前準備工作之負擔較重。經驗顯示：如果每位智能障礙學生能人手一台電腦，各自操弄其專屬之電腦輔助教學教材，執行上似乎較為簡易、可行。

10. 教材／教學活動／教具／作業單之設計與製作往往熟能生巧，因此，教師最好能事先精熟啟智課程綱要中所記載之每個學習領域的學習目標，以提高教學設計功力。

11. 實施多軸線教學活動設計時，如果班上智能障礙學生的障礙程度、問題行為愈嚴重，則其教學挑戰性將會愈強，因而愈需要更多的協助人力（如：教學助理、班上其他教師），始能順利完成教學。

12. 智能障礙程度愈重者，其口語能力可能愈低，因此，依賴口語進行教學之程度應愈降低，因而愈應設計「非口語式」之師生互動。是故，智能障礙程度愈重者，可能愈需要「做中學」或「玩中學」之教學設計。這使得多軸線教學活動設計將可能非常依賴「AAG設計」之教具（亦即：AAG教具），如果教師能為班上 s 位智能障礙學生設計出每人專屬之 AAG 教具，那麼，教師人數即便只能提供 1 人下場進行教學，也比較不會顧此失彼。

13. 教師所設計之 AAG 教具應與教學主題密切配合，讓班上 s 位智能障礙學生在個別操弄 AAG 教具之過程中形成概念，否則，如果讓班上學生各自操弄與教學主題不相關之 AAG 教具，將只徒具形式，而未能具備足夠之教學功能性。

(三) 建議與心得

1. 在單／雙軸線教學中，教師是教學主導者；而在多軸線教學中，教師則退居為學習輔助者。是故，教師在為多軸線教學設計教材／教學活動／教具／作業單時，應將重點置於「如何誘發智能障礙學生的自主性學習動機」之上。

2. 並非所有教學都一律適合或一定要使用多軸線教學，單軸線、雙軸線、多軸線可交替運用。原則上，愈是認知性的科目，因為學生的個別差異可能相對較大，愈適用多軸線教學；反之，愈是非認知性科目，因為學生的個別差異可能相對較小，愈適合使用單／雙軸線教學。

3. 多數初學者在一開始會很努力地想成功做出「單主題、多層次」之多軸線教學，但事後還是發覺自己所設計的教學活動因為過於陽春而失敗，因為全程還是傾向於依照傳統「單主題、單層次」之單軸線教學的軌跡在進行，因此，多軸線教學極需循序漸進地大量練習，始能抓住其設計要領。

4. 關於智能障礙學生之自動作業設計，可從其興趣點來切入，例如：若智能

障礙學生喜歡音樂，則將教材內容改編成歌曲、並使之戴上耳機來進行學習，如此較有可能提升其學習動機、並延長其專注時間，否則，即使教師所設計之教材／教學活動／教具／作業單已符合其認知程度，智能障礙學生亦可能因為興趣缺缺而不太理會其所專屬之教材／教具／作業單。

5. 多軸線教學活動設計之可行與否，關鍵在於教師是否能夠設計出適合之「AAG教具」，否則，愈多軸線的多軸線教學活動設計將愈顯得不可行。

6. 編序教學之設計原理，係將學習單元切割為若干具有難易漸層的連續性小單元，再將之編為題目，使學生循序漸進地學習。因此，經過細步化之後的編序題目極適合智能障礙學生進行自動學習（此即 Auto-run 功能），學生一旦答錯某一題目，教學機將立即予以回饋（此即 Auto-debug 功能）。如果能加入遊戲化設計 (Game design) 之要素，那麼，編序教學之教材／教具亦可具備 AAG 教具之功能與內涵。因此，在進行多軸線教學活動設計之時，亦可考慮納入編序教學之設計元素。若能設計出「電腦輔助教學＋編序教學」之 AAG 教具，則更佳！

五 結語：多軸線教學是一個值得挑戰的理想

綜觀本章可知：多軸線教學活動設計所能達到之啟智班教學的個別化程度，乃較傳統之單／雙軸線教學為佳，故應值得啟智教育界逐步朝此理想邁進。惟其教學負擔與挑戰性亦較單／雙軸線教學為高，為解決此一問題，當代之啟智班教師應可藉由電腦／網路科技之輔助而降低工作負荷，並提高多軸線教學之可行性。此外，啟智班教師在為智能障礙學生設計教材／教學活動／教具／作業單之時，宜考慮本章所建議之「AAG設計」，因為，其所產生之自動化效應可使多軸線教學更易達成。此外，在制度設計上能夠有效排除教育社會學之負面效應的前提下，進行「能力分班」或「隨科能力分組」，或者，透過修改法規之途徑而實現「降低班級學生滿編人數」、「增加班級教師人數」、以及「依據學生之障礙程度所造成之教學負擔的不同而彈性降低班級學生人數」等改革措施，亦可在啟智班營造出更適用於多軸線教學活動設計之制度與環境。相信藉由以上種種改革與努力，可提升在啟智

班實施多軸線教學活動之可行性，進而透過多軸線教學來提升國內啟智班教學之個別化程度，並營造出更符合個別化教育理想之啟智班環境，因此，在啟智班推行多軸線教學活動設計之理想，應該值得大家一起努力嘗試！當然，並非所有學習領域或教學單元皆適用「多軸線教學活動設計」，不過，它應可視為一座值得所有啟智班教師去追求、挑戰與攻頂的「聖母峰」！

Chapter 10

啟智班多軸線教學之重要配套：
AAG 設計

 前言

　　基本上，「多軸線 (MT) 教學」應是值得台灣啟智教育界所有教學工作者一起努力研究並開發的教學類型，其重要性，吾人可從「個別化程度第一方程式」（$I-1$ 方程式）$I=\dfrac{T}{s}$（其中，$I=$ 個別化程度、$T=$ 教學軸線數量、$s=$ 學生人數）（黃富廷，2009）的角度來一窺其堂奧：若將智能障礙學生人數 s 視為常數，那麼，在教學過程中，教師提供之教學軸線數量 T 愈多，其所形成之個別化程度 I 將愈高（黃富廷，2009）。因此，「多軸線教學」對於提升啟智班教學之個別化程度的重要性，乃不言而喻。此外，「多軸線教學」亦可解決啟智班在常見之「單軸線 (1T) 教學」下，讓不同認知／學習功能的智能障礙學生共用同一教學軸線的不合理性（黃富廷，2011）。惟啟智班之「多軸線教學」係屬難度較高之教學活動類型，在教學難度／負荷上，與平時較為常見之單軸線或雙軸線 (2T) 教學乃極為不同，若無設計適當的配套，常常極易導致窒礙難行。經筆者多年不斷思尋之後，終於整理出適用於啟智班「多軸線教學」之配套措施——「AAG 設計」——的架構雛形。至少，在「AAG 設計」的搭配之下，「多軸線教學」不再侷限為遙不可及的夢想，或淪為隔空闊談的口號。因此，本文之目的即試圖介紹「AAG 設計」的相關理念、技術、與原則，希冀拋磚引玉，吸引／鼓勵更多啟智教育工作者

一起努力研發出適用於台灣特教制度／環境之多軸線教學的「AAG 設計」。唯當「多軸線教學」成為台灣啟智教育之主流教學模式之後，建構出高度個別化之啟智教學園地的理想，方更能真正落實在國內特教界。

二 多軸線教學所不可或缺之「AAG 設計」

如圖 10-1 所示，「AAG 設計」可提升「多軸線 (MT) 教學」之可行性，而「多軸線教學」則可提升啟智班教學之「個別化程度」(I)。

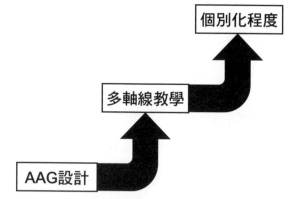

圖 10-1　「AAG-MT-I」之逐層拉抬關係

三者之間，彼此環環相扣，缺一而不可。其中，「AAG 設計」之基本內涵，乃包含下列三項：

(一) 自動執行 (Auto-run)

「AAG 設計」的第一個「A」字，即為「Auto-run」，也就是「自動執行」的意思。所謂的「自動執行」，其「主詞」係指智能障礙學生，而非啟智班教師。因此，啟智班教師在設計「AAG 設計」之「自動執行」的相關遊戲規則時，務必配合智能障礙學生的認知水平，一定要做到「簡單易懂、一目瞭然」才行。否則，過於複雜難懂的遊戲規則，勢將無法讓智能障礙學生「自動執行」，如此一來，若僅有一位教師下場負責進行「多軸線教學」，則勢必顧此失彼、疲於奔命，最後，極有可能搞得現場大亂、人仰馬翻。我

們不妨再度試從「$I-1$ 方程式」$I=\dfrac{T}{s}$（黃富廷，2009）的角度來深入探究：如果某位國小啟智班教師在滿編 10 人／班的班級中，想要設計出 10 條教學軸線，挑戰 100%個別化程度之啟智班教學。那麼，如果該教師沒有辦法為每一條教學軸線設計出「自動執行」的機制，屆時，當這 10 條教學軸線以「時間並聯」之運作方式同步進行時，教師必然無法同時兼顧該 10 條教學軸線的活動進程，因而無法首尾兼顧，終致方寸大亂。所以，「自動執行」是「AAG 設計」的基本必要條件，也是「AAG 設計」的首要靈魂所在，它讓每一條教學軸線能夠各自獨立運行，如此一來，T 條教學軸線方有可能在井然有序的情境下，以「時間並聯」之運作方式同步進行。由於施教的對象是智能障礙學生，因此「簡單易懂的遊戲規則」即自然成為設計「自動執行」機制的第一必要條件。

此外，若從認知／學習能力與通常之運作情形來看，資優班學生往往可以「自己學」(learning by self)，普通班學生通常多半只能坐在教室「聽中學」(learning by listening)，輕度智能障礙學生至少應該使之有機會經常「做中學」(learning by doing)，而對於中／重度智能障礙學生則最好讓他們在教室中有最大化的機會進行「玩中學」(learning by playing)。不過，如果拋棄上述原有之絕對性思考，改採相對性思考，那麼，只要設計得宜，智能障礙學生理應亦可「自己學」，這就是「自動執行」之原創點子的起源。其實，「自動執行」在啟智班教學中絕對不是什麼「前無古人」的新鮮事兒，綜觀現有之類似的設計案例中，在常見之高／低組雙軸線分組教學的「自動作業」（或許，吾人暫可稱之為「auto-run assignment」，智能障礙學生在操作該類型之作業時，無須教師在旁指導或提示，即可自動執行，因此，自動作業之遊戲規則必須簡單易懂，且操作難度必須配合智能障礙學生之認知能力水平，不宜太困難或太簡單；太困難會導致無法自動執行，而太簡單則易使自動作業耗時過短，使得教師因而無法專注於另一組智能障礙學生之直接教學）中，早已得窺其貌。既然啟智班的「自動作業」可以達到趨近「自動執行」的境界，那麼，讓智能障礙學生也來品嚐一下資優生常做的「自己學」，自然亦未嘗不可。試以圖 10-2 的教具為例：假設某啟智班打算進行「認識幾何圖形」這個教學單元的教學活動，當該班學生的智能障礙程度愈

重時，由於口語表達／接收能力相對愈顯薄弱的緣故，在教學過程中，其愈無法依賴口語溝通來處理大多數之學習刺激的相關訊息。尤其，對於重度智能障礙學生而言，此時，與其讓他們「聽中學」（尤其，「聽」與「說」乃分別屬於聽覺訊息之「接收」與「表達」，著實非為重度智能障礙學生之學習能力的強項），還不如使之「做中學」，甚至於，若能讓他們「玩中學」，則尤顯更佳！再進一步推想：如果啟智班教師能夠透過適當的設計，讓智能障礙學生在「自動執行」中進行「自己學」之學習活動，那麼，這就更臻完美之境界了！圖 10-2 所顯示的教具，當智能障礙學生在操作它的時候，可以依循十分簡單易懂的遊戲規則來「自己學」，亦即：智能障礙學生只須將幾何圖形之積木插入相同形狀之孔洞即可。如果，在一開始的時候，智能障礙學生仍無法自行了解該教具之遊戲方法或規則，那麼，教師亦可先行示範，待其了解後，即可自行反覆操作。

圖 10-2　可自動執行之教具範例

(二) 自動偵錯 (Auto-debug)

「AAG 設計」的第二個「A」字，即為「Auto-debug」之意，筆者習慣稱之為「自動偵錯」。「AAG 設計」之「自動偵錯」，若套用心理學行為學派之用語，則應較為貼近「立即回饋」之意涵。實則，更精確地講，「AAG 設計」的「自動偵錯」在運作時所呈現出來的實際效果，若以「自動立即回

饋」來予以描述，誠更顯恰當與傳神。「AAG設計」的首要基本靈魂固然是
「自動執行」，但在執行過程中，如果沒有搭配「自動偵錯」之自動立即回
饋機制，那麼，智能障礙學生究竟做對了、或做錯了，他們並無法立即得
知，如此一來，這樣的反覆自動執行，是沒有什麼學習意義與效果的。最理
想的境界，應該讓智能障礙學生在自動執行之中，不管他們做對了、或者做
錯了，皆立即為之提供適當的回饋訊息。如此一來，對於口語能力明顯薄弱
的重度智能障礙學生而言，即使在學習過程中，教師未曾針對學習上的相關
訊息給予任何口語說明或提示，其亦可以「自動執行」，而且，藉由「自動
偵錯」之機制，當他們在圖 10-2 教具中，放對了某一種幾何圖形之後，即可
改玩另一種幾何圖形。萬一，他們一直做錯了某一種幾何圖形，那麼，透過
「自動偵錯」機制，他們也可以在反覆嘗試錯誤之中，逐漸修正其思維方式
與策略，直至過關為止。當然，在這過程中，教師如果看到某位智能障礙學
生的挫折容忍力已經快要被「反覆的失敗」所擊垮，那麼，教師亦可適時依
照啟智教學活動設計之「最少提示原則」（李翠玲，2001），給予適度的提
醒或暗示，以助其過關。

　　除此之外，啟智班教師在設計「AAG設計」之「自動偵錯」時，應該力
求立即回饋訊息之精確、充分、清楚。試以圖 10-3 所呈現之蒙特梭利教具
（插柱）為例：該教具亦內含「自動執行」與「自動偵錯」之設計，當智能

圖 10-3　蒙特梭利教具（插柱）

障礙學生在進行「認識大小」之單元學習活動時，其可將各類不同大小的砝碼置入相同直徑的孔洞中，藉此逐漸形成「大與小」之概念。如果，智能障礙學生將大直徑砝碼放進小直徑孔洞中，則勢必無法完成置入之動作，其所遭遇之「失敗感」可視為立即回饋機制所提供之相關學習訊息，此即為所謂之「自動偵錯」設計。惟該教具在智能障礙學生改將較小直徑砝碼置入較大直徑孔洞中之時，其亦可成功地將砝碼置入孔洞中——雖然砝碼與孔洞並未完全密合，然而，此般「立即回饋訊息」之設計卻顯得較不精確、充分、清楚，至少，在中／重度智能障礙學生這部分，他們可能會認為自己業已成功地將砝碼置入孔洞中，故無法明瞭：為何這樣子也算「失敗」？或許有人會說，那麼，不如一開始就將遊戲規則從「置入」改為「置入＋密合」，不過，如此一來，由於遊戲規則變得更為複雜，我們無法確定是否會有同樣那麼多的中／重度智能障礙學生可以馬上掌握新的遊戲規則，且旋即懂得如何操弄該教具。如果中／重度智能障礙學生可以立即掌握較為複雜的新遊戲規則，那麼，該遊戲規則自然可以使用，反之，如果不行，那麼，教師即應修改該教具，以便在原本較為簡單易懂的遊戲規則之下，讓中／重度智能障礙學生得以順利享用該類型之教具。總而言之，當啟智班教師在設計「AAG設計」之「自動偵錯」機制時，應在簡單易懂的遊戲規則下，百分之百力求「自動回饋訊息」之精確、充分、與清楚，否則，較不完整的「自動回饋訊息」將極有可能造成智能障礙學生在學習過程中遭遇到無謂的困擾。

一般而言，「AAG設計」之「自動偵錯」機制係於「教具」（教學用的輔助器具）中著手予以設計，實則，因為「AAG設計」之「教具」主要是拿來供給智能障礙學生進行「自己學」之用，而不是讓啟智班教師拿來當作教學用之輔助器具，故似宜將之改稱為「學具」（學習用的輔助器具），乃較適宜。於是乎，從該特色看來，吾人更可深入了解到：在本質上，多軸線教學之「AAG設計」乃將「智能障礙學生」視為教學／學習過程中的「主角」，而「教師」則退居為在旁輔助之「配角」，因此，在分類上，「AAG設計」應屬更趨近於「以學生為中心、以兒童為本位」之教學設計派典 (paradigm)。前述之圖 10-2 與圖 10-3 即為將「自動偵錯」機制設計於學具中之實例，至於，通盤來看，吾人應如何將「自動偵錯」機制設計於學具中，以下

嘗試列舉若干實用技巧，以供參考：

1. 凹與凸

如圖 10-4 所示，常見之 EVA (Ethylene Vinyl Acetate) 地墊即為容易取得之「凹與凸」類型的學具。這類 EVA 地墊做出了數字、注音符號、或其它圖形／符號的鏤空底（凹的部分）與浮割體（凸的部分）。智能障礙學生在進行相關之圖形／符號學習時，即可透過「做中學」或「玩中學」的方式，在反覆嘗試錯誤中，將某一圖形／符號的浮割體置入相同形狀的鏤空底之內。操作過程中，當智能障礙學生做錯時，因為形狀不同，因此他們並無法順利將浮割體置入鏤空底之內；反之，當智能障礙學生做對時，因為形狀相同，浮割體即可被順利置入鏤空底之中。這些「失敗」與「成功」的當下現場感受，即為「自動偵錯」機制所提供之立即回饋訊息。

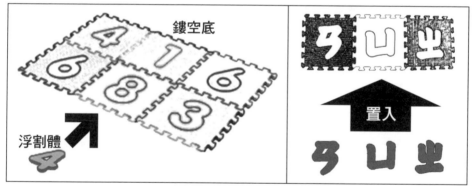

圖 10-4　「凹與凸」之學具範例

當然，EVA 地墊的最大優點，就是製作起來非常容易上手，但是，市售之 EVA 地墊卻未必出產任何教學單元所需之符號／圖形，此時，教師即可購回實心之 EVA 地墊，再自行描圖、切割。「凹與凸」之 AAG 學具未必僅能使用 EVA 材質，前述之圖 10-2 與圖 10-3 學具亦屬「凹與凸」之設計類型，然而兩者卻採用木材材質，在某些產品中，圖 10-2 之學具則另採塑膠材質。

2.電路的「通電與斷電」

利用電路之「通電」與「斷電」的特性，可為智能障礙學生之 AAG 學具製造出「自動偵錯」之機制。試以圖 10-5 之學具為例，當智能障礙學生正確地將ㄢ形金屬板置入電極底板之後，正（＋）／負（－）兩端之接點即形成電學通路，而使得電燈發光，並以此提供「操作成功」之立即回饋訊息。反之，如果智能障礙學生未選對金屬板、或未將金屬板放對位置，則電燈將無法發出亮光，此即為「操作尚未成功」或「操作失敗」之立即回饋訊息。

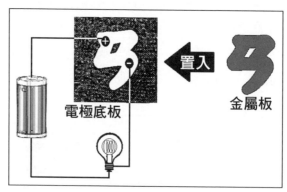

圖 10-5　電路之「通電與斷電」的學具範例

圖 10-5 之金屬板，由於整片板子都是金屬，因此，當智能障礙學生將之置入電極底板時，容易因為放錯位置而同樣形成電學通路，遂導致錯誤回饋訊息之意外發生。其改良方法，如圖 10-6 所示：可嘗試將金屬接觸面積縮小到兩個圓點（接點），中間則焊接電線使之相連。如此一來，唯當智能障礙學生正確將金屬板置入電極底板時，方可形成電學通路，因而得以 100% 確保「自動偵錯」之立即回饋訊息的正確性。實則，為清楚說明起見，筆者故意將圖 10-5 與圖 10-6 之接點予以放大，而在實際製作時，這些接點之面積應該可以再縮小一點——小到夠小為止（此時，金屬板的大部分面積可能已經改為塑膠或紙板之類的材質，而不再全部是金屬成份，不過，為了方便說明起見，在以下討論中，仍將「金屬板」當作專有名詞來指稱之），因為，「夠小的接點」更能降低錯誤訊息之發生率，進而確保「自動偵錯」機制之

可信度。或許，從另一個角度來看，吾人可進一步製作出一系列的金屬板，使其接點由大而小，形成由高而低之一連串不同「成功率」的金屬板組合。在最初使用時，先讓智能障礙學生使用成功率最大的金屬板──其接點面積最大，藉此增加成功經驗，提高智能障礙學生之操作興趣。接下來，再逐漸使用接點愈來愈小的金屬板，慢慢地修正／提高對於智能障礙學生之置入精確度的要求，以此遵循「由易而難」之啟智教學活動設計的基本原則，讓智能障礙學生在嘗試錯誤中，一步步地形成正確的概念。

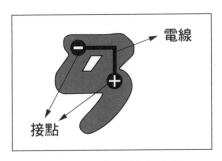

圖 10-6　金屬板之改良

3. 磁鐵的「N 極與 S 極」

　　利用磁鐵之「相吸」與「相斥」的特性，可為智能障礙學生之 AAG 學具製造出「自動偵錯」之機制。試以圖 10-7 之學具為例，當智能障礙學生正確地將ㄅ形紙板置入底板之後，磁鐵之 N 極與 S 極一接觸，即可將紙板吸附於底板之上，並以此提供「操作成功」之立即回饋訊息。

圖 10-7　磁鐵之「N 極與 S 極」的學具範例

　　反之，如果智能障礙學生未選對紙板、或未將紙板放對位置，則無法將紙板吸附於底板之上，此即為「操作尚未成功」或「操作失敗」之立即回饋訊息。

4. 魔鬼粘的「勾與圈」

　　利用魔鬼粘之兩種不同界面──「勾 (V) 面」與「圈 (O) 面」──所搭配而出之「異面相粘」與「同面不粘」的特性，可為智能障礙學生之 AAG 學具製造出「自動偵錯」之機制。試以圖 10-8 之學具為例，當智能障礙學生正確地將ㄋ形紙板置入底板之後，魔鬼粘之勾面與圈面一接觸，即可將紙板粘附於底板之上，並以此提供「操作成功」之立即回饋訊息。反之，如果智能障礙學生未選對紙板、或未將紙板放對位置，則無法將紙板粘附於底板之上，此即為「操作尚未成功」或「操作失敗」之立即回饋訊息。

圖 10-8　魔鬼粘之「勾與圈」的學具範例

5. 鎖與鑰

　　利用「鎖與鑰」之「可開鎖」與「不可開鎖」的特性，可為智能障礙學生之 AAG 學具製造出「自動偵錯」之機制。試以圖 10-9 之學具為例，當智能障礙學生正確地將ㄋ形紙板的鑰匙置入ㄋ形底板之配對鎖頭後，鑰匙即可順利打開鎖頭，並以此提供「操作成功」之立即回饋訊息。反之，如果智能障礙學生未選對ㄋ形紙板，則將因為鑰匙與鎖頭之配對錯誤而無法成功地打開ㄋ形底板之鎖頭，此即為「操作尚未成功」或「操作失敗」之立即回饋訊息。

圖 10-9　「鎖與鑰」之學具範例

　　使用「鎖與鑰」學具時，圖形認知能力／空間推理能力／想像力較為薄弱的智能障礙學生仍可將同一圖形之「陽刻板」（配對物，如：前述之鑰、紙板、金屬板、浮割體……等）與「陰刻底」（被配對物，如：前述之鎖、底板、電極底板、鏤空底……等）進行直覺式的嵌合／配對，而且，在這過程中，其可一直試驗選用不同的圖形與擺放方式，如此反覆嘗試錯誤地進行圖形比對，直至嵌合／配對成功，方可成功開鎖。而對於圖形認知能力／空間推理能力／想像力較強的智能障礙學生而言，其可跳過逐一比對圖形之步驟，直接利用其完形知覺能力，找到互相匹配的圖形後，逕行開鎖。總而言之，在「AAG自動偵錯」之設計技巧的擴展方面，筆者相信：除了上述列舉之實例以外，啟智班教師若能集思廣益、充分發揮其創造力，則理應尚有更多實用技巧可被開發出來。

(三) 遊戲化設計 (Game design)

　　「AAG 設計」的「G」字，即為「Game design」，也就是「遊戲化設計」或「遊戲設計」的意思。理論上，「AAG設計」之「遊戲化設計」的概念，其原理／原則與「玩中學」乃完全相同，亦即：兩者皆試圖透過較為生動、活潑、有趣的教學／學習型態，以提高智能障礙學生的學習動機，因為，通常而言，智能障礙學生的學習動機或求勝意志，乃較普通班學生為

低。何華國(1999)即曾指出：智能障礙者在好勝動機方面要比常人為低，而在養護機構中的智能障礙兒童則又比不在養護機構者為低。因此，在教學過程中，試圖透過任何可行之手段來提升智能障礙學生的學習興趣／動機，乃成為啟智教學活動設計之重要考量因素。基本上，讓智能障礙學生「做中學」，這件事本身就比普通班常見的「聽中學」還要「好玩」多了，遂而，此可視為「遊戲化設計」的概念原發點，因為它已開始把「有趣好玩」的元素包含在裡面。因此，如果啟智班教師在設計 AAG 的「遊戲化設計」時，因為受到「遊戲化」此三字之刻板印象的制約而苦思不得設計點子的出路，那麼，不妨改將「遊戲化設計」理解為「有趣好玩的設計」，或許思考空間將變得更為寬廣，進而有助於突破原來的思考僵局。此外，啟智班教師在設計「AAG學具」時，若能使之具備更多的「玩具」元素，那麼，當智能障礙學生在操弄這些「玩具式的 AAG 學具」時，此類「好玩的做中學」將宛如變形金剛一樣，瞬間轉化為「玩中學」之形式，讓智能障礙學生愛不釋手。

　　理論上，多軸線教學的最高境界，乃使每位智能障礙學生各自獨享一條教學軸線，藉此攻達100%個別化教學之頂峰。而在此條件下，關於「遊戲化設計」之現場原貌，乃以「每生自玩」之方式來進行，因此遊戲的「互動性」乃降至最低。換言之，當啟智班教師試圖藉由多軸線教學來提供 $T \rightarrow s$ 之教學軸線數量，而使「$I-1$方程式」$I = \dfrac{T}{s}$ 之I值趨近於 1（亦即100%個別化程度）之時，其「遊戲化設計」乃較偏向「獨自遊戲」之性質。是故，在 $I \rightarrow 1$ 之條件下，若欲提高 AAG 設計之「遊戲化程度」，最常使用之策略思考即為：讓「學具」愈趨近於「玩具」，則愈佳。如此一來，即使智能障礙學生僅能獨自一人單獨使用該學具，亦將因為該學具像玩具一樣好玩，而得以提高或維持其學習動機。試以圖 10-2 之學具為例：一般而言，在進行「認識幾何圖形」之教學單元時，筆者過去常見之特教系學生的傳統設計思維，乃在黑板上放置一塊較大型之圖形鏤空板，再令班上的智能障礙學生逐一走到黑板前操弄該「教具」。此類教學活動之進行方式乃屬「串聯式時間運用」，其中，每位智能障礙學生須學習遵守團體生活中的潛規則——「分享」（讓別人使用）與「等待」，此一學習內容固然有其群育上的教育意

義，然而，長久下來，所有智能障礙學生透過操弄教具來習得概念的總時間，乃相對遭受剝奪。與其如此，毋寧讓每一位智能障礙學生之手中皆擁有如同圖 10-2 之玩具類型的「學具」（而不是先前所提之掛在黑板上的「教具」），而且，從頭玩到尾。將「教具」轉化為「玩具式學具」之後，即可全程改以「並聯式時間運用」的方式來同步進行每位智能障礙學生之學習活動，如此一來，該類「學具式」學習活動之「好玩」（遊戲化）程度，勢必大於先前之「教具式」教學活動，此即為 AAG 之「遊戲化設計」的主要精神所在。此外，吾人亦無法排除 ≥ 2 位智能障礙學生在某一時段內以同步方式各自使用同類型學具之可能性，此時，若欲提高 AAG 設計之「遊戲化程度」，最常使用之策略思考即為：透過增加兩人或多人間之競賽機制，而提高遊戲之刺激感。試以圖 10-2 之學具為例，當 ≥ 2 位智能障礙學生同時操弄該玩具時，可以進行比賽：看誰先將所有幾何圖形積木成功地插入孔洞中，第一名的智能障礙學生即可自行到教師座位處領取增強物。

三 「AAG 設計」之相關注意事項

啟智班教師為挑戰「多軸線教學」而進行 AAG 架構下之啟智教案設計時，若干注意事項應列入教學活動設計之考量，茲臚列如下：

1. 豐富多變原則：有趣的「過度學習」

「過度學習」是啟智班經常可能使用的教學／學習型態之一，但宜避免反覆單調乏味。正如陳榮華 (1992) 所言：過分艱難或枯燥的教材及作業易減低智能障礙學生的注意力與學習動機。相關文獻一致認為智能障礙學生的成就動機本來就比較差（何華國，1999；洪榮照、張昇鵬，1997；馬玉貴、張寧生、孫淑君、鄒冬梅，1996；郭為藩，1998；陳榮華，1992），不過陳榮華 (1992) 卻曾指出：若能配合智能障礙學生的學習能力，適當地選擇、設計教材內容，那麼，他們的學習動機也應可獲得提升。因此，當啟智班教師透過「AAG 設計」來進行多軸線教學設計下之過度學習時，應該在教學活動／型態／內容／學具上兼顧「豐富多變原則」，以免因為一直重複單調不變的

學習活動,而導致智能障礙學生之學習動機/興趣嚴重盪落谷底。試以「認識幾何圖形」這個教學單元為例,教師可以持續讓智能障礙學生進行多變的「認識幾何圖形」活動,例如:若單就學具方面來看,教師可讓智能障礙學生在「凹與凸」、「N 極與 S 極」、「勾與圈」、「通電與斷電」、以及「鎖與鑰」等不同類型的學具之間,搭配「同主題、不同畫面」方式,形成多變而好玩的操作樂趣。雖然智能障礙學生所操作的學具都屬於「認識幾何圖形」這個教學單元,卻比較不會感到無聊。其他關於學習活動/型態/內容之變化,亦同此要領,而且,不同活動/型態/內容/學具之間亦可交叉搭配運用,以增加學習活動之變化性。

2. 選項漸增原則:從「單一」到「多元」

此一操作方式,乃先進行「單一選項」之操作,再逐步推進到較為複雜之「多重選項」的操作。試以「鎖與鑰」學具為例:前述之任何「AAG自動偵錯」學具的操作方式,皆可從原來的「單選項」(如圖 10-9)進一步變化為「多選項」(如圖 10-10),換言之,藉由選項數量之逐步增加,其可形成「由易而難」之操作難度漸層。而「多選項」操作方式之變化種類,可僅

圖 10-10 「鎖與鑰」學具之多選項操作範例

將「鑰匙」（配對物）之選項數量從單元變為多元（亦即：多鑰搭配單鎖），或者片面地將「鎖頭」（被配對物）之選項數量予以多元化（亦即：單鑰搭配多鎖），當然，亦可改採兩者之選項數量同步多元化（亦即：多鑰搭配多鎖）的方式來進行。

3. 接點特異化原則：防止錯誤的配對成功

製造配對物件之接點特異化（亦即：使所有物件之間的接點配置方式形成個別差異），乃為了盡量避免「意外的配對成功」。如圖 10-11 之磁鐵「N極與 S 極」學具所示，在底板方面，ㄓ板、ㄩ板、ㄋ板分別設置 3、4、2 個接點，藉由接點數量之差異，來避免因為誤置而造成「意外的配對成功」。此外，ㄓ板、ㄩ板、ㄋ板亦在接點之落點布局上，故意製造彼此間的錯位與差異。總的來說，圖 10-11 之學具試圖透過上述兩項「預防歪打正著」之措施與設計，刻意避免智能障礙學生在放錯底板時，卻仍做出成功配對或粘接之意外效果。如此一來，可以弱化「錯誤操作」與「操作成功」之間的因果關係，並強化「正確操作」與「操作成功」之間的關連程度。

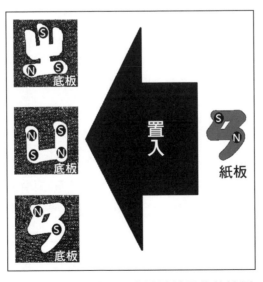

圖 10-11 配對物件之接點特異化的範例

4. 適時休息原則：防止學習動機之疲乏

　　一般而言，智能障礙學生的持續注意時間，乃較普通班學生更為短暫。陳榮華 (1992) 亦指出：過分艱難或枯燥的教材及作業易減低智能障礙兒童之注意力，故使用此種教材及作業時，每次之教學時間不宜過長，教師應見機隨時做彈性調整。因此，在進行 AAG 設計之多軸線教學時，應該適時予以休息，如此一來，該類型之學習活動方有可能持續更久。「休息是為了走更遠的路」，如果沒有適時休息，那麼，當智能障礙學生的學習動機已達高度疲乏之時，當日之同類型學習活動將可能驟然畫下句點，而且，最快也要等到隔天上課時，才有可能繼續推動同類型的學習活動。

5. 精確診斷原則：設計難度適中的學習材料

　　啟智班教師在設計 AAG 之「自動執行」的教材（學習材料）時，如果學習內容之難度未能配合智能障礙學生之認知／學習能力水平，那麼，太難的教材將導致無法自動執行，而太簡單之教材則無法讓智能障礙學生的學習進度朝向下一個難度更高一點的學習目標來推展。職是之故，在設計 AAG 教材或學具時，啟智班教師應該有能力精確診斷出智能障礙學生的能力起點，進而開出合適的學習處方。因此，AAG 設計能否成功，乃非常挑戰啟智班教師之診斷功力。當然，後續之開列學習處方的功力，自然亦不在話下。

6. 善用科技原則：提升教學能力與成效

　　如同之前所述，極需 AAG 設計作為配套之多軸線教學乃非常仰賴教師之教學經驗與天賦，而藉由現代科技——尤其是電腦科技——之輔助，可縮短其累積教學經驗所須耗費之時日以及教學天賦上的個別差異。更何況，電腦輔助教學是 AAG 設計的極佳典範，是故，當代啟智班教師理應有能力熟悉並善用現代化教學輔助科技——尤其是電腦科技，以提高多軸線教學或 AAG 設計在自己手中能被設計／執行之可能性。

㊃ 電腦輔助教學富含「**AAG**」之所有設計元素

　　Choy (1995) 認為：電腦結合教育與娛樂，使兒童學習起來既容易、又好玩，電腦可以增進兒童的社交技能、語文能力、認知發展、問題解決能力和手眼協調能力。因此，將電腦輔助教學 (CAI) 應用於啟智教學，乃有愈來愈為普及之趨勢。隨著資訊時代的來臨與社會之快速變遷，教育工作者應尋找各種可用的教學新科技，以便在 21 世紀用來教育具有學習困難的學生 (Mercer & Mercer, 1998)。陳榮華與盧台華亦曾指出：先進的特教新媒體與科技發明應加以引進、修改、調整，以加強特教方案的執行與推展，例如：電腦科技可提升各年齡層障礙者的特教服務品質 (Chen & Lu, 1994)。Taylor (1980) 認為：電腦在教育上可扮演工具 (tool)、指導者 (tutor)、以及被指導者 (tutee) 等角色。可見，電腦在教育上，著實具有多樣化之應用潛能，電腦科技在 21 世紀儼然已成為主流教學科技，對普通教育如此，對特殊教育亦如是。職是之故，行政院於 1998 年業已頒訂「科技化國家推動方案」，將「資訊」列為加速科技推動的八大重點之一（行政院，1998a）；亦於「教育改革行動方案」中明列「推動終身教育及資訊網路教育」一項，並提出「加強資訊與網路教育」之具體執行內容（行政院，1998b）。吾人應加強探討電腦輔助教學應用於啟智教育之潛力，使智能障礙學生能享有更佳之教學品質。雖然，智能障礙學生在電腦輔助教學之相關學習能力上具有其潛在缺陷，不過，學者們對電腦科技應用於啟智教學之可行性，卻仍抱持肯定態度 (Boettcher, 1983; Schmidt, Weinstein, Niemic, & Walberg, 1986)。Wright (1994) 即指出：教師若能使用現代科技與設備進行教學，可改進教學活動。因為，傳統口述教學對多數的學生並非最有效，教師應尋找其它更有效的替代方法 (Goldman, Barron, & Witherspoon, 1991)。不少研究亦已證明，藉由電腦程式的使用，具有學習困難的兒童也可以在學業成就上獲得利益，電腦程式不僅可用來教導傳統的材料（例如：拼字），也可用來教導比較抽象的概念（例如：推理與問題解決）(Moore & Carnine, 1989; Smith & Luckasson, 1992)。此外，電腦輔助教學不僅能有效地縮短學生的學習時間，也能提高學習成效 (Litchified, Driscoll,

& Dempsey, 1990)。Okolo (1992) 認為電腦是很好的教學工具，和學習者之間可進行極佳的互動，且對學習者始終耐心十足。Kulik (1981) 更發現到：具有較高互動性的電腦教學媒體，更適用於較低層次的學習活動。據此，Schmidt、Weinstein、Niemic 與 Walberg (1986) 認為，Kulik (1981) 的發現代表電腦輔助教學對於認知功能較低的智能障礙兒童更具備適用之合理性。因此，電腦的確是一種強而有力的教學工具，幾乎可以幫助特殊兒童完成所有的事 (Ysseldyke & Algozzine,1995)。Fazio 與 Reith (1986) 對輕、中度智能障礙幼兒的研究即顯示：玩電腦是智能障礙兒童所喜愛的活動。Scopinich 與 Fink (1996) 以電腦來訓練智能障礙兒童的閱讀、數學、寫作、生活技能、閱讀技巧，經兩週訓練後，發現75% 兒童對電腦更為喜愛。Lally (1981) 則進一步發現：電腦輔助教學軟體更可用來提升啟智教育方案之成效。難怪 Schwartz (1995) 表示：電腦實在是兒童教育最重要的一環。加上特教工作者向來是活躍的電腦革命參與者，他們總願意嘗試任何方法來幫助特殊兒童學習，由於電腦可以做到他們以前所無法達成的許多功能，因此，未來的特殊教育極有可能成為一門以科技為導向的教育專業工作 (Ysseldyke & Algozzine, 1990)。

　　啟智班之「多軸線教學活動設計」係屬教學難度／負荷較高的教學設計類型，在缺乏教學科技的輔助下，其較適用於教學經驗豐富／技巧高竿的啟智班教學老手、以及天生極具教學天賦的啟智班新進教師。不過，如果教學者有能力掌握且善用教學科技，並用以輔助其教學活動，進而提升其教學效果的話，那麼，「教學時數（教學經驗累積程度）」與「教學天賦」對於「多軸線教學活動設計」之適用範圍的侷限與影響，即可因而降低。換言之，現代啟智班教師若能巧妙掌握且善用教學科技的話，則諒必有機會提升其教學能力與成效，至於教學難度／負荷較高的「多軸線教學活動設計」，則更不在話下。如果，要在既有的舊經驗當中，找出一個利用教學科技來進行「多軸線教學活動設計」的經典之作，那麼，電腦輔助教學應是最容易讓人想到的其中一種典範類型。電腦輔助教學有能力結合影、音、圖、文，形成饒富趣味的多媒體教學。因此，智能障礙學生的相關學習問題或可透過電腦輔助教學來予以解決，因為，許多國內、外的研究已指出：電腦輔助教學確實能提升學生的學習成就、減少學習時間、並改善學生的學習興趣與態度

(Casteel, 1989)。

　　Boettcher (1983) 曾經指出：電腦輔助教學可為具有學習困難的兒童提供安全的教學環境、立即回饋（此即為 AAG 之「自動偵錯」）、進行一對一的個別化教學（此即為 100% 個別化教學，且與「多軸線教學」之概念互有關連）、要求學生作反應以增進其決策能力（此與 AAG 之「自動執行」互有關連）、讓學生學習如何掌控一切以增進其自尊（此與 AAG 之「自動執行」及「遊戲化設計」互有關連）、以及進行多元刺激的學習（此與 AAG 之「遊戲化設計」互有關連）。從 Boettcher (1983) 之說法可以得知：電腦輔助教學在本質上乃具備「AAG 設計」之所有設計概念與元素，且適合用來進行多軸線教學。由於電腦輔助教學可以透過遊戲化方式來執行程式，使得智能障礙學生隨著電腦輔助教學之軟體畫面來自行學習，而且，在整個過程中，電腦輔助教學可針對智能障礙學生之正確／錯誤反應，立即自動予以回饋。如果，智能障礙學生所就讀之啟智班可以提供一人一機之電腦輔助教學，或者，學校設有電腦教室、且可提供足夠的時段供啟智班進行電腦輔助教學，那麼，只要啟智班教師事先能為每一位智能障礙學生備妥適用之電腦輔助教學軟體，該啟智班即可進行 100% 個別化之多軸線教學。屆時，每位智能障礙學生皆可獨自享有個人專屬之教學軸線，在學習過程中，電腦引導整個學習流程，使得智能障礙學生無須教師全程在旁輔導，即可自動進行學習活動，電腦所立即提供之學習回饋刺激或訊息，可協助智能障礙學生不斷地透過嘗試錯誤來形成概念，而且，電腦的遊戲化設計、配合豐富多元的影／音／圖／文刺激，這些都比傳統之教師口述教學法，顯得更能吸引或維持智能障礙學生之學習動機與興趣。

　　不過，世界上任何人為設計的東西，大多是無法一體適用於所有情境與條件的，電腦輔助教學亦不例外。吾人若欲將電腦輔助教學應用於「AAG 設計」架構下之多軸線教學時，由於電腦輔助教學之影、音、圖、文並非屬於「最具體」之學習素材，故其適用範圍會出現若干限制，至少，對於中／重度智能障礙學生而言，即不適合在教學的第一時間就進行電腦輔助教學，因為他們所需要或適用的教材乃愈具體愈佳。試以「認識男女特徵」這一個教學單元為例：其可使用之學具素材，從「最具體」到「最抽象」，乃依序

為：男／女真人→人體模型→1：1等真比例的人像立牌→彩色相片→黑白照片→彩色寫實畫→黑白寫實畫→人像彩色卡通畫→人像黑白卡通畫→彩色人體線畫→黑白人體線畫→人體剪影→「♂」、「♀」符號→「男」、「女」國字。電腦輔助教學僅能透過電腦螢幕來呈現影、音、圖、文，基本上，這些都不屬於可以用來提供學習訊息或刺激之「最具體」素材。因此，在「零推論」之教學設計概念下，對於中／重度智能障礙學生而言，他們所需要的學習素材應該愈具體愈佳，而電腦輔助教學所能提供之影、音、圖、文則因為不屬於「最具體」之表現素材，而不適合在學習之第一時間即採用電腦輔助教學。不過，話雖如此，筆者較不傾向於因此就一語斷定：所有的中／重度智能障礙學生都不適用電腦輔助教學。因為，如果在第一時間使用「最具體」之學具素材來學習一段時間、且已使得中／重度智能障礙學生習得足夠之基本概念或技能之後，在第二時間之學習活動中，亦應可在第一時間之習得基礎上，進一步嘗試進行「較為抽象」之電腦輔助教學，以提升其學習成效。

基本上，深蘊AAG內涵之「電腦輔助教學」，和不使用電腦科技之「傳統 AAG 教學」比較起來，前者挑戰或考驗啟智班教師之設計創意的程度，似較輕微。因為，電腦在提供立即回饋訊息之自動偵錯方面，有其固定而有效之程式自動化執行模式，教師不必絞盡腦汁苦思於其他自動偵錯機制之設計。而且，若有市售軟體適用於班上之智能障礙學生的學習需求，那麼，教學前的準備工作更會減輕許多。更重要的是，市售電腦輔助教學軟體為了刺激消費者的購買慾，在人機介面與操作模式之設計上，通常會將「遊戲化設計」的概念考慮在內，俾使其產品顯得生動、好玩、又有趣。因此，總的來講，電腦輔助教學理應比傳統 AAG 教學更能減輕教師在教學過程或教學準備中的工作負擔。是故，在教學實務之搭配使用上，有時，啟智班教師或可仿效圖 10-12 之作法，盡量增加電腦輔助教學、且相對減少傳統AAG教學之軸線數量。試以圖 10-12 之班級為例，該班總共有 6 位智能障礙學生，若欲達到100% 個別化教學，則應該提供 6 條教學軸線，如果這 6 條軸線統統採用傳統 AAG 教學，則教師之負荷勢必相對較重。此時，教師或可嘗試增加電腦輔助教學的軸線數量，形成「電腦輔助教學＋傳統AAG」之混合教學模

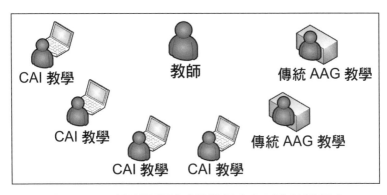

圖 10-12 利用電腦輔助教學提高個別化教學程度

式，以降低教學工作負荷。另外有一種狀況是，有時，某些科目在若干特定教學時段中，驟然之間極難使用 AAG 教學、且必定只能採用傳統教師口述教學，那麼，如圖 10-12 之情形，教師若能將其中 4 位智能障礙學生之學習活動改採電腦輔助教學，只留下 2 位智能障礙學生進行傳統口述教學，則至少可形成類似常見之高／低組雙軸線教學模式，教師僅須將 90% 之注意力集中於該 2 位智能障礙學生之教學活動即可。而另外 4 位智能障礙學生則藉由電腦科技之輔助而自動進行其電腦輔助教學式的 AAG 學習活動，如此一來，亦可達成 100% 個別化之啟智班教學。當然，每校／每班都有一本難唸的經，教學現場之障礙與困難總是複雜而多變、且無法一言以蔽之，上述之舉例僅試圖提供某些變通之解法，希冀幫助啟智班教師在「提高班級教學之個別化程度」與「減輕教師工作負荷」之間，覓得兼顧兩者、且實際可行之均衡點。總之，學生的智能障礙程度愈重，則往往愈需要更資優、更有創意的啟智班教師。人類的創意無限，解法亦自然有無限多種可能，也許，當啟智班教師面臨設計瓶頸而一籌莫展時，不妨以此互勉：即使一時之間想不出設計方法，亦不代表世間絕對永遠無解，只要集思廣益、一直堅持尋解，諒必沒有克服不了的問題，最後總有豁然開朗的一天！

　　基本上，進行電腦輔助教學的最大障礙與困擾，就是找不到適用的軟體。一般而言，在選用電腦輔助教學軟體時，應以現有可免費取得或市售可購得之軟體為優先考量，其次則為花錢請人或自行撰寫軟體。過去老一輩的教師，尚在校內接受師資養成教育之時，因為電腦尚未在國內普及，故缺乏

足夠之電腦科技教育。而年輕一輩的新進教師，因為在其成長的過程中，電腦已融入大多數台灣人的家庭、學校、社會生活，故在使用電腦之能力上，乃較老一輩為佳。這些新血輪在大學接受師資養成教育時，有些人已習得動／靜態網頁、Flash動畫之類的編製技術，這些技術都可以結合影、音、圖、文，進一步形成豐富多元、且生動有趣的電腦輔助教學軟體。因此，在缺乏現有可免費取得或市售可購得之軟體時，即便是特教系畢業生，也可以利用這些電腦編製技術，自行設計出適合班上智能障礙學生來進行學習之用的電腦輔助教學軟體。實則，現代網際網路就宛如是一座蘊藏豐富寶藏的金銀島，只要平日多花時間尋找，要覓得適用之免費電腦輔助教學軟體的機率，著實比以前提高許多。當代網際網路所蘊藏的軟體內容物，幾乎以趨近指數飆升之方式，形成爆炸性成長，是故，吾人覓得適用之電腦輔助教學軟體的機率、以及實施電腦輔助教學之可行性，將隨之愈形提升。

五 結語：未來會更好

　　目前，本章所介紹之「AAG設計」，仍存在許多需要改進或有待進一步開發的空間，而且，「AAG設計」亦存在若干設計挑戰，如：各組之間的視／聽覺干擾不易排除、處處極需且挑戰教師之教學功力與設計創造力、教學準備工作的負荷量較大、以及教師必須具備精確診斷的功力……等等。由於「多軸線教學」未必適用於所有的教學情境，因而，其配套措施──「AAG設計」──之適用時機與範圍自然亦有其限制。不過，話雖如此，足堪作為啟智班教學設計之另類型態或選項的「AAG設計」，毫無疑問地，誠有其存在與推廣之價值。至少，從今以後，啟智班教師在傳統之單／雙軸線教學活動設計以外，還多出了多軸線教學型態的新選項可供選用，這對智能障礙學生而言，無疑是一項利多。當教師們試圖挑戰多軸線教學、並用以提升其班級教學之個別化程度時，「AAG設計」即可成為多軸線教學活動設計上的極佳配套考量。總之，啟智班教師若愈能精熟於「AAG設計」之創作與教學，那麼，「多軸線教學」之可行性將相對愈高。或者，我們可以進一步更確定地說：如果沒有「AAG設計」，那麼，「多軸線教學」勢必僅能淪為紙上談

兵。不過，筆者並不認為「AAG 設計」是「多軸線教學」的唯一配套或解藥，因為，人類的創意無限，或許，未來還會有更多啟智班教師發明一大堆適用於「多軸線教學」的啟智教學技術或策略。筆者希望本文能達成拋磚引玉之功效，為台灣啟智教學之「多軸線教學」開個起頭，以此鼓勵未來更多的教學高手不斷前仆後繼地挑戰「多軸線教學」、並解決「多軸線教學」的所有設計障礙與瓶頸，進而為台灣的智能障礙學生開創出一個更高度個別化的啟智教學國度。

Chapter 11

活動設計：
教學流程三部曲

一 教學活動的起承轉合

　　林惠芬 (2002) 曾經指出，啟智班教師之「教師效能」的相關向度，主要包含：❶教師的教學能力、❷教師的問題解決能力、❸教師的自我調適／要求能力、❹與家長建立良好的親師關係的能力、❺與同仁的合作協調能力、以及❻取得學校行政配合／支援的能力。筆者認為，如圖 11-1 所示：對於初學者而言，其「教學能力」則呈現於：❶教案設計力、❷現場執教力；而教案設計力則主要表現於：❶目標設計力、❷活動設計力。因為，如同之前所述，教案之核心內容有二，此即：❶目標設計、❷活動設計。

　　在目標設計部分，「教學單元」、「單元目標」、以及「行為目標」之撰寫工作，皆只是紙上談兵，重點乃在規劃一節課 40（國小部）或 45（國中部）分鐘之教學藍圖，其作用宛如劇本大綱。而到了活動設計部分，其重點則在撰寫劇本之細部內容。如圖 11-2 所示，教學之「劇本」——也就是「活動設計」內容——乃有其固定流程架構，首先，必須一律由「準備活動」開始著手，這部分宛如前菜，接下來再送上主菜——也就是「發展活動」，到最後則以飯後甜點——「綜合活動」——來作為一節課之結尾。曾有初學者對此一教學流程之「硬性八股」深感不解，因而提出疑問：為何不能修改、刪除其順序？「準備活動」不能省略掉嗎？難道不能從「發展活動」打開話

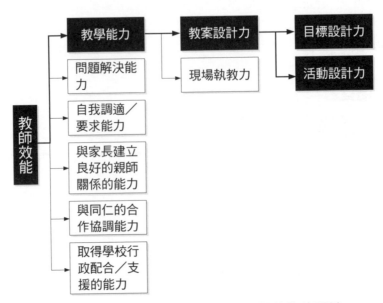

圖 11-1　初學者之教案設計力與教師效能的關係

匣子嗎？非從「準備活動」開始不可嗎？最後一定要做「綜合活動」嗎？為何不做「綜合活動」不行？實則，最後的答案，還真的一點都不能更改！如圖 11-2 所示，「準備活動→發展活動→綜合活動」之教學順序，乃內含「起→承→轉→合」之功能，畢竟，無「起」，則何所適「承」；無「承」，則欲「轉」還休；無「轉」，則奈之如「合」；無「合」，則百里九十（亦即：做事未竟全工——行百里路，卻霎然終止於第九十里處）。至少，對於教學功力尚處青澀階段之初學者而言，最好還是中規中矩地依照

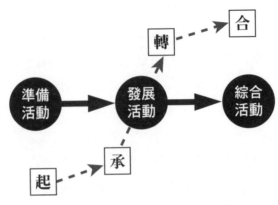

圖 11-2　教學活動的三大流程

「準備活動→發展活動→綜合活動」的流程，來學習如何進行教學實務工作。一旦，將來變成啟智班之教學高手以後，屆時，愛怎麼操弄「花式」教學流程，只要變得好——導致教學效果奇佳，則無傷大雅。

 **準備活動**

「準備活動」之主要任務有二，亦即：❶連結舊經驗、❷引起動機。如圖 11-3 所示，在教學活動之「起→承→轉→合」的過程中，「準備活動」乃扮演著「起」的功能，其宛如整個教學活動的「前菜」。俗話說得好：「好的開始是成功的一半」，因此，好的「準備活動」是教學成功的必備條件。

基本上，「連結舊經驗」與「引起動機」是概念分明的兩項教學技巧，不過，在實際操作中，有時，「連結舊經驗」與「引起動機」卻顯得難以區分。試以「端午節」這個教學單元為例：智能障礙學生可能不曉得什麼是「端午節」，但大多數的智能障礙學生卻可能都吃過粽子，因此，教學者即可透過連結「吃粽子」之舊經驗的方式，將智能障礙學生引導進入「端午節」之教學主軸。然而，這在實際操作技巧上是有下列兩種區別的：

1. 如果，教學者所呈現的，只是粽子的「圖卡」，讓智能障礙學生一邊看圖、一邊回想過去吃粽子的情景，那麼，此乃純粹之「連結舊經驗」；
2. 另一種情形是，教學者在呈現粽子的「圖卡」以外，還加上粽子的「實物」，讓每位智能障礙學生看完「吃粽子」的圖卡之後，一邊分食一小塊

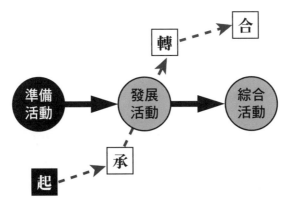

圖 11-3 「準備活動」具備「起」之功能

粽子、一邊回想過去吃粽子的情景，那麼，該「實物」即有可能變成原級增強物，讓智能障礙學生的眼睛為之一亮、上課興致隨之大發，如此一來，「連結舊經驗」即同時具備「引起動機」之功能，兩者遂微妙地合而為一。

雖然有些學者反對在課堂上讓智能障礙學生吃東西，不過，筆者認為：如果控制得當，不會讓智能障礙學生因為吃過頭而無法回過神來，那麼，在此前提下，只要能引起智能障礙學生的學習興趣，則理應可行。當然，有些智能障礙學生一吃起東西來，就沒完沒了，很難將之拉回教學主軸，如果班上有這樣子的智能障礙學生，那麼，就不宜在上課中讓他吃東西。不過，「吃東西」並不是結合「連結舊經驗」與「引起動機」的唯一方式，教學者還可另尋他法為之，而且，操作時亦須在不同方法之間交叉活用，不宜從頭到尾皆死守某一種方法。以前，筆者曾經教過一位剛入學的小朋友，因為他長得就像一隻小老虎，皺起額頭來彷彿可以看見「王」字的紋路，所以我們私底下就索性給他一個「小老虎」的綽號。小老虎是住宿生，每天升完旗進教室後，經常像病貓一樣地繞著教室的桌椅叫喊著：「ㄚˇ茲（老師）……餓餓……ㄚˇ茲……餓餓……」，如果不給他吃東西，就大發脾氣，而且，會氣急敗壞地大聲哭喊：「ㄚˇ一茲一，餓餓啦！」，同時，淚水順著眼窩悄悄地流了下來。到了第二節下課時，小老虎經常會偷吃班上通學生的便當，而且遭殃的往往不止一個。我和班上的搭檔推測：在入學前，小老虎的家人大概都順著他的性子，無限制供應食物，這樣子的不適當行為需要花費不少時間，透過行為改變技術來慢慢予以去除。所以，上課時，我們都不敢嘗試以「吃東西」的方式來引起動機、或以食物來當作增強物，因為，小老虎吃起東西來，真的一發不可收拾，而且，上課主軸會完全被破壞掉。或許，反對在上課中給智能障礙學生吃東西的學者，大概就是因為見識過小老虎這一類的學生，所以才再三勸戒啟智班教師不要輕易嘗試以食物來結合「連結舊經驗」與「引起動機」吧！不過，依據筆者的經驗：只要不經常以「吃東西」的方式來連結舊經驗或引起動機（因為，經常吃東西也會產生心理飽足感，因而降低食物之增強效果）、將食量限制在少量淺嚐的範圍內、且教室管理能夠控制得當，那麼，利用食物在行為改變技術中的原級增強效果，對於提

升智能障礙學生之學習動機與教學成效，的確可以產生一定程度的效果！基本上，智能障礙程度愈重者，愈適用「原級增強物」，如：食物；而智能障礙程度愈輕者，則愈可在「原級增強物」之外，還適用「次級增強物」，如：積分制、代幣制。啟智班教師應依照智能障礙學生之個別情形來活用增強系統，此一原則乃適用於啟智教學活動三部曲之任何流程。

實則，對於智能障礙學生而言，「準備活動」的這個「起」字若要做得好，最好還是要設法採取「多元感官途徑」之教學策略，換言之，要讓智能障礙學生有機會採取「以優勢感官為主、以其他感官為輔」之方式來進行學習活動，如此方能符合啟智教學活動設計之「感官途徑適當原則」。如同之前所述，對於口語能力較為薄弱的重度智能障礙學生而言，聽覺感官途徑的接受（聽）與表達（說）並不是他們溝通能力的強項。而筆者卻經常看到：初學者在試教時，從「準備活動」開始，就統統只透過聽覺途徑來傳達學習刺激／訊息，而且，還經常觸犯「說出」的迷思（讓不太會進行口語表達的重度智能障礙學生一定要「說出」），這樣子顯然違反了啟智教學活動設計之「感官途徑適當原則」，於是，在試教現場，可以看到：重度智能障礙學生根本無法參與該類教學活動。因此，對於口語能力較為薄弱的重度智能障礙學生而言，所謂的「多元感官途徑」之教學策略，就是將弱項之聽覺感官途徑置為次要，並改將較為優勢之視覺或觸覺感官途徑置為主要，亦即：在實際教學中，改讓重度智能障礙學生「以視覺或觸覺感官為主、以聽覺感官為輔」之方式來進行「多元感官途徑」的學習活動。如此一來，在實際教學現場中，教學者可以一邊說話、一邊教學，但是，更重要的是，一定還要透過視覺呈現或觸覺操作來並行搭配，唯有如此，重度智能障礙學生才有可能參與得了這樣的學習活動。

在時間分配上，「準備活動」最好不要超過 5 分鐘，因為，若以國小部為例：一節課才 40 分鐘，如果光在「準備活動」就花費了 10 分鐘，那麼，在剩下的 30 分鐘裡面，「發展活動」與「綜合活動」的時間會嚴重受到擠壓。因此，為了要讓這短短的 5 分鐘能產生足夠的效果，最好還是要採取「多元感官途徑」的教學活動設計，至少，搭配較為具體的視覺呈現，可以在瞬間表達最完整的學習刺激或訊息，反之，如果教學者依然堅持只用較為抽象

之聽覺感官途徑，那麼，要在短短 5 分鐘之內把話說清楚、講明白，可能就會非常考驗教學者的口才。

此外，如前所述，「準備活動」之主要任務乃包含「連結舊經驗」與「引起動機」，故而，其要旨乃著重於：讓智能障礙學生做好準備，以便順利進入下一段之教學主軸——發展活動，故而，在撰寫上，理應聚焦於該節課之 40 或 45 分鐘以內的教學或學習活動，至於上課前的相關教學準備工作，則應非著墨之重點。

三 發展活動

「發展活動」之主要任務乃在協助智能障礙學生發展該教學單元中所預期習得之知識、概念、或技能。如圖 11-4 所示，在教學活動之「起→承→轉→合」的過程中，「發展活動」乃扮演著「承→轉」的功能（承接「準備活動」之後，進入「發展活動」，最後收尾時，再轉換為「預備可進行綜合活動」之狀態），其宛如整個教學活動的「主菜」。

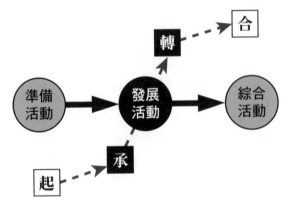

圖 11-4　「發展活動」具備「承→轉」之功能

鈕文英(2003)曾針對如何進行啟智班教學提出若干建議，其包含：❶營造支持與鼓勵的心理環境、❷運用有效的行為管理策略、❸保持彈性和隨機應變的態度實施課程、❹使用清晰明確的語言，且須注意音量和速度、❺引發學生的注意力、❻引發學生的動機和參與度、❼有效管理教學時間、❽掌

握不同教學型態的實施原則。這八大原則完全可以應用在「教學活動三部曲」之上，尤其在「發展活動」方面，因為它是整個教學活動的「主菜」，初學者更應該藉由該八大原則來嚴格要求或訓練自己的實際教學能力。

初學者必須注意的是：啟智教學之活動設計，最好能做到活動化（做中學）或遊戲化（玩中學），而不要將行為目標的「動作順序」直接拿來當作實際教學活動的「操作流程」。尤其，具備主菜功能之「發展活動」更應盡量挑戰「活動化設計」或「遊戲化設計」，讓智能障礙學生有機會透過更有效、且更有趣的學習方式來進行學習。例如：在李翠玲 (2001) 之專書所提供的「資源班教案」中，即有一段「遊戲化」的設計範例，茲轉述於表 11-1。

表 11-1　李翠玲 (2001) 書中所提供之活動化設計範例

行為目標	教學活動過程
能在丟球時，正確喊出對方所代表之三角形的名稱。	【請叫我的名】 1. 每個人分別在胸前掛上正三角形、等腰三角形、直角三角形之配合國字的圖卡，丟球給對方時，必須正確喊出對方所代表之三角形的名稱。 2. 交換每個人的圖卡後，再進行之。 3. 圖卡換成只有三角形的圖片，丟球給對方時，要喊出正確的三角形名稱。 4. 交換每個人的圖卡後，再進行之。

實則，表 11-1 的行為目標所要進行的活動屬性乃為「配對」，一般而言，設計者之構思過程如果沒有經過「活動化」或「遊戲化」的轉化程序，即可能直接寫出下列行為目標：

能在相同的三角形圖形之間畫一條連線

能將相同的三角形圖卡放在一起

上示之兩個行為目標範例都是常見的「配對」玩法，但是，其活動屬性較偏向於傳統的上課操作方式，而尚未進一步提升到「玩中學」的境界。如果，表 11-1 的行為目標有什麼令人激賞之處，那就是：設計者儼然已經在行為目

標的文字陳述中,直接轉化並展現出「以丟球之遊戲方式來進行配對」的設計思維走向。如果,要在上示之兩個較屬於傳統上課操作方式之行為目標注入「活動化設計」的因子,則或可將之改寫為:

能用磁鐵釣竿將相同的三角形圖形釣起來

於是,原本較為無聊的傳統上課操作方式,即瞬間轉變為非常吸引人的「釣魚(三角形)遊戲」。因為「釣魚遊戲」的遊戲規則簡單易懂,智能障礙學生可以「自動執行」(Auto-run),而且本身有趣又好玩,已具備「遊戲化設計」(Game design) 之成份,如果再加上「自動偵錯」(Auto-debug) 之機制,則其「AAG 設計」之條件已圓滿俱足,故可進一步拓展為「多軸線教學」。關於該行為目標之「自動偵錯」的設計與操作步驟,茲舉例如下:

1. 在形成概念的過程中,首先設定:每次只釣某一種三角形,而該類三角形的圖卡則完全由「卡紙形磁鐵板」剪裁而成,其他形狀之三角形圖卡則應選用與磁鐵板之厚度相同的非磁性擬似材質,俟後,再利用噴漆將所有三角形圖卡——不管是不是磁鐵板的——統統漆為同一顏色,以避免「顏色線索」形成自動偵錯之運作過程中的干擾變項(因為,磁鐵板的三角形圖卡,可能會透露出黑色線索,而非磁鐵板之圖卡則可能呈現白色。為了完全讓智能障礙學生純粹藉由「圖形線索」——而不是「顏色線索」——來形成每一種三角形之「圖形類同」概念,故應事先排除顏色之干擾)。智能障礙學生在進行「釣魚」時,由於只能釣上來某一種三角形,因此,會在不斷嘗試錯誤中慢慢形成「圖形類同」之概念。到最後,如果觀察到智能障礙學生已能有目的地只選擇釣上來相同的三角形,在次數上達到穩定的多數,而且毫無嘗試錯誤之舉措,即代表智能障礙學生已能區分該類三角形,亦即:該類三角形之「圖形類同」的概念已儼然形成。

2. 依照上述方式,套用到不同形狀的三角形,使智能障礙學生形成每一種三角形之「圖形類同」概念。

3. 最後,在綜合活動中,可以檢驗智能障礙學生是否能夠區分不同的三角形,亦即:當每一種三角形之「圖形類同」概念皆完全形成以後,所有三

角形圖卡皆貼上磁鐵板，教師遞給智能障礙學生某一種三角形圖卡（如：直角三角形），請他把相同的三角形圖卡統統釣上來，並設計評量標準，例如：

能在 10 張不同形狀的三角形圖卡中，正確釣上來 5 張直角三角形的圖卡

其他三角形之作法，則以此類推。

此外，由於輔助性科技 (AT) 能夠減輕或移除障礙者之障礙條件，而且，吳武典 (1994) 亦曾建議政府應該加強身心復健與輔具配備，因此，輔具之重要性乃可見之一斑，啟智班教師應可在班級經營與「發展活動」之教學中加以活用之。例如：溝通板結合面板之視覺訊息、以及播音之聽覺訊息，可反覆用來加強智能障礙兒童之視、聽覺訊息間的刺激—反應聯結，在進行符號認知活動（如：認識注音符號、阿拉伯數字、交通標誌）或圖形認知活動（如：認識交通工具、動物、餐具）時，溝通板可同時提供視、聽覺之多重感官刺激，並能藉由溝通板之代為發聲，來保護教師之聲帶（黃富廷，2004）。尤其，當「輔助性科技」與「智能障礙」交會在一起而擦出學術火花之時，其焦點乃極有可能匯聚於「電腦輔助教學」(CAI) 之範疇上。如圖 11-5 所示，若從學理或實務間之交互作用的概念來看，電腦輔助教學 (CAI) 可視為輔助性科技 (AT) 與智能障礙 (Intellectual and Developmental Disabilities, IDD) 之交集的子集合，換言之，輔具之功能主要在減輕或移除障礙者之障礙條件，而事實上並沒有任何所謂的「智能障礙輔具」可減輕或移除學生之智

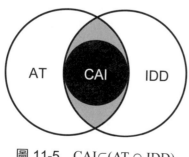

圖 11-5　CAI⊂(AT ∩ IDD)

能障礙程度。在適用於智能障礙學生之輔具（亦即：AT∩IDD，在概念上等於「啟智輔具」）中，最常見而可行的替代方式之一，乃藉由電腦輔助教學來減輕或移除其學習或認知上的障礙（亦即：CAI⊂(AT∩IDD)，可將CAI視為其中一種「啟智輔具」）。更何況，電腦輔助教學是「AAG設計」之經典範例，其有助於啟智班之「多軸線教學」的實踐，對於提升啟智班教學之個別化程度，誠有其實質效益。

筆者過去服務於啟智學校時，曾閱讀到國外文獻指出：自閉症兒童之思考模式似乎較接近電腦之運行邏輯，職是之故，電腦輔助教學對於自閉症兒童而言，有其特殊吸引力與學習成效。在個人教學經驗中，曾經，有一位自閉症學生在國小部中年級階段就讀於我的班上，後來，當我回到啟智學校做博士論文之電腦輔助教學研究時，他已經是高職部學生了。以前，在國小部時期，每當上課鐘響後，他都不願意進教室，一直賴在外面的走廊，拉都拉不進來；而到了我的電腦輔助教學實驗時，情況卻正好相反，他一下課就衝到電腦教室，而且，玩電腦時，彷彿整個人要把電腦吃下去似的，非常投入！下課後，還賴在電腦教室，拉都拉不走，明顯不想回原班上課。這件事讓我見識到了電腦輔助教學的特殊功效，原本以為電腦輔助教學只能藉由影、音、圖、文的多元刺激與人機互動功能，來提升智能障礙學生的學習興趣，沒想到，在解決自閉症學生的學習動機上，它也提供了一道美好的曙光！實則，當代啟智班教師應該要有能力將電腦或資訊科技充分運用到教育部(1999)所頒布之「特殊教育學校（班）國民教育階段智能障礙類課程綱要」的六大領域各科教學中，加上，筆者一再強調：由於電腦輔助教學充分具備「AAG設計」之獨特內涵，故可促進啟智班之「多軸線教學」的落實，進而提升啟智班教學之個別化程度。因此，電腦輔助教學對於啟智班教學而言，不但能提升智能障礙學生之學習動機，其更是讓啟智班有機會回歸應有之「個別化教學」——讓啟智班之「個別化教學」更為名符其實——的利器，因而非常值得全國普遍推廣。

此外，啟智班教師應該在「發展活動」之教學實務中，盡量挑戰「多軸線教學」。依據「特殊教育設施及人員設置標準」之規定：啟智班之編班人數，幼稚部滿編＝8人／班，國小部滿編＝10人／班，國中部滿編＝12人

／班，高職部滿編＝ 15 人／班（教育部，2008）。若從「個別化程度第一方程式」（I–1方程式）$I = \dfrac{T}{s}$（其中，I＝個別化程度、s＝學生人數、T＝教學軸線數量）（黃富廷，2009）的角度來看，試以國小部為例：如果某一啟智班內含滿編 10 位智能障礙學生，而且，彼此之間的個別差異在統計上已達.05 顯著差異，那麼，教師在進行教學活動時，基於特殊教育所標榜的「個別化教育」精神，理論上，應該提供 10 套教材，以滿足班上每一位智能障礙學生的學習需求。如果啟智班不設法做到這樣，而只為全班智能障礙學生提供 1 套教材、進行單軸線教學，那麼，在I–1方程式之計算下，僅形成 $I = \dfrac{T}{s} = \dfrac{1}{10} = 0.1$ 之個別化程度，其中有 $1 - \dfrac{1}{10} = \dfrac{9}{10}$ 的智能障礙學生被犧牲掉（犧牲率高達90%），如此一來，在「把每位孩子帶上來」的理念下，將有高達90%的孩子無法被帶上來，於是，特殊教育基於「個別化教育」所形成之市場區隔、且以之存在於世的最大理由，便只是淪為一種口號。換言之，特教界所做出來的個別化程度，其之所以勝過普通班（目前，國小普通班一般以30 位學生為滿編，故其僅可形成 $I = \dfrac{T}{s} = \dfrac{1}{30} \fallingdotseq 0.03$ 之個別化程度），乃由於它在制度上可以擁有較低之班級學生滿編人數所使然。而換算成百分比的話，前述之國小啟智班教學的個別化程度百分比僅達 $I\% = (100\dfrac{T}{s})\% = (100\dfrac{1}{10})\% = 10\%$ 而已。「個別化教育」是特教界之所以能夠獨立成為教育的分支、且以之形成市場區隔之最大理由（甚至於，在後來，特教界這個教育分支所抱持之較為先進的教育理念，還回過頭來影響了普教界這個教育主流的理念與措施），其個別化程度之百分比至少似應達到 50% 以上，才有足夠的社會說服力。如果，在上述國小啟智班之教學中，教師僅提供 1 套教材（亦即：只做到單軸線教學活動設計），那麼，如前所述，該教材明顯不適用於其中之 9 位智能障礙學生，於是，這樣子的啟智班教學不僅無法「把每位孩子帶上來」，還犧牲了90%的智能障礙學生，如此一來，特教界所標榜的「把每位孩子帶上來」的教育理想，難道也只是「隨便說說」而已？就字面來看，「把每位孩子帶上來」的意思，不就是希望在I–1方程式之計算下，透過 10 軸線(10T) 教學活動設計而達成 $I\% = (100\dfrac{T}{s})\% = (100\dfrac{10}{10})\% = 100\%$

的個別化程度、而且讓智能障礙學生在啟智班的被犧牲率壓低到 0 嗎？國內
啟智班的教學設計，較常見的，也只做到單軸線或雙軸線教學而已，幾乎很
少人會去挑戰≥3T 的多軸線教學。當然，筆者心知肚明：≥3T 的多軸線教
學，操作難度太高、工作負荷太重，依據人因工程（human factors 或 ergo-
nomics）方程式原理所揭示之人類傾向於追求「方便、省力」的天性（黃富
廷，2007），啟智班教師願意挑戰雙軸線教學（也就是一般所謂之「高／低
分組教學」），就已經夠感人的了。事實上，筆者所提倡的「多軸線教
學」，並不是要啟智班教師如同拚命三郎似地賣命教學，因為，這樣子會活
不久，長遠計之，對啟智教育界而言，過於耗損人丁，顯然不利於這個大家
族。筆者一直試圖尋找的，是在兼顧「方便、省力」的原則下，讓啟智班教
師能夠藉由「多軸線教學設計」來提升其個別化程度，而「AAG 設計」之
「自動執行」(Auto-run) 與「自動偵錯」(Auto-debug) 機制即已初步做到「方
便、省力」之要求，因為，當每位智能障礙學生在多軸線教學中，都能夠自
行操作各自專屬之「學具」、並藉由「自動偵錯」機制之自動提供學習回饋
功能來協助智能障礙學生在嘗試錯誤中習得預期之知識、概念、技能的話，
教師遂退居為「學習輔導者」——而不再是「教學主導者」——之角色，其
於教學現場之工作負荷已然獲得降低或不會增加太多。如果，多軸線教學活
動設計有什麼導致教學工作負荷較多之處，那麼，應該是在「教學前準備工
作」以及「學具設計之創意挑戰」上吧！如果國小啟智班之 10 位智能障礙學
生的個別差異果真在統計上達到.05 顯著差異（雖然機率較低，但並非不可
能，因此在進行此類議題之討論時，必須顧慮到挑戰性最大的「極限情
況」，如果「極限情況」的問題都可以解決，那麼其它較小的問題就構不成
威脅了），那麼，教師必須事先準備 10 套 AAG 教材，故不能說沒有負擔。
如果可以的話，啟智班教師應該盡量嘗試電腦輔助教學，因為，電腦輔助教
學似乎在降低「教學前」及「教學中」之工作負荷方面，能提供更多的幫
助。換言之，當代啟智班教師應可設法尋求電腦或資訊科技之「教學／學習
輔具」的協助，讓「把每位孩子帶上來」的教育理想能夠有機會美夢成真！
上述透過多軸線教學活動設計來「提升啟智班教學之個別化程度」的理想，
其方向與可行性都沒問題，只要在技術細節上不斷練習、嘗試，進而達到

「駕輕就熟」之程度以後，自然可以水到渠成。當然，筆者不敢說「多軸線教學」一定統統適用於啟智班教學的每一個學習領域、或每一個教學單元（不過，能力愈強的啟智班教師，愈有機會把它的教學應用面做到最大化），而只希望：如果做得到，啟智班教師——如果有此共識，如果有此使命感的話——或可盡量嘗試追求並落實「把每位孩子帶上來」這個崇高而令人動容的特教理想，讓啟智班的「個別化教育」更為名符其實。其他特教障礙類別的學生，因為在智能方面較類似普通班，而不像啟智班的智能障礙學生那麼有可能形成最大化之個別差異，因此，他們不必追求什麼「多軸線教學」，而我們啟智教育界則必須為此絞盡腦汁！也正因為如此，「啟智班教案」才與「普通班教案」或「其他特教障礙類別的教案」有其分別之處。最後，筆者還有一個小小的想法：將來，當啟智班所提供之更優質的個別化教學，是來自於專業度更高的多軸線教學技術，而不再只是透過法規來降低班級學生滿編人數之時，那麼，屆時，基於「不同的專業貢獻度，應該領取不同的薪資報酬」之普世價值與勞逸分配原則，在設計出可信且可行的確認（啟智班教師真的統統運用專業度更高的多軸線教學技術來進行教學）機制下，國家應該為啟智班教師提供比普通班教師更為優渥的薪資，才較為合理。

四 綜合活動

「綜合活動」之主要任務有四，亦即：❶統整、❷檢驗、❸應用、❹複習。如圖 11-6 所示，在教學活動之「起→承→轉→合」的過程中，「綜合活動」乃扮演著「合」的功能，其宛如整個教學活動的「飯後甜點」。

初學者務必切記：千萬不要在「綜合活動」之中，還進行「發展活動」，因為，如此一來，會讓「綜合活動」顯得「綜合性」不足。表 11-2 所呈現者，即為「綜合性不足」之設計範例。

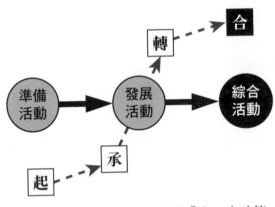

圖 11-6 「綜合活動」具備「合」之功能

表 11-2 「綜合性不足」之設計範例

行為目標	教學活動過程
·能將男生的配件圖卡放到男生區 ·能將女生的配件圖卡放到女生區	1. 老師：「現在大家是不是都有完成。那你們看第一張西卡紙，上面這些都是跟男生相關的東西。」 2. 老師：「另外一張西卡紙上，有什麼東西呢？這些都是跟女生相關的東西。」 3. 老師：「你們再摸摸看，下一節課我們要來玩一個小遊戲喔！」

　　表 11-2 之範例顯然已觸犯「活動設計未能與行為目標聚焦」之常見缺失（關於該缺失，請詳見本書第 12 章——活動設計：初學者在活動設計上常見之缺失），而且，幾乎絲毫未曾碰觸到「綜合活動」的四大主要任務——❶統整、❷檢驗、❸應用、❹複習，如果硬要予以刻意善解的話，頂多只能算是稍微有貼近到「複習」任務而已。而實質上，表 11-2 之活動屬性乃較趨近於「發展活動」，亦即：還在發展該教學單元所預期讓智能障礙學生習得之相關知識、概念、技能，因此，顯然呈現出「發展性大於綜合性」之「綜合性不足」的現象。

　　關於「複習」任務，筆者必須在此特別說明的是：在「綜合活動」的四大主要任務之中，「複習」之活動屬性最趨近於「發展活動」，因此，筆者特別將其順位擺在最後，在執行上，應盡量避免在「綜合活動」中僅僅單獨

使用「複習」之任務，而如果搭配其他任務（如：「複習＋檢驗」──透過「檢驗」來進行「複習」），則自然可以擺脫「綜合性不足」之疑慮。當然，若因「合理、且不得不為之」的特殊需求而必須在「綜合活動」之中將「複習」單獨當作教學主軸的話，自然可以突破框架，靈活運用之，如此，亦符合啟智教學活動設計之「理論變通原則」。

李翠玲 (2001) 在其專書之「資源班教案」所呈現的「綜合活動」中，曾提供一個極具「綜合性」的設計範例，茲轉述於表 11-3。

表 11-3　李翠玲 (2001) 書中所提供之「綜合性」設計範例

行為目標	教學活動過程
・能在正三角形裡面塗上正確的顏色 ・能在等腰三角形裡面塗上正確的顏色 ・能在直角三角形裡面塗上正確的顏色	【彩繪三角形】 將正三角形塗上紅色，等腰三角形塗上藍色，直角三角形塗上紫色

智能障礙學生在進行表 11-3 之「綜合活動」時，必須將所習得之不同三角形的概念加以統整之後，才能夠正確區分不同的三角形、並在不同的三角形上面塗滿相對應的顏色，只要在某一種三角形上面塗錯顏色，即可察覺智能障礙學生仍無法正確辨認該類三角形。因此，表 11-3 之「綜合活動」乃儼然兼具「統整」與「檢驗」之功能。

表 11-4 所顯示者，係為台東大學特教系 100 級畢業生李偲瑋同學在「認識男女」之教學單元的綜合活動設計範例，其中兼具「統整」、「應用」、「檢驗」之功能。

基本上，表 11-4 的綜合活動之所以內含「統整」、「應用」、「檢驗」之功能，乃由於：❶讓智能障礙學生「應用」之前所學過的男／女生衣著概念，來回答教師所提出之「要穿什麼服裝？」的問題，當然，在這過程中，亦須將男／女生衣著之異同進行「統整」之後，才可以順利「應用」之；❷從智能障礙學生之操作正確與否，即可「檢驗」其是否已然習得正確的男／女生衣著概念。

如果，要評量初學者所設計之「綜合活動」的「總體綜合性」到底為何？或許，可依照其運用四大主要任務──❶統整、❷檢驗、❸應用、❹複

表 11-4　兼具「統整」、「應用」、「檢驗」功能之綜合活動設計範例

行為目標	教學活動過程
・能依紙娃娃的性別，貼上合適性別的服裝圖卡，且答對 1 次 ・能依紙娃娃的性別，貼上合適性別的服裝圖卡，且答對 2 次 ・能依紙娃娃的性別，貼上合適性別的服裝圖卡，且答對 3 次	【男／女生服裝配對】 1. 教師在黑板上放置男生和女生紙偶，請小朋友幫它們配上適合性別的服裝。  2. 老師說：「現在小朋友都很厲害了，那我們來幫男生和女生穿衣服吧！」 3. 老師問：「男生要穿什麼服裝？」（黑板邊邊放置各一件裙子和褲子，讓學生上台選出褲子貼在男生身上。） 4. 老師問：「女生要穿什麼服裝？」（黑板邊邊放置各一件裙子和褲子，讓學生上台選出裙子貼在女生身上。）  （褲子）　　　　（裙子）

設計者：台東大學特教系（100 級）李偲瑋。

習——的程度，而分別給評相對數量的星星（★），亦即：在同一個教學活動設計中，若能內含 n 項「綜合活動」之主要任務，則給評 n 顆星，例如：表 11-4 的設計範例內含「統整」、「檢驗」、「應用」任務，即可給評 3 顆星（★★★）。依照此一給評方式，初學者即可清楚明白：在設計「綜合活動」時，其所應該努力之方向，當然要盡量朝向 4 顆星（★★★★）的最高境界來衝刺。

Chapter 12

活動設計：
初學者在活動設計上常見之缺失

　　如圖 12-1 所示，本章所探討之「活動設計」，即為教案中的第二部分子結構。「活動設計」之內容係承續自最具體的「行為目標」而來，其流程乃依照「準備活動→發展活動→綜合活動」之順序而逐步推展。

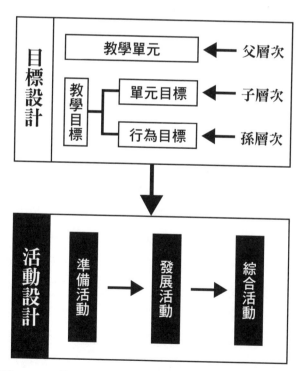

圖 12-1　「活動設計」係屬教案之第二部分子結構

　　吾人在檢驗或評閱「活動設計」之設計良窳時，「可行性」應列為第一考量，因為就算「活動設計」內容寫得外表再亮麗，卻一點實用性的內涵都沒有，那麼，這樣的「活動設計」即便寫了一大堆，也等於白寫！在以下列舉的缺失中，有些問題較小，尚未影響「活動設計」內容之「可行性」（如：缺乏插圖或插圖不足），故進行局部修改即可；有些則問題較大，而且大到可以使得整篇「活動設計」形同廢文（如：活動設計未能與行為目標聚焦），初學者不可不慎。以下逐段詳述初學者在「活動設計」上常犯的一些缺失，供讀者參考，希望藉此能縮短初學者在這方面之嘗試錯誤的摸索時間。

一、「準備活動」之活動設計的「準備性」不足

　　此處所謂之「準備性」，係指活動設計的「準備活動」所應設法彰顯之教學功能或效果而言，而「準備活動」之主要任務有二，此即：連結舊經驗、引起動機。有時，教學者會透過「連結舊經驗」來「引起動機」，因而使得兩者之界線不易區分，不過，只要能夠設計出有效「連結舊經驗」或「引起動機」的「準備活動」，那麼，不管設計方式為何，皆無傷大雅。一般而言，初學者在「準備活動」之「準備性不足」方面常犯的缺失如下：

1. 教學前未能對於智能障礙學生的生活／學習舊經驗做徹底調查

　　如果，初學者事先未能充分調查智能障礙學生的生活舊經驗、文化刺激程度、以及語彙能力，因而設計出難度超乎其理解能力或生活經驗的教學內容，那麼，其所設計出來的「引起動機」內容，極有可能因為未能配合智能障礙學生的生活舊經驗，而使得教學效果被打折扣，例如：筆者過去在啟智學校任教時，曾看到實習教師試圖以「皮卡丘」來「引起動機」，實則，當時在一般小學生的生活圈早已流行「皮卡丘」，而啟智學校住宿學生卻由於同儕刺激較為封閉與貧乏，而未能與之並進。此時，透過「皮卡丘」來進行「引起動機」，雖然可愛的「皮卡丘」較能吸引智能障礙學生的喜愛與注意，不過，如果教學者之目的乃試圖利用「皮卡丘」的卡通內容來引起動機，那麼，智能障礙學生將可能因為沒看過相關卡通內容而無法與之共鳴，

遂未能形成預期之學習反應與教學效果。

2.對重度智能障礙學生設計過多的口語問答

此種缺失乃肇因於「對智能障礙學生的了解不夠深刻」所使然（故亦屬「特教專業素養不足」之範疇），不知為何，筆者經常看到四年級特教系學生在教案設計上觸犯「『說出』的迷思」，尤其是在活動設計中，要求重度智能障礙學生「說出」，這實在容易導致「強人所難」之窘境。例如：在「認識男女」的教學單元中，事先教導智能障礙學生「男生頭髮較短，女生頭髮較長」之後，居然在後續教學內容中，要求口語能力較為薄弱的重度智能障礙學生「能在看到長（短）頭髮的女（男）生時，說出『她（他）是女（男）生』」。除此之外，筆者更經常看到初學者所設計之「引起動機」內容是：一開始，就透過一連串的口語問答，來面對口語理解與接收程度較低之重度智能障礙學生進行教學，因而使得試教現場之畫面乃呈現出「重度智能障礙學生當場只能愣在座位上，因而無法充分參與該學習活動」的情形，著實令人感覺其窘無比。

3.設計內容反應出初學者之特教專業學養不夠專精、深厚

如果，初學者之特教專業學養不夠專精、深厚，那麼，接下來極有可能不知如何針對智能障礙學生之能力起點來開設適用的學習處方。例如：當班上智能障礙學生連「數數」的概念都尚未形成之時，如果初學者不知道在「數數」之前應該教導「準數概念」的「實用數學」內容，則極有可能會設計出較不適當的教學內容，因而導致整個 40 或 45 分鐘的教學主軸顯得「專業設計不足」。不過，這方面的問題已有替代性的解法可資救援，亦即：直接參考教育部 (1999) 所頒布之「特殊教育學校（班）國民教育階段智能障礙類課程綱要」（以下簡稱「1999 年版啟智課綱」）即可獲得具體可行之教學方向。因為，「1999 年版啟智課綱」乃經過許多國內特教學者開過數次會議所形成之一套課程體系，其中之「學習目標」乃依據各學習領域之相關學理而進行系統化鋪排，因此，這套課程綱要至少是可資參考之教案設計的參考用書。

二 「發展活動」之活動設計的「發展性」不足

如同前述之「準備性」的定義，此處所謂之「發展性」，係指「發展活動」所應彰顯之教學效果與功能，因此，「『發展性』不足」即指「發展活動未能發揮其所應有之教學效果與功能」（亦即：未能順利幫助智能障礙學生形成適當之知識、概念、技能）的意思。「發展活動」之活動設計的「發展性」不足，其相關之主要缺失，茲臚列如下：

1. 連結度不足

活動設計之「發展性不足」的頭號缺失，就是「連結度不足」，那麼，什麼叫「連結度不足」呢？試以「認識男女特徵」這一個教學單元為例來進行說明：如果，初學者在某一堂課之中，試圖透過「男生頭髮較短，女生頭髮較長」的概念來教導智能障礙學生「如何辨別男／女」。其教學步驟通常為：

❶ 認識「長、短頭髮的區別」，

❷ 認識「男（女）生頭髮較短（長）」的概念，

❸ 實地從長（短）頭髮中區別出女（男）生。

接下來，教學過程中的最大難題通常會集中在第❸部分，也就是：將之前所習得之「長、短頭髮」與「男（女）生頭髮較短（長）」之概念連結，並應用到活生生的男、女生身上，進而順利地透過「長、短頭髮」來辨別女生或男生。所以，此處所謂之「連結度不足」也就是：初學者所設計之「發展活動」的內容「無法讓智能障礙學生將其所習得之概念〔如：男（女）生擁有較短（長）的頭髮〕有效應用並連結於實際情況〔亦即：實地從長（短）頭髮中區別出女（男）生〕」的意思。

2. 專業學理之涵養不足

如同之前所述，初學者之專業學理的涵養不足，將導致設計失措之窘境，例如：依據兒童發展理論，智能障礙學生在學會「數數」之前，應形成

「準數概念」。而初學者往往因為不知相關理論，而在面對「不會數數」的智能障礙學生時，不知應該設計「認識準數」之「發展活動」。幸好，「1999 年版啟智課綱」（教育部，1999）已為啟智六大學習領域提供了系統化的「學習目標」，初學者即便在專業學理上呈現出涵養不足之狀態，也可以立即參考啟智課程綱要之「學習目標」，而擺脫「設計失措」之困境。因此，筆者在大學教學時，經常建議修課學生另行印製「迷你口袋版」的課程綱要，試教時，即可如同醫學院之實習醫生隨身攜帶「診斷手冊」一樣，將「迷你型課程綱要」帶在身上，以便隨時研讀並作為教學活動設計之參考指南。

3.「最大類化」不足

初學者所設計之「發展活動」若呈現出「『最大類化』不足」的現象，即代表：該設計內容顯然欠缺周延，且已違反啟智教學活動設計之「最大類化原則」。例如：在教導「認識電燈開關」這一個教學單元時，教師應將智能障礙學生在家庭、學校、社區、職場生活中可能使用到之各類電燈開關編入「發展活動」的教材，以避免智能障礙學生因為學習遷移或類化能力較為薄弱，而在面臨從未使用過之電燈開關時，遭遇到障礙或困難。職是之故，啟智班教師必須為智能障礙學生提供「最大類化」之教材內容，以彌補其「類化能力不足」之弱點。

4.「充分參與」不足

從字面上的意思，顯而易見：「『充分參與』不足」的缺失已經違反啟智教學活動設計之「充分參與原則」，亦即：教學者所設計之「發展活動」並無法讓班上所有智能障礙學生統統有機會參與其教學／學習活動，是故，此種缺失顯然無法「把每一位孩子帶上來」，因為，將會有若干智能障礙學生無法參與教學者所設計之發展活動，而被冷落在一旁。由於初學者在教學「診斷」與「處方」之功力較為薄弱，而使得此種缺失在初學者的試教現場中，誠非罕見，而照理說，該缺失應「盡量避免使之出現」才是。不過，平心而論，此乃初學「啟智教學活動設計」之常見的過渡現象，多數初學者

在經過一段時日的試教鍛鍊之後，隨著啟智教學功力之日新月異，其觸犯
「『充分參與』不足」之缺失的頻率將可獲降低。

5.「零推論」不足

「零推論」乃為當代特教教學設計之主流思想，其要旨乃為：強調在真
實情境中，使用真實材料來進行教學（鈕文英，2003）。由於智能障礙學生
之學習遷移（舉一反三）或推理能力較為薄弱，因此，「零推論」之教學理
念乃試圖透過真實情境或材料之教學，以確保智能障礙學生將其在校所習得
之知識、概念、技能直接且零推論地（不必再進行學習遷移）應用於家庭、
學校、社區、職場生活時，能遭遇到最小的困難與障礙。實則，從另一個角
度來看，「零推論」所使用之真實情境或材料，在本質上亦具備「最具體」
之教具或學具的屬性，因此，對於智能障礙程度愈重之學生而言，愈適合其
學習／認知能力水平，故在啟智班教材難度取捨上，其亦間接偏向「最小值
取向」之設計思維與內涵，因而形成更為寬廣之適用性，以供不同認知／學
習能力水平之智能障礙學生來使用。初學「啟智教學活動設計」之特教學程
或特教系學生，若依然將大多數之「發展活動」的學習場域或情境鎖定在啟
智班教室之內，那麼，除非教學內容與教室有關，否則極有可能導致其所設
計之「發展活動」陷入「『零推論』不足」的缺失。例如：在「認識交通號
誌」的教學單元中，其「真實情境」應該位於真實的馬路當中，而不是在教
室之內，而且，其所適用之「零推論」的真實教材應該就是馬路上的「交通
號誌」，而不是教室中的「顯示圖卡」。因為，當智能障礙學生在面對現實
生活之實況應用時，介於「教室中的交通號誌顯示圖卡」與「馬路中真實的
交通號誌」之間，仍需要進行若干程度的「學習遷移」方可奏效，這對於智
能障礙程度愈重的學生而言，無疑帶來愈高之困難與障礙。因此，任何「發
展活動」之設計內容，若仍需要智能障礙學生在現實生活之實況應用中進行
任何「非零度」(non-zero-degree) 的學習遷移，則必然陷入「『零推論』不
足」的缺失。

6.「最大個別化」不足

此種缺失容易衍生出前述之「『充分參與』不足」的現象，因為，不能提供最大個別化之教學或學習活動，即代表：上課時，教學者未能針對某些智能障礙學生設計出適用之教學／學習內容，而使之被冷落在一旁，或令其無法參與該發展活動。不管依據 $I-1$ 方程式 $I=\dfrac{T}{s}$ 或 $I-2$ 方程式 $I=\dfrac{T}{g_s}$ 之概念，所謂「最大個別化」皆代表「教學軸線數量最大化」的意思，亦即：在 $I-1$ 方程式中，使教學軸線數量趨近於學生人數（亦即：$T{\to}s$），而形成最大個別化程度 $I=\dfrac{T}{s}{\to}\dfrac{s}{s}=1$，或者，在 $I-2$ 方程式中，使教學軸線數量趨近於學生分組數量（亦即：$T{\to}g_s$），而形成最大個別化程度 $I=\dfrac{T}{g_s}{\to}\dfrac{g_s}{g_s}=1$，因此，此類缺失乃與「多軸線教學設計不足」有關。

7.學習步伐之細步化不足

基本上，對於智能障礙程度愈重的學生，其學習步伐應該愈細小愈佳，因為，愈細之學習步伐，其學習難度愈低；反之，對於智能障礙程度愈輕的學生，則可以使用愈粗大之學習步伐。而所謂「學習步伐之細步化不足」的缺失，就是「為智能障礙程度較重的學生設計出較粗大之學習步伐的教學／學習內容」的意思。造成此種缺失的最主要原因，乃由於初學者之「診斷功力不足」，而無法精確找出智能障礙學生的學習／認知能力水平與能力起點，俟後，在開設教學／學習處方之時，則又因為初學者之「處方能力不足」，而未能設計出「學習步伐之粗細適當」的發展活動。

8.感官途徑之適當性不足

此類缺失大多數會具體表現於前一段（「準備活動」之活動設計的「準備性」不足）討論內容中所提及之「對重度智能障礙學生設計過多的口語問答」的現象上，在此不再贅述。教學者應該事先調查智能障礙學生之優勢感官，再個別化地透過適當的教學設計，讓每一位智能障礙學生皆能運用其優勢感官來進行學習。

三 「綜合活動」之活動設計的「綜合性」不足

此處所謂之「綜合性」，自然亦指「綜合活動」所應彰顯之教學效果與功能，因此，「『綜合性』不足」即指「綜合活動未能發揮其所應有之教學效果與功能」，亦即「未能有效協助智能障礙學生❶統整、❷檢驗、❸應用、❹複習其於『發展活動』所習得之知識、概念、技能」的意思。實則，前述之「『發展性』不足」的缺失皆有可能以類似之型態被複製且變成「『綜合性』不足」的缺失。除此之外，最常見的「『綜合性』不足」乃為：教學者在「綜合活動」中，還依然讓智能障礙學生進行「發展性」的活動。在此，且讓筆者先反過來講述一個良例：在「認識幾何圖形」之教學單元中，曾有某位優秀的初學者設計出下列「綜合性非常足夠」的教學／學習活動：

❶ 發給每位智能障礙學生一張圖畫紙，上面印有各種幾何圖形。

❷ 請智能障礙小朋友在圓形中塗滿紅色、在三角形中塗滿藍色、在四方形中塗滿綠色、在五角形中塗滿黃色。

上述之綜合活動不僅充滿「做中學」的設計思維，而且，讓智能障礙學生在同一時間內必須運用先前所學過之所有幾何圖形的概念，將之進行更高層次之統整與比較之後，才能順利在不同的幾何圖形中塗滿相對應之顏色。反之，另一個窳例就是，曾有初學者在綜合活動的教學時段中，設計出下列「綜合性不足」的教學／學習活動：

❶ 請智能障礙小朋友到黑板前數出三角形的三個邊。

❷ 請智能障礙小朋友到黑板前數出四方形的四個邊。

❸ 請智能障礙小朋友到黑板前數出五邊形的五個邊。

當然，上述內容亦可視為「複習類」的綜合活動，不過，從另一個角度來

看，卻仍富含「發展活動」之屬性。基本上，若非因為特定原因或特殊必要性，教學者宜將「統整類」、「檢驗類」與「應用類」之綜合活動當作設計上的優先考量，其次才是「複習類」的綜合活動。因為，如果「發展活動」已經順利進行，而且，教學效果已得彰顯，那麼，在「綜合活動」中應該打鐵趁熱——優先考慮為智能障礙學生進一步設計出「統整類」、「檢驗類」與「應用類」之綜合活動，以助之形成更高層次、更周延、更穩固之知識／概念／技能。

四　缺乏插圖或插圖不足

　　在撰寫教案時，有些設計概念之表達，與其藉由一大堆語言、文字來說明，還不如單靠一張圖形或圖表即可使人一目瞭然。在這種情形下，如果圖形或圖表的表達力較強、較清晰，則理應在教案中補上圖形或圖表，透過圖文並茂之方式，讓自己的設計概念更容易被清楚理解。依據筆者的教學經驗：在初學者的教案設計中，圖形或圖表之使用，實則並不常見，甚至於，經過筆者再三叮嚀，初學者似乎依然不習慣使用圖形或圖表。諒其原因：也許還要另外費力畫好圖形或圖表，再插入 WORD 檔之中，如此較為耗時、費工，大概，只有力求完美的初學者，才會催促自己補上圖形或圖表，使其教案達到盡善盡美之境界！關於在教案中使用圖形或圖表之必要性，我們可以舉一些例子來進一步說明：

1. 有時，教學者對於智能障礙學生的座位安排，想配合教學活動設計而做出特別的配置，以達到特定的教學效果，那麼，與其藉由一大堆語言、文字來說明座位如何安排，還不如在語言、文字旁邊再補上一張座位設計圖（如圖 12-2），讓教案閱讀者或審查者能夠在第一時間即清楚掌握教學者的設計概念。

2. 有時，教學者可能在教具製作中，試圖挑戰較高難度之「AAG 設計」的「自動偵錯」(Auto-debug) 機制。試以圖 12-3 之「益智積木箱」為例：這個教具的設計概念已內含「自動偵錯」之思維，智能障礙學生要將幾何圖形積木對準同樣形狀的孔洞，才可以成功置入（此時，即便智能障礙學

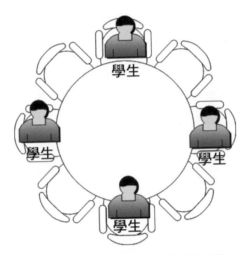

圖 12-2 座位設計示意圖（範例）

生無法透過語言來表達，也自然了解他做成功了）；否則，一旦圖形不一
致，即無法完成（此時，即便智能障礙學生無法透過語言來表達，也自然
了解他尚未做成功，這就是所謂的「自動偵錯」機制）。教學者若想設計
此類具備「自動偵錯」機制之教具，與其透過千言萬語來表達，還不如補
上一張設計結構圖，更易讓人一目瞭然。

圖 12-3 AAG 教具之「自動偵錯」設計（範例）

3. 當代特教教學設計在「零推論」理念的推動之下，帶著智能障礙學生實際
走入社區，並從中了解社區環境與資源，已成為一股趨勢。在進行教學之
前，教學者對於與智能障礙學生有關之社區環境與資源，應做詳細之調

查，並於教案設計中，透過圖示（如圖 12-4）來清楚呈現社區環境之分布結構。

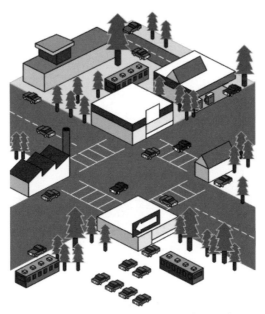

圖 12-4　社區環境示意圖（範例）

除了上述列舉之 3 例以外，在教案中需要補充圖形或圖表的時機，仍不在少數。總之，為了讓教案更具可讀性與易讀性，該用圖形或圖表時，絕對不能因為怕麻煩而便宜行事。

五　評量標準之設計欠妥當

依據李翠玲 (2001) 的說法：「行為目標」包含對象、行為、情境、標準、結果等 5 項組成要素。其中之「標準」即為行為目標之「評量標準」，因此，「評量標準」係為「行為目標」之組成要素之一，故而兩者必須搭配出現，缺一而不可。然而，教案設計者卻不一定每次都直接將評量標準寫入行為目標之中，例如：

能正確指認出水果顏色的色卡

上述之行為目標並沒有直接標明評量標準，不過，雖然如此，在進行教學活動時，評量標準卻必須在教案中明確標示，否則將無法評量學習者是否已習得該行為目標之知識、概念、技能。所以，即便在行為目標中並未直接標明評量標準，而在活動設計中，卻仍應將評量標準清楚寫入，否則教學評量工作將因無標準可循而難以遂行。如表 12-1 之示例，在活動設計中，吾人必須為上述之行為目標（能正確指認出水果顏色的色卡）設定可量化之評量標準（能在 10 種水果中，正確指認出 5 張與水果同色之色卡），以利於後續教學評量工作之進行。

表 12-1　活動設計中的評量標準（示例 1）

活動設計				
行為目標	教學活動	教學資源	時間	評量標準
1-1.能正確指認出水果顏色的色卡	（略）	顏色色卡	4 分鐘	在 10 種水果中，正確指認出 5 張與水果同色之色卡

如表 12-2 所示，倘若原來的行為目標中已經內含清楚的評量標準，那麼，在教案之活動設計的「評量標準」一欄中，即不必另外撰寫評量標準之內容，而只註明「如行為目標 x-y 所示」即可。

表 12-2　活動設計中的評量標準（示例 2）

活動設計				
行為目標	教學活動過程	教學資源	時間	評量標準
1-1.能在 10 種水果中，正確指認出 5 張與水果同色之色卡	（略）	顏色色卡	4 分鐘	如行為目標 1-1 所示

總之，行為目標如果缺乏評量標準，那麼，這樣的行為目標是殘缺而無法使用的。同樣地，如果缺乏適當而可行的評量標準，那麼，這樣的行為目標也是處於另類的殘缺狀態。是故，為行為目標撰寫出適當而可行的評量標準，

乃極為重要！茲將初學者在啟智教案之活動設計中撰寫「評量標準」時所常見的缺失，臚列如下：

1. 誤用「百分比」之評量標準

通常，行為目標之「評量標準」所使用之量數，可包含：比值、百分比、次數、速率、頻率、時間、長度、重量、數量、體積……等，其中，尤以「百分比」最不適用於啟智班，初學者應該極力避免使用之，其原因，試以下列 2 位輕度智能障礙學生（甲生，11 歲，WISC-IQ ＝ 68；乙生，11 歲，WISC-IQ ＝ 56）為例來予以說明。假設：某師在「端午節」一課中，為該 2 位輕度智能障礙學生設定如下之評量標準：

甲生：能正確唸出 50% 之課文生字
乙生：能正確唸出 50% 之課文生字

從表面來看，該 2 位輕度智能障礙學生之評量標準並無任何差異，而兩者之 WISC-IQ（智商）卻明顯有其差別，故其認知／學習能力理應不能等同視之，照理講，在同樣的「評量總量」之下，兩者之評量標準的百分比理應隨其智商之不同而設定個別差異才是。因此，對於重視或強調「個別化教學」的啟智班來說，上述之評量標準顯然無法讓我們一眼即窺出其中之「個別差異」，這就是「百分比」不適合當作智能障礙學生之評量標準的主要原因。較理想的評量標準，應改為：

甲生：能正確唸出 $\frac{9}{18}$ 之課文生字
乙生：能正確唸出 $\frac{4}{8}$ 之課文生字

上述修改後之「比值型」評量標準，在數理上皆可換算為百分比等於 50%，但在細節上卻可清楚指明每位智能障礙學生之「評量總量」（分母）與「預計達成量」（分子）之個別差異。當我們看到此種評量標準時，一眼即可以

明瞭其中之個別差異的設計。此外，若從另一個角度來看，「百分比」之類的評量標準，還可能製造出下列的誤解。且讓我們再度假設另一種狀況：某師在「端午節」一課中，為該 2 位輕度智能障礙學生設定如下之評量標準：

> 甲生：能正確唸出 40% 之課文生字
>
> 乙生：能正確唸出 50% 之課文生字

明明，甲生的 WISC-IQ 比較高，為何其評量標準卻比乙生還低，明顯不合理。原來，該班教師的個別化設計，其真實細節乃為：

> 甲生：能正確唸出 $\frac{6}{15}$ 之課文生字
>
> 乙生：能正確唸出 $\frac{3}{6}$ 之課文生字

上示之行為目標中，將「百分比」之評量標準還原為原來的「比值」之後，即可使人清楚明白：當中之個別化設計，其實並不違反啟智教學原理。因此，綜合上述，吾人可以得知：「百分比」的數理特性，似乎內藏某一種魔法，可以將評量標準之「分母、分子的原形」予以模糊化，且將分母一律統一變成 100，於是，「原形分母」之間的「個別差異」在須臾之間被「100」的假相幻化為無形，在此情形下，啟智班教師若仍執意於啟智班設計「百分比」之類的評量標準，則不僅無法彰顯其中之個別化設計，而且，還可能造成誤解。初學者應該謹慎小心，避免觸犯此一缺失。依據筆者之實際接觸經驗：觸犯「誤用『百分比』之評量標準的缺失」者，其實不止於初學者，即便是任教十幾年的啟智班老手都曾經誤觸此一缺失，故應特別留意才是！

2. 未提供量化之評量標準

如表 12-3 所示，該初學者之教案的評量標準——「可以認真聽講，並且遵照老師的指示去做」——並未提供任何量化指標，因此，此種無量化指標之評量標準，根本無法拿來進行具體評量。如前所述，行為目標之「評量標

準」所使用之量數，通常包含：比值、百分比、次數、速率、頻率、時間、長度、重量、數量、體積……等，表 12-3 之評量標準顯然並未使用任何量數，故一眼即可看出端倪。表 12-3 之案例，若以「次數式」的評量標準來予以設計，則可改寫為：「能依教師指令正確拿出 5 次褲子（裙子）」。

表 12-3　不適當之評量標準案例(一)

行為目標	教學活動過程	評量標準
能藉由老師的指導，從褲子、裙子中拿起褲子／裙子	將帶來的褲子發下去給學生，讓學生用手去摸，並且介紹特徵有兩個長長的褲管，功能較低的學生則是用觸碰的，並感受材質的不同。功能較高的學生，可以請他們穿看看。	可以認真聽講，並且遵照老師的指示去做

3. 評量標準未與行為目標聚焦

　　表 12-3 所示之初學者的作品，其評量標準「可以認真聽講，並且遵照老師的指示去做」，並未直接與行為目標「能藉由老師的指導，從褲子、裙子中拿起褲子／裙子」聚焦，本來，它的評量焦點應該集中於「從褲子、裙子中拿起褲子（裙子）」這個行為或動作上，是故，「量化標的」亦應在該行為或動作（可評量之具體動詞）上做文章，例如：「能在 10 次之教師指令中，正確拿出 5 次之褲子（裙子）」，這是「比值式」的評量標準；其亦可改寫為「頻率式」的評量標準，如：「能在 10 分鐘內，依教師指令正確拿出 5 次褲子（裙子）」。實則，不同類型的評量指標（量數）乃具備不同的難度內涵，如：前段所提及之「次數式」評量標準並未設定「總次數」或「總時間」，智能障礙學生可以在無限次數與無限時間內一直嘗試錯誤，故其難度較低。而在此段所提及之「比值式」或「頻率式」的評量標準，則加上「總次數」或「總時間」之條件限制，故難度較高。依據啟智教學活動設計之「由易而難原則」，同一行為目標，其教學活動設計可以依照不同類型的評量標準，而逐步鋪陳出難度漸層，如此循序漸進、由易而難地進行教學活動，應較適用於智能障礙學生。

4. 在教案中未標明「評量標準」欄位

如表 12-4 所呈現之已節略的教案所示，其中，「教學反應」應該就是所謂的「評量標準」。由於「評量標準」與「行為目標」必然搭配出現，因此，它比「教學反應」更應該優先被放入教案中，筆者認為：與其使用「教學反應」之欄位名稱，還不如將之還原為「評量標準」還來得更為恰當。此外，表 12-4 之評量標準——「學生能正確指出裙子跟褲子」——亦觸犯「未提供量化之評量標準」的缺失。

表 12-4　不適當之評量標準案例(二)

行為目標代號	教學活動過程	教學資源	時間	教學反應
1-1 1-2	壹、準備活動 一、引起動機 教師：請學生照鏡子，玩大風吹的遊戲，同樣穿著裙子／褲子的學生，排在一起。之後老師開始介紹褲子跟裙子的不同。（下略）	全身鏡 裙子 褲子	5'	學生能正確指出裙子跟褲子

在大學的實際教學經驗中，不知為何，筆者明明有提供範本，然而，在初學者的教案中所標示之「類似評量標準」的欄位名稱，卻呈現出五花八門的狀態，此諸如：評量方式、教學評量、效果評量、教學反應……等，這些另類名稱都不如「評量標準」來得恰當而傳神，所以，建議還是使用「評量標準」來當作欄位名稱為佳。

六　全部科目皆僅採用單軸線教學

特殊教育之所以有別於普通教育，乃在於特殊教育強調個別化教學，且有能力比普通教育提供個別化程度更高的教學品質。是故，依據「個別化程度第一方程式」（$I-1$ 方程式）$I = \dfrac{T}{s}$（黃富廷，2009）之概念，教師若愈能

提供 $T{\to}s$ 之教學軸線數量，則其個別化程度之 I 值將愈趨近於 1。筆者亦在第 16 章（啟智班教材難度取捨採「最小值取向」在單軸線教學設計下的相關問題與解決之道）之中指出：如果在啟智班僅設計 1 條教學軸線，讓班上不同認知／學習能力的所有智能障礙學生一起共享，那麼，這樣子的個別化教學誠存在著一定程度的「不合理」（黃富廷，2011）。如果啟智班教師在設計教學活動時，陷入「全部科目皆僅採用單軸線教學」的窠臼，那麼，諒必該班之個別化教學的不合理程度，理應更高。此外，筆者在第 9 章（多軸線教學活動設計）與第 15 章（當前國內啟智班師生編制之探討：數學分析觀點）之中亦曾指出：依據 $I-1$ 方程式，在安置著個別差異在統計上已達 .05 顯著差異之滿編 10 位智能障礙學生的國小啟智班之中，單軸線教學所呈現之個別化程度僅達 10%（亦即：$I=\dfrac{T}{s}=\dfrac{1}{10}=0.1$），即便是雙軸線教學也只能達到 20%（亦即：$I=\dfrac{T}{s}=\dfrac{2}{10}=0.2$），對於號稱以「個別化教育」為專業而立身於世的特教界而言，這樣的個別化程度著實差強人意。就算改以筆者在第 9、15 章所提及之「個別化程度第二方程式」（$I-2$ 方程式）$I=\dfrac{T}{g_s}$ 的角度來看：

1. 教學時，若將全班智能障礙學生分為 1 組（亦即：使 $g_s=1$）

所謂「啟智班」，應該是具備「全班所有智能障礙學生彼此之間的認知／學習能力在統計上極有可能達到 .05 顯著差異」之潛在條件的學習團體。如果未經「能力分班」或「隨科能力分組」的話，要出現全班智能障礙學生之認知／學習能力皆趨於一致、且一致到「可以只分為 $g_s=1$ 組、且僅提供 $T=1$ 條教學軸線即可」（此為單軸線教學設計之情形，亦即：使 $I=\dfrac{T}{g_s}=\dfrac{1}{1}=1$）的可能性，不能說完全沒有，但是在啟智班理應機率極低。

2. 教學時，若將全班智能障礙學生分為 2 組（亦即：使 $g_s=2$）

同上，在未經「能力分班」或「隨科能力分組」的前提下，出現全班智能障礙學生之認知／學習能力較趨於一致、且一致到「可以只分為 $g_s=2$ 組、

且僅提供 $T = 2$ 條教學軸線即可」（此為雙軸線教學設計之情形，亦即：使 $I = \dfrac{T}{g_s} = \dfrac{2}{2} = 1$）的可能性，只能說：理論上，其機率應該比「使 $g_s = 1$、$T = 1$」之單軸線教學的情形稍高。

3. 教學時，若將全班智能障礙學生分為≥3組（亦即：使 $g_s \geq 3$）

此種情形已經達到多軸線教學之標準，其藉由「使 $g_s \geq 3$、$T \geq 3$」（將班上所有智能障礙學生分為 $g_s \geq 3$ 組、且僅提供 $T \geq 3$ 條教學軸線）而達到 $I = \dfrac{T}{g_s} = \dfrac{\geq 3}{\geq 3} = 1$ 之 100% 個別化程度。啟智班是容易呈現「個體間之認知／學習能力達到顯著差異」的學習團體，因此，需要多軸線教學設計的可能性，理應不低。

總之，綜合上述討論，不管從 $I - 1$ 方程式或 $I - 2$ 方程式的角度來看，吾人皆可得到一個結論：啟智班適合「只將全班智能障礙學生分為 $g_s = 1$ 組、且僅提供 $T = 1$ 條教學軸線即可」之單軸線教學設計的情形，其可能性或合理性是最低的。據此深推，則啟智班適合「全部科目皆僅採用單軸線教學」之可能性或合理性，諒應更低！

實則，「全部科目皆僅採用單軸線教學」之情形，未必僅出現在初學者的教學活動設計上，不少啟智班老手亦然。估其原因，大致乃由於單軸線教學之教學難度或負荷最小所使然。看來，「教學難度／負荷」與「教學軸線」（或「個別化程度」）之間，似乎存在著若干水火不相容、魚與熊掌不可得兼之矛盾。這其中的經濟學效益，吾人或可如此嘗試：在多軸線教學活動設計（提高啟智教學之個別化程度）的前提下，啟智班教師若欲以最小的輸入達到最大的輸出，形成最經濟之教學成效，那麼，或許可參考筆者在第9章所提及之「單主題、多層次」的多軸線教學，或在第10章（啟智班多軸線教學之重要配套：AAG 設計）所提及之電腦輔助教學，至少，這是眾多多軸線教學活動設計類型中，教學難度或負荷較輕的，故值得啟智班教師努力嘗試。

七 活動化或遊戲化不足

在設計概念上，「活動化」是「遊戲化」的初步，也就是說：只讓智能障礙學生「做中學」，而尚未使之「玩中學」。是故，如圖 12-5 所示，在內涵特質上，若以數學集合概念來表示，那麼，「做中學」（只有「做」，亦即：包含「做而不玩」與「做中帶玩」）理應包含「玩中學」（有「做」也有「玩」，亦即：只包含「做中帶玩」），同理，「活動化」則包含「遊戲化」（換言之，「遊戲」一定是「活動」的一種，而「活動」則未必是「遊戲」）。

圖 12-5 「做中學」包含「玩中學」

基本上，「只做，而未必有趣」之「做中學」的「活動」，至少已經比傳統普通班的上課方式——「聽中學」——還要「好玩」多了！如果在設計「活動」時，再加入「有趣而好玩」的「遊戲」成份，那麼，這樣的學習活動一定比單純的「活動」還要「更好玩」！筆者在第 10 章之內容中，曾經指出：

若從認知／學習能力與通常之運作情形來看，資優班學生往往可以「自己學」，普通班學生通常多半只能坐在教室「聽中學」，輕度智能障礙學生至少應該使之有機會經常「做中學」，而對於中／重度智能障礙學生則最好讓他們在教室中有最大化的機會進行「玩中學」。

因此，在進行啟智班教案之「活動設計」時，至少應該盡量讓智能障礙學生擁有「做中學」的學習機會，若能進一步推展到「玩中學」，那麼，這就是智能障礙學生的福氣！

有些初學者在「活動設計」的「準備活動」中，從頭到尾都是設計一大堆「口頭式」的「引起動機」，因而導致試教現場形成下列的問答畫面：

師：小朋友，你們有沒有吃過粽子啊？

生：……（也許小朋友的智能障礙程度太重，現場沒人反應！）

師：（拿出一個粽子）小朋友，這個就是粽子，你們有沒有吃過啊？

生：有——！（終於有一個接受性語言能力較強的小朋友給予回應了！）

（下略）

上述內容所節略之小小的一段「準備活動」畫面，相信大家在普通班上課時，都曾有過類似的師生問答經驗。該「引起動機」之全部過程中，師生之間「只靠耳朵和嘴巴」來進行「活動」，實情是，那一場試教從頭到尾都是老師「只靠耳朵和嘴巴」來進行整段 40 分鐘的教學活動。而該班智能障礙學生之中，顯然有不少學生是處於接受性語言能力較弱的狀態，所以要求他們透過「耳朵」來學習，實在強人所難。而且，全程以口語問答的方式來進行學習，口語能力較弱的重度智能障礙學生亦須透過「嘴巴」來針對老師的提問做出回應，這也不是他們的能力強項。於是乎，在現場可以看到這些口語能力較弱的重度智能障礙學生全程只能「愣」在那邊，即便想要參與學習活動，卻心有餘而力不足。回想：「啟智班」之所以有價值存在這個世界上，就是因為我們認為它應該可以讓智能障礙學生利用他們的「餘力」或「殘留下來的一點點微弱的強項」來進行學習，而不是讓他們繼續如同一百多年前被放在普通班一樣，只能「心有餘而力不足」地以他們的弱項學習能力來上課！所以，對於口語能力較弱的重度智能障礙學生而言，過度要求他們「只靠耳朵和嘴巴」來進行學習活動，是一件多麼不合理的事！也許，為求特別

區分起見，我們不妨暫將「只靠耳朵和嘴巴」來進行教學與學習的上課方式，另稱為「普通班教學法」，因為它有 200% 存在於普通班的合理性，而卻可能只有 30% 不到的理由被使用在內含重度智能障礙學生的啟智班，即便在內含輕度智能障礙學生的啟智班，也可能只有不到 80% 的理由來使用該類「普通班教學法」。筆者認為：適用於啟智班——尤其是重度智能障礙學生——的教學方式，不應該「只靠耳朵和嘴巴」，而是要充分利用智能障礙學生的所有動作與感官！在此，且讓我們再度複習一下 Inhelder (1968) 的研究結果——不同智能障礙程度之啟智班學生的最高認知發展階段，乃分別為：❶重度／極重度智能障礙 (WISC-IQ＝10～39)：感覺動作期，❷中度智能障礙 (WISC-IQ＝40～54)：運思前期，❸輕度智能障礙 (WISC-IQ＝55～69)：具體運思期，❹臨界智能障礙 (WISC-IQ＝70～85)：形式運思期。因此，大概只有輕度智能障礙學生比較有能力操弄「具體運思」，也就是「初步抽象思考能力的前置基礎」，所以，輕度智能障礙學生在進行一些簡單的「抽象符號」學習時，比較能夠勝任。而對於重度／極重度智能障礙學生而言，其只能透過「最具體」的「感覺和動作」來認識這個世界；至於中度智能障礙學生的運思能力，則連抽象思考的前置邊緣都尚未觸及，故其所適用之教材依然愈具體愈佳。在教室中，最常被援用於學習的感官，乃為：聽覺、視覺、以及觸覺。其中，「聽覺」比「觸覺」更具體（因為聽覺途徑比觸覺途徑能夠提供更多的學習刺激／訊息），而「視覺」又比「聽覺」更為具體（因為視覺途徑可在最短時間內提供更完整的學習刺激／訊息）！「耳朵和嘴巴」都是屬於比「視覺途徑」還要來得更為抽象之「聽覺途徑」所適用的器官，因此，在一開始，與其讓重度智能障礙學生只能透過「耳朵和嘴巴」來上課，還不如讓他們以「眼睛（視覺途徑比聽覺途徑還具體）和雙手（「做中學」比「聽中學」更有趣）」為主、以「耳朵和嘴巴」為輔，來進行多元感官之學習活動。而「做中學」及「玩中學」的學習活動，其本質乃特重「眼睛和雙手」，而非「耳朵和嘴巴」。因此，對於重度智能障礙學生而言，與其讓他們「聽中學」，毋寧讓他們從「引起動機」開始，就從頭「做」（做中學）到尾或「玩」（玩中學）到尾，而且，全程貫穿到「綜合活動」為止。換言之，對於重度智能障礙學生而言，「聽中學」的教學活動

設計，明顯呈現出「活動化（做中學）／遊戲化（玩中學）不足」的特性，故較不適合，初學者在進行啟智教學活動設計時，應該盡量避免，且轉而改以「做中學」或「玩中學」的方式來進行所有學習活動，如此之「活動化／遊戲化程度」方較足夠。此外，初學者將「行為目標」轉化為「活動設計」時，亦應如前段所述，切勿「直接將行為目標的動作流程當作教學流程」來使用，在這設計過程中，最好要多做一層「活動化／遊戲化」的轉換工夫，否則，亦極容易設計出「活動化／遊戲化不足」的作品。

八 活動設計未能與行為目標聚焦

基本上，「活動設計」之內容乃依據「行為目標」所提供之教學方向所衍生而出。因此，任何活動設計內容皆應與其相對應之行為目標聚焦才行，否則，失焦之活動設計將失去其於該教學單元中應有之教學目的、功能、與價值。初學「啟智教學活動設計」之特教系或特教學程學生，可能因為能力或經驗不足，而在活動設計上無法提供「具備足夠聚焦度」之內容。最常見之「活動設計未能與行為目標聚焦」的具體表現形式，乃為「活動設計未能達成行為目標之預期教學效果」。試以「認識顏色」這一個教學單元為例，通常，不少初學者依據行為目標「能依教師指令正確指認顏色」所撰寫出來的活動設計，乃如下所示：

❶ 教師在黑板上貼出一個 A3 紙張大小的紅色圖卡，說：「這是紅色！」

❷ 請小朋友跟著唸一遍：「紅色！」

❸ 在黑板上貼出紅、綠兩種顏色圖卡，請小朋友到黑板前指認「紅色」圖卡。

❹ 在黑板上貼出紅、綠、黃三種顏色圖卡，請小朋友到黑板前指認「紅色」圖卡。

❺ 其餘顏色之教學流程，依此類推。

上述之活動設計，對於智能障礙程度愈重的學生而言，愈不適用。因為「顏色」是較為抽象的概念，尤其，對於重度智能障礙學生而言，只使用顏色圖卡，其「具體度」仍嫌不足。有些初學者則針對上述之活動設計，做出下列之改良：

❶ 教師在黑板上貼出一個 A3 紙張大小的紅色蘋果圖卡，說：「這是紅色蘋果！」

❷ 請小朋友跟著唸一遍：「紅色蘋果！」

❸ 在黑板上貼出紅色蘋果、綠色檸檬之圖卡，請小朋友到黑板前指認「紅色蘋果」的圖卡。

❹ 在黑板上貼出紅色蘋果、綠色檸檬、黃色香瓜之圖卡，請小朋友到黑板前指認「紅色蘋果」的圖卡。

❺ 其餘顏色之教學流程，依此類推。

這個改良版的最大優點，是能夠連結智能障礙學生的舊經驗──水果──來進行教學。透過「水果圖卡」來認識顏色，著實比「顏色圖卡」還具體。不過，此一改良版依然無法擺脫「活動設計未能與行為目標聚焦」之迷思。因為，對於智能障礙程度愈重的學生而言，「顏色」愈形抽象難懂，而透過「水果圖卡」來認識「顏色」，雖然比「顏色圖卡」還好，但是，上述之改良版依然可能無法精確地讓重度智能障礙學生從水果的「顏色」屬性來進行學習。「水果」所包含的屬性乃為：顏色、形狀、滋味、氣味、表皮觸感……等，當初學者拿出水果圖卡來進行教學、且告訴智能障礙學生說「這是紅色蘋果」時，這麼直接而粗糙的教學設計，仍缺乏足夠的教學功能以進一步「將其中之『顏色』屬性突顯出來」。而且，上述改良版所使用之「水果圖卡」仍比「真實水果」還要抽象，故依然有改進之空間。於是，有些初學者又做出了下列的二度改良版：

❶ 教師在講桌前放置一個紅色蘋果，說：「這是紅色蘋果！」

❷ 請小朋友跟著唸一遍：「紅色蘋果！」

❸ 教師在黑板上貼出一個 A3 紙張大小的紅色圖卡，說：「這是紅色！」

❹ 請小朋友跟著唸一遍：「紅色！」

❺ 教師手拿一個紅色蘋果，並在黑板上貼出紅色、綠色之顏色圖卡，請問小朋友：「哪一張圖卡的顏色跟紅色蘋果長得比較像？」

❻ 請小朋友到黑板前指認「紅色」圖卡。

❼ 教師手拿一個紅色蘋果，並在黑板上貼出紅色、綠色、黃色之顏色圖卡，請問小朋友：「哪一張圖卡的顏色跟紅色蘋果長得比較像？」

❽ 請小朋友到黑板前指認「紅色」圖卡。

❾ 其餘顏色之教學流程，依此類推。

「水果」所包含的屬性乃為：顏色、形狀、滋味、氣味、表皮觸感……等，而「顏色圖卡」只包含顏色之屬性。第一階段先介紹「水果」，第二階段介紹「顏色圖卡」，第三階段再將「水果」與「顏色圖卡」進行屬性交集之教學，於是，紅色蘋果的「紅色」會跟紅色圖卡的「紅色」形成屬性交集，此一教學流程之設計，乃希望將蘋果的「紅色」屬性特別抽離出來，讓智能障礙學生注意到：蘋果是「紅色的」。上述二度改良版改用「真實水果」來進行教學，且特別設計了「屬性交集」之教學流程，著實要比前兩個版本還好。不過，筆者還是要特別提出來提醒大家的是：上述之二度改良版雖然已經完成了更多的改進工程，但仍與前兩個版本一樣，觸犯了「說出」的迷思——教學過程中，依賴「口語問答」的程度著實太高，對於重度智能障礙學生而言，這樣的活動設計著實仍有若干缺憾。經過課堂討論之後，又有初學者將上述二度改良版進行下列的修正：

❶ 教師事先做出一堆各種不同顏色的紙魚，而且每種顏色的紙魚亦不止一隻。其中，只有紅色的紙魚上、下方貼有磁鐵板（該磁鐵板要噴上紅漆），其他顏色之紙魚的上、下方則不貼上任何磁鐵

板。

❷ 教師再事先為每一位智能障礙小朋友做出一支紅色釣竿，其釣鉤部分改為紅色磁鐵，換言之，這支紅色釣竿只能釣起貼有紅色磁鐵板之紅色紙魚。

❸ 教師帶領智能障礙學生進行釣魚遊戲，每人發給一個紅色塑膠盆，過程中，只有紅色紙魚才會被紅色釣竿釣起來，並放入個人專用的紅色塑膠盆之中。

❹ 進行數次之上述教學活動時，教師要觀察，小朋友是否愈來愈只鎖定紅色紙魚來進行垂釣。

❺ 如果「是」的話，則將其他紙魚亦貼上與該紙魚同色的磁鐵板。再讓智能障礙小朋友進行釣魚遊戲，從小朋友釣上來的紙魚顏色中，即可了解其對於操作「顏色配對」的正確率。

❻ 為每一位小朋友設定評量標準──亦即：為每一位智能障礙小朋友設定「顏色配對」的正確率，例如：小明能正確釣起 3/5 的同色紙魚。當小朋友達到自己的過關門檻，即代表其已習得該行為目標之「顏色」概念。

❼ 其餘顏色之教學流程，依此類推。

❽ 當大家的「釣色」技巧都已達到一定的熟練程度之後，全班進行一場轟轟烈烈的「奧林匹克釣魚大賽」，最後再依照釣魚比賽成績予以頒獎（只要智能障礙小朋友在過程中有正確釣上來一隻紙魚，即有「最佳小釣手獎」，而第一名的小朋友當然獲頒的是「厲害無比的最強釣魚達人獎」）。

上述三度改良版的整個教學型態已經做出非常巨大的改變，其中最令人激賞的是：完全把「AAG 設計」的概念融入其中（因此，教學者可進一步將上述之三度改良版拿來進行啟智班之多軸線教學），智能障礙學生可自行操作釣魚遊戲（此包含：「自動執行」(Auto-run) 與「遊戲化設計」(Game design)之概念），而且，透過「有／無貼上磁鐵板」來設計出「可不可以把魚釣上來」之「自動偵錯」(Auto-debug)的機制。如此一來，「AAG 設計」的三大

基本屬性皆已到位，因此，可算是非常經典的「AAG設計」。在這教學過程中，「口語問答」幾乎不是溝通上的主要形式，甚至於，師生之間是否進行「口語問答」，都不會影響智能障礙學生接收學習刺激的成功率，因為，當智能障礙小朋友一拿到釣竿，幾乎很快就可以了解「它要怎麼玩」，接下來的學習活動，則自然而然地經由「自動偵錯」來提供立即回饋訊息，使之在反覆嘗試錯誤中，漸漸形成「顏色配對」之概念，最後即可進一步達成預期之「分辨顏色」的教學效果。於是，智能障礙學生是否已習得「顏色」之概念，完全不必透過「說出」來予以檢核，只要他知道「拿什麼顏色的釣竿，要釣起什麼顏色的紙魚」，即可據此檢核出智能障礙小朋友是否已具備「分辨顏色」的概念。而對於口語能力較為薄弱的重度智能障礙學生而言，其是否應該學會「說出顏色的名稱」？筆者只能說：如果他們可以，那麼自然應該嘗試進行這類的教學活動；而如果不行，則只要能「分辨顏色」即已足夠。當然，進行三度改良版的活動設計之前，最初的行為目標「能依教師指令正確指認顏色」，可能要改寫為「能釣起與釣竿同色之紙魚」，乃較為一致。總之，在上述討論中，讀者可以看到一連串「如何讓活動設計能與行為目標聚焦」之不斷改良的思維推演過程，當「活動設計能與行為目標聚焦」之時，即代表：該「活動設計」業已力足以達成「行為目標之預期教學效果」。

九　直接將行為目標的動作流程當作教學流程

不少初學者在設計教學活動時，會把行為目標的「動作流程」直接拆解下來，並將之依序當作教學「活動流程」來鋪陳，實則，此種「大易輸入法」乃極度缺乏「轉化」與「加工」之手續，並不適用於所有情形，且容易產生「活動設計未能與行為目標聚焦」或「活動化或遊戲化不足」之拙劣作品。如果要將啟智教學活動設計之「轉化」與「加工」的重點直接點出來，那麼，「活動化」與「遊戲化」的「轉化」與「加工」程序，誠不可或缺。試以前一段之「活動設計未能與行為目標聚焦」的例子來看：依據行為目標「能依教師指令正確指認顏色」來設計教學活動之時，設計者容易受到「指

認顏色」該動作之影響，而直覺地以其動作流程來設計出下列教學活動內容：

❶ 教師在黑板上貼出一個A3紙張大小的紅色圖卡，說：「這是紅色！」

❷ 請小朋友跟著唸一遍：「紅色！」

❸ 在黑板上貼出紅、綠兩種顏色圖卡，請小朋友到黑板前指認「紅色」圖卡。

❹ 在黑板上貼出紅、綠、黃三種顏色圖卡，請小朋友到黑板前指認「紅色」圖卡。

❺ 其餘顏色之教學流程，依此類推。

實則，上述活動設計內容乃極端缺乏「活動化」與「遊戲化」之轉換工夫，經過一連串的改良，直到下列由行為目標「能釣起與釣竿同色之紙魚」所衍生之教學活動被設計出來以後，才真正擺脫「直接將行為目標的動作流程當作教學流程」的思維陷阱：

❶ 教師事先做出一堆各種不同顏色的紙魚，而且每種顏色的紙魚亦不止一隻。其中，只有紅色的紙魚上、下方貼有磁鐵板（該磁鐵板要噴上紅漆），其他顏色之紙魚的上、下方則不貼上任何磁鐵板。

❷ 教師再事先為每一位智能障礙小朋友做出一支紅色釣竿，其釣鉤部分改為紅色磁鐵，換言之，這支紅色釣竿只能釣起貼有紅色磁鐵板之紅色紙魚。

❸ 教師帶領智能障礙學生進行釣魚遊戲，每人發給一個紅色塑膠盆，過程中，只有紅色紙魚才會被紅色釣竿釣起來，並放入個人專用的紅色塑膠盆之中。

❹ 進行數次之上述教學活動時，教師要觀察，小朋友是否愈來愈只鎖定紅色紙魚來進行垂釣。

❺ 如果「是」的話，則將其他紙魚亦貼上與該紙魚同色的磁鐵板。再讓智能障礙小朋友進行釣魚遊戲，從小朋友釣上來的紙魚顏色中，即可了解其對於操作「顏色配對」的正確率。

❻ 為每一位小朋友設定評量標準——亦即：為每一位智能障礙小朋友設定「顏色配對」的正確率，例如：小明能正確釣起 3/5 的同色紙魚。當小朋友達到自己的過關門檻，即代表其已習得該行為目標之「顏色」概念。

❼ 其餘顏色之教學流程，依此類推。

❽ 當大家的「釣色」技巧都已達到一定的熟練程度之後，全班進行一場轟轟烈烈的「奧林匹克釣魚大賽」，最後再依照釣魚比賽成績予以頒獎（只要智能障礙小朋友在過程中有正確釣上來一隻紙魚，即有「最佳小釣手獎」，而第一名的小朋友當然獲頒的是「厲害無比的最強釣魚達人獎」）。

上述改良後的教學活動內容，除了順利營造出「AAG 設計」的經典風格以外，還顯然具備「活動化」或「遊戲化」之設計內涵。從該例子可見：設計者將行為目標轉化為活動設計之時，若能進一步完成「活動化」或「遊戲化」之轉化程序，則較不會陷入「直接將行為目標的動作流程當作教學流程」之窘境。實則，「直接將行為目標的動作流程當作教學流程」本身並不一定會設計出錯誤的教學活動內容，只是，對於智能障礙程度愈重的學生而言，這樣的設計思維容易產生「較不好玩」或「較不適用」的教學活動設計內容，對於提升其學習動機與教學效果，較為不利。而「AAG設計」的第三個字「G」即代表「遊戲化設計」的意思，依據本章圖 12-5 所示：「遊戲」一定是「活動」的一種，而「活動」則未必是「遊戲」。因此，「遊戲化」本身即內含「活動化」之屬性，因此，當初學者試圖將行為目標轉化為教學活動內容之時，不妨直接採取「AAG設計」之思維模式，屆時，其必然可以避免陷入「直接將行為目標的動作流程當作教學流程」之思考窠臼。

Chapter 13
教案之基本格式與撰寫要領

　　就核心架構而言，教案之主要內容僅包含「目標設計」與「活動設計」這兩大部分。本書在第3～7章已介紹過「目標設計」之相關內容，而且，在之前幾個章節中，偶爾會局部性地隨著章節內容而介紹一些教案基本格式，直到第11、12章探討過「活動設計」之相關重點以後，已將教案之核心架構統統介紹完畢。接下來，本章將一口氣詳述教案的所有細節與撰寫要領。如表13-1所示，將「目標設計」與「活動設計」內容統統寫入教案中之後，已達將近85%以上的完成率，只要再將開頭的「教案基本資料」與「教學研究」補上，即可達到100%之完成率。因此，就細部而言，教案之格式應該包含四大部分，亦即：❶教案基本資料、❷教學研究、❸目標設計、以及❹活動設計。以下試將表13-1予以拆解後，再分別針對教案之四大細部格式的撰寫要領，逐項予以說明。

表 13-1　教案基本格式範例

教學單元：認識水龍頭	
教學領域：生活教育	教材來源：1999 年版啟智課綱
教學班級：○○國小○年○班	教學日期：○○年○○月○○日
教　學　者：林○○老師	教學時間：一節課（40 分鐘）
教學研究	
一、教材之學科間連結（水平連結） 　　1. 實用語文：認識家庭與學校廁所內的設備。 　　2. 職業生活：學習簡單之清潔整理工作。 　　（下略）	

（下表續）

（續上表）

二、教材之學科內連結（垂直連結）
  1. 學生在學習本單元之前，須學過增進左／右手粗大動作技能之課程。
  2. 學生在學習本單元之後，可進一步學習如何盛裝飲用杯水／洗澡水／擦地水桶水之類的課程。
  （下略）

三、學生能力描述

姓名	林○平	王○華	汪○博	張○銓
性別	男	女	男	男
年齡	12 歲	14 歲	11 歲	13 歲
WISC-IQ	39	41	35	42
口語接受	可聽得懂一些簡單指令	良好	可聽得懂一些簡單指令	良好
口語表達	不佳	良好	因口腔肌肉僵硬而導致表達力不佳	僅可表達一些簡單語彙
粗大動作	左手掌無法施力，右手掌粗大動作良好	良好	左手掌粗大動作良好，右手臂與右手掌之粗大動作亦因 CP 之緣故而僵直難施力	尚可
精細動作	不佳	良好	不佳	尚可
伴隨障礙	自閉症	ADHD	CP	輕微 ADD
特殊疾患			經常癲癇發作	
備註	對於 CAI 之學習反應較佳	須每日服藥		可透過行為改變技術改善其分心行為

目標設計

單元目標	行為目標
1.能使用標準（旋轉）型水龍頭	1-1.能指認標準（旋轉）型水龍頭 1-2.能打開標準（旋轉）型水龍頭 1-3.能關閉標準（旋轉）型水龍頭

（續上表）

活動設計				
行為目標代號	教學活動過程	教學資源	時間	評量標準
（略）	壹、準備活動 一、連結舊經驗 　1.將學生座位做如 　　下圖安排。 （下略） 二、引起動機 　（略）	（略）	5 分鐘 2 分鐘 3 分鐘	（略）
1-1	貳、發展活動 （略）	各類水龍頭	25 分鐘 5 分鐘	在 10 個不同類型的水龍頭中，正確指認 2 個標準（旋轉）型水龍頭
1-2		標準（旋轉）型水龍頭	5 分鐘	將標準（旋轉）型水龍頭以逆時針方向旋轉 3 圈
（下略）		（下略）	（略）	（下略）
（略）	叁、綜合活動 　（略）	（略）	10 分鐘	（略）

一 教案基本資料

　　國內教案格式之種類，其數量可謂多如繁星。本書所探討之教案格式，僅針對必備之部分來予以介紹。其中，教案之第一必備部分即為「教案基本資料」，如表 13-2 所示，其內容主要在簡單呈現教案之相關人（教學者）、時（教學日期／時間）、地（教學所在之學校／班級）、事（學習領域／教學單元名稱）、物（教材來源）。

表 13-2　教案基本資料

教學單元：認識水龍頭	
學習領域：生活教育	教材來源：1999 年版啟智課綱
教學班級：○○國小○年○班	教學日期：○○年○○月○○日
教　學　者：林○○老師	教學時間：一節課（40 分鐘）

　　事實上，「教學單元」之名稱不一定都要以「認識○○」來做開頭，例如：設計者也可以將「認識水龍頭」改寫為比較活潑有趣的標題，此諸如：「有趣的水龍頭」或「水龍頭大探索！」。重點是，只要在教學單元名稱中將其「核心元素」指明出來即可。

　　至於，在「學習領域」之欄位中所填入的學科名稱，最好依照「教材來源」所使用之課程系統來填寫。如果，設計者之教材來源乃取自教育部(1999)所頒布之「特殊教育學校（班）國民教育階段智能障礙類課程綱要」（以下簡稱「1999 年版啟智課綱」），那麼，在填寫「學習領域」之欄位時，最好使用「1999 年版啟智課綱」之六大領域（亦即：生活教育、社會適應、實用語文、實用數學、休閒教育、職業生活）的正式名稱，這樣子比較不會有爭議。實則，設計者在撰寫教案時，並不一定非要使用「1999 年版啟智課綱」不可，如果設計者之「教材來源」改用其他課程系統——例如：美國威斯康辛州立大學所開發之「生活核心課程」，那麼，在「學習領域」之欄位中所填入的學科名稱，則可以改用「生活核心課程」之領域名稱。此外，倘若設計者採取「自編教材」之方式，那麼，在填寫「學習領域」時，最安全、最

保險之作法，還是參考「1999 年版啟智課綱」之六大領域的架構，來自行編輯個人在教學中所需使用之教材，如此一來，該教學單元究竟屬於哪一個學習領域，即可一目瞭然，且毫無爭議。

在「教材來源」部分，誠如本書第 4 章（目標設計：單元目標與行為目標之基本概念）所述，「教學單元」之構想來源，可以取自：❶自編教材、❷啟智課程綱要、以及❸其他課程或教材。如同上一段所述，國內啟智班教師最好直接取用「1999 年版啟智課綱」之六大領域的學習目標來設計教學單元，此應屬於最方便省力、且最無爭議之作法。不過，「教材來源」並非硬性規定只能使用「1999 年版啟智課綱」，只要使用得當，上述三種教材來源，皆可彈性運用。

最後，關於「教學時間」部分，並非一定只能設計一節課（40 或 45 分鐘）的教案而已。試以國小部為例，若欲設計兩節課（2×40＝80 分鐘）或三節課（3×40＝120 分鐘）都可以，甚至一次設計十節課（10×40＝400 分鐘）的教案，亦無傷大雅。因為，同樣一個教學單元，對於年齡愈小或智商愈低的智能障礙學生而言，其所需要的學習時間將會愈長，同理，其所需要的上課節數亦將愈多。

二 教學研究

教案之第二必備部分即為「教學研究」，其目的在探討「教材」與「學習者」之特質，如表 13-3 所示，「教學研究」有三項必備段落，亦即：❶教材之學科間連結（水平連結）、❷教材之學科內連結（垂直連結）、以及❸學生能力描述，此乃為不能再精簡之最小程度的基本要求。

首先，在「教材之學科間連結（水平連結）」部分，其內容主要與圖 13-1 所展示之「蛛網式課程設計」的結構較為有關。原本，在進行蛛網式課程設計時，設計者必須依照智能障礙學生的能力弱點，設計出其所需之「教學大單元」。該「教學大單元」之包含範圍最好要夠大——而且，愈能夠大到足以涵蓋六大領域則愈佳，如：到大賣場購物、搭公車、過中秋節……等。一般而言，「教學大單元」所需之教學時間較長，有些班級所設定之教

表 13-3　教學研究

教學研究

一、教材之學科間連結（水平連結）

　　1. 實用語文：認識家庭與學校廁所內的設備。

　　2. 職業生活：學習簡單之清潔整理工作。

　　（下略）

二、教材之學科內連結（垂直連結）

　　1. 學生在學習本單元之前，須學過增進左／右手粗大動作技能之課程。

　　2. 學生在學習本單元之後，可進一步學習如何盛裝飲用杯水／洗澡水／擦地水桶
　　　水之類的課程。

　　（下略）

三、學生能力描述

姓名	林〇平	王〇華	汪〇博	張〇銓
性別	男	女	男	男
年齡	12 歲	14 歲	11 歲	13 歲
WISC-IQ	39	41	35	42
口語接受	可聽得懂一些簡單指令	良好	可聽得懂一些簡單指令	良好
口語表達	不佳	良好	因口腔肌肉僵硬而導致表達力不佳	僅可表達一些簡單語彙
粗大動作	左手掌無法施力，右手掌粗大動作良好	良好	左手掌粗大動作良好，右手臂與右手掌之粗大動作亦因 CP 之緣故而僵直難施力	尚可
精細動作	不佳	良好	不佳	尚可
伴隨障礙	自閉症	ADHD	CP	輕微 ADD
特殊疾患			經常癲癇發作	
備註	對於 CAI 之學習反應較佳	須每日服藥		可透過行為改變技術改善其分心行為

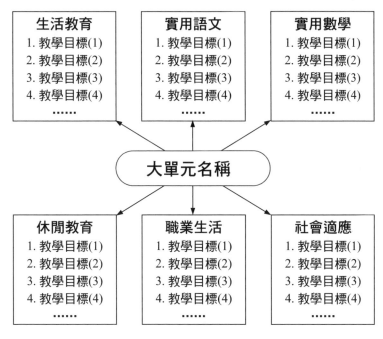

圖 13-1　蛛網式課程設計

學總時間甚至長達一個月，在該月份之中，六大領域之各科教學內容皆圍繞著該「教學大單元」的相關主軸來進行。因此，「蛛網式課程設計」之結構乃深刻蘊涵著「學科整合」之精神，其主要目的在達成不同學科的教學內容之間的橫向聯繫。同樣地，在「教材之學科間連結（水平連結）」部分，設計者所要撰寫的，也是不同學科之間的相關教學內容。不過，「蛛網式課程設計」不一定皆能做出六大領域之教學聯繫內容，有時只能做出五隻腳，也無傷大雅。不過，如果缺腳太多──例如：只能做出三隻腳，那麼，即代表該「教學大單元」之涵蓋範圍太小，應該予以捨棄或修改。

　　至於「教材之學科內連結（垂直連結）」部分，其撰寫之主要重點有二：❶學生在學習本教學單元之前，必須事先學習過什麼課程內容、以及❷學生在學習本教學單元之後，可進一步學習什麼課程內容。如此，在「學科內」形成教學單元之「過去→現在→未來」的時間軸串連（見圖 13-2）。

　　最後之「學生能力描述」部分，其撰寫要領只有一項，亦即：只寫與本教學單元有關的個人能力。如果，該教學單元屬於「實用語文」，那麼，在

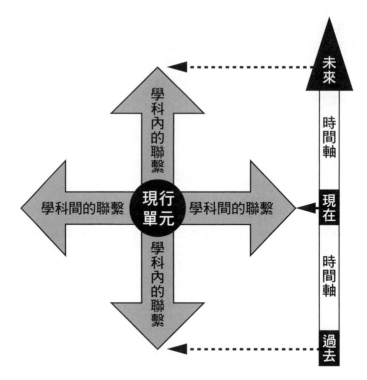

圖 13-2　教學單元之水平／垂直連結

「學生能力描述」所應陳述者，即為與聽、說、讀、寫有關之能力；如果，該教學單元屬於「實用數學」，那麼，在「學生能力描述」所應陳述者，即應聚焦於相關數理能力；餘此類推。當然，在不同科目之間，亦包含共通項目，如：姓名、性別、年齡、智商、口語接受／表達能力（因為，教學過程中，師生之間究竟能達成什麼程度的口語溝通，乃列為重要考量）、粗大／精細動作發展（此與行為目標之可資選用的具體動詞有關）、伴隨障礙、特殊疾患……等，換言之，不管是什麼學科，都需要呈現這些共通項目。此外，為了保護智能障礙學生之個人隱私起見，在「學生能力描述」之中，乃盡量避免完整呈現其姓名。

三　目標設計

　　如表 13-4 所示，教案的第三個必備部分──「目標設計」──主要包含兩大內容，此即：單元目標、行為目標。關於這部分的撰寫要領，已於第 4 章之「行為目標」一節中介紹過，在此不再贅述。

表 13-4　目標設計

目標設計	
單元目標	行為目標
1. 能使用標準（旋轉）型水龍頭	1-1.能指認標準（旋轉）型水龍頭 1-2.能打開標準（旋轉）型水龍頭 1-3.能關閉標準（旋轉）型水龍頭

四　活動設計

　　教案的最後一個必備部分，乃為「活動設計」，幾乎可以說：教案的前三項必備部分，其內容都是為了鋪陳出良好的「活動設計」，讓智能障礙學生可以享有優質的教學或學習活動。從表 13-5 可見，「活動設計」之必備欄位，乃包含：❶行為目標代號、❷教學活動過程、❸教學資源、❹時間、以及❺評量標準。

　　在「行為目標代號」部分，只要寫出行為目標的編號即可，因為，行為目標之文字內容在「目標設計」部分已有詳述，故在此不必重複贅述之。一般而言，「活動設計」之教學內容乃依循「行為目標」之編號來循序漸進。是故，屬於同一行為目標編號之教學活動、教學資源、時間、評量標準皆須與該編號對齊，如此一來，各行為目標編號之相關活動設計內容即可一目瞭然。

　　其次，在「教學活動過程」部分，必須依照「準備活動→發展活動→綜合活動」之三部曲來依序撰寫。其中所使用之標號，可參考「壹貳叁、一二

表 13-5　活動設計

活動設計				
行為目標代號	教學活動過程	教學資源	時間	評量標準
（略）	壹、準備活動 一、連結舊經驗 　1.將學生座位做如 　　下圖安排。 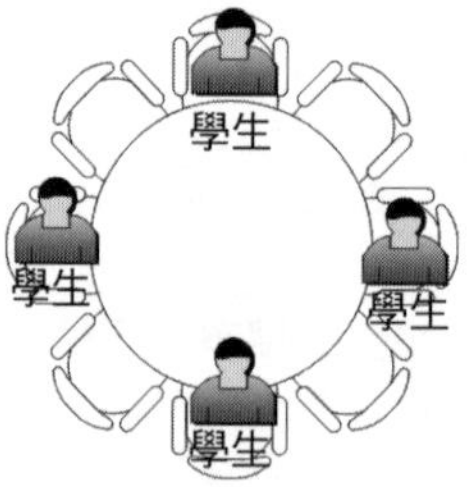 （下略） 二、引起動機 　（略）	（略）	5 分鐘 2 分鐘 3 分鐘	（略）
1-1	貳、發展活動 （略）	各類水龍頭	25 分鐘 5 分鐘	在 10 個不同類型的水龍頭中，正確指認 2 個標準（旋轉）型水龍頭
1-2 （下略）		標準（旋轉）型水龍頭 （下略）	5 分鐘 （略）	將標準（旋轉）型水龍頭以逆時針方向旋轉 3 圈 （下略）
（略）	叄、綜合活動 （略）	（略）	10 分鐘	（略）

三、(一)(二)(三)、123、(1)(2)(3)、ABC、abc」之分層標示系統，由上而下來逐層設定。在「教學活動過程」之欄位中，必要之圖形，最好不要省略。有時，一張圖形的溝通效果，乃勝過千言萬語。教案內容不僅是寫給自己看，而且還要給別人看，設計者應該善用圖形之溝通優勢，讓自己的教案不但「可讀」，而且「易懂」。

若從廣義的角度來看，教案中可資援用之「教學資源」，乃可包含下列五大種類：

1. 人（如：地區名人、專家、家長、其他人士）
2. 時（如：節氣、節慶、節日、特殊的日子）
3. 地（如：名勝古蹟、校內、地區博物館／遊樂場／賣場／動物園／植物園／十字路口／郵局／警察局／銀行……等、其他特殊校外地點）
4. 事（如：地區紀念慶典、新聞事件、校慶活動、廟會活動、教會活動、其他特殊活動）
5. 物（如：一般教具、地區名產、歷史古物、其他特殊物件）

因此，「教學資源」乃不只限於「教具」而已。試以「人」之教學資源為例，在《冬冬的學校生活》（原文書名《窓ぎわのトットちゃん》，係為日本藝人黑柳徹子所著，屬於 1981 年東京講談社所出版之自傳隨筆集。有些中譯版本則依據原著書名而直譯為《窗口邊的豆豆》，是一本內容非常充滿人本教育思想的好書，由於「特教之道，人本而已矣！」因此特教系的啟智班準教師們應該人人必看）一書中，小林校長為了讓小朋友學習田裡生產農作物的知識，乃特別聘請學校附近田地裡的農夫伯伯來充當「客座講席」（李雀美譯，1983），此乃在教學資源中活用地區人士之典範。如果，只將教學資源之設計概念僅僅侷限於「教具」之物件而已，其啟智教學活動設計之視野則未免失諸狹隘。因此，將本欄位命名為「教學資源」，其概念定義、設計視野、以及揮灑空間乃比「教具」更為寬廣而周延。

關於「時間」部分，其實，教案中的時間有兩種：一種是「準備活動、

發展活動、綜合活動」所專屬之「段落總時間」，另一種則是各「行為目標」所使用之「分項時間」。在時間標示上，其方式亦有下列兩種：

1. 只呈現「分項時間」，如此一來，有一個好處，那就是：表面上，「時間」欄位中所標示的總分鐘數，一定等於40分鐘（國小）或45分鐘（國中）；

2. 同時並呈「段落總時間」與「分項時間」，如此一來，各個「段落總時間」的總分鐘數即可一目瞭然，不過，相對地也會產生一個缺點，那就是：「時間」欄位中所標示的總分鐘數，一定等於 $2 \times 40 = 80$ 分鐘（國小）或 $2 \times 45 = 90$ 分鐘（國中）。

表13-1與表13-5所呈現者，係屬第2.種時間標示方法（因為要讓讀者了解「段落總時間」與「分項時間」之緣故），但是，教案中並非一定要使用第2.種時間標示方法不可，設計者可自由選擇自己認定的最佳時間標示方式。

最後，在「評量標準」部分，若以表13-1與表13-5之範例來看，因為之前在「目標設計」之「行為目標」的條陳內容中，並無寫出行為目標的「標準」（也就是「評量標準」），所以，在「活動設計」的「評量標準」欄位中，必須將每一個行為目標的「評量標準」統統清楚補寫出來。

Chapter 14

初學者在試教現場上常見之缺失

　　初學者在「啟智教學活動設計」的整個學習過程中，從「目標設計」到「活動設計」，再從「活動設計」到「現場試教」，一步步將教學的理想與藍圖漸漸轉化為實地而具體的教學操作，因此，初學者在啟智教學活動設計上的專業功力，將彙整並展現在「現場試教」的最終成果上。依據筆者的教學經驗，初學者將「目標設計」轉化為「活動設計」時，會出現若干缺失；同樣地，再將「活動設計」進一步轉化為「現場試教」時，也會出現若干缺失。其中，有些缺失在不同階段會重複出現，此似乎顯示出：初學者從目標設計的「紙上談兵」漸漸轉化到現場試教的「戰場實務」時，多多少少會面臨理論與實務之間的應用盲點，於是，原本在「目標設計」中已經改進過來之設計概念上的缺點，在「現場試教」時卻又故態復萌──以同性質、但不同形式的變種來呈現，這些事實清楚地顯示出初學者在教學實務中活用理論時所面臨的瓶頸。本章之目的，即希望彙整出下列之初學者在「試教現場」上常見的缺失，並助之縮短嘗試錯誤的陣痛期，使其於試教現場上的教學功力能夠早日更上層樓。

一　未排除視覺干擾

　　在觀察初學者的試教時，經常發現：黑板上，左、右兩側會記載一些班級重要事項，如：值日生、獎勵記錄、日期、……等。由於智能障礙學生在選擇或分辨刺激時，其注意力會面臨若干程度的困難（何華國，2000），故

而容易受到感官刺激的干擾，這些存在於黑板左、右兩側的班級重要事項，極有可能在上課進行中，形成視覺干擾，故應該事先予以排除。此外，有些班級在進行雙軸線分組教學時，如果兩組中間未增設視覺屏障，那麼，教學過程之視覺干擾亦可能分散智能障礙學生之注意力。尤其，在多軸線教學中，各組之間的視覺干擾，教學者更要費盡心思來予以排除才行。筆者的建議是：啟智班之教室硬體設置方面，宜考慮在講台區域增設大型素色布幔，當教學活動正在進行時，可將素色布幔拉開，遮蔽講台區域之所有視覺干擾因子，下課時，再將素色布幔收起來。而在素色布幔前面，則建議使用白板，如此一來，教師在上課時所呈現的任何教學刺激，會顯得非常單純，對於智能障礙學生之視覺上的專注力將提供極大的助益。當然，大前提是：所有智能障礙學生的座位安排，必須 100% 面向黑板，否則素色布幔的視覺遮蔽功能將大打折扣。此外，教室的門窗，亦宜使用單向透視玻璃，或貼上單向透視玻璃紙，如此一來，走廊上的任何即時影像，就無法形成視覺干擾。教室中教師座位的擺置，亦應妥善處理，以避免 A 老師在上課時，坐在一旁批改作業的 B 老師恰巧出現在上課中之智能障礙學生的視線以內，形成另類之視覺干擾源。

二 發音不清

由於智能障礙學生之聽覺辨識或理解能力通常較為薄弱，因此，在啟智班上課時，教學者應該力求一字一句清楚發音，以確保智能障礙學生能夠正確接收到教師所發出的完整聽覺訊息。是故，教學者之發音若不夠清晰，也可能會造成指令混淆，導致智能障礙學生無法正確接收到教學者的指令，進而影響學習成效。如果初學者發覺自己咬字、發音不夠清晰，那麼，應該進行發音矯正訓練。筆者在過去就讀師專的時代裡，此類自我發音矯正訓練常會以「每朝利用一小時朗讀《國語日報》」的方式來進行，並搭配同儕互相糾正發音錯誤之機制，經過一陣時日之後，應可見效。如果朗讀《國語日報》之方式難以見效，則可能要尋求專業的語音矯正治療。在當前教師甄試極度呈現「高報名、低錄取」的競爭態勢中，參與甄試者在試教中所帶給評

審委員的第一印象，乃極有可能聚焦於口語發音之中，因此，「發音不清」之問題著實不可小覷。

 指令混淆

　　缺乏實地教學經驗的初學者，由於無法熟練地掌握教學節奏、或尚未建立足夠的專業自信，在面對智能障礙學生下達指令時，可能會產生混淆，造成智能障礙學生不知所措，例如：發音不清，或者，同一時間內下達≥2 個指令。基本上，教學者在對智能障礙學生下達指令時，應該盡量以面對面的方式，一字一句清清楚楚地傳達教學者的指令，在此過程中，教學者亦應該設法確定智能障礙學生是否有在專心地聆聽指令，並且完整地接收到所有指令。在試教場合中，有些較為緊張的初學者可能會在同一時間內，不小心發出≥2 個指令，造成智能障礙學生無所適從。初學者應該在試教時，請班上同學代為拍攝影片，以便於事後進行檢討之用。

四 服裝欠妥

　　依據筆者的實地觀察經驗，有些初學者站上講台時，在衣著上似乎尚未建立「在什麼場合，就應該穿什麼服裝」的專業概念。實則，在正式場合穿著正式服裝，乃代表教學者對於該場合的尊重與重視。他人從教學者的穿著是否合適，即可感受到教學者的態度與專業自重感。理論上，「上課」一事乃屬於正式場合之活動，因此，教學者之衣著不宜過於休閒、居家、或隨便，應該穿著較為正式且合宜之服裝，例如：體育課的正式服裝就是體育服，教學者如果在體育課穿著西裝革履，不僅顯得與體育課的氣氛格格不入，且顯示出教學者對於體育課的專業感仍亟待加強；反之，教學者如果在實用語文的課堂上，穿著體育服來上課，則亦可能顯得過於休閒或隨便，比較缺乏「站在講台當夫子」的專業感。一般而言，在體育課以外的科目教學中，男性教學者至少應該穿著有領子的上衣，搭配西裝褲（或近似西裝褲之休閒褲）與皮鞋。依據筆者之實地觀察經驗，不少初學者喜歡穿著無領子的

T 恤上衣、搭配牛仔褲與球鞋來上非體育課程，這樣子的感覺，彷彿還在校園當學生一樣，非常缺乏為人師表者所應具備之莊重感。而在女性教學者部分，即便在夏天酷熱時，也不宜穿著過於「清涼」或「貧窮」（沒錢買布料）的衣服，如：上衣部分，不宜穿著細肩帶、太過低胸或透明的衣服；下半身衣著部分，則褲／裙不宜過短，七分褲或熱褲皆高度具備居家休閒感，不宜穿到教學的正式場合，裙子長度至少應下達膝蓋；腳上盡量穿著皮鞋，如果要穿女用涼鞋或休閒鞋，至少應與便鞋做出顯著區分。如果可以的話，女教師宜略施淡妝，以代表對於教學正式場合的尊重。至少，「你的穿著，代表著你對於自身之專業的尊重或重視態度，也會影響別人對你的第一印象與尊重感」，因此，在教學的正式場合，不宜穿著過於居家或隨便的服裝。是故，實習試教時，筆者較不鼓勵初學者為了「班級團體統一感」，而全程穿著「無領 T 恤」或「運動服」之類的班服、系服、或校服，因為這些衣著非常缺乏正式場合所應具有之莊重感，實則，「適當的衣著」應該也是初學者在實習課中所應該習得的「專業精神」課程。如果教學者在一整天的教學課表中，必須進行體育課與非體育課之教學，那麼，教學者應該至少準備兩套衣服：一套在體育課中使用（搭配體育服、體育褲與球鞋），另一套則在非體育課中使用（搭配正式衣褲與皮鞋）。教學前，教學者應該針對科目性質，事先更換合適之衣著，學校亦應該為教師們準備足夠安全而隱密的教師更衣室。

五 常規掌控力不足

　　一般而言，教學要能順利進行，必須建立良好的教室常規才行，因此，隨時掌握智能障礙學生的上課動態，是十分重要的教學能力之一。有些初學者一走上講台，即表現出非常善於處理或掌控教室常規，天生具備教師之威儀，非常適合吃「教書」這一行飯；反之，有些初學者一走上講台，則比較無法適當掌控班上智能障礙學生之教室常規，導致教學節奏較顯凌亂，此類初學者似應妥善研讀「行為改變技術」，並將之活用於教學現場中，以改善其教室常規掌控力。實則，「教室常規掌控力」與「教學累積時數」乃息息

相關，教學經驗愈豐富者，愈能掌控教室常規。因此，教室常規掌控能力愈差者，愈應該自行爭取更多的試教機會，一方面增加教學時數，另一方面多多詢問前輩，以勤補拙。

六　時間控制欠佳

　　基本上，教學流程可分為三大步驟，此即：準備活動、發展活動、綜合活動。一般而言，準備活動宜控制在 5 分鐘之內，超過此一時間長度，即顯不妥。在試教現場，經常可以看到初學者耗費過長的時間在「引起動機」上，多數原因，乃由於：其所設計之準備活動無法順利引起智能障礙學生的注意力或學習動機，因而，彷彿深陷泥沼似地，遲遲無法將教學流程進一步推展到發展活動。另一個常見之缺點是：初學者因為時間掌控力不足，而導致綜合活動的時間過分受到壓縮或根本沒時間進行。造成這些缺點的最大原因，往往起因於初學者對於試教班級之智能障礙學生認識不足，導致互動品質不佳，終而影響時間之掌控。實則，任何初學者在進行試教之前，應該花費足夠的時間，到試教班級進行智能障礙學生之基本資料研究——透過教室直接觀察或互動、詢問原班導師或家長、研究學生作品／作業／成績來進行檔案分析，以掌握智能障礙學生之身心特質與學習能力。如此一來，當智能障礙學生鬧情緒時，初學者會比較知道如何當場應變與處理；當智能障礙學生分心時，初學者會知道如何立即把他／她的注意力扭轉並吸引過來。總之，教學者對智能障礙學生了解愈深，則愈能設計出難度適中的教材與教具，教室應變處理能力亦相對愈佳，時間掌控力自然隨之愈獲提升。因此，「時間控制欠佳」的一切根本問題，除了教學經驗不足以外，對於智能障礙學生是否認識夠深，亦值得初學者加以重視並改善。

七　過度依賴聽覺途徑來進行溝通

　　此處所指之「聽覺途徑」的溝通方式，在實際現象場中，主要係以「聽」（聽覺途徑的接收部分）與「說」（聽覺途徑的表達部分）之動作形

式來呈現。因而,此一迷思與初學者在「目標設計」部分所常犯之「『說出』的迷思」乃有異曲同工之妙,其核心問題乃在於觸犯啟智教學活動設計之「感官途徑適當原則」。在教學過程中,智能障礙學生透過常用的五種感官來接收學習刺激或訊息,且以聽覺、視覺、觸覺較常被使用。而多數學生對於學習管道之依賴性,乃視覺多於聽覺 (Rief, 1993)。人類主要是透過視覺來學習與記憶,其次是聽覺,然後才是其他的感覺(李青蓉、魏丕信、施郁芬、邱昭彰,1998)。此外,對於智能障礙學生來說,因為視覺途徑能提供較為完整的影像線索,因此,視覺途徑的「具體程度」應大於其他感覺途徑。甚至於,我們可以說:智能障礙程度愈重的學生,愈適合透過更大比例的視覺途徑來進行學習,至少,在教學過程的「引起動機」部分,依據啟智教學活動設計之「先易後難原則」或「先具體後抽象原則」,理應先以較大比例的「視覺途徑」來打開教學活動的序幕,反之,若過度地讓口語能力較弱的重度智能障礙學生透過較為抽象的聽覺途徑來接收學習刺激或訊息,則較為欠妥。依據筆者的教學經驗,初學者在進行啟智教案設計時,通常容易陷入「過度依賴聽覺途徑」的迷思,尤其,在引起動機階段,對口語接收及表達能力較弱的重度智能障礙學生,若僅以聽覺途徑之口語訊息來提供學習刺激與訊息,而未搭配任何視覺線索,則顯然較為美中不足。若以「認識男女特徵」這個教學單元為例:初學者在教學活動設計中,通常要智能障礙學生在看到男(女)生時,能說出「他(她)是男(女)生」,以此確認智能障礙學生是否已經習得「男、女生的特徵」。對於口語表達能力較弱的重度智能障礙學生而言,這也是「過度依賴聽覺途徑」的例子。實則,要確認智能障礙學生是否能夠分辨男、女,不一定非要透過口語「說出」不可,倘若改採另類的檢驗方式,亦可達到同樣之目的,例如:以「指出」、「拿出」、「畫出」來代替「說出」,即可擺脫「過度依賴聽覺途徑」之缺失。是故,綜合上述討論,我們可整理出一個要點:在設計啟智班教案時,初學者應考量智能障礙學生在溝通(包含:接收與表達)上的優勢感官途徑與生理功能,使之利用其優勢感官途徑與生理功能來接收學習刺激與訊息,並做出適當的反應,否則,對於口語能力較弱的重度智能障礙學生而言,若讓他們僅能或大部分透過聽覺途徑來進行溝通訊息之接收與表達,卻忽略其他可

行之較佳的替代溝通途徑，如此，顯然未讓智能障礙學生有充分機會利用其優勢感官或能力來進行學習，誠極為可惜。

八 用詞不夠「童語化」

此處之「童語化」乃意指：初學者在上課時，應該盡量使用智能障礙學生之智能及年齡水平所能聽得懂的語彙，亦即：避免使用大學生或成人的詞彙，而改說「智能障礙兒童的語言」。因此，缺乏與智能障礙學生有足夠接觸經驗之初學者，應該事先設法多多接觸智能障礙學生，並與之互動，甚至進行智能障礙學生之檔案研究、或詢問原班導師與家長，以了解每一位智能障礙學生之語彙程度與用語水平。上課時，初學者更應牢記並配合每一位智能障礙學生之語彙程度，並利用適當的「童語化」詞彙來傳達所有的學習刺激與訊息。

此外，筆者必須特別說明的是：前述之「過度依賴聽覺途徑來進行溝通」，並不代表「完全不使用語言」或「零口語溝通」。在教學過程中，教師自然而然地運用口語來表達學習刺激與訊息，並無不可，反過來看，這樣子還可以提供更多的語言訊息與刺激，此絕對有利於智能障礙學生之學習與發展，但是，初學者更須注意的是：不要把「聽覺途徑」變成提供學習刺激與訊息的唯一管道，在此之外，教師亦應針對智能障礙學生之溝通能力的強項，提供適當的接收學習刺激與訊息的管道。因此，「過度依賴聽覺途徑來進行溝通」的核心重點是：如果「聽覺途徑」不是智能障礙學生的溝通強項，那麼，不宜讓智能障礙學生過度受限於他們學習能力的弱點來進行學習，不管教師所提供的溝通管道有多麼多元化，只要這些管道中沒有適用於智能障礙學生之溝通能力的強項者，則即屬不宜。總之，在避免「過度依賴聽覺途徑來進行溝通」的前提下，除了提供適用於智能障礙學生之溝通強項的管道以外，使用足夠「童語化」的詞彙來表達學習刺激與訊息，對於智能障礙學生而言是更為有利的。

九　師生互動不足

　　有些初學者在試教時，只顧上自己的課，似乎忘了與智能障礙學生進行互動或隨時留意班上智能障礙學生的狀態。尤其，在啟智班教學中，當智能障礙學生在上課中發生一些「小插曲」之時，教師應該隨時立即處理或予以糾正。這些「小插曲」可能是：上課分心、突然／不定時／定時起來走動、突然在教室當場大／小便、癲癇發作、叫鬧（包含：大喊肚子餓）、吵架……等。上課中的教師應該隨時留意班上所有智能障礙學生的狀態，一有狀況即應立刻處理。有些初學者在教學時，可能因為過於緊張而無暇他顧，或不知智能障礙學生一有狀況即應予以處理，因而，令人意外地，居然會呈現出「師生互動不足」的缺失，於是，教學現場所呈現之畫面，會讓人覺得：這個老師似乎只顧教自己的書，而沒有注意智能障礙學生的反應。不過，大多數初學者一經糾正之後，即不會再犯此類錯誤。

　　曾有不少初學者詢問筆者：如果上課時分心去處理這些「小插曲」，那麼，原來的上課流程不就要停下來，因而變成兩者無法兼顧了嗎？其實，看多了初學者的表現之後，會發現：有些準教師似乎天生就很會管孩子，只要他們一上台，也不必裝得一副兇巴巴的樣子，孩子們就會立即變得乖乖的（這應該就是所謂的「不怒而威」吧！），而且，一有任何「小插曲」，這些準教師的共同特質就是：在一開始即馬上予以糾正，而不會等到「小插曲」變成「大插曲」之後，才要費盡九牛二虎之力來處理，搞得上課流程因而嚴重中斷，兩頭難以兼顧。這些優秀初學者的眼睛是溫和中帶著銳利的，孩子們一有什麼動靜，就會馬上予以注視、故意咳嗽、走近其身邊、大力拍掌兩下（製造「驚堂木」之類似效果）、按一下該生的肩膀、摸一摸該生的頭、使該生走到黑板前操作某一學習任務、或叫喚其名字……等等，使得該生才剛剛要「起義造反」便馬上被克制下來。因此，所謂的「師生互動不足」，在啟智班教學的另類意涵，即代表：初學者在教室異常行為之管理上，乃不懂得「防患未然」。犀利的準教師們之所以會把智能障礙學生的教室行為管理得好好的，主要差別乃在於：他們能夠「隨時留意與觀察」，並

且很懂得「防患未然」。不過，如果這些「小插曲」之事態嚴重，不得不費力處理的話，教師亦應暫停原來的教學流程，轉而予以處理，例如：癲癇發作（其實，這應該算是「大插曲」才對吧！）。這種「小插曲」若不立刻放下手邊的教學工作來予以處理，是絕對不行的！因為，智能障礙學生的「安全」比教學流程更重要。把孩子們安全、健康地交回到家長手中，是啟智班教師應該確確實實留意與遵守的第一要務。

另一種「師生互動不足」，就是字面上原有的意涵——某些初學者在教學過程中，不懂得如何故意營造機會，讓師生之間可以進行互動。最明顯的例子就是：準教師不懂得對智能障礙學生提問，而只會自顧自地進行教學，那畫面看起來，真的宛如一尊「教學機器人」一樣。若進一步透視其內心，其實，這類準教師很可能在潛意識深處是對於智能障礙學生帶有恐懼感的——恐懼自己沒有接觸過智能障礙學生而對之不了解、恐懼自己教不好、恐懼自己不知如何和智能障礙學生打成一片，或者，有些人則恐懼智能障礙學生髒髒的、流口水的樣子。這些「師生互動不足」的背後原因，都一致指出初學者之「教學與互動經驗不足」的問題，相信增加教學時數、並接受特教系教授們的指導之後，會慢慢得到改善！

➕ 語言隔閡

在課堂上，教師應優先使用智能障礙學生聽得懂的語言，尤其是國語或母語。所以，教學者應該事先調查智能障礙學生是否具備口語接收或表達能力？如果有，是不是國語？如果不是國語，那麼他／她的母語是哪一種方言（如：賽德克語）或外國語（如：越南話）？教師能否使用該種方言或外國語？如果教師無法使用該種方言或外國語，學校中是否能夠找到適當的支援人力？如果一直找不到支援人力，是否有第二種備用語言可資使用（亦即：該生是否能使用第二種備用語言）？如果沒有第二種備用語言可資使用，那麼，問題會顯得比較複雜，此時，學校應該成立專案，透過行政系統的支援力量，設法解決此一問題。

其實，「語言隔閡」在啟智班可能代表的另一種意思，就是「心靈隔

閣」。依據筆者過去在啟智學校的教學經驗，個人曾發現：有些中、重度智能障礙學生雖然缺乏足夠的口語溝通能力，然而，其彼此之間，似乎可以存在一種「無聲之聲」的溝通默契與方式。於是，下課時，缺乏口語能力的甲生想找同樣缺乏口語能力的乙生去買冰棒來吃，甲生走到乙生教室，在教室外的走廊向乙生使一個眼色，乙生似乎一看就懂，馬上興高采烈地隨之跑出教室，幾分鐘後，兩人一手一支冰棒，一邊陶醉於冰棒的美味，一邊漫步走回教室。如果每次都是「兩人去，冰棒回」，那麼，這個故事就太不值得拿出來談了。有時，筆者發現：同樣只是「使一個眼色」，效果卻是「兩人去，滿身濕答答地回來」，或是「兩人去，拿別人的玩具回來」。這兩位智能障礙學生，就彷彿是馬克吐溫筆下的湯姆與哈克一樣。筆者提這一段「湯姆與哈克」的啟智教學往事，是想表達一件事：上述關於避免「語言隔閡」之論述，我們習慣將討論的焦點集中於國語、母語、外國語……等類事物之上，實則，在啟智班中，中、重度智能障礙學生皆極有可能是缺乏口語能力的，在此條件下，討論師生在國語、母語、外國語……等方面的溝通適配，是比較沒有什麼意義的。啟智班教師或許可以試著進行深度觀察、慢慢走入智能障礙學生的心靈，研究班上智能障礙學生之另類「無聲之聲」的溝通默契與方式，再以其慣用之溝通默契與方式，來進行師生互動。以前，在啟智學校任教時，筆者有一位得意門生，綽號叫「博仔」，雖然口語能力較為薄弱，卻是班上肢體功能較佳的智能障礙學生，我們師生之間的默契，發展到最後，如果班上有孩子在上課時突然大便，我只要喊一聲「博仔」（讓他看過來我這邊），並對他使一個眼色，他就馬上能夠意會過來，並立即把那位大便的學生帶到浴室洗淨。有時，要他幫我倒垃圾時，我只要喊一聲「博仔」，對他使一個眼色，並把該眼色拉到教室後面的垃圾桶，他就馬上能夠意會，並旋即執行。雖然我已離開啟智學校十幾年，「博仔」也可能長得一副成人模樣了，但現在回想起來，還是非常想念那一段經常與他透過「無聲之聲」來溝通的日子。我和「博仔」的溝通模式，其實並不為奇，相信很多師生都可以做得到。人與人之間，默契可以超越語言；師生之間，如果無法使用語言，也許上帝會為我們開闢另一個溝通的管道。有時，天地之間，似是無聲勝有聲，抑或無言勝有言！

十一 語音過於平淡

對智能障礙學生說話時，應盡量呈現出高低起伏的變化，讓整個教學氣氛顯得生動而活潑，較能引起智能障礙學生的注意力。依據筆者的觀察經驗，準教師觸犯「語音過於平淡」之缺失的頻率頗高、且人數頗多。實則，教學過程中，「語音過於平淡」所呈現出來的畫面，就是「用平時聊天或說話的語調來上課」。這樣子，就好比「在談情說愛的時候滿嘴粗話」或「在為先總統 蔣公默哀三分鐘的時候忍不住私聲竊笑」一樣，著實非常不宜。準教師們應該建立一個概念，那就是：在不同的場合，要使用不同的語調來說話！「上課」不是「聊天」，因此不應該以「聊天」的語調來「上課」。其實，有些時候，從另類角度來理解：「上課」著實好比「演戲」一樣，為了讓觀眾聽得出神入化，教師應該使盡渾身解數，把現場應有之「戲劇效果」做出來，俟後，這種戲劇效果會形成極佳之「上課效果」。於是，為了提振智能障礙學生的上課精神，該搞笑的時候，不妨搞笑一下，讓孩子們哈哈大笑！反之，有時，該嚴肅的時候，即應不苟言笑，此時切忌失笑而破功。說故事的時候，要宛如吳樂天先生在電台講述廖添丁的故事一樣，處處引人入勝——語氣該神秘的時候要輕聲悄說、該嚴厲的時候要高聲破長空、該平靜的時候要氣定神閒、該溫柔的時候要婉轉而內斂，如此，透過高低起伏、變化萬千之音調，將智能障礙學生的注意力與上課情緒牢牢抓在手裡。至此，教學之樂趣，著實其樂無窮矣！曾有前輩說過，「教學」是一種「藝術」，道理即在此！依據筆者之體會，更精確地講，若將「教學」當作是一種「表演藝術」，則或許更為傳神！因此，啟智班教師若能將自己身為「教師」之角色稍微擴展至「表演藝術工作者」之境界，那麼，相信此類教師之教學火候與功力，必然更上層樓。或許，初學者之專業功力的萬丈高樓所依之立起的平地，即構築於這些卑微而毫不起眼的基石：避免上課時「語音過於平淡」！

十二 準備活動的「準備性」不足

如同第 12 章（活動設計：初學者在活動設計上常見之缺失）所曾討論過者，所謂之「準備性」，係指「準備活動」所應彰顯之教學效果與功能，因此，「『準備性』不足」即指「準備活動未能發揮其所應有之教學效果與功能」的意思。「準備活動」乃為國中／小一節課 45 ／ 40 分鐘之教學的開頭，其主要任務有二，此即：連結舊經驗、引起動機。一般而言，初學者在試教現場之「準備活動」方面常犯的缺失如下：

1.「引起動機」所使用之時間過長

由於國中／小之每一節課的上課時間只有 45 ／ 40 分鐘，教學者應該把最多的時間分配給「發展活動」，其次為「綜合活動」，最後則為「準備活動」。因此，一般而言，「引起動機」的總時間最好以 5 分鐘為限。如果教學者沒有特別的理由非要使用較長的「引起動機」時間不可，那麼，只要 5 分鐘一到，不管「引起動機」是否成功或有效，最好立即把上課主軸從「引起動機」，迅速轉移到「發展活動」，要不然，倘若前面的時間都被拖延，則最後勢必影響到「綜合活動」的時間，因而導致這一節課 45 ／ 40 分鐘的教學，最後極可能弄得「準備活動」的部分不僅功能不彰、且拖延了後段「發展活動」的上課時間，最後使得「綜合活動」的部分連進行的時間都不夠，就草草下課。因此，不管教學成效如何，至少，在時間的掌控上，教學者一定要自己嚴格把關。

2.「引起動機」之內容與方向失焦

基本上，「引起動機」是為了讓教學流程順利導入下一階段之「發展活動」，如果「引起動機」之內容與方向失焦，即很可能因為模糊主題焦點而無法將教學活動的流程順利導入「發展活動」。有些初學者因為教學經驗不足、技巧不嫻熟，而經常花費更多時間，卻無法順利將教學主軸導入教學單元之主題。這其中的原因，很可能由於：❶教學前對於該教學單元之教學策

略與教學流程未做足夠之研究與沙盤推演而對於教學舉措／程序／對策未能成竹在胸，❷大學生涯不夠認真學習而導致特教基本知能與教學自信過顯不足，❸因為沙盤推演能力不足而使得初學者在面對智能障礙學生之出乎意料以外的反應時顯得手足無措，❹初上教學現場——尤其旁邊還有實習指導教授或原班導師一直盯著初學者的教學——而使之顯得過於緊張慌亂，❺教室管理能力不足或不了解班上智能障礙學生（教學前，對班上智能障礙學生未做足夠的研究與了解）而無法管理或處理突發狀況與問題行為……等因素，因此干擾了教學流程向前推進的速度、方向、與節奏。

3. 一開始就高度依賴聽覺感官途徑——尤其是口語的接收與表達

這方面的缺失，在本書其它部分亦曾提及。造成此類缺失的主要原因，大概由於大多數初學者從小的學習經驗咸主要來自普通班所使然。普通班的上課方式，幾乎全程都是「高度依賴聽覺感官途徑——尤其是口語的接收與表達」。在啟智班，不是不能「高度依賴聽覺感官途徑」，而是要衡量班上智能障礙學生的障礙程度，如果對於重度智能障礙學生依然一味地「高度依賴聽覺感官途徑——尤其是口語的接收與表達」，那麼，此種活動設計即可能變成：讓重度智能障礙學生以其認知／學習上的弱項能力（口語的接收與表達）來進行學習，因而違反啟智教學活動設計之「感官途徑適當原則」，實屬欠妥（在此要特別說明的是：實則，不是不能依賴口語的接收與表達，而是不能高度以口語的接收與表達來當作唯一或主要溝通管道）。啟智班教師若欲「把每一位孩子帶上來」，那麼，面對重度智能障礙學生時，如果從一開始就「高度依賴聽覺感官途徑」來進行「準備活動」，如此之教學策略，豈能將重度智能障礙學生帶上來？屆時，看著那些無法順利透過「口語的接收與表達」來學習、而不得不當場愣在課堂上之重度智能障礙學生的無辜眼神，又豈能如心所願且一個不留地「把每一位孩子帶上來」？

4. 「引起動機」偏離主題

這類的缺失往往出錯於微妙的差別之間，初學者只要一時失察，即有可能陷入此一陷阱，例如：在「端午節」這個教學單元中，有些初學者會拿出

粽子來「連結舊經驗」或以之「引起動機」,其中,拿出「粽子」的主要目的,是為了導入「端午節」之主題。結果,整個 5 分鐘的「準備活動」時間統統用於連結「吃粽子」之舊經驗,導致「吃粽子」反倒取代「端午節」而變成教學主軸,讓教學流程遲遲未能順利且即時地將上課內容導入「端午節」之話題,形成微妙地偏離主題的情形。

十三 發展/綜合活動的「發展/綜合性」不足

如同之前在「準備活動的『準備性』不足」該段落所述,所謂之「發展/綜合性」,係指「發展/綜合活動」之教學功能不顯、效果不彰,因此,「『發展/綜合性』不足」即指「發展/綜合活動未能發揮其所應有之教學效果與功能」的意思。其中,「發展活動」的主要教學任務乃在於幫助智能障礙學生形成適當的知識、概念、技能,而「綜合活動」的主要任務,乃要讓智能障礙學生統整、檢驗、應用、複習其於「發展活動」所習得之知識、概念、技能。那麼,明明在活動設計中已經設計了相關之「發展/綜合活動」,為何到了教學現場,卻仍出現「發展/綜合性」不足的現象呢?茲將其相關的缺失臚列如下:

1. 教學指令混淆

這類的缺失,之前亦曾討論過,令人意外的是,初學者在試教現場之發展/綜合活動的實際操作中,卻依然出現同類的缺失。故而,在教學經驗不足的初學者身上,經常會出現「教學指令混淆」的情形,其具體表現形式,會展現在兩個面向,亦即:❶同一時間內下達≥2 個教學指令;❷教學指令導致教學流程之混淆與錯亂。對於教學流程未能事先做好足夠的沙盤推演、或個性較易緊張/急躁的初學者而言,其往往較易觸犯此一缺失。

2. 教學活動之個別化程度不足

依據筆者經驗,在試教者的教學 VCD 裡面,仍然可以觀察到:試教時,有些智能障礙程度/問題行為較重的智能障礙學生是被忽略在一旁的。如此

之教學，顯然無法「把每一位孩子帶上來」，於是「把每一位孩子帶上來」只是一句特教的口號，而無法落實在教學現場中。如果要真正做到「把每一位孩子帶上來」，那麼，就要做到 100% 個別化教學，而在教學現場中，則不能有任何一位智能障礙學生被冷落在一旁。即便透過能力分班或隨科能力分組而盡量將智能障礙學生所需的教學軸線數量壓到最低──就算透過人為處置而變得只需提供 $T=1$ 條教學軸線即可導致個別化指標達到 $I=\dfrac{T}{g_s}=\dfrac{1}{1}=1$（$I-2$ 方程式）的 100% 個別化教學也罷，也不能在教學現場落掉任何一位智能障礙學生。初學者不能 100% 做到「把每一位孩子帶上來」或使得「$I-1$ 方程式」與「$I-2$ 方程式」之 I 值達到最大化的 $I=1$，乃反應出其於特教專業知能與教學經驗與技術之不足，因此，有體認、有理想的初學者應該百尺竿頭，重新為自己構築深厚而優秀的特教專業知識（也就是應該好好苦讀並讀通所有特教專書的理論與原則），並且為自己爭取更多的「教學時數」（這好比是空軍的「飛行時數」一樣，是教學經驗累積程度的極佳指標），如此雙管齊下，把「理論」（特教專業知識）與「實務」（特教教學技術）之功力統統提升上來，那麼，「教學設計之個別化程度不足」的情形諒可獲得改善。

3. 教室常規管理能力有待加強

唯當「教室常規管理」成功，那麼，「成功的教學」才有可能發生。如果，初學者在大學時未能熟悉並掌握「行為改變技術」之各項原理與技術，那麼，除非該初學者天生就極具教學天賦，否則，在教室常規管理能力上必然捉襟見肘。其解決方法，乃如同上一段所述，初學者應該試圖提升自己在特教理論（在教室常規管理上，此與行為改變技術較為有關）與實務（在教室常規管理上，此與教學時數較為有關）上的功力，方可更上層樓。

4. 教學者未能事先熟透教學流程

這個缺失，顯然是因為初學者在教學前沒有做足「功課」所使然，此一「功課」，不但要做得「熟悉」，而且更要做得「熟透」才行。所謂「台上

一分鐘，台下十年功」，教學前要做足「功課」，這就好比表演藝術工作者在上台前，要把動作流程演練到「反射動作式」的嫺熟一樣，而且，要嫺熟到不經思索就能將教學流程順利執行完畢才行。

5. 對班上智能障礙學生不夠熟透

這也是教學前未能做足「功課」所使然，換言之，「把班上智能障礙學生全部摸得熟透」應該是教學前的「功課」之一。所以，在試教前，初學者應該經常到試教班級，多與智能障礙學生互動與接觸，從中觀察其各項學習／認知能力與行為特徵，並且，要多多詢問原班導師，以進一步了解智能障礙學生的學習優／弱點。如果能與家長進行對談，從中蒐集智能障礙學生的個性、喜好……等相關基本資料，則為更佳。當然，試教者應該將自己在特教系所習得之各項心理測驗工具之診斷方法活用在推敲或找尋智能障礙學生之學習能力的起點上，此應是初學者在試教前不能錯過之「學以致用」的好機會。不過，如果上述試教前的準備工作未能做得夠徹底，那麼，在試教時必然對班上智能障礙學生不夠熟透，而可能導致診斷失準，而且，無法因應每位智能障礙學生的個性與學習特質來予以個別化處理。

6. 對於「智能障礙學生」不夠了解

這個缺失，照理說，不應發生在特教系的初學者身上才是，因為，特教系學生應該是所有大學生裡面最了解「智能障礙兒童」的準老師。不過，或許因為接觸智能障礙學生的經驗不足、或者特教學理基礎扎得不夠深，使得特教系的初學者還是會出現若干讓人覺得「對於『智能障礙學生』依然不夠了解」的現象，例如：❶對重度智能障礙學生教學時，高度依賴口語溝通，而且什麼都要求智能障礙學生「說出來」才算學到東西；❷對於輕／中／重度智能障礙學生之學習／認知能力的區分點，似乎在大學畢業前仍未能瞭然於胸；❸試教時只能以單軸線進行教學，於是總有一、兩個智能障礙程度／問題行為較重的孩子被冷落在一旁，而不知如何解決此一教學困境；❹上課時遇到智能障礙學生癲癇發作，不知如何正確處理；❺對於智能障礙學生的問題行為（如：啃自己的手），不知如何利用行為改變技術來予以矯正……

等等，這些都是屬於特教專業基本知能的問題。特教系四年所學的工夫，在實習或試教時會進行總驗收，屆時，初學者之特教專業功力的高低良窳，瞬間將會一覽無遺。

7. 教具或學具之設計不當

工欲善其事，必先利其器。適當的教具或學具可以提升學習效果，因此，設計、製作、選用適當的教具或學具，乃極為重要。一般而言，在選用教具或學具時，應以市售現成之產品為首選，其次才是自行設計與製作。「教具或學具設計不當」之具體現象，乃通常包含：❶因為教具或學具設計不當而導致使用之不便，例如：磁鐵或魔鬼粘之吸粘力不足，使得教具之粘合不易，而造成智能障礙學生在操作上的障礙或困難；❷教具或學具之設計結構或設計方式，難以幫助智能障礙學生形成預期之知識、概念、技能，尤其，對於智能障礙程度愈重的學生而言，應使用愈具體之教具或學具，否則過於抽象之教具或學具將難以幫助智能障礙學生形成預期之知識、概念、技能。試以「認識男女特徵」之教學單元為例：在教導中／重度智能障礙學生時，最好盡量使用「最具體」之男／女真人，其次才是 1：1 等真大小之 3D 立體男／女人偶模型。而初學者卻經常一開始就對中／重度智能障礙學生使用 2D 平面式的電腦圖畫，照理說，這樣的教具或學具著實「過顯抽象」，而較不適用。

8. 未能有效排除視／聽覺干擾

當教學者所設計之教學軸線數量愈多時，愈難以在同一間教室內排除各組之間的視／聽覺干擾，因此，教學者最好能事先做好有效的視／聽覺遮蔽或尋找更為足夠的教學空間。實則，即使在常見的單軸線教學中，亦經常發現：初學者容易忘記在教學前做好排除視／聽覺干擾的準備工作，最常見的例子就是：在黑板兩側還留下教室記要／獎懲記錄／值日生……等文字訊息、黑板上面的國父遺像、以及黑板兩側的公布欄，這些視覺干擾理應事先予以遮蔽或排除才是。此外，在教學過程中呈現教具或學具時，應該在同一時間只呈現一件與該教學段落有關之教具或學具，而之前使用過的或不相干

的教學或學具皆應在使用後立即予以隱藏。而且,每位智能障礙學生的座位之間最好留有一定的間距,以避免上課時彼此受到對方之教具、學具、課本、文具、作業單……等物品的干擾。尤其,在進行多軸線教學時,因為每位智能障礙學生的學習內容與難度皆不同,因此,如果全班智能障礙學生之座位形成面向圓心之圓形排列時,會導致彼此之視覺干擾,其改善方式,或可改讓全班智能障礙學生之座位形成面向圓周之圓形排列,以降低視覺干擾程度。

Chapter 15

當前國內啟智班師生編制之探討：數學分析觀點

一　前言

　　特殊教育之所以有別於普通教育，乃在於其係以「個別化教學」作為市場區隔之主要手段。目前，台灣特殊教育所提供之各科教學的「個別化程度」，其之所以優於普通教育，主要乃透過「降低班級學生滿編人數」之手段來達成。故而，當前國內啟智班之師生編制，對於個別化教學品質之影響，誠不容置疑。現行之啟智班師生編制是否已然達到最佳化之境界，頗值得吾人加以探討。此外，德國數學家萊布尼茲亦嘗云：數學乃科學之母，其於推論上提供了一套邏輯十分清晰的符號系統。因此，本章試圖透過數學分析，分別從多軸線教學、師生比、以及教學壓力／負荷等觀點，針對啟智班師生編制之三個立法面的公平正義議題——學生人數、教學經濟效益、以及教學壓力／負荷，來探討如何改革現行之啟智班師生編制，以提升個別化教學之品質（註：本章所使用之變項符號，乃隨意混用命名，未必遵循英文／希臘字母之一般慣用原則）。

二　多軸線教學觀點

　　傳統常見之教學方式，係由一位教師對某一班級進行教學，全程只有一

個教學主題,且未做其它教學難度之區分,此稱為「單軸線 (1T) 教學活動設計」。有些啟智班在進行教學時,會將班上學生依能力分為高、低 2 組,由 1 或 2 位教師進行教學,全程使用 1 或 2 個教學主題,藉由分組而做出 2 種學習難度之軸線區分,此稱為「雙軸線 (2T) 教學活動設計」。當教學軸線達 ≥3 條時,始稱為「多軸線 (MT) 教學活動設計」。基本上,若將其他變項視為恆定不變之常數,那麼,對某一班級之 s 位學生而言,教學活動設計之軸線數量 T 愈多,則該教學活動之個別化程度 I 愈高;反之,在軸線數量 T 固定不變的情形下,班級學生人數之 s 值愈大,則該教學活動之個別化程度 I 將會愈低。因此,關於 I、s、T 這三個變項之間的數學關係,可用下列「個別化程度第一方程式」(以下簡稱「I−1 方程式」)(黃富廷,2009)來予以表示:

$$I = f(T,s) = \Omega \frac{T}{s} = 1 \times \frac{T}{s} = \frac{T}{s} \quad (s \neq 0 \text{ 且 } \Omega > 0)\ (I, \Omega \in \mathbb{Q} \text{ 且 } s, T \in \mathbb{N})$$

其中,Ω＝方程式係數(為便於討論,在此暫設 $\Omega=1$),T＝教學軸線數量 $(0 < T \leq s)$,而 I＝個別化程度 $(0 < I \leq 1)$。I 值愈趨近於 1,則代表該教學活動設計之個別化程度愈高;反之,若 I 值愈趨近於 0(但 $I \neq 0$),則代表該教學活動設計之個別化程度乃愈低。依據「特殊教育設施及人員設置標準」之規定:啟智班之編班學生人數,幼稚部滿編＝8 人/班,國小部滿編＝10 人/班,國中部滿編＝12 人/班,高職部滿編＝15 人/班(教育部,2008)。在表 15-1 中,若將幼稚部 (k)、國小部 (p)、國中部 (j)、高職部 (n) 之班級滿編學生人數分別以 $s_k=8$、$s_p=10$、$s_j=12$、$s_n=15$ 代入計算 I 值,則簡單可見:

1. 在教學軸線之 T 值不變的情形下,個別化程度之 I 值呈現出「年齡層愈小之學部,其個別化程度之 I 值愈大」(即:幼稚部 I_k > 國小部 I_p > 國中部 I_j > 高職部 I_n)之現象,例如:當 $T=1$ 時,$I_k(=.125) > I_p(=.10) > I_j(=.083) > I_n(=.067)$。

2. 在任一學部中,當學生人數 s 不變的情形下,T 值愈大者,其 I 值愈高,例如:令國小部的 $s=10$,其 I 值的變化則為:$I_{T=1}(=.10) < I_{T=2}(=.20) < I_{T=[3,10]}(=[.30,1])$。

3. 在 $T=1$ 之單軸線教學中，個別化程度之最大 I 值僅達 $\max(I_{T=1})=I_k$ $=.125$，故個別化程度百分比之最大 $I\%$ 值僅達 $\max(I\%_{T=1})=100\dfrac{T}{s}\%$ $=100\dfrac{1}{8}\%=12.5\%$；在 $T=2$ 之雙軸線教學中，個別化程度之最大 I 值僅達 $\max(I_{T=2})=I_k=.25$，故個別化程度百分比之最大 $I\%$ 值僅達 $\max(I\%_{T=2})=100\dfrac{T}{s}\%=100\dfrac{2}{8}\%=25\%$。可見：啟智班若僅以最常見之單／雙軸線教學來提供啟智教學服務，其個別化程度不僅低於多軸線教學、且其 $I\%$ 連 30% 皆未能達到，這對於打著「個別化教學」口號的特教界而言，似仍有朝向多軸線教學來改善的空間。

表 15-1　單／雙／多軸線教學活動設計之 I 值比較

	1T 教學 ($T=1$)	2T 教學 ($T=2$)	MT 教學 ($T=[3,s]$)
I 值	$I=\dfrac{1}{s}$	$I=\dfrac{2}{s}$	$\dfrac{3}{s}\le I\le\dfrac{s}{s}$ 或 $I=[\dfrac{3}{s},1]$
幼稚部 (k)	$I_k=\dfrac{1}{8}=.125$	$I_k=\dfrac{2}{8}=.25$	$\dfrac{3}{8}\le I_k\le\dfrac{8}{8}$ 或 $I_k=[.375,1]$
國小部 (p) .	$I_p=\dfrac{1}{10}=.10$	$I_p=\dfrac{2}{10}=.20$	$\dfrac{3}{10}\le I_p\le\dfrac{10}{10}$ 或 $I_p=[.30,1]$
國中部 (j)	$I_j=\dfrac{1}{12}\doteq.083$	$I_j=\dfrac{2}{12}\doteq.167$	$\dfrac{3}{12}\le I_j\le\dfrac{12}{12}$ 或 $I_j=[.25,1]$
高職部 (n)	$I_n=\dfrac{1}{15}\doteq.067$	$I_n=\dfrac{2}{15}\doteq.133$	$\dfrac{3}{15}\le I_n\le\dfrac{15}{15}$ 或 $I_n=[.20,1]$

　　在「$I-1$ 方程式」中，因為 $I=f(T,s)$ ——亦即：I 是 T 或 s 的函數，因此，T、s 是自變項，而 I 乃為依變項。是故，吾人所能具體操弄者，係為 s、T 二變項。為使 I 值趨於最大化，吾人可思考下列兩個解決方向：

(一) 關於 s 部分——降低班級學生人數

　　基本上，從「$I-1$ 方程式」來看，I 值若要愈大，那麼，s 值要愈小愈好。因此，降低班級學生人數 s，可提高 I 值。理論上，s 值愈趨近於最小值 1（即：$s\to\min(s)=1$），則 I 值將愈趨近於最大值 1（即：$I\to\max(I)$ $=1$），不過，在特教經費有限的情形下，要讓國內所有啟智班在每次上課時都進行師生一對一的 100% 個別化教學，實在有點奢求。於是，在實務上，

普教界與特教界經常利用下示之「個別化程度第二方程式」（以下簡稱「$I-2$方程式」）的數理精神來進行變通：

$$I = \theta \frac{T}{g_s} = 1 \times \frac{T}{g_s} = \frac{T}{g_s} \quad (g_s \neq 0 \text{ 且 } \theta > 0) \ (g_s \in \mathbb{N} \text{ 且 } I, \theta \in \mathbb{Q})$$

上式中，θ乃為方程式係數，為方便討論，在此亦將之暫設為$\theta = 1$。g_s則為該班智能障礙學生之真正分組需求量，而不是教師個人主觀臆測之分組量。明顯可見：「$I-2$方程式」對於教學軸線T之需求量，係著眼於學習分組g_s，而不是「$I-1$方程式」所著眼的學生人數s。為使$I \to 1$，「$I-1$方程式」須使教學軸線$T \to s$來達到$I = \frac{T}{s} \to \frac{s}{s} = 1$，而「$I-2$方程式」則須使教學軸線$T \to g_s$來達到$I = \frac{T}{g_s} \to \frac{g_s}{g_s} = 1$，因為，其著眼點從$s$轉為$g_s$，而得以將學習／認知能力相同的$s$位智能障礙學生轉併為$g_s$個學習分組。其中，❶當$g_s$呈現最大值之時，其分組情形乃呈現出「每人一組」之狀態，故而，s位智能障礙學生將分成$g_s = s$個學習分組，而必須為之提供$T = s$條教學軸線，此時，啟智班所有智能障礙學生彼此間之學習／認知能力的個別差異，在統計上已達.05顯著差異；否則，❷當g_s未達最大值之時，其分組情形乃呈現出「平均 ≥ 2 人一組」之狀態，故而，s位智能障礙學生將分成$1 \leq g_s < s$個學習分組而必須為之提供$1 \leq T < s$條教學軸線，此時，啟智班所有智能障礙學生彼此間之學習／認知能力的個別差異，在統計上未達.05顯著差異。職是之故，當某一啟智班確定可以進行單軸線教學之時，即代表：該班所有智能障礙學生彼此間之學習／認知能力的個別差異，在統計上未達.05顯著差異，而且經過嚴格教學診斷之後，確定全班智能障礙學生之學習／認知能力皆相同（其標準差等於0），此時，可將全班視為$g_s = 1$個學習分組而必須為之提供$T = 1$條教學軸線，且得以透過「$I-2$方程式」計算出該班教學之個別化程度$I = \frac{T}{g_s} = \frac{1}{1} = 1$。同理，雙軸線教學亦然。實則，「$I-2$方程式」所涉及者，乃為教育經濟學之問題——如果只能援用「$I-1$方程式」之「把T著眼於s」的精神來計算個別化程度之I值，那麼，唯當該啟智班學生總數$s = 1$，否則該啟智班將鮮有正當理由進行單軸線教學；反之，若改以「$I-2$方程式」之

「把 T 著眼於 g_s」的精神來計算個別化程度之 I 值，那麼，當該啟智班智能障礙學生之學習／認知能力的個別差異（標準差）等於 0 時，其學生分組 $g_s = 1$，此時，該啟智班將極有正當理由進行單軸線教學，如此一來，若為某一國小啟智班僅僅提供最少 $T = 1$ 條教學軸線，即可滿足最多滿編 10 位智能障礙學生之學習需求，其教學經濟效益將相對獲得提高。過去，在普教界盛行之「能力分班」，乃希望透過人為措施而將每班學生之學習能力的變異量壓縮到最小化——亦即：使該班學生之學習／認知能力的標準差或個別差異盡量趨近於 0，於是，該班之個別化教學的真實軸線需求量將形成 $g_s \to 1$（全班趨近於只分為 1 組）的局面。如此一來，在該班進行 1T 教學時，將因為 $I = \dfrac{T}{g_s} \to \dfrac{1}{1} = 1$，而在形式上趨近於 $I\% = 100\dfrac{T}{g_s}\% \to 100\dfrac{1}{1}\% = 100\%$ 的個別化教學，於是，透過「能力分班」之權變措施，使其教學經濟效益達到最大化（亦即：只提供最小化的教學軸線數量 $T = 1$，即可滿足最大化之學生人數 $\max(s)$ 的個別學習需求）。不過，在啟智班的教學現場，實際情形有點弔詭——通常只能看到教學負荷／難度較低、且只能達到較小之 I 值的單軸線或雙軸線教學，而不易見到 I 值較高的多軸線教學（亦即：$\geq$ 3T 教學），亦未搭配任何可以「提高 I 值」（如：能力分班）的權變措施（雖然「能力分班」因容易造成學生在教育社會學或社會心理學上的負面效應而不值得鼓勵，但若純粹就事論事，其於「$I-2$ 方程式」上具備提高 I 值與教學經濟效益的功能，卻是事實），如此作法，乃等於不問真實之個別化教學軸線的需求量為何，而一律硬將全班智能障礙學生之分組數量視為 $g_s = [1,2]$ 或 $1 \leq g_s \leq 2$（亦即：在教學實務上，經常看到的教學分組數量 g_s、或教師所提供的教學軸線數量 T，最多僅達到 $g_s = 2$ 個學習分組、或僅提供 $T = 2$ 條教學軸線而已），這等於：在國內普教／特教界都不鼓勵能力分班的前提下，所有科目的教學皆將班上所有智能障礙學生的學習分組硬生生地認定為 $g_s = [1,2]$，而一律隨之提供僅僅 $T = [1,2]$ 的教學軸線。如果，某一國小啟智班之 10 位智能障礙學生的個別差異雖未達 .05 顯著差異，卻應該分為 $g_s = 5$ 個學習分組（這種情形是極有可能存在的），那麼，教師若僅僅提供 $T = [1,2]$ 的教學軸線，最多也只能滿足 2 組學生的學習需求，在「$I-2$ 方程式」中，其個別化

程度百分比最多僅達 $\max(I\%)=100\dfrac{T}{g_s}\%=100\dfrac{2}{5}\%=40\%$，而不是 $\max(I\%)$ $=100\dfrac{T}{g_s}\% \to 100\dfrac{5}{5}\%=100\%$。換言之，除非經過能力分班、隨科能力分組、或純屬機緣巧合（招收進來之智能障礙學生的學習／認知能力都恰巧非常相近），否則，國內啟智班常見之單軸線或雙軸線教學，未必一定能夠滿足班上所有智能障礙學生在個別化教學上的真實教學軸線需求量，因而，一律為啟智班的智能障礙學生提供單軸線或雙軸線教學，誠過於冒險。實則，由於啟智班的智能障礙學生是極有可能呈現出個別差異的潛在性異質團體，因此，為啟智班的智能障礙學生僅僅提供單軸線教學，其「違需機率」（不適配於智能障礙學生之真正學習需求的機率）著實最高，而雙軸線教學則次之。換言之，透過「I－2方程式」的概念而利用「使 $T \to g_s$」之方式來降低教學軸線需求量，間接形成「降低班級學生人數」之替代性權變措施，以期提高啟智班教學之個別化程度，誠本無不可，惟應依據智能障礙學生之真實分組需求量、而非教師個人主觀臆測之分組量來執行，乃較為合理。

(二) 關於 T 部分──增加班級教師人數 (t)

因為，教學軸線總量 T，可等於教師人數 t 乘以平均每位教師所能貢獻 (c, contribution) 之教學軸線數量 c，其可由下列之「總軸線方程式」來予以表示：

$$T=tc \quad (T,t,c \in \mathbb{N})$$

例如：依據「特殊教育設施及人員設置標準」之規定，國小每個啟智班之編制為 2 位教師（教育部，2008），因此 $t=2$。若在教學現場中，2 位教師同時下場進行教學，且每位教師皆進行三軸線教學活動設計（即：$c=3$），那麼，同時間內，該班學生所能得到之教學軸線總量 $T=t \times c=2 \times 3=6$ 條軸線。因此，「I－1方程式」又可以改寫為下列形式：

$$\because T=tc \text{ 且 } I=\Omega\frac{T}{s}=1\times\frac{T}{s}=\frac{T}{s}$$

$$\therefore I=\Omega\frac{T}{s}=1\times\frac{T}{s}=\frac{tc}{s}$$

為求區別，特將上式稱為「個別化程度第三方程式」（以下簡稱「I-3 方程式」）。從「I-1 方程式」、「I-3 方程式」以及「總軸線方程式」可看出：t 與 T 成正比，且 T 與 I 又成正比。若欲提高 I 值，須先提高 T 值；若欲提高 T 值，則可嘗試提高 t 值。是故，在教學現場中，若無法降低班級學生人數，那麼，或可轉而考慮增加班級教師人數。

實則，在「降低學生人數」方面，2008 年所修訂之「特殊教育設施及人員設置標準」已將國中、小學生每班滿編人數分別由原來的 15、12 人，降低為 12、10 人（教育部，2008）。此一作法，對於提升個別化教學之品質，誠具實益。那麼，依據 2008 年修訂之「特殊教育設施及人員設置標準」所規定之師生人數，若每次上課時，國中、小統統由班上 3 或 2 位教師同時為班上 12 或 10 位學生進行分組教學，其個別化教學之經濟效益為何，頗值得加以探討。一般而言，在投資市場上，對投資者而言，最常見之經濟效益概念，乃為「益本比」，亦即：獲益與成本的比值，代表每輸入一單位的成本所能得到的獲益輸出。

$$益本比 = \frac{獲益}{成本}$$

我們可將益本比的概念，運用在教學經濟效益的公式上。關於教學經濟效益 (ε, economy) ε，如下示之「教學經濟效益方程式」所示：若將其他變項視為恆定不變之常數，其可視為教學輸出 (output) o 與教學輸入 (input) ι 之比值（下式之 Θ 乃為方程式係數，為便於討論，在此暫設 Θ＝1），故此 ε 值即代表每一單位之教學輸入所獲得之教學輸出。

$$\varepsilon = \Theta \frac{o}{\iota} = 1 \times \frac{o}{\iota} = \frac{o}{\iota} \quad (\Theta > 0 \text{ 且 } \iota \neq 0) \ (\varepsilon, \Theta, o, \iota \in \mathbb{Q})$$

將「教學經濟效益方程式」之概念進一步推演，且令 o＝I、ι＝T，亦即：若將其他變項視為恆定不變之常數，那麼，教學總軸線 T 可視為教學輸入值 ι，而個別化程度 I 則可視為教學輸出值 o，教學經濟效益 ε 即為 I 與 T 之比值，即：$\varepsilon = \frac{o}{\iota} = \frac{I}{T}$。據此，可導出下示之「平均每條教學軸線之個別化教學經濟效益方程式」：

$$\varepsilon_1 = \frac{o}{\iota} = \frac{I}{T} = \frac{I}{tc} = \frac{\frac{T}{s}}{tc} = \frac{T}{tsc} = \frac{tc}{tsc} = \frac{1}{s}$$

上式中，$\varepsilon_1 = \frac{1}{s} = \frac{\max(I)}{\max(T)} = \frac{\max(o)}{\max(\iota)}$，分母之 s 乃為最大輸入之教學軸線 T 值，亦即：班上有多少學生，就提供多少教學軸線，故 $s = \max(T) = \max(\iota)$；而分子之 1 乃為最大輸出之個別化程度的 I 值，故 $1 = \max(I) = \max(o)$，亦即：達到 100% 個別化教學。因此，$\varepsilon_1 = \frac{1}{s}$ 即代表：在教學輸入／輸出達到最大飽和量的條件下，平均每條教學軸線之個別化教學經濟效益。從「平均每條教學軸線之個別化教學經濟效益方程式」之概念，可再推導出下示之「總軸線個別化教學經濟效益方程式」：

$$\varepsilon_T = T \times \varepsilon_1 = T(\frac{1}{s}) = \frac{T}{s} = I$$

從上式可見，ε_T 即為全部 T 條教學軸線之個別化教學經濟效益，經推導後，等於個別化程度之 I 值。試以國中、小啟智班為例，若欲探討兩者之師生編制所產生的個別化教學經濟效益，那麼，應將所有師生人數放在一起討論。當所有教師統統下場進行教學活動時，教師人數 $t = \max(t) = \min(t)$；而當所有學生統統參與學習活動時，學生人數 $s = \max(s) = \min(s)$。其所達成之個別化教學經濟效益 ε_T 值為：

1. 在最大值 $\max(\varepsilon_T)$ 部分：

   因為 $\max(T) = s$，故 $\max(\varepsilon_T) = \frac{\max(T)}{\min(s)} = \frac{s}{s} = 1$，即：達到100%個別化教學。

2. 在最小值 $\min(\varepsilon_T)$ 部分：

   ❶國小部 (p)：$\min(\varepsilon_{T_p}) = \frac{\min(T)}{\max(s)} = \frac{\min(t) \times \min(c)}{s} = \frac{t \times \min(c)}{s} = \frac{2 \times 1}{10} = \frac{1}{5}$

   $= .20$，即：達到 20% 之個別化教學。

   ❷國中部 (j)：$\min(\varepsilon_{T_j}) = \frac{\min(T)}{\max(s)} = \frac{\min(t) \times \min(c)}{s} = \frac{t \times \min(c)}{s} = \frac{3 \times 1}{12} = \frac{1}{4}$

   $= .25$，即：達到 25% 之個別化教學。

是故，國小部：$.20 \leq \varepsilon_{T_p} = I_p \leq 1$，國中部：$.25 \leq \varepsilon_{T_j} = I_j \leq 1$。國中部之總軸線個別化教學經濟效益的最小值 $\min(\varepsilon_{T_j}) = .25$ 乃大於國小部 $\min(\varepsilon_{T_p}) = .20$。此一分析結果著實令人憂心，因為，年紀愈小、或智能障礙程度愈重的學生，其認知發展理應較差，因此需要更高之個別化教學經濟效益 ε_T 或個別化程度 I，是故，在最小 ε_T 部分，國小部的 $\min(\varepsilon_{T_p})$ 就算不能大於國中部 $\min(\varepsilon_{T_j})$，至少也應等於國中部 $\min(\varepsilon_{T_j})$，即：$\min(\varepsilon_{T_p}) \geq \min(\varepsilon_{T_j})$。綜合觀之，目前國內四個學部的 $\max(\varepsilon_T)$ 與 $\min(\varepsilon_T)$ 乃如表 15-2 所示，其中可見，四個學部的 $\max(\varepsilon_T)$ 皆等於 1；而在當前的 $\min(\varepsilon_T)$ 部分，其 $\min(\varepsilon_T)$ 值理應隨著學齡之增加而提高，但是在國中／小部分卻違背此一原理。若將國小部每班學生之滿編人數由 10 人／班改為 8 人／班，那麼修正後的 $\min(\varepsilon_T)$ 至少可維持「高職部＜國中部＝國小部＝幼稚部」的局面。不過，這畢竟不是理想的境界，較理想的設計應符合「高職部＜國中部＜國小部＜幼稚部」的精神，因此，表15-2 也針對「較理想的 $\min(\varepsilon_T)$」提出各學部每班滿編學生人數的建議值。

表 15-2　四個學部的 $\max(\varepsilon_T)$ 與 $\min(\varepsilon_T)$

	高中職	國中部	國小部	幼稚部
當前的 $\max(\varepsilon_T)$	1	1	1	1
當前的 $\min(\varepsilon_T)$	.20	.25	.20	.25
當前的滿編學生人數（人／班）	15	12	10	8
修正後 $\min(\varepsilon_T)$	.20	.25	.25	.25
修正後滿編學生人數（人／班）	15	12	8	8
較理想的 $\min(\varepsilon_T)$	.20	.25	.29	.33
較理想的滿編學生人數（人／班）	15	12	7	6

此外，從「$I-3$ 方程式」$I = \dfrac{tc}{s}$ 亦可推得：學生人數 $s = \dfrac{tc}{I}$、教師人數 $t = \dfrac{Is}{c}$。由於此處所討論者，係為所有師生一起參與教學／學習活動之情境，因此須將 s 與 t 加起來，形成下示之「師生組合方程式」。其實，從「師生組合方程式」的角度來看，傳統常見之教學情境，僅有一、兩位教師下場進行教學，這只是所有師生組合方式之中的一項特例。

$$s+t$$
$$=\frac{tc}{I}+\frac{Is}{c}$$
$$=\frac{tc^2+I^2s}{Ic}$$

接下來，吾人可設定一個「教學經濟效益最大化模型」（即：以最小教學輸入 $\min(i)=\min(c)$ 達成最大教學輸出 $\max(o)=\max(I)$）來進行後續之討論。結合「教學經濟效益最大化模型」及「師生組合方程式」，可分別求出：❶當 $\max(I)=1$（最大的教學輸出）、以及❷當 $\min(c)=1$（每位教師的最小教學輸入）時，在國中、小啟智班進行個別化教學所需之 c 值及其所達成之 I 值的分布範圍究竟為何。

1. 當 $\max(I)=1$ 時，c 值的分布範圍

若以國小之 $s=10$、$t=2$ 為例，將 $I=1$ 代入「師生組合方程式」，可得：

$$\because s+t=\frac{tc^2+I^2s}{Ic}$$
$$\therefore 10+2=\frac{2c^2+10}{c}$$
$$12c=2c^2+10$$
$$c^2-6c+5=0$$
$$(c-1)(c-5)=0$$
$$得：c=1 \ 或 \ c=5$$

是故，每位國小教師所需貢獻之教學軸線數量範圍為 $1 \leq c_p \leq 5$。我們可另由方程式圖形來了解 c_p 值的範圍，為方便說明起見，特將上式 $c^2-6c+5=0$ 改寫為較常見之 $x^2-6x+5=0$ 的形式。如圖 15-1 所示，$x^2-6x+5=0$（右圖）乃為方程式 $y=x^2-6x+5$（左圖）在 $y=0$ 之時的特例，其中，當 $y=0$ 時，$x=1$ 或 5。

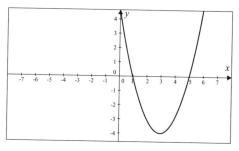 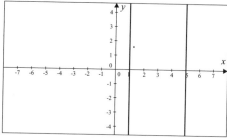

圖 15-1 $y = x^2 - 6x + 5$ 與 $x^2 - 6x + 5 = 0$ 的方程式圖形

再以國中之 $s = 12$、$t = 3$ 來計算，可得：每位國中教師所需貢獻之教學軸線數量範圍為 $1 \le c_j \le 4$。

$$\because s + t = \frac{tc^2 + I^2 s}{Ic}$$

$$\therefore 12 + 3 = \frac{3c^2 + 12}{c}$$

$$15c = 3c^2 + 12$$

$$c^2 - 5c + 4 = 0$$

$$(c - 1)(c - 4) = 0$$

得：$c = 1$ 或 $c = 4$

2. 當 $\min(c) = 1$ 時，I 值的分布範圍

若以國小之 $s = 10$、$t = 2$ 為例，將 $c = 1$ 代入「師生組合方程式」，可得：

$$\because s + t = \frac{tc^2 + I^2 s}{Ic}$$

$$\therefore 10 + 2 = \frac{2 + 10I^2}{I}$$

$$12I = 2 + 10I^2$$

$$5I^2 - 6I + 1 = 0$$

$$(5I - 1)(I - 1) = 0$$

得：$I = \frac{1}{5} = .20$ 或 $I = 1$

是故，當每位教師所需貢獻之教學軸線數量達到最小化之 $\min(c)=1$ 時，國小所達到之個別化程度的範圍為 $.20 \le I_p \le 1$。再以國中之 $s=12$、$t=3$ 來計算，可得：國中所達到之個別化程度的範圍為 $.25 \le I_j \le 1$。

$$\because s+t = \frac{tc^2 + I^2 s}{Ic}$$

$$\therefore 12+3 = \frac{3+12I^2}{I}$$

$$15I = 3+12I^2$$

$$4I^2 - 5I + 1 = 0$$

$$(4I-1)(I-1) = 0$$

$$得：I = \frac{1}{4} = .25 \quad 或 \quad I = 1$$

綜合上述分析可見，在教學經濟效益最大化的前提下，每次上課時，若師生統統參與教學／學習活動，那麼：❶國小部每位教師所須貢獻之教學軸線數量的最大值 $\max(c_p)=5$ 乃較國中部教師 $\max(c_j)=4$ 為大，然而，❷國小部教師所達到之個別化程度的最小值 $\min(I_p)=.20$ 卻較國中部教師 $\min(I_j)=.25$ 為低。此一結果與前述之 ε_T 分析同樣顯示出：現階段之國中、小啟智班師生編制所造成之 $\min(\varepsilon_{T_p}) < \min(\varepsilon_{T_j})$ 或 $\min(I_p) < \min(I_j)$ 的不合理現象，似仍有改進之空間。如果，國小啟智班學生改為每班滿編 8 人，那麼，每位教師所須貢獻之軸線數量的範圍將改為 $1 \le c_p \le 4$，其所達成之個別化程度的範圍將變為 $.25 \le I_p \le 1$，而且，ε_T 的最小值將變成 $\min(\varepsilon_{T_p}) = \frac{\min(T)}{\max(s)} = \frac{\min(t) \times \min(c)}{s}$ $= \frac{t \times \min(c)}{s} = \frac{2 \times 1}{8} = \frac{1}{4} = .25$（四個學部之 $\min(\varepsilon_T)$ 的全部詳情，請參考表 15-2）。至此，國中、小始以相同之教學輸入，得到等量之教學輸出，國小部之 $\min(\varepsilon_{T_p})$ 遂「至少得與」國中部之 $\min(\varepsilon_{T_j})$ 追平。理論上，國小部之 $\min(\varepsilon_{T_p})$ 應「必然大於」國中部之 $\min(\varepsilon_{T_j})$，方更為理想，亦即：使 $\min(\varepsilon_{T_p}) > \min(\varepsilon_{T_j})$（其可行之作法，請參考表 15-2 所呈現之「較理想的滿編學生人數」該列數值）。

目前國內關於啟智班師生編制之立法現況，僅考慮藉由讓年紀較小的學部擁有較低之每班滿編學生人數，而獲致較大之個別化程度，如同先前的分

析所示：當 $T=1$ 時，$I_k\,(=.125)>I_p\,(=.10)>I_j\,(=.083)>I_n\,(=.067)$（此一 I 值之計算方式，皆只考慮到教學輸出 $o=I$ 的部分，而未曾考慮到教學輸入 $\iota=T=tc$ 的制度設計，故在教學經濟效益 $\varepsilon=\dfrac{o}{\iota}=\dfrac{I}{T}=\dfrac{I}{tc}=\dfrac{I}{1\times1}=I$ 之計算中，教師人數永遠只能視為 $t=1$ 人，且每位教師永遠只貢獻 $c=1$ 條教學軸線），表面上看似非常合理，然而，若改以教學經濟效益 ε_T 之角度來分析，卻在 $\min(\varepsilon_T)$ 分析中，讓我們看到了當前國中、小啟智班師生編制所隱含之潛在問題。相較於現行國中部學生之每班滿編人數，國小部應存在若干「再降低」的合理空間。政策之制訂，應該做通例式的全盤考量（如：本章之「師生組合方程式」即含納了教師人數 $t\geq1$ 之所有可能的師生組合方式），而不是特例式的局部思維（如前所述，在 $\varepsilon=\dfrac{o}{\iota}=\dfrac{I}{T}=\dfrac{I}{tc}=\dfrac{I}{1\times1}=I$ 之計算中，目前「特殊教育設施及人員設置標準」只考慮到教師 $t=1$ 人數的師生組合方式，且每位教師僅貢獻 $c=1$ 條教學軸線，這樣的立法精神似乎只鼓勵基層教師朝向個別化程度較低的單軸線教學設計來發展，而不鼓勵大家藉由 $t\geq1$ 之師生組合方式來貢獻 $c\geq1$ 之教學軸線，以挑戰個別化程度更高的多軸線教學設計，提供個別化程度更佳之啟智班教學服務），此一議題或可在下次修訂「特殊教育設施及人員設置標準」時，予以參酌。

三 師生比觀點

「師生比（ρ, ratio）$\rho_{ts}=\rho_a$（為方便師生比 ρ_{ts} 與後續介紹之生師比 ρ_{st} 的簡明區別，特另以 ρ_a 來表示 ρ_{ts}、且以 ρ_b 來表示 ρ_{st}）」是最常被用來衡量個別化程度的概念，其可藉由下列「師生比方程式」來予以表示：

$$\rho_a=\frac{t}{s}\quad\text{或}\quad t=s\rho_a\quad(s\neq0)\,(\rho_a\in\mathbb{Q}\text{ 且 }s,t\in\mathbb{N})$$

上式中，$t=$ 教師人數、$s=$ 學生人數、$\rho_a=$ 師生比。其中，ρ_a 亦可視為「對每位學生施教之教師人數」，因此上式亦可稱為「受教比率方程式」。ρ_a 值愈大，則師生比愈大，而且，對每位學生施予教學之教師人數亦愈多。透過「$I-3$ 方程式」可推導出 I 與 ρ_a 之間的關係：

$$I = \frac{tc}{s} = c(\frac{t}{s}) = c\rho_a \quad (c > 0)$$

因此，I 與 ρ_a 成正比，亦即：師生比愈大（對每位學生施教之教師人數愈多），則個別化程度愈高。

與「師生比方程式」之概念恰巧相反的，乃為下示之「生師比（$\rho_{st} = \rho_b$）方程式」：

$$\rho_b = \frac{s}{t} \ \text{或} \ \rho_b t = s \quad (t \neq 0) \ (\rho_b \in \mathbb{Q} \ \text{且} \ s, t \in \mathbb{N})$$

上式中，$t =$ 教師人數、$s =$ 學生人數、$\rho_b =$ 生師比。其中，ρ_b 又可視為「每位教師所負責施教之學生人數」，是故，該式亦可稱為「施教比率方程式」。因為 ρ_b 與 ρ_a 成反比、且 I 與 ρ_a 成正比，所以 I 與 ρ_b 成反比，亦即：ρ_b 值愈大（每位教師所負責施教之學生人數愈多），其個別化程度愈小。

其實，若要探討個別化教學之公平正義議題，不能只看「學生之受教比率」（師生比，此乃站在學生立場之觀點，亦即：學生之受教權益），而還要顧及「教師之施教比率」（生師比，此乃站在教師立場之觀點，亦即：教師之教學負荷）。因為，每位教師對於教學負荷之「可承受 (e, endurable) 量」 e 有限，理論上，此一 e 值係趨近於某一常數 (C, constant) C_e，且該 C_e 值乃因人而異。在教學現場中，啟智班教師之「可承受教學負荷量」 e 的主要負荷來源，乃來自教師對於全班 s 位智能障礙學生之「教學關注」。如果，班上 s 位學生中，平均每人可從教師身上得到 α 倍的教學關注 (α, attention)，那麼，教師對於全班 s 位學生必須付出之「教學關注總量」即等於 $s\alpha$，而且，「教學關注總量」 $s\alpha$ 與「可承受教學負荷量」 e 之間乃可假設存在 $s\alpha = \delta e \to \delta C_e$（$\delta$ 為方程式係數，且 $\delta > 0$）之直線正比關係。進一步推演後，可得下列之智能障礙學生的「人均教學關注量方程式」（為方便討論起見，暫設 $\delta = 1$）：

$$\alpha = \delta \frac{e}{s} = 1 \times \frac{e}{s} = \frac{e}{s} \to \frac{C_e}{s} \quad (\delta > 0 \ \text{且} \ \alpha \in \mathbb{Q})$$

再將上式移項之後，可推出下示之「教師負荷方程式」：

$$e = s\alpha \rightarrow C_e \quad \text{或} \quad \alpha = \frac{e}{s} \rightarrow \frac{C_e}{s}$$

顯然，上式亦可視為「教學關注總量方程式」，其表示：在方程式係數暫設為 $\delta = 1$ 之情形下，教師須對全班學生付出之教學關注總量 $s\alpha$，即暫可視為教師之可負荷總量 e。若在班上 s 位學生中，每位學生所能得到教師付出之教學關注 α_i 係各不相同，那麼，教學關注總量理應改寫為 $e = \sum\limits_{i=1}^{s} \alpha_i \rightarrow C_e$。由上示之「教師負荷方程式」可見：$s$（學生人數）與 α（平均每位學生所得到的教師關注，因為此處之 α 係為平均數，故亦可將之標示為 $\bar{\alpha}$，且 $\bar{\alpha} = \dfrac{\sum\limits_{i=1}^{s} \alpha_i}{s}$）成反比，是故，在 e 值趨近於恆定不變之常數 C_e 值的情形下，原則上，每位教師所負責施教之學生人數 s 愈少，那麼，平均每位智能障礙學生從教師身上所得到之教學關注 α 將相對較多，進而，其所獲得之個別化教學的品質亦相對較佳。

四 教學負荷觀點

如前所述，在考量個別化教學之公平正義議題時，不能只看「學生之受教權益」，而還要顧及「教師之教學負荷」。教學負荷是教學壓力的主要來源之一，而教師對於教學負荷之可承受量又主要與其教學專業能力有關，因此，以下將分別由教學專業能力之「個體間」與「個體內」的個別差異來進行分析。

(一) 教學專業能力之「個體間」差異部分（教師不同、學生相同）

依據鄭石岩（引自松山高中輔導室，2000）的說法：壓力 $= \dfrac{\text{負載}}{\text{自我功能}}$。該方程式亦可改由心理壓力 (stress) Σ、心理負荷 (burden) B、可承受 (endurable) 心理負荷量 E 等三個變項來表示，此三者之間的關係可表示為下示之「心理壓力方程式」，意即：若將其他變項視為恆定不變之常數，那麼，同樣的心理負荷 B，施加在不同之可承受負荷量 E 的個體時，其所形成之心理

壓力 Σ 將會因人而異（其中，ϖ 乃為該方程式之係數，為便於討論，本章暫將之視為 $\varpi = 1$）。

$$\Sigma = \varpi \frac{B}{E} = 1 \times \frac{B}{E} = \frac{B}{E} \quad (\varpi > 0 \text{ 且 } E \neq 0)$$

同理，教師之教學 (τ, teaching) 壓力 (Σ, stress) Σ_τ、教學負荷 (B, burden) B_τ、可承受 (E, endurable) 之教學負荷量 E_τ 等三者之間的關係，亦可表示為下示之「教學壓力 (σ, stress) $\sigma 1$ 方程式」，意即：若將其他變項視為恆定不變之常數，那麼，同樣的教學負荷 B_τ，施加在不同之可承受教學負荷量 E_τ 的教師身上時，其所造成之教學壓力 Σ_τ 將會因人而異（其中，ϖ_τ 乃為該方程式之係數，為便於討論，本章暫將之設為 $\varpi_\tau = 1$）。

$$\Sigma_\tau = \varpi_\tau \frac{B_\tau}{E_\tau} = 1 \times \frac{B_\tau}{E_\tau} = \frac{B_\tau}{E_\tau} \quad (\varpi_\tau > 0 \text{ 且 } E_\tau \neq 0)$$

若將其他變項視為恆定不變之常數，那麼，對教師而言，教學專業 (Π, professional) 能力 Π_τ 愈強者，其可承受之教學負荷量 E_τ 愈高。因此，兩者之間可存在正比關係。雖不知其於真實現象界所存在者，係為直線式、或曲線式之正比關係，然而，為方便後續討論起見，本章針對類似之變項關係，皆暫以最簡單之直線式正比關係來予以描述。職是之故，E_τ 與 Π_τ 之間的直線正比關係式，可暫以 $E_\tau = g\Pi_\tau$ 來表示（g 為方程式係數）。於是乎，「教學壓力 $\sigma 1$ 方程式」遂可進一步改寫為下示之「教學壓力 $\sigma 2$ 方程式」：

$$\Sigma_\tau = \frac{B_\tau}{E_\tau} = \frac{B_\tau}{g\Pi_\tau} \quad (E_\tau, \Pi_\tau \neq 0 \text{ 且 } g > 0)$$

上式顯示：如果，某位教師之教學專業能力的 Π_τ 值較低，那麼，同樣 B_τ 值的教學負荷加諸其身時，其所感受之教學壓力的 Σ_τ 值將會較高；反之，對於教學專業能力之 Π_τ 值較高的教師而言，同樣 B_τ 值的教學負荷加諸其身時，其所感受之教學壓力的 Σ_τ 值將會較低。

此外，若將其他變項視為恆定不變之常數，那麼，班級學生人數 s 愈大，則教師之教學負荷的 B_τ 值將會愈高，因此，暫可假設兩者之間存在 $B_\tau = \pi s$ 之直線正比關係（π 為方程式係數）。因此「教學壓力 $\sigma 2$ 方程式」又可改寫為下示之「教學壓力 $\sigma 3$ 方程式」：

$$\Sigma_\tau = \frac{B_\tau}{g\Pi_\tau} = \frac{\pi s}{g\Pi_\tau} = \frac{\pi}{g} \times \frac{s}{\Pi_\tau} = m \times \frac{s}{\Pi_\tau} \quad (\text{設}\ m = \frac{\pi}{g})\ (\pi, m > 0)$$

對於教學專業能力 Π_τ 較高的教師而言，同樣的學生人數 s 將使其所感受之教學壓力的 Σ_τ 值變得較低；反之則較高。因此，前述之「教師負荷方程式」的教師可承受負荷量 e 與「教學壓力σ1 方程式」之可承受教學負荷量 Σ_τ 之間可暫設存在 $e = \mu\Sigma_\tau$ 的直線正比關係（μ 為方程式係數，且 $\mu > 0$）。為方便討論起見，若暫將方程式係數 μ 設為 $\mu = 1$，則 $e = E_\tau$。因為 $e = E_\tau$ 且 $E_\tau = g\Pi_\tau$，所以 $e = E_\tau = g\Pi_\tau$。理論上，此一 e 乃趨近於某常數 C_e，但每位教師之 C_e 值未必一定相同，班上 s 位學生僅能平均每人從教師身上得到 $\alpha = \frac{e}{s} = \frac{g\Pi_\tau}{s} \rightarrow \frac{C_e}{s}$ 倍的教學關注 (α, attention)。當班級學生人數 s 等於某常數 C_s 時，教學專業能力之 Π_τ 值較高的教師所能給予每位學生的教學關注 α，將多於教學專業能力之 Π_τ 值較低的教師。因此，被不同教學專業能力之教師所教導的學生，其受教權將因教學關注之受教品質的差異而產生不公平的爭議。不過，目前國內相關法案之立法策略乃默認所有教師之教學專業能力 Π_τ 的「個體間」差異並不存在，亦即：其認為所有教師之教學專業能力 Π_τ 皆趨近於某一常數 C_{Π_τ}（即：$\forall \Pi_\tau \rightarrow C_{\Pi_\tau}$），因此，其數學關係可由「教學壓力σ2 方程式」改寫為下示之「教學壓力σ4 方程式」。

$$\Sigma_\tau = \frac{B_\tau}{g\Pi_\tau} \rightarrow \frac{B_\tau}{gC_{\Pi_\tau}}$$

換言之，「教學壓力σ4 方程式」表示：同樣的教學負荷 B_τ 施加在不管是否具有個體間之教學專業能力 Π_τ 的差異、而一律將之視為 $\forall \Pi_\tau$（所有教師的教學專業能力 Π_τ）恆等於某一常數 C_{Π_τ} 的教師身上時，對於（在真實現象場之中確實存在彼此間之教學專業能力 Π_τ 之個別差異的）所有教師皆將產生相同的教學壓力 $\Sigma_\tau \rightarrow \frac{B_\tau}{gC_{\Pi_\tau}} = \frac{B_\tau}{r}$（$r$ 為方程式係數，設 $r = gC_{\Pi_\tau}$ 且 $r > 0$）。當然，就啟智班師生編制之立法面觀點而言，上述之「教學壓力σ4 方程式」係默認教師之教學專業能力的個體間差異乃不存在，換言之，其並不允許教師因為教學專業能力較低（導致其教學壓力較易升高），而得以向行政單位要求接

受較少的班級學生人數（藉此將教學壓力維持在其所能承受之範圍），此乃立法面之「同酬同工」的公平正義問題，其僅表現在「每位教師（不論其教學專業能力是否相同）皆應接受相同的班級學生人數」之上。除此之外，其餘尚應重視之相關公平正義議題，將在下一段關於教學專業能力之「個體內」差異部分予以討論。

(二) 教學專業能力之「個體內」差異部分（教師相同、學生不同）

實則，在「不同教學專業能力之教師皆應接受相同之班級學生滿編人數」以外，亦應顧及「相同專業能力之教師所負擔之不同教學負荷」的公平正義問題。以啟智班為例，形成教師之教學負荷的其中一個主要變項，即為學生之智能障礙程度 $(d, degree)$。是故，在探討啟智班教師之「教學壓力」時，若將「班級學生人數 s」與「智能障礙程度 d」合併考慮，那麼，「教學壓力σ3 方程式」可改寫為下示之「教學壓力σ5 方程式」：

$$\Sigma_\tau = m \frac{s}{\Pi_\tau} = nd \times \frac{s}{\Pi_\tau} = n \times \frac{sd}{\Pi_\tau} \quad (\text{設 } m = nd)\ (m, n > 0)$$

上式表示：學生的智能障礙程度 d 愈大，其所形成之教學壓力 Σ_τ 愈高。依據「教學壓力σ4 方程式」，教學負荷 B_τ 愈大，教師的教學壓力 Σ_τ 也愈高。綜合觀之：因為 $d \propto \Sigma_\tau$（d 與 Σ_τ 成正比）且 $B_\tau \propto \Sigma_\tau$，因此 $d \propto B_\tau$，亦即：學生的智能障礙程度 d 愈大，那麼，教師的教學負荷 B_τ 也愈大。

此外，因為 $e = E_\tau = g\Pi_\tau$，所以 $\Pi_\tau = \frac{e}{g}$。「教學壓力σ5 方程式」遂可改寫為下示之「教學壓力σ6 方程式」：

$$\Sigma_\tau = n \times \frac{sd}{\Pi_\tau} = n \times \frac{sd}{\frac{e}{g}} = ng \frac{sd}{e}$$

為方便討論起見，暫設 $ng = 1$，則 $\Sigma_\tau = \frac{sd}{e}$。理論上，對教師個人而言，此一 e 值係趨近於某一常數 C_e，故 $\Sigma_\tau = \frac{sd}{e} \rightarrow \frac{sd}{C_e}$。假設某師可選擇擔任 X 啟智班（有 10 位輕度智能障礙學生）或 Y 啟智班（有 10 位中度智能障礙學生）之級任教師，那麼，因為 $d_X < d_Y$ 且 $s_X = s_Y = 10 = C_s$（為便於推論，在此特將 s

設為常數 $C_s = 10$），所以 $\Sigma_X = \dfrac{10d_X}{C_e} < \Sigma_Y = \dfrac{10d_Y}{C_e}$。換言之，因為 X 班學生的智能障礙程度 d_X 較 Y 班學生的智能障礙程度 d_Y 為輕，是故，該教師任教 X 班的教學壓力 Σ_X 將小於任教 Y 班的教學壓力 Σ_Y。從 $\Sigma_\tau = \dfrac{sd}{e}$ 觀之，教學壓力 Σ_τ 與教學負荷之可承受量 e 成反比，再透過 $e = s\alpha$ 可導出 $\Sigma_\tau = \dfrac{sd}{e} = \dfrac{sd}{s\alpha} = \dfrac{d}{\alpha}$，所以，教學壓力 Σ_τ 亦與教學關注 α 成反比。如此一來，X 班學生所得到之教學關注 α_X 將高於 Y 班的 α_Y（即：$\alpha_X > \alpha_Y$）。理論上，教學關注量 α 與個別化教學品質（q, quality）q 成正比，故進一步可得：$q_X > q_Y$。總而言之，若由同樣的教師來帶班，則 X、Y 兩班學生將因智能障礙程度不同（$d_X < d_Y$），而獲致不同的個別化教學品質（$q_X > q_Y$），遂衍生出兩班受教權益不公的潛在爭議。

　　綜合上述可見：在教師教學專業能力的「個體間」差異方面，國內相關立法面之公平正義乃聚焦於「班級學生滿編人數之公平」（亦即「不論教師之教學專業能力是否存在個體間之差異，皆一律要求教學之勞逸公平」）的關切點上；然而，在教師教學專業能力的「個體內」差異方面，其立法面之公平正義則集中在「造成不同教學壓力水平之學生皆應獲得公平之教學關注」的焦點上。前者，已體現於當前的立法條文中；而後者，則值得予以重視，並在未來修法時或可考慮「如果障礙學生對教師所造成之教學壓力／負荷的潛在能量較高，則應彈性酌降班級學生人數，以維持學生受教品質之公平性」，其具體實施原則，在此酌列三例，以供參考：

1. 班上若有智能障礙＋明顯問題行為（如：過動、攻擊傾向）之學生時，得酌降班級人數。

2. 班上若有重度／極重度智能障礙學生時，得酌降班級人數。

3. 班上若有多重障礙（如：智能障礙＋聽障）之學生時，得酌降班級人數。

五 結語：未來改革之建議

　　本章之討論主軸，與其說是制度的檢討，毋寧視之為理想的探尋。理想往往走在前方，而現行制度則永遠跟在理想的後面追著跑，因此，讀者較不宜以現行制度的角度來理解本章之內容所試圖勾勒出來的理想，例如：在現行制度中，有些高職學校雖然擁有特殊學生，卻根本無法單單以特教專長來聘用教師，因為特教教師無法到機械科、家政科、或者汽車修理科……等科系進行各科專業之教學，即便是國文、數學之類的通用科目，特教教師也派不上用場，是故，在教學經濟效益方程式 $\varepsilon = \dfrac{o}{l} = \dfrac{I}{T} = \dfrac{I}{tc}$ 之概念架構下，要在這類高職學校之任何擁有特殊學生的班級內，以 tc 之概念來提供「多教師」或「多軸線」之特教教學設計，目前根本是天方夜譚。我們只能期待：在滿足教育現場之真正需求的前提下，只要有任何特殊學生之學習需求在現階段未被滿足，那麼，切盼未來的制度能及早提升、且追上本章所提出之教育理想，讓就讀於這類高職學校的特殊學生，也能獲得應有的特教服務。同理，國中、國小、幼稚園之狀況亦然。

　　目前，國內在教師之「同酬同工」的公平正義上，僅考慮到「不同教學專業能力之教師皆應接受相同之班級學生滿編人數」的勞逸公平問題。實則，若能將「同工」之思考面向進一步擴及至「教學壓力／負荷」，那麼，造成較高教學壓力／負荷之學生班級，理應透過酌降班級人數之設計，而獲得更為公平之教學關注與受教品質。此外，未來在修訂「特殊教育設施及人員設置標準」時，若將國小部每班學生滿編人數降為 8 人，則可使國中、小之個別化教學經濟效益「至少」趨於等同；不過，若能將國小部、幼稚部的滿編學生人數分別降為 7 人、6 人，則此一整體設計將更趨合理。未來關於提升國內個別化教學品質之啟智班師生編制等相關制度方面的立法改革，若能同時顧及上述之公平正義的面向，那麼，為特殊學生營造出更為優質之個別化教學的制度與環境，應指日可待！

附註：希臘字母讀音

大寫	小寫	讀音	大寫	小寫	讀音	大寫	小寫	讀音
A	α	alpha	I	ι	iota	P	ρ	rho
B	β	beta	K	κ	kappa	Σ	σ, ς	sigma
Γ	γ	gamma	Λ	λ	lambda	T	τ	tau
Δ	δ	delta	M	μ	mu	Y	υ	upsilon
E	ε	epsilon	N	ν	nu	Φ	φ	phi
Z	ζ	zeta	Ξ	ξ	xi	X	χ	khi
H	η	eta	O	o	omicron	Ψ	ψ	psi
Θ	θ	theta	Π	π	pi	Ω	ω	omega

Chapter 16

啟智班教材難度取捨採「最小值取向」在單軸線教學設計下的相關問題與解決之道

一、前言

通常，對初學「啟智教學活動設計」的特教系或特教學程學生而言，在整個教學活動設計的操作流程中，關於教材難度之取捨，應屬其中一項難度及挑戰性頗高之重要環節。而在所有的特教教案類別中，由於智能障礙學生之障礙／學習特質，使得「啟智班教案」之教材難度取捨的原理、原則，乃呈現出有異於普通班或其他特教障礙類別之獨特性。尤其，當國內啟智班常見之單軸線 (1T) 教學設計概念，碰觸到啟智班在教材難度取捨上所常採用之「最小值取向」時，兩者不僅無法交會出更有建設性之設計概念火花，且反而會製造出若干實務與技術面的窒礙與問題。是故，本章之目的即在探討此類之相關問題，並試圖尋找未來可資思考的解決之道。

二、「普通班教案」與「啟智班教案」的基本區別

依據筆者的實際教學經驗，初學者在修習「啟智教學活動設計」之類的相關課程時，最初所撰寫出來的教案，通常都只能算是「普通班教案」，因

為，其中之內容大多數僅徒具教案的一般表面形式，而缺乏啟智教學之深度專業思維。那麼，什麼是「啟智教學的專業思維」呢？在此暫舉三大基本要點，以供參考：

1. 教學單元的難度取捨方面

依據「特殊教育設施及人員設置標準」之規定：啟智班之編班學生人數，幼稚部滿編＝8 人／班，國小部滿編＝10 人／班，國中部滿編＝12 人／班，高職部滿編＝15 人／班（教育部，2008），而現階段國小普通班則通常為滿編 30 人／班，本章在後續討論中，暫以滿編 30 人／班當作普通班之代表性編班人數。因此，在啟智班中，第 1 號智能障礙學生的學習能力 (ability)，我們可用 a_1 予以表示，依此，高職部、國中部、國小部、幼稚部班上 15、12、10、8 位智能障礙學生之學習能力則可分別依序表示為 $\sum_{i=1}^{15} a_i = a_1, a_2, a_3, ..., a_{14}, a_{15}$ 或 $\sum_{i=1}^{12} a_i = a_1, a_2, a_3, ..., a_{11}, a_{12}$ 或 $\sum_{i=1}^{10} a_i = a_1, a_2, a_3, ..., a_9, a_{10}$ 或 $\sum_{i=1}^{8} a_i = a_1, a_2, a_3, ..., a_7, a_8$ ，而普通班 30 位學生之學習能力則可依序表示為 $\sum_{i=1}^{30} a_i = a_1, a_2, a_3, ..., a_{29}, a_{30}$ 。通常，普通班教師在進行教學單元或教材之難度取捨時，其均衡點 $\hat{a}$ 係以班上所有學生之學習能力的平均數 $\bar{a} = \dfrac{\sum_{i=1}^{30} a_i}{30}$ 來當作取捨參考點，亦即：在數理上，使 $\hat{a} = \bar{a}$。而在啟智班部分，高職部、國中部、國小部、幼稚部教師若決定以單軸線教學設計來進行教學的話，那麼，在同一教學時間內，全班所有智能障礙學生乃統統使用某一套難度或內容相同之教材來共同學習，這時，高職部、國中部、國小部、幼稚部啟智班教師在進行教學單元或教材之難度取捨時，其均衡點 $\hat{a}$ 則通常以班上所有智能障礙學生之學習能力的最小值 $\hat{a} = \min_{i=1}^{15}(a_i)$ 或 $\hat{a} = \min_{i=1}^{12}(a_i)$ 或 $\hat{a} = \min_{i=1}^{10}(a_i)$ 或 $\hat{a} = \min_{i=1}^{8}(a_i)$ 來當作取捨參考點。如果，高職部、國中部、國小部、幼稚部啟智班教師改以雙軸線 (2T) 或多軸線（MT，教學軸線總量 $T \geq 3$ ）之概念來設計教學活動的話，那麼，在同一教學時間內，每一個教學軸線的所有智能障礙學生乃以

分組教學之方式來進行教學，這時，高職部、國中部、國小部、幼稚部啟智
班教師在進行教學單元或教材之難度取捨時，其均衡點 $\hat{a}$ 則改以每一分組內
所有學生之學習能力的最小值 $\hat{a} = \min_{i=1}^{<15}(a_i)$ 或 $\hat{a} = \min_{i=1}^{<12}(a_i)$ 或 $\hat{a} = \min_{i=1}^{<10}(a_i)$ 或
$\hat{a} = \min_{i=1}^{<8}(a_i)$ 來當作取捨參考點。上述之設計觀點上的差異，是在撰寫普通班
與啟智班教案時，其中一個非常重要的基本區別點。初學者如果無法清楚掌
握其中的差異與訣竅，那麼，其所設計出來的作品，極有可能會顯得比較像
普通班教案，而較缺乏「啟智感」。

2. 學習步伐之大小的取捨方面

關於學習步伐 (pace) p 之取捨要領，與上述依據學習能力 a 之教學單元
或教材的難度取捨，乃極為相似。普通班教案之學習步伐均衡點 $\hat{p}$ 係以
$\bar{p} = \dfrac{\sum_{i=1}^{30} p_i}{30}$ 來當作取捨參考點，而啟智班則以全班／每組之最小值 $\hat{p} = \min_{i=1}^{n}(p_i)$
或 $\hat{p} = \min_{i=1}^{<n}(p_i)$ （其中，$n = 8, 10, 12, 15$）來當作取捨參考點。

3. 教材內容之難度是否配合學生之認知發展水平

依據 Piaget 的認知發展理論，不同認知發展階段的兒童，乃具有不同的
學習能力與特徵 (Wadsworth, 1979)。因而，啟智班教師在設計教案時，應該
配合智能障礙學生的認知發展水平，來設計不同難度之教材內容。Inhelder
(1968)即曾指出不同智能障礙程度之學生的最高認知發展階段，乃分別為：
❶重度／極重度智能障礙 (WISC-IQ＝10～39)：感覺動作期，❷中度智能障
礙 (WISC-IQ＝40～54)：運思前期，❸輕度智能障礙 (WISC-IQ＝55～69)：
具體運思期，❹臨界智能障礙 (WISC-IQ＝70～85)：形式運思期。因此，在
啟智班教案設計中，其中一個極為重要的專業思考，乃必須依照不同智能障
礙程度之學生的認知 (cognition) 發展水平 c，來設計出不同難度的教材內容。
首先，普通班教案在決定教材內容難度時，其所依據之學生認知發展水平的

均衡點 $\hat{c}$ 係以 $\bar{c} = \dfrac{\sum\limits_{i=1}^{30} c_i}{30}$ 來當作取捨參考點，而啟智班則以全班／每組之最小

值 $\hat{c} = \min\limits_{i=1}^{n}(c_i)$ 或 $\hat{c} = \min\limits_{i=1}^{<n}(c_i)$（其中，$n = 8,10,12,15$）來當作取捨參考點。是

故，當啟智班教師要配合智能障礙學生的認知發展水平 c 來取捨教材內容之

難度時，其要領乃與上述依據智能障礙學生之學習能力 a 或學習步伐 p 的取

捨方式，極為相似。

　　啟智班教案在取捨教材難度時，之所以必須以全班／分組內所有智能障

礙學生的能力最小值 $min(a_i)$ 來當作取捨參考點 $\hat{a}$，乃由於必須遵守啟智教學

活動設計之「最大參與原則」的緣故。當啟智班教師採取單軸線教學時，全

班一起參與同一個教學活動，其教案設計必須讓班上所有智能障礙學生統統

有參與學習的機會。如果啟智班教師改採雙軸線或多軸線教學時，分組內所

有智能障礙學生一起參與同一個教學活動，其教案設計必須讓分組內所有智

能障礙學生統統有參與學習的機會。為了讓大家都有機會參與全班／分組內

的教學或學習活動，其均衡點 $\hat{x}$ 必須以全班／分組內所有智能障礙學生之能

力最小值 $\hat{x} = \min\limits_{i=1}^{n}(x_i)$ 或 $\hat{x} = \min\limits_{i=1}^{<n}(x_i)$（其中 $n = 8,10,12,15$，且 $x = a,p,c$）來當

作取捨參考點。因此，在教材難度的取捨參考點上，普通班通常採取「平均

數取向」，而啟智班則為「最小值取向」。

三　教材難度取捨採「平均數取向」之數理基礎

　　基本上，普通班學生彼此之學習能力間的個別差異較小，是故，每位普

通班學生之學習能力 a_i，和啟智班的智能障礙學生比起來，乃更趨近於班級

學習能力平均數 $\bar{a}$，亦即：$a_i \rightarrow \bar{a}$。因此，普通班在教材難度之取捨上，以平

均數當作參考點，乃有其合理之處。此外，若從另一個數理角度來看，普通

班在教材難度之取捨上，之所以會採取「平均數取向」——亦即：讓 $\hat{a} = \bar{a}$，

主要乃由於 $\sum\limits_{i=1}^{30}(a_i - b)^2 > \sum\limits_{i=1}^{30}(a_i - \bar{a})^2$（其中，$b \in A = \{a \mid a = a_i\}$ ＝普通班 30 位

學生的學習能力集合，而且，$b \neq \overline{a}$）之緣故。如前所述，普通班 30 位學生的學習能力可依序表示為 a_1, a_2, a_3, ..., a_{29}, a_{30}，若再加上 $\overline{a}$，則總共有 31 個數值，我們可從中選擇任何一個「非 $\overline{a}$」數值，並將之設為 b，那麼，其中必然存在 $\sum_{i=1}^{30}(a_i-b)^2 > \sum_{i=1}^{30}(a_i-\overline{a})^2$（以下簡化為 $\sum(a-b)^2 > \sum(a-\overline{a})^2$，看起來較為簡潔）之數理現象，以下試予以證明：

$$\because b \neq \overline{a} \text{ 且 } n > 0 \ (n \in \mathbb{N})$$

$$\therefore \sum(a-b)^2 - \sum(a-\overline{a})^2$$

$$= \sum(a^2 - 2ab + b^2) - \sum(a^2 - 2a\overline{a} + \overline{a}^2)$$

$$= \sum(a^2 - 2ab + b^2 - a^2 + 2a\overline{a} - \overline{a}^2)$$

$$= \sum(-2ab + b^2 + 2a\overline{a} - \overline{a}^2)$$

$$= \sum(-2ab) + \sum b^2 + \sum 2a\overline{a} - \sum \overline{a}^2$$

$$= -2b\sum a + nb^2 + 2\overline{a}\sum a - n\overline{a}^2$$

$$= -2b(n\overline{a}) + nb^2 + 2\overline{a}(n\overline{a}) - n\overline{a}^2$$

$$= nb^2 - 2n\overline{a}b + 2n\overline{a}^2 - n\overline{a}^2$$

$$= nb^2 - 2n\overline{a}b + n\overline{a}^2$$

$$= n(b^2 - 2\overline{a}b + \overline{a}^2)$$

$$= n(b - \overline{a})^2 > 0$$

$$\text{故得證：} \sum(a-b)^2 > \sum(a-\overline{a})^2$$

上述證明中，$n=$ 班上學生總人數、$a = \overset{30}{\underset{i=1}{a_i}} = a_1, a_2, ..., a_{29}, a_{30} =$ 班上每位學生之學習能力、$\overline{a}=$ 班上所有學生之學習能力平均數、$b=$ 任何非 $\overline{a}$ 之數值（其中，關於第 6、7 行之證明原理，乃因 b 與 $\overline{a}$ 皆為常數項，故 b^2 與 $\overline{a}^2$ 亦為常數項，遂使 $\sum b^2 = nb^2$ 或 $\sum \overline{a}^2 = n\overline{a}^2$ 得以成立；而關於第 7、8 行之證明原理，乃因 $\overline{a} = \dfrac{\sum a}{n}$，故 $\sum a = n\overline{a}$）。林清山 (1992) 在其所著之《心理與教育統計學》一書中曾指出：「團體中各量數與平均數之差的平方和（離均差平方和），比團體中各量數與團體中平均數以外任何量數之差的平方和都小」（頁 48）。此即為德國數學家 Carl F. Gauss（高斯）於 1794 年所發現的「最

小平方法」(method of least squares)：從一切有可能出現的測量值中，選出一個可作為 u 的最優值，就是它足以使各個偏差的平方值之和 $\sum_{i=1}^{n}(u-y_i)^2$ 盡可能成為最小，這個作為 u 的最優值恰是算術平均數 $m = \dfrac{\sum_{i=1}^{n} y_i}{n}$ （許秀聰，2010；陳可崗譯，2005）。這是統計學上的重要數理概念，其中，$\sum(a-\bar{a})^2$ 即為「離均 $(\bar{a})$ 差平方和」，而 $\sum(a-b)^2$ 則可暫稱為「離 b 差平方和」。上式已推得：「離 b 差平方和」必然大於「離均 $(\bar{a})$ 差平方和」。依此所計算出來的 $\sqrt{\dfrac{\sum(a-b)^2}{n}}$ 與 $\sqrt{\dfrac{\sum(a-\bar{a})^2}{n}}$，亦必然存在 $\sqrt{\dfrac{\sum(a-b)^2}{n}} > \sqrt{\dfrac{\sum(a-\bar{a})^2}{n}}$ 之現象。其中，$\sqrt{\dfrac{\sum(a-\bar{a})^2}{n}}$ 即為普通班 30 位學生之學習能力的標準差（SD, standard deviation，在後續討論中以 σ 表示之），因為該 σ 係由「離均 $(\bar{a})$ 差平方和」$\sum(a-\bar{a})^2$ 為數理核心所計算出來，故它是所有以 $\bar{a}$ 與 $b(=\underset{i=1}{\overset{30}{b_i}} \neq \bar{a})$ 為參照點（被減數）所計算出的結果（亦即：$\sqrt{\dfrac{\sum(a-b)^2}{n}}$ 與 $\sqrt{\dfrac{\sum(a-\bar{a})^2}{n}}$）之中，數值最小的，故 σ 可以被用來當作最小的「測量單位長」。在統計上，最常見的公式 $z = \dfrac{X-\mu}{\sigma}$ 即以 σ 作為測量單位長（當作分母），此乃由於 σ 之長度最小，其可測量出之結果亦較為精密所使然。一般而言，σ 在教育上常被用來視為某一團體之「個別差異程度」，σ 愈大之班級，該班所有學生彼此間之個別差異愈大，亦即：彼此之間的能力差距愈明顯。因此，我們也可以將 $\sqrt{\dfrac{\sum(a-b)^2}{n}}$ 與 $\sqrt{\dfrac{\sum(a-\bar{a})^2}{n}}$ 之計算結果，視為普通班學生彼此間之學習能力的「全班代表性差距」。從上述之證明已知：$\sqrt{\dfrac{\sum(a-\bar{a})^2}{n}}$ 所計算出來的「個別差異」或「全班代表性差距」，是必然比 $\sqrt{\dfrac{\sum(a-b)^2}{n}}$ 還小的，意即：以平均數 $\bar{a}$ 當作教材難度取捨之參考點（被減數），其所形成之普通班

學生間的「學習能力 (a, ability) 差距」或其所衍生之「學習需求 (d, demand)
差異」的變異量（變異範圍／幅度）是最小的，換言之，從變異數的角度來
看，和 $b_d(\neq \bar{d})$ 比起來，每位普通班同學之學習需求 d_i 較趨近於全班平均數
$\bar{d}$，而且，和 $b_a(\neq \bar{a})$ 比起來，每位普通班同學之學習能力 a_i 較趨近於全班平
均數 $\bar{a}$。因此，在設計普通班教案時，以全班學生之學習能力的平均數 $\bar{a}$ 當作
教材難度取捨之參考點 $\hat{a}$，乃較能代表且兼顧班上各類不同學習能力之學生
的學習需求。

四　啟智班教材難度取捨採「最小值取向」在單軸線教學之問題與解法

　　基本上，啟智班智能障礙學生彼此之學習能力間的個別差異是比普通班
還大的，其若仿效普通班之作法，在教材難度取捨上，直接以全班智能障礙
學生之學習能力平均數 $\bar{a}$ 當作參考點 $\hat{a}$——亦即：使 $\hat{a}=\bar{a}$，那麼，在啟智班
常見之單軸線教學的架構下，其將因為啟智班每位智能障礙學生之學習能力
a_i 未必那麼趨近於平均數 $\bar{a}$，而顯得合理性相對較為不足。其實，要在啟智
班複製普通班之「使 $\hat{a}=\bar{a}$」（直接以全班智能障礙學生之學習能力平均數 $\bar{a}$
當作教材難度取捨參考點 $\hat{a}$）的作法，在學理上，是有其條件限制的，亦即：
當啟智班之班級／分組內智能障礙學生人數降得愈低、教學者能夠提供更多
教學軸線、或班上所有智能障礙學生之學習能力的個別差異 σ 變得愈小時，
因為班級／分組內每位智能障礙學生之學習能力 a_i 將愈趨近於班級／分組內
平均數 $\bar{a}$，故在此條件下，愈可將全班／分組內智能障礙學生之學習能力的
平均數 $\bar{a}$ 當作教材難度取捨之參考點 $\hat{a}$。此外，若套用「個別化程度第一方
式」（$I-1$ 方程式）$I=\dfrac{T}{s}$（其中，$I=$ 個別化程度、$s=$ 學生人數、$T=$ 教學
軸線數量）（黃富廷，2009）之觀點來看：當教師在上課中所提供之教學軸
線數量 T 愈趨近於受課學生人數 s 之時，其所形成之個別化程度將會愈高，
而且，在啟智班教案中，愈可將全班／分組內智能障礙學生之學習能力的平
均數 $\bar{a}$ 當作教材難度取捨之參考點 $\hat{a}$；反之，則較宜改以班上／分組內所有智
能障礙學生之最小學習能力 $\min(a_i)$ 當作教材難度取捨之參考點 $\hat{a}$，以符合啟

智班教案設計之「最大參與原則」。其實，站在教育上的善意立場，如果社會大眾可以接受的話，當校內啟智班數量不止一班時，透過能力分班或隨科能力分組，試圖將每班／每組智能障礙學生之學習能力的 σ（各班之個別差異程度）或 σ_g（各分組之個別差異程度）盡量降到最低，那麼，當 σ → 0 或 σ_g → 0 時，班上／分組內所有智能障礙學生之學習能力會形成 $a_i \to \bar{a}$ 之現象。是故，綜合上述討論，吾人可推知：透過下列三種手段，班上／分組內所有智能障礙學生之學習能力愈可能形成 $a_i \to \bar{a}$ 之現象，因此，在啟智班教案中，愈可將全班／分組內智能障礙學生之學習能力的平均數 $\bar{a}$ 當作教材難度取捨之參考點 $\hat{a}$，茲分述如下：

1. 降低全班／分組內人數

在特教相關法規中，盡量降低法定之每班智能障礙學生滿編人數，亦即：在數理上，盡量使 $n \to 1$（n＝全班智能障礙學生總人數）；或者，盡量增加上課分組數量，使得各分組內之智能障礙學生人數減少，亦即：在數理上，盡量使 $n_g \to 1$（n_g＝分組內智能障礙學生總人數）。當班級智能障礙學生人數愈朝向 $n \to 1$、或者各分組內智能障礙學生人數愈朝向 $n_g \to 1$ 來發展時，各班／各組智能障礙學生人數愈形成「1 人／班」或「1 人／組」之態勢，如此一來，$a_i = \bar{a}$ 愈有可能成立（意即：$a_i \to \bar{a}$），故而，使 $\hat{a} = \bar{a}$，即趨近於使 $\hat{a} = a_i$，亦即：教材難度之取捨參考點 $\hat{a}(\to \bar{a})$ 愈來愈符合全班／分組內智能障礙學生之學習能力 $a_i(\to \bar{a})$。

2. 增加教學軸線數量

依據 $I-1$ 方程式（亦即：$I = \dfrac{T}{s}$）或 $I-2$ 方程式（亦即：$I = \dfrac{T}{g_s}$）之概念，啟智班教師在上課時，若能提供 $T \to s$（意即：教學軸線數量 → 學生人數）或 $T \to g_s$（意即：教學軸線數量 → 學生分組數量）之教學軸線數量，那麼，其所形成之個別化程度將愈來愈朝向「100% 個別化」的理想邁進，亦即：$I = \dfrac{T}{s} \to \dfrac{s}{s} = 1$ 或 $I = \dfrac{T}{g_s} \to \dfrac{g_s}{g_s} = 1$。當啟智班教學趨近於「100% 個別化」的理想時，各班／各組之智能障礙學生人數愈形成「1 人／班」或「1 人／組」之態勢，如此一來，$a_i = \bar{a}$ 愈有可能成立，故而，如同上一段之討論內

容,使 $\hat{a}=\bar{a}$,即趨近於使 $\hat{a}=a_i$,亦即:教材難度之取捨參考點 $\hat{a}(\to\bar{a})$ 愈來愈符合全班／分組內智能障礙學生之學習能力 $a_i(\to\bar{a})$。

3. 進行能力分班或隨科能力分組

　　基本上,在「社會大眾或啟智班教師／學生家長能接受『能力分班』之安置方式」或「在配套措施中,能排除『能力分班』之負面教育社會學效應」的大前提下,將學習能力較為趨近的智能障礙學生安置在同一班級進行學習,可使啟智班內之智能障礙學生的學習能力愈來愈朝向 $\sigma\to 0$ 的現象來發展。當 $\sigma\to 0$ 成立時,即代表該班之智能障礙學生的學習能力乃愈來愈趨近於「人人相同」或「毫無個別差異」之境界,如此一來,每位智能障礙學生之學習能力 a_i 愈趨近於平均數 $\bar{a}$,換言之,$a_i=\bar{a}$ 愈有成立之可能性,故而,使 $\hat{a}=\bar{a}$,即趨近於使 $\hat{a}=a_i$,亦即:教材難度之取捨參考點 $\hat{a}(\to\bar{a})$ 愈來愈符合全班／分組內智能障礙學生之學習能力 $a_i(\to\bar{a})$。此外,所謂之「隨科能力分組」即為:透過協同教學模式,動員所有啟智班教師在同一時間內同步上課,且每位教師所負責之教學軸線或教學分組數量愈多愈好,因此,當參與教學之教師人數愈多時,同一時間內,總共可提供之教學軸線數量也愈多。此種「隨科能力分組」乃依照各科目之智能障礙學生的學習／能力水平來機動分組,故各科目之分組數量與各組之學生組成,乃不一定相同。尤其,此種隨科能力分組方式可能較易被啟智班教師或學生家長所接受,其不僅可在各分組內形成 $\sigma_g\to 0$(各分組內學生之學習能力的個別差異 σ_g 愈來愈趨近於 0)之效果,當智能障礙學生總人數不變、且同一時間內分組數量愈來愈多時,各分組內愈來愈朝向 $s_g\to 1$(各分組內學生人數 s_g 愈來愈趨近於僅有 1 人)之現象來發展,故而,愈可在各分組內提供 $T_g\to s_g\to 1$ 之單軸線教學,而達到 $I_g=\dfrac{T_g}{s_g}\to\dfrac{s_g}{s_g}=1$ 之個別化程度。擁有愈多啟智班級數量之學校,其使用「隨科能力分組」之條件愈佳,此乃由於其愈有能力分出更多組別或教學軸線數量所使然。

五 結語

當然，上述若干提議——如：$n \to 1$（使班級總人數趨近於 1）、$n_g \to 1$（使分組內總人數趨近於 1）、$\sigma \to 0$（透過能力分班，使全班智能障礙學生之學習能力的個別差異趨近於 0）、$\sigma_g \to 0$（透過隨科能力分組，使分組內智能障礙學生之學習能力的個別差異趨近於 0）、$T \to s$（使教學軸線總量等於所有智能障礙學生人數，此可產生 $I \to 1$ 之效果，使全班個別化程度趨近於 1）、$I_g \to 1$（使分組內個別化程度趨近於 1）等等，雖皆可製造出 $a_i \to \bar{a}$ 之效果，但其本身在現實環境中，無疑仍存在較高的理想性，吾人不妨視之為「理想性建議」。當然，吾人在現階段勢必無法一步登天地達到該理想境界，而且，在本質上，其或許只能被視為「理想標竿」而已。如果，啟智班在現階段無法藉由上述之人為措施而製造出「因 $a_i = \bar{a}$，故適用 $\hat{a} = \bar{a}$」（直接將啟智班智能障礙學生之學習能力平均數 $\bar{a}$ 拿來當作教材難度取捨之參考點 $\hat{a}$）之制度或環境，吾人仍應退一步與現實環境妥協，換言之：改以班上／分組內所有智能障礙學生之最小學習能力 $\min(a_i)$ 當作教材難度取捨之參考點 $\hat{a}$，亦即：使 $\hat{a} = \min(a_i)$，如此，方能使得「有能力參與啟智班之教學或學習活動的智能障礙學生總人數」達到最大化，或者，使得「該教材難度所適用之智能障礙學生總人數」達到最大化。不過，這種「與現實妥協」之教學措施本身，仍存在不小之教學技術上的瓶頸，且有待前述之「理想性建議」〔即：$n \to 1$、$n_g \to 1$、$\sigma \to 0$、$\sigma_g \to 0$、$T \to s$（或 $I \to 1$）、$I_g \to 1$ 等〕所規劃之未來的特教環境或制度願景，來循序漸進地予以改善。究其原因，乃由於：當啟智班教師以班上／分組內所有智能障礙學生之最小學習能力 $\min(a_i)$ 當作教材難度取捨之參考點 $\hat{a}$ 時，若以個別化教學的立場來看，其較不宜採取單軸線教學，因為，這等於讓班上所有不同學習能力之智能障礙學生共用同一個教材難度與內容。試以「實用數學」為例，在班上所有智能障礙學生中，也許「能力最高 $\max(a_i)$ 者」已可進行「和為 100 以內的加法」，而「能力最低 $\min(a_i)$ 者」則可能連「準數概念」都尚未形成。如此一來，在啟智班較為常見之單軸線教學的設計架構下，若其教材難度採取「最小值取

向」，此即代表：讓能力位處 max(a_i)、且已經可以進行「和為 100 以內的加法」的智能障礙學生，在單軸線教學中，與能力位處 min(a_i)、且尚未形成「準數概念」之智能障礙學生一起學習「認識準數」之教學單元，這樣的「個別化教學」著實過顯離譜。其解決之道，或可考慮下列「理想性措施」：

1. 依據 $n \to 1$ 與 $n_g \to 1$ 之建議，採取「降低全班／分組內學生人數」之「條件式彈性措施」，例如：針對單一或多重障礙程度愈重之智能障礙學生的班級，得合理降低班級滿編人數，使之愈有可能朝向 $n \to 1$ 或 $n_g \to 1$ 之理想境界來發展，換言之，讓智能障礙／多重障礙程度愈重之學生的班級，愈有可能形成滿編 $n \to 1$ 或 $n_g \to 1$ 之制度與環境，因此，國內應該檢討目前過於僵化之班級滿編人數的設計；

2. 依據 $\sigma \to 0$ 與 $\sigma_g \to 0$ 之建議，在完善的配套措施中，能夠排除或避免負面之教育社會學效應的前提下，採取「能力分班」或「隨科能力分組」之措施；

3. 依據 $T \to s$（或 $I \to 1$）與 $I_g \to 1$ 之建議，採取「多軸線教學」之措施，因此，「多軸線教學」之設計概念或許值得國內啟智界著手深研其實用價值，並開發出更適用於台灣本土特教環境的具體施行技術與策略。

藉由上述「理想性措施」，可使「全班智能障礙學生在單軸線教學設計中共用同一教學軸線」的不合理程度，因而得以降低。換言之，當國內特教制度與環境愈能逐步朝向上述「理想性措施」之方向邁進（當然，本章之「理想性措施」僅具舉例說明的功能，所有可能的解決之道未必僅限於此），隨之使得各個智能障礙學生之學習能力 a_i 愈來愈趨近於全班智能障礙學生之學習能力的平均數 $\bar{a}$ 時，因 min(a_i) 亦將趨近於 $\bar{a}$，故在教材難度取捨上，採取「最小值取向」──以班上／分組內所有智能障礙學生之最小學習能力 min (a_i) 當作教材難度取捨之參考點 $\hat{a}$，方愈能擺脫其相關之教學技術瓶頸，亦愈能具備較高之合理性。從另一個角度來看，屆時，啟智班在教材難度取捨上所採取之「最小值取向」，亦將因為 min(a_i) $\to \bar{a}$ 而更加具備「平均數取向」之數理意涵，兩者遂藉由上述之「理想性建議與措施」而合為一體。

參考文獻

MBA 智庫百科（2010）。過度學習效應。2011 年 9 月 13 日取自：http://wiki.mbalib. com/zh-tw/%E8%BF%87%E5%BA%A6%E5%AD%A6%E4%B9%A0%E6%95% 88%E5%BA%94

PC Shopper 編輯部（2001）。電腦專有名詞寶典。台北：電腦人文化。

王大延（譯）（1997）。自閉症家長手冊（原作者：Charles Hart）。台北：中華民國自閉症總會。

王文科（譯）（1991）。學習心理學——學習理論導論（二版）（原作者：B. R. Hergenhahn）。台北：五南（原著出版年：1976）。

牛頓出版股份有限公司（1989）。牛頓醫學辭典。台北：牛頓。

白日東（1992）。X 染色體易脆症之分子遺傳學研究。國立陽明大學遺傳學研究所未出版之碩士學位論文。

行政院（1998a）。科技化國家推動方案（1998 年 4 月 2 日，行政院第 2572 次院會通過）。2011 年 9 月 14 日取自：http://www.ey.gov.tw/planning/ pq870402-1.htm

行政院（1998b）。教育改革行動方案（1998 年 5 月 29 日，台 87 教字第 26698 號核定）。2011 年 9 月 14 日取自：http://www.ey.gov.tw/planning/ pe870529-1.htm

何文（譯）（1993）。如何幫助智能障礙的孩子（原作者：Charles Hannam）。台北：遠流（原著出版年：1989）。

何華國（1999）。特殊兒童心理與教育（三版）。台北：五南。

何華國（2000）。啟智教育研究（二版）。台北：五南。

李青蓉、魏丕信、施郁芬、邱昭彰（1998）。人機介面設計。台北：空中大學。

李雀美（譯）（1983）。冬冬的學校生活（原作者：黑柳徹子）。台北：大佳（原著出版年：1981）。

李翠玲（2001）。特殊教育教學設計。台北：心理。

吳武典（1994）。殘障朋友潛在資源開發與配合措施。特殊教育季刊，**51**，1-8。

林美女（1981）。如何輔導智能不足孩子說話。台北：台北市立師院特殊教育中心。

林清山（1992）。心理與教育統計學。台北：東華。

林惠芬（2002）。啟智教育教師教師效能之研究。特殊教育學報，**16**，141-157。

林寶山（1992）。特殊教育導論。台北：五南。

松山高中輔導室（2000）。情緒管理——抒解心理壓力的處方（鄭石岩教授演講）。松高輔訊，**149**，1。

周台傑（1986）。智能不足兒童視—動統整能力發展之研究。特殊教育學報，**1**，131-152。

洪榮照、張昇鵬（1997）。智能障礙者之教育。載於王文科主編，特教教育導論（41-94頁）。台北：心理。

馬玉貴、張寧生、孫淑君、鄒冬梅（1996）。特殊教育的教學理論與實踐。瀋陽：瀋陽。

柯永河（1983）。臨床心理學（第一冊）：心理診斷。台北：大洋。

教育部（1998）。身心障礙及資賦優異學生鑑定原則鑑定基準。台北：教育部。

教育部（1999）。特殊教育學校（班）國民教育階段智能障礙類課程綱要。台北：教育部。

教育部（2003）。特殊教育法施行細則（2003年8月7日，教育部台參字第0920117583A號令）。台北：教育部。

教育部（2008）。特殊教育設施及人員設置標準（2008年2月22日修正）。2008年8月14日取自：http://law.moj.gov.tw/Scripts/Query4B.asp? FullDoc=所有條文&Lcode=H0080034

教育部（2010）。特殊教育課程教材教法及評量方式實施辦法（2010年12月31日，台參字第0990218743C號令）。台北：教育部。

郭為藩（1998）。特殊兒童心理與教育（再版）。台北：文景。

許天威、徐享良（1983）。智能中等兒童與智能不足兒童眼—手協調動作反應之研究。教育學院學報，**8**，161-196。

許秀聰（2010）。推薦序——無比吸引力的歡樂泉源。載於容士毅（譯）（2010），數學是什麼？（上冊）（原作者：Richard Courant、Herbert Robbins）。台北：左岸（原著出版年：1996）。

陳可崗（譯）（2005）。質數魔力（上）（原作者：John Derbyshire）。台北：天下文化（原著出版年：2003）。

陳東陞（1976a）。普通兒童與智能不足兒童視野的發展。台北女師專學報，**8**，127-140。

陳東陞（1976b）。智能不足兒童的眼球運動機能實驗研究（師友月刊第9卷第1期特殊教育專輯增印本）。南投：台灣省教育廳。

陳東陞（1981）。智能不足兒童的生理及病理。台北：省立台北師專。

陳東陞（1985）。國小外因性智能不足兒童與普通兒童視知覺及視記憶機能之比較

研究。台北：文景。

陳榮華（1965）。低能兒童的動作和手藝能力之研究。測驗年刊，**12**，189-202。

陳榮華（1992）。智能不足研究：理論與應用。台北：師大書苑。

黃富廷（2000）。影響智能障礙學生電腦輔助學習成效之因素探討。國立台灣師範大學特殊教育學系未出版之博士學位論文。

黃富廷（2004）。GoTalk 溝通板在啟智教學之應用。屏師特殊教育，**8**，59-71。

黃富廷（2007）。輔助性科技的人文意涵。台北：心理。

黃富廷（2009）。當前國內啟智班師生編制之探討：數學分析觀點。台東特教，**30**，15-26。

黃富廷（2011）。啟智班教材難度取捨採「最小值取向」在單軸線教學設計下的相關問題與解決之道。台東特教，**33**，18-25。

黃慧貞（譯）（1994）。認知過程的原理——補救與特殊教育上的運用（原作者：L. Mann、D. A. Sabatino）。台北：心理。

鈕文英（2003）。啟智教育課程與教學設計。台北：心理。

張正芬（1987）。輕度智能不足學生語文能力之研究。特殊教育研究學刊，**3**，49-66。

張春興（1989）。張氏心理學辭典。台北：東華。

張春興（1991）。現代心理學。台北：東華。

張春興（1996）。教育心理學：三化取向的理論與實踐。台北：東華。

程玉黌（1988）。智能不足醫學觀。台北：幼獅文化。

廖遠光（1992）。電腦輔助教學對認知能力的效果——後設分析。*Journal of Research on Computer in Education*，*24*，367-380。

鄭玉疊（1987）。從體能活動談智能不足兒童的知覺訓練課程與教學。載於中華民國特殊教育學會（主編），智能不足教育與輔導（170-178頁）。台北：心理。

劉安彥（1978）。心理學。台北：三民。

劉鴻香（1972）。兒童視覺動作統整發展測驗之研究。台北師專學報，**1**，113-159。

劉鴻香（1975）。兒童班達完形測驗修訂報告。台北師專學報，**4**，1-51。

劉鴻香（1980）。傅若斯蒂視知覺發展測驗修訂報告。台北師專學報，**8**，21-53。

劉鴻香（1985）。拜瑞視覺動作統整發展測驗修訂報告。台北：省立台北師範專科學校特殊教育中心。

謝慧如（2009）。圖卡教學與多感官教學對國小啟智班學生語彙學習成效之比較研究。國立台灣師範大學特殊教育學系未出版之碩士學位論文。

Abler, R. M., & Sedlacek, W. E. (1985). Sex differences in computer orientation by Holland type. Research Report #3-86. (ERIC Document Reproduction Service No. ED276407)

Abler, R. M., & Sedlacek, W. E. (1987). Computer orientation by Holland type and sex. *Career Development Quarterly, 36*(2), 163-169.

Adams, J. A. (1967). *Human memory.* New York, NY: McGraw-Hill.

Alvarez, N., & Hazlett, J. (1983). Seizure management with minimal medications in institutionalized mentally retarded epileptics. A prospective study: First report after 4 1/2 years of follow up. *Clinical Electoencephalography, 14*(3), 164-172.

Bateman, B. D., & Herr, C. M. (2006). *Writing measurable IEP goals and objectives* (2nd ed.). Verona, WI: Attainment.

Becker, H. (1988). *The impact of computer use on children's learning: What research has shown and what it has not.* Baltimore: Johns Hopkins University, Center for Research on Elementary and Middle Schools.

Bennett, H. S., Dunlop, T., & Ziring, P. (1983). Reduction of polypharmacy for epilepsy in an institution for the retarded. *Developmental Medicine and Child Neurology, 25*(6), 735-737.

Birght, G. W. (1985). Teaching mathematics with microcomputer instructional games. *Journal of Educational Computing Research, 1*(2), 203-208.

Boettcher, J. V. (1983). Computer-based education: Classroom application and benefits for the learning disabled students. *Annals of Dyslexia, 33,* 203-219.

Bregman, J., Dykens, E. M., Watson, M., Ort, S. I., & Leckman, J. F. (1987). Fragile X syndrome: Variability of phenotypic expression. *Journal of the American Academy of Child and Adolescent Psychiatry, 26,* 461-471.

Brooks, D. N., Wooley, H., & Kanjilal, G. C. (1972). Hearing loss and middle ear disorders in patients with Down's syndrome (mongolism). *Journal of Mental Deficiency Research, 16,* 21-29.

Brooks, P., Sperber, R., & MacCauley, C. (1984). *Learning and cognition in the mentally retarded.* Hillsdale, NJ: Erlbaum.

Brophy, J., & Good, T. (1970). Teachers' communication of differential expectations for children's classroom performance: Some behavioral data. *Journal of Educational Psychology, 58,* 271-275.

Bruininks, R. H. (1977). *Manual for the Bruininks-Oseretsky test of motor proficiency.* Circle Pines, MN: American Guidance Service.

Burd, L. (1991). Rett syndrome symptomatology of institutionalized adults with mental retardation: Comparison of males and females. *American Journal on Mental Retardation, 95*(5), 596-601.

Campbell, N. J. (1990). Self-perceived computer proficiency, computer attitudes, and computer attributions as predictors of enrollment in college computer courses. Paper presented at the Annual Meeting of the American Educational Research Association (Boston, MA, April 16-20, 1990). (ERIC Document Reproduction Service No. ED317618)

Campbell, N. J., & Perry, K. M. (1988). Sex and ethnic group differences in high school students' computer attitudes and computer attributions. (ERIC Document Reproduction Service No. ED307859)

Casteel, C. A. (1989). Effects of chunked reading among learning disabled students: An experimental comparison of computer and traditional chunked passages. *Journal of Educational Technology System, 17*(2), 115-121.

Chen, Y., & Lu, T. E. (1994). Taiwan. In Kas Mazurek & Margret A. Winzer (Eds.), *Comparative studies in special education* (pp. 238-259). Washington, DC: Gallaudet University.

Chen, S. H. A., & Bernard-Opitz, V. (1993). Comparison of personal and computer-assisted instruction for children with autism. *Mental Retardation, 31*(6), 368-376.

Chou, T. J. (1983). *A comparative study of normal, learning disabled mentally retarded students on the Quick Neurological Screening Test in Taiwan, the Republic of China.* Unpublished doctorate dissertation, University of Northern Colorado.

Choy, A. Y. (1995). Computer learning for young children. *Kamehameha Journal of Education, 6*, 49-59.

Cobo-Lewis, A. B., Oller, D. K., Lynch, M. P., & Levine, S. L. (1996). Relations of motor and vocal milestones in typically developing infants and infants with Down syndrome. *American Journal on Mental Retardation, 100*(5), 456-467.

Corbett, J. A., Harris, R., & Robinson, R. G. (1979). Epilepsy. In J. Wortis (Ed.), *Mental retardation and developmental disabilities* (Vol. XI, pp. 79-111). New York, NY: Brunner/Mazel.

Cosden, M. A., Gerber, M. M., Semmel, D. S., Goldman, S. R., & Semmel, M. I. (1987). Microeducational environments and microcomputer use for special day class, resource room and mainstream handicapped and nonhandicapped students. *Exceptional Children, 53*, 399-409.

Dambrot, F. H. (1985). Correlates of sex differences in attitudes toward and involvement with computers. *Journal of Vocational Behavior, 27*(1), 71-86.

Dillman, C. M., & Rahmlow, H. P. (1972). *Writing instructional objectives*. New York, NY: Lear Siegler.

Drew, C. J., Hardman, M. L., & Logan, D. R. (1996). *Mental retardation: A life style approach*. Englewood Cliffs, NJ: Prentice-Hall.

Dunn, L. M. (1973). *Exceptional children in the schools: Special education in transition*. New York, NY: Holt, Rinehart & Winston.

Dykens, E. M., Hodapp, R. M., & Evans, D. W. (1994). Profiles and development of adaptive behavior in children with Down syndrome. *American Journal on Mental Retardation, 98*, 580-587.

Evenhuis, H. M., van Zanten, G. A., Brocaar, M. P., & Roerdinkholder, W. H. M. (1992). Hearing loss in middle-age persons with Down syndrome. *American Journal on Mental Retardation, 97*(1), 47-56.

Fazio, B. B., & Reith, H. J. (1986). Characteristics of preschool handicapped children's microcomputer use during free-choice periods. (ERIC Document Reproduction Service No. EJ343867)

Fisher, M. A., & Zeaman, D. (l973). An attention-retention theory of retarded discrimination learning. In N. R. Elis (Ed.), *The international review of research in mental retardation* (Vol. 6). New York, NY: Academic.

Fletcher, J. D., & Atkinson, R. C. (1972). Evaluation of the Stanford CAI program in initial reading. *Journal of Educational Psychology, 63*(6), 597-602.

Fraiberg, S., Siegel, B., & Gibson, R. (1996). The role sound in the research behavior of a blind infant. *Psychoanalytic Study of the Child, 21*, 327-357.

Gagné, R. M., Briggs, L. J., & Wager, W. W. (1992). *Principles of instructional design* (4th ed.). New York, NY: Holt, Rinehart and Winston.

Goldman, E., Barron, L., & Witherspoon, M. L. (1991). Hypermedia cases in teacher education: A context for understanding research on the teaching and learning of mathematics. *Action in Teacher Education, 8*(1), 28-36.

Grimes, L. (1981). Computers are for kids: Designing software programs. *Teaching Exceptional Children, 14*, 48-53.

Haring, N. G. (1982). *Exceptional children and youth*. Columbus, OH: A Bell & Howell.

Haring, N. G., & McCormick, L. (1990). *Exceptional children and youth: An introduction to special education* (5th ed.). Columbus, OH: Merrill.

Hativa, N., & Shorer, D. (1989). Socioeconomic status, aptitude, and gender differences in CAI gains of arithmetic. *Journal of Educational Research*, *83*(1),11-21.

Huttenlocher, P. R., & Hapke, R. J. (1990). A follow-up study of intractable seizures in childhood. *Annals of Neurology*, *28*(5), 699-705.

Inhelder, B. (1968). *The diagnosis of reasoning in the mentally retarded*. New York, NY: John Day.

Jones, K. L. (1988). *Smith's recognizable patterns of human malformation* (4th ed.). Philadelphia: W.B. Saunders.

Kibler, R. J., Cegala, D. J., Miles, D. T., & Barker, L. L. (1974). *Objectives for instruction and evaluation*. Boston, MA: Allyn and Bacon.

Krendl, K. A., & Liberman, D. A. (1988). Computers and learning: A review of recent research. *Journal of Educational Computing Research*, *4*(4), 367-389.

Kulik, J. A. (1981). Integrating findings from different levels of instruction. Paper presented at the American Educational Research Association Annual Meeting, Los Angeles, CA. (ERIC Document Reproduction Service No.ED208040)

Kulik, J. A., & Kulik, C. C. (1987). Review of recent research literature on computer-based instruction. *Contemporary Educational Psychology*, *12*, 222-230.

Lally, M. (1981). Computer-assisted instruction for the development of basic skills with intellectually handicapped school children. (ERIC Document Reproduction Service No. ED222170)

Larsen, S. C., & Poplin, M. S. (1980). *Methods for educating the handicapped*. Boston, MA: Allyn and Bacon.

Ledbetter, W. N. (1975). Programming aptitude: How significant is it? *Personnel Journal*, *54*(3), 165-166.

Lewis, R. B. (1993). *Special education technology classroom applications*. Pacific Grove, CA: Brooks/Cole.

Litchified, B. C., Driscoll, M. P., & Dempsey, J. V. (1990). Presentation sequence and example difficulty: Their effect on concept and rule learning in computer-based instruction. *Journal of Computer-Based Instruction*, *17*(1), 35-40.

Luftig, R. L. (1987). *Teaching the mentally retarded student-curriculum, methods, and strategies*. Boston, MA: Allyn and Bacon.

Magalini, S. I., & Magalini, S. C. (1997). *Dictionary of medical syndromes* (4th ed.). Philadelphia, NY: Lippincott-Raven.

Mahoney, G., Glover, A., & Finger, I. (1981). Relationship between language and sensori-motor development of Down syndrome and nonretarded children. *American Journal of Mental Deficiency*, *86*, 21-27.

Malouf, D. B. (1985). *The effects of instructional computer games on continuing student motivation*. Technical report, Institute for the Study of Exceptional Children and Youth, University of Maryland.

Mazzocco, M. M. M., Pennington, B. F., & Hagerman, R. J. (1994). Social cognition skills among females with Fragile X. *Journal of Autism and Developmental Disorders*, *24*, 473-485.

Mercer, C. D., & Mercer, A. R. (1998). *Teaching students with learning problems* (5th ed.). Upper Saddle River, NJ: Prentice-Hall.

Meyen, E. L. (1978). *Exceptional children and youth*. Colorado: Love.

Milne, S. (1990). An investigation of student's learning activities: A comparison of tutorial CAL and traditional methods. Paper presented at the International Conference on Technology and Education (7th, Brussels, Belgium, March 20-22, 1990). (ERIC Document Reproduction Service No. ED327135)

Moore, L., & Carnine, D. (1989). Evaluating curriculum design in the context of active teaching. *Remedial Special Education*, *10*, 28-37.

Myers, P., & Hammill, D. (1976). *Methods for learning disorders*. New York, NY: Wiley.

Neufeld, H. H. (1982). Reading, writing and algorithms: Computer literacy in the schools. Paper presented at the Annual Meeting of the Claremont Reading Conference (49th, Claremont, CA, January 14-15, 1982). (ERIC Document Reproduction Service No. ED211959)

Nickell, G. S. (1987). Gender and sex role differences in computer attitudes and experience. Paper presented at the Annual Convention of the Southwestern Psychological Association (33rd, New Orleans, LA, April 16-18, 1987). (ERIC Document Reproduction Service No. ED284114)

Okolo, C. M. (1992). Reflections on "The effect of computer-assisted instruction format and initial attitude on the arithmetic facts proficiency and continuing motivation of students with learning disabilities." *Exceptionality*, *3*, 255-258.

Oyen, A. S., & Bebko, J. M. (1996). The effects of computer games and lesson contexts on children's mnemonic strategies. *Journal of Experimental Child Psychology*, *62*(2), 173-189.

Perry, A., Sarlo-McGarvey, N., & Factor, D. C. (1992). Stress and family functioning in parents of girls with Rett syndrome. *Journal of Autism and Developmental Disorders*, *22* (2), 235-248.

Rief, S. F. (1993). *How to reach & teach ADD/ADHD children: Practical techniques, strategies, and interventions for helping children with attention problems and hyperactivity*. West Nyack, NY: The Center for Applied Research in Education.

Rosenthal, R. (1974). *On the social psychology of the self-fulfilling prophecy: Further evidence for Pygmalion effects and their mediating mechanisms*. New York: MSS Modular Publications.

Salend, S. J. (1998). *Effective mainstreaming: Creating inclusive classrooms* (3rd ed.). N.J.: Merrill Prentice Hall.

Schmidt, M., Weinstein, T., Niemic, R., & Walberg, H. J. (1986). Computer-assisted instruction with exceptional children. *The Journal of Special Education*, *19*(4), 493-501.

Schwartz, W. (1995). A guide to computer learning in your child's school: For parents/about parents. New York, NY: ERIC Clearinghouse on Urban Education. (ERIC Document Reproduction Service No. ED396010)

Scopinich, J., & Fink, D. (1996). Academic career success: Instructional technology for the at-risk student. San Jose, CA: Annual Chacellor's Conference of the California Community Colleges. (ERIC Document Reproduction Service No. ED394540)

Smith, D., & Luckasson, R. (1992). *Introduction to special education: Teaching in an age of challenge*. Needhan Heights, MA: Allyn & Bacon.

Spielberger, C. D. (1970). Anxiety, drive theory, and computer-assisted learning. (ERIC Document Reproduction Service No. ED046241).

Taylor, R. P. (1980). *The computer in the school: Tutor, tool, Tutee*. New York, NY: Columbia Teachers' College.

Wadsworth, B. (1979). *Piaget's theory of cognitive development*. New York, NY: Longman.

Westling, D. (1986). *Introduction to mental retardation*. Englewood Cliffs, NJ: Prentice-Hall.

Williams, J. K., Richman, L. C., & Yarbrough, D. B. (1992). Comparison of visual-spatial performance strategy training in children with Turner syndrome and learning disabilities. *Journal of Learning Disabilities*, *25*(10), 658-664.

Wood, K. R. J. (1983). Computer assisted learning in a sixth form economics course. Research Papers in Economics Education. (ERIC Document Reproduction Service No.

ED229290)

Wright, V. (1994). Managing open learning. *CLE Working Papers*, *3*, 1-17.

Ysseldyke, J. E., & Algozzine, B. (1990). *Introduction to special education* (2nd ed.). Boston, MA: Houghton Mifflin.

Ysseldyke, J. E., & Algozzine, B. (1995). *Special education: A practical approach for teachers* (3rd ed.). Boston, MA: Houghton Mifflin.

西谷三四郎（1973）。第 4 章：精神薄弱児の行動・性格の異常。載於全日本特殊教育連盟（主編），現代精神薄弱児講座：4 巻：医学（75-119頁）。東京：日本文化科学社。

附錄一 啟智班教案範例

教學單元：認識男與女			
教學領域	生活教育	**教材來源**	1999 年版啟智課綱
教學對象	○○國小二年級	**教學日期**	○○年○○月○○日
設 計 者	李老師	**教學節數**	三節課（120 分鐘）
教學研究			

一、教材之學科間連結（水平連結）

1. 社會適應：能認識自己的性別，選擇適當男女服飾和整理自己的儀容；能從男女生理的差異性，建立和諧的兩性尊重關係，學習不隨意碰觸他人身體。

2. 實用語文：能聽懂衣物類名稱並進行指認／認讀（裙子、褲子）。

3. 實用數學：具象圖形組型（能搭配男女生的穿著）、同與異（學會找出男女特徵的異與同）、物品分類（能分辨裙子和褲子，進行男生女生照片分類）。

4. 生活教育：能認識男生女生的外在特徵（裙子、褲子）和生理表徵。

5. 休閒教育：能尊重他人的休閒嗜好、興趣（能接受男女生的休閒喜好的差異性）。

6. 職業生活：能嘗試與異性同學合作完成作業或教室工作。

二、教材之學科內連結（垂直連結）

1. 本教學單元依據教育部 (1999) 頒布之「特殊教育學校（班）國民教育階段智能障礙類課程綱要」進行設計，其相關屬性如下：

   (1) 領域：生活教育

   (2) 次領域：自我照顧

   (3) 綱目：生理健康

   (4) 項目：兩性教育

   (5) 細目：生理表徵

   (6) 學習目標：男外表特徵、女外表特徵

2. 本教案所設計者，係為「認識男女」之第一段課程：「服裝篇」（3 節課），後續依序為「髮型篇」（4 節課）、「玩具篇」（4 節課）及「生理特徵篇」（4 節課），是故，全部「認識男女」之課程共計為 15 節課。

註：本教案範例係徵得台東大學特教系（100 級）李偲瑋同學授權刊載。

3. 此單元為男女認知的初步認識，並配合男女外表實物特徵（例如：服裝）辨別男女，每節課程只介紹一種類的外表特徵，進而利用這些特徵對男女辨別歸類。學生在學習此單元「認識男女」之前，已學過「衣物的辨認」及「個人喜好的配件」的先備經驗，未來課程可再更深入「分辨男、女廁所」及「生殖器官」之課程。

4. 本單元先以認識男女外表特徵為主軸，主要使學生能利用外表特徵辨別自己和他人的性別。學生在學習「認識男女」基本概念之後，在高年級階段可進一步學習「青春期保健」及「兩性交往」之課程。

三、學生能力描述

組別	姓名	障礙類別	性別	年齡	IQ (WISC)	優勢能力	弱勢能力	本單元先備知識
B	○安	多重障礙（腦傷）	男生	8歲7個月	39	1. 和人有眼神接觸 2. 左手有握和拿的能力 3. 能聽懂簡短口語指令 4. 口語能力弱，可以仿說兩個字的單詞 5. 喜歡圓球 6. 粗大動作、精細動作弱	1. 情緒不穩定，易用手捏人或打人且專注力短暫 2. 多自我刺激行為，搖頭、下巴敲桌子 3. 因腦傷，造成下半肢、左手無力	無男生和女生的區分概念
B	○琳	自閉症	女生	7歲11個月	38	1. 無口語能力 2. 能指認圖片 3. 粗大動作佳、精細動作尚可 4. 手眼協調尚可	1. 眼神對焦專注力低 2. 有時會有自我刺激行為，挖嘴巴 3. 情緒不佳，會大哭、大叫、發怪聲 4. 久坐在座位時間短	無男生和女生的區分概念
A	○濤	過動症	男生	7歲5個月	66	1. 口語表達能力佳，能仿說、能指認圖片 2. 粗大動作佳、精細動作佳、手眼協調佳	1. 注意力短暫、不集中 2. 常會在上課走動	對男生和女生有些許概念
A	○智	中度智能障礙	男生	8歲2個月	49	1. 能仿說簡短句子 2. 能指認圖片 3. 粗大動作佳、精細動作手眼協調尚可	1. 注意力短暫，易分心 2. 類化能力低	對男生和女生有概念，但模糊

組別	姓名	障礙類別	性別	年齡	IQ (WISC)	優勢能力	弱勢能力	本單元先備知識
A	○君	中度智能障礙	女生	7歲8個月	53	1.有口語能力，可以仿說一整個句子 2.能指認圖片 3.粗大動作佳、精細動作、手眼協調佳	1.學習反應慢 2.情緒易受同學影響	對男生和女生有概念，但模糊

備註：

- 目標有分 A、B 組：A＝高組、B＝低組，依照口語、肢體能力的不同，設計不同目標。
- 本單元三節課採取（單一時間軸之串聯式時間運用的）2T 教學設計，在同一課程主題下形成雙層次之難度區分。其中，以高／低組目標（表現學習結果的行為或動作，以及通過標準不同）進行教學，兩組以輪流直接教學的方式進行。教師設計一個活動，讓學生輪流練習（高組先、低組後），並藉機檢核其學習成果。教師需藉由縮短每一次輪流的時間（一次只進行一種項目），來加快轉換速度，避免其他學生等待時間過長。
- 在全班教學中，鼓勵其他還沒有輪到練習的學生注意看和聽同儕的表現，如果學生有做到，則給予讚美。

目標設計		
單元目標		具體目標
第一節課	1.能分辨褲子和裙子	**A組** A1-1 能自己獨立從褲子、裙子中拿出褲子／裙子。 A1-2 能在鏡子前面，從衣服堆中拿出與自己一樣的衣服。 A1-3 能依老師的口令，從褲子、裙子中拿起褲子／裙子（5選2）。 A1-4 能從一男兩女同學中正確指認一位穿褲子／裙子的人。 A1-5 能在班上同學中指認四位穿褲子／裙子的人。
		B組 B1-1 能在老師協助下，從褲子、裙子中拿出褲子／裙子。 B1-2 能在鏡子前面，從各裙子和褲子中指認與自己一樣的衣服（褲子或裙子）。 B1-3 能依老師的口令，從褲子、裙子中拿起褲子／裙子（3選1）。 B1-4 能從一男一女同學中正確指認一位穿褲子／裙子的人。

目標設計			
單元目標			具體目標
第一節課	2. 能正確穿褲子（男生）	A組	A2-1 能自己獨立穿褲子。
		B組	B2-1 能眼睛看老師如何穿褲子達 30 秒。 B2-2 能在老師部分身體提示下穿褲子。
	3. 能正確穿裙子（女生）	A組	A3-1 能自己獨立穿裙子。
		B組	B3-1 能眼睛看老師如何穿裙子達 30 秒。 B3-2 能在老師部分身體提示下穿裙子。
第二節課	1. 能辨認自己的服裝（褲子／裙子）	A組	A1-1 能從衣物堆中拿出褲子。 A1-2 能從衣物堆中拿出裙子。 A1-3 能自己獨立指認和自己一樣制服（裙子／褲子）的同學（一男一女）。
		B組	B1-1 能從四件裙褲中拿出褲子。 B1-2 能從四件裙褲中拿出裙子。 B1-3 能在老師間接口語提示下正確指認和自己一樣制服（裙子／褲子）的同學（一男一女）。
	2. 能正確指認穿裙子的女同學	A組	A2-1 能在老師口頭提示下，從同學（一男一女）中指出穿裙子的女同學。 A2-2 能從示範者（兩男兩女）中正確指認穿裙子的女同學。
		B組	B2-1 能在老師動作提示下，從同學（一男一女）中指出穿裙子的女同學。 B2-2 能在示範者（一男一女）中正確指認穿裙子的女同學。
	3. 能正確指認穿褲子的男同學	A組	A3-1 能在老師口頭提示下，從同學（一男一女）中指出穿裙子的女同學。 A3-2 能在示範者（兩男兩女）中正確指認穿裙子的女同學。
		B組	B3-1 能在老師動作提示下，從同學（一男一女）中指出穿裙子的女同學。 B3-2 能在示範者（一男一女）中正確指認穿裙子的女同學。
	4. 能辨別自己和他人的性別	A組	A4-1 能依自己性別從衣物堆中拿出 3 件合適衣服（褲子／裙子）。 A4-2 能依他人性別從衣物堆中拿出 2 件合適衣服（褲子／裙子）。 A4-3 能透過他人的裙子特徵，指出班上的女生同學。 A4-4 能透過他人的褲子特徵，指出班上的男生同學。 A4-5 能透過他人的裙子特徵，指出女生老師。 A4-6 能透過他人的褲子特徵，指出男生老師。 A4-7 能依「男生」／「女生」指令，自己正確站起來。
		B組	B4-1 能在手勢提示下，依自己性別指出 1 件合適衣服（褲／裙）。 B4-2 能在手勢提示下，他人性別指出 1 件合適衣服（褲／裙）。 B4-3 能透過裙子特徵，至少指出班上 2 位女生同學。

目標設計			
單元目標			具體目標
第二節課			B4-4 能透過褲子特徵，至少指出班上 2 位男生同學。 B4-5 能在手勢提示下，正確指出女生老師。 B4-6 能在手勢提示下，正確指出男生老師。 B4-7 能依指令「男生」／「女生」，自己正確舉手／反應（發出聲音）。
第三節課	1. 能分辨褲子的照片	A組	A1-1 能在老師口語提示下指認褲子照片。 A1-2 能在老師口語提示下指認 2 件褲子照片（一短一長褲）。 A1-3 能在口令下自行指認 1 件褲子照片（一褲兩裙）。 A1-4 能在口令下自行指認 2 件褲子照片（二褲一裙）。 A1-5 能在口令下正確拿出褲子照片 3 次對 2 次（一裙一褲）。 A1-6 能在口令下正確拿出褲子照片 3 次對 2 次（兩裙兩褲）。 A1-7 能在口令下正確拿出 3 件褲子（三褲兩裙）。
		B組	B1-1 能在老師動作協助下指認褲子照片。 B1-2 能在老師動作協助下指認 2 件褲子照片（一短一長褲）。 B1-3 能在老師口令下正確指認褲子照片（一短褲一短裙）。 B1-4 能在老師口令下正確拿出褲子照片 3 次對 1 次（一裙一褲）。 B1-5 能在老師口令下正確拿出褲子照片 2 次對 1 次（一裙兩褲）。
	2. 能分辨裙子的照片	A組	A2-1 能在老師口語提示下指認裙子照片。 A2-2 能在老師口語提示下指認 2 件裙子照片（一短一長褲）。 A2-3 能在口令下自行指認 1 件裙子照片（兩褲一裙）。 A2-4 能在口令下自行指認 2 件裙子照片（二裙一褲）。 A2-5 能在口令下正確拿出裙子照片 3 次對 2 次（一裙一褲）。 A2-6 能在口令下正確拿出裙子照片 3 次對 2 次（兩裙兩褲）。 A2-7 能在口令下正確拿出 3 件裙子（三裙兩褲）。
		B組	B2-1 能在老師動作協助下指認裙子照片。 B2-2 能在老師動作協助下指認 2 件裙子照片（一短一長裙）。 B2-3 能在老師口令下正確指認裙子照片（一短褲一短裙）。 B2-4 能在老師口令下正確拿出裙子照片 3 次對 1 次（一裙一褲）。 B2-5 能在老師口令下正確拿出裙子照片 2 次對 1 次（一裙兩褲）。
	3. 能分辨男生／女生穿褲子的照片	A組	A3-1 能在老師口令下指認一張男生穿褲子照片（一男兩女）。 A3-2 能在老師口令下指認一張女生穿褲子照片（兩男一女）。 A3-3 能在口令下正確拿出男生／女生照片 3 次對 2 次（兩男兩女）。 A3-4 能在老師口令下正確拿出三張男生照片（三男兩女）。
		B組	B3-1 能在老師協助下指認一張男生穿褲子照片（一男一女）。 B3-2 能在老師協助下指認一張女生穿褲子照片（一男一女）。 B3-3 能在口令下拿出男生／女生照片 3 次對 2 次（一男一女）。 B3-4 能在老師口令下正確拿出兩張男生照片（兩男一女）。

目標設計			
單元目標			具體目標
第三節課	4. 能依自己照片辨別自己的性別	A組	A4-1 能依自己照片，拿出 3 張合適自己性別的服裝圖。 A4-2 能依自己照片，說出自己性別（有口語能力者）。
		B組	B4-1 能依自己照片，拿出至少 1 張合適自己性別的服裝圖。
	5. 能辨別紙娃娃性別	A組	A5-1 能依紙娃娃的性別，貼上合適性別的服裝圖答對 3 次。
		B組	B5-1 能依紙娃娃的性別，貼上合適性別的服裝圖答對 2 次。

活動設計				
具體目標	教學活動過程《第一節》	教學資源	時間	評量標準
	壹、準備活動 ●引起動機 教師從神秘盒中，拿出學生自己的衣物，並口頭詢問：「這是誰的褲子啊？」在教學情境中，營造讓學生期待有自己衣物的好奇心。 1. 老師拿出神秘箱，跟學生介紹這個「奇怪的箱子」。要讓學生猜猜看箱子裡有什麼東西。 2. 請學生拿出箱子裡的一樣東西（學生自己衣物）。	學生自己的褲子／裙子	5 分	從箱子內拿出其中 1 件裙褲。
	貳、發展活動 ●褲子裙子不一樣 教師利用剛剛學生拿出的衣物，讓學生先摸摸褲子和裙子，並開始請學生觀察褲子和裙子的差異性。 1. 老師將拿出的褲子讓每位學生摸摸看，介紹學生這是褲子，告訴學生褲子下面有兩個洞（邊說邊指）。 2. 老師將拿出的裙子讓每位學生摸摸看。介紹學生這是裙子，告訴學生裙子下面是寬寬的。	學生自己的褲子／裙子	5 分	在 20 秒內能摸褲／裙子至少 4 次。
A、B1-1	●褲子裙子在哪裡 老師將衣服掛在黑板上，由小朋友指認哪一件是褲子，哪一件是裙子。詢問次數和衣物件數，依學生學習狀況調整。 ●我會穿褲子／裙子	大人的褲子／裙子	5 分	在 3 件裙褲中，正確指認出 1 件褲子／裙子。

	活動設計			
具體目標	教學活動過程《第一節》	教學資源	時間	評量標準
A、B2-1 B2-2 A、B3-1 B3-2 A、B1-2	先由老師示範正確穿褲子／裙子的方法，再請學生到前面演練如何穿上褲子。依學生狀況，給予適當協助，學習狀況良好學生可同時間一人一件一起練習穿。 1. 練習穿裙子／褲子。 2. 請學生站在鏡子前，拿出與自己穿在身上相似的衣物。	學生自己的褲子／裙子 鏡子	10分	能在 30 秒之內穿好 1 件褲子／裙子。 能在 15 秒之內正確拿出 2 件與自己一樣的裙／褲。
A、B1-4 A、B1-5 A、B1-3 A、B1-2	叁、綜合活動 • 小老闆小客人 製造買衣物的情境，請學生能獨立拿出、指出或說出衣物。依學生學習狀況調整身分和衣物件數。 1. 小老闆能指出穿褲子／裙子的客人（同學）。 2. 先請學生當小老闆賣衣服。當老師指定要買裙子（褲子），學生必須正確拿出客人指定的衣物。 3. 再請學生當小客人買衣服。拿出、指出或說出自己想要買的衣物。	裙子6件 褲子6件 鏡子	15分	在 10 秒之內正確指認出 1 位穿褲子／裙子的同學。 在 15 秒內正確拿出 2 件裙／褲。 從 3 位同學中，正確指出 1 位穿褲子／裙子的人。

·····················第一節課結束·····················

	活動設計			
具體目標	教學活動過程《第二節》	教學資源	時間	評量標準
	壹、準備活動 • 引起動機 在每位小朋友桌上各放一件衣物，再請小朋友注意老師穿的是裙子還是褲子？跟自己桌上的衣物是否相似。	裙子6件 褲子6件 穿衣鏡	5分	
A、B1-3	貳、發展活動 • 我是誰 教師開始導入「女生穿裙子」和「男生穿褲子」的概念，使學生藉由自己穿著，辨認自己是男生或是女生。 1. 老師先請學生照鏡子，讓學生藉由自己的服裝，指出與自己穿著相似的男女示範者。 2. 學生依自己（女生）鏡子穿著，邊摸（裙子）邊說「我是女生」。	兩面穿衣鏡	10分	能在 7 秒內正確指認與自己相同服裝（裙／褲）的同學。

活動設計				
具體目標	教學活動過程《第二節》	教學資源	時間	評量標準
	3.學生依自己（男生）鏡子穿著，邊摸（褲子）邊說「我是男生」。			
A、B3-1 A、B3-2 A、B4-3 A、B4-4 A、B4-5 A、B4-6	● 男女糾察隊 教師請學生站一列，再請一位學生出來當糾察隊，吹哨子找出穿褲子男生或穿裙子女生。	哨子	10分	能從兩種性別同學中正確指認 2 至 4 位的男同學／女同學。
A、B4-1 A、B4-2 A、B4-7	叁、綜合活動 ● 男女模特兒 1.教師手拿褲子請男生在褲子後直坐一排；教師手拿裙子請女生在裙子後直坐一排。 2.再請男女學生模特兒從衣服堆裡面，挑出適合自己性別的衣物。 3.請每位學生輪流為同學挑選合適性別的衣物。 4.聽老師指令「男生」，男同學就出來走秀；聽老師指令「女生」，女同學就出來走秀。 （坐輪椅同學請同性同學幫忙推出來走秀）	裙子 6 件 褲子 6 件	15分	能在 1 分鐘之內分兩種性別位置坐好。 能在 10 秒內挑出至少 1 件合適性別的裙褲。 在教師指令 3 次中，正確出場 2 次。

··················第二節課結束··················

活動設計				
具體目標	教學活動過程《第三節》	教學資源	時間	評量標準
	壹、準備活動 ● 引起動機 剛剛上一節課我們看到很多的褲子和裙子，也認識男生和女生。這節課老師帶了很多小朋友的照片給你們看！（教師展示真人照片給學生觀看）	男女小朋友照片各 5 張	2分	
A、B1-1 A、B1-2 A、B1-3 A1-4 A、B2-1 A、B2-2	貳、發展活動 一、男生褲子？女生裙子？ 1.教師拿真實褲子和裙子照片讓學生辨認，了解學生是否已學會分辨褲子和裙子。 師：「小朋友剛剛我們上課看了很多褲子和裙子，老師現在要看看你們有沒有真的學起來了喔！」 師：「小朋友，哪一件是【男生的褲子】？」 （拿圖一短褲和圖二裙子讓學生辨認） （拿圖三長褲和圖四裙子讓學生辨認）	PPT 教學照片	8分	從 2 張裙褲照片中，正確指認裙／褲子。

	活動設計			
具體目標	教學活動過程《第三節》	教學資源	時間	評量標準
A、B2-3 A2-4	師：「小朋友，哪一件是【女生的裙子】？」 （拿圖一短褲和圖二裙子讓學生辨認） （拿圖三長褲和圖四裙子讓學生辨認） 　圖一　　圖二　　圖三　　圖四 註：詢問次數，依學生學習狀況調整。 註：圖片可標選項①②讓學生方便選擇（說 　　出或指出）。 2. 小遊戲：			從 3 張裙褲圖片 中，正確指認 2 張 裙／褲子照片。 從 4 張裙褲照片 中，正確指認 2 張 裙／褲子。
	教師發給每人各一張裙子和褲子的<u>照片</u>。學 生能正確拿起教師指定的照片。 師：「老師發現小朋友都學會了，好棒喔！ 　　現在我們來玩一個小遊戲。現在老師給 　　你們兩張裙子和褲子的照片，等一下老 　　師說裙子，小朋友就要幫老師找出裙子 　　喔！舉起來給老師看看。」 師：「老師想要找【裙子】」（照片）	5 張裙子照 片 5 張褲子照 片	10分	在 5 次指令中，正 確指認裙／褲子照 片至少 2 次。
B1-4 A、B1-5 A1-6 A1-7	 師：「老師想要找【褲子】」（照片）			
A、B2-5 B2-4 A2-6 A2-7	 師：「老師想要找【男生褲子】」（照片） 師：「老師想要找【女生裙子】」（照片）			

具體目標	教學活動過程《第三節》	教學資源	時間	評量標準
A、B3-1 A、B3-3 A、B3-4 A、B3-3 A、B3-2	註：依學生學習狀況，增加褲子和裙子的照片張數。 註：詢問次數，依學生學習狀況調整。 二、男生女生配 1. 男女照片配對（真人照片）： 教師拿男生穿著褲子照片和女生穿著裙子照片讓學生辨認，並放置裙褲照片讓學生作配對，了解學生是否已學會分辨男生穿褲子和女生穿裙子的觀念。 師：「小朋友，剛剛我們看了很多褲子和裙子的照片，現在我們要把裙子和褲子穿在人身上，看看你們有沒有發現他是男生，還是女生。」	各 5 張男女裙褲照片		從 3 張男女照片中，正確指認 1 張女／男生。 從各 2 張男女照中 10 秒內正確指認出男生／女生的照片。 從 5 張男女照片中，正確指認 3 張女／男生。
A、B1-3	師：「小朋友，照片上的男生（圖五）穿什麼？」→ <u>褲子</u> （學生選擇圖一褲子後，有口語能力者可再要求說出）	5 張 女生裙子照	5 分	能依照片人物性別從 5 張裙褲照片中挑出至少 1 件適當的褲／裙照片。
A、B2-3	師：「小朋友，照片上的女生（圖六）穿什麼？」→ <u>裙子</u> （學生選擇圖四裙子後，有口語能力者可再要求說出）	5 張 男生褲子照		能依照片人物性別從 10 張裙褲照片中挑出至少 5 件適當的褲／裙照片。
	圖五　　　　　　圖六			
A、B4-1 A4-2	2. 我是男生？女生？ 教師讓學生看到自己照片，能正確說出自己是男生（女生），要穿褲子（裙子）。 教師讓學生看到同學照片，能正確說出同學是男生（女生），要穿褲子（裙子）。	學生個人生活照片	5 分	能依自己性別 10 秒內指認出至少 1 張適當的裙／褲。

活動設計				
具體目標	教學活動過程《第三節》	教學資源	時間	評量標準
A、B5-1	註：高組：用說的表達；低組：用挑選圖片表達。 　　　　叁、綜合活動 •男生女生衣服配對 1.教師在黑板上放置男生和女生紙偶，請小朋友幫它們配上合適性別的穿著。 2.老師說：「現在小朋友都很厲害了，那我們來幫男生和女生穿衣服吧！」 3.老師問：「男生要穿什麼服裝？」（黑板邊邊放置各一件裙子和褲子，讓學生上台選出褲子貼在男生身上。） 4.老師問：「女生要穿什麼服裝？」（黑板邊邊放置各一件裙子和褲子，讓學生上台選出裙子貼在女生身上。） 註：依學生學習狀況，增加裙子和褲子的數量。 	紙衣服圖 男女紙偶	10分	依圖片性別，從各1張裙褲照片中正確挑出裙／褲。 從各2張裙褲照片中正確挑出2張裙／褲照配對。 從5張裙褲照片中至少正確挑出2張裙／褲照配對。 能在7秒之內正確配對男女褲裙。

···第三節課結束···

附錄二 對初學者之建議：深研啟智課程綱要之家庭作業

　　在本書第 11 章（活動設計：教學流程三部曲）中，筆者提過：對於初學者而言，其「教學能力」乃呈現於：❶「教案設計力」與❷「現場執教力」；而「教案設計力」則主要表現於：❶「目標設計力」以及❷「活動設計力」。若將此一概念重新整理與擴展，那麼，初學者必須充實之「四大啟智教學能力基本功」，乃如圖 ap2-1 所示，在「教案設計力」所屬之❶「目標設計力」與❷「活動設計力」、以及❸「現場執教力」之外，再加入❹「課綱掌握力」。

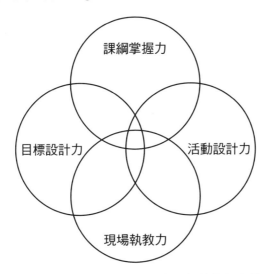

圖 ap2-1　初學者必須充實之四大啟智教學能力基本功

在此之前，本書各章內容中所介紹者，主要聚焦於❶「目標設計力」、❷「活動設計力」、以及❸「現場執教力」之知識、概念與技能，而第❹項基本功——「課綱掌握力」——則鮮少提及。實則，初學者亦應針對教育部 (1999) 頒布之「特殊教育學校（班）國民教育階段智能障礙類課程綱要」（以下簡稱「1999 年版啟智課綱」），特別予以深研。因為，初學者未必有能力自行針對「六大領域教學」設計出適用之學習目標，因此，其簡捷法，乃可以直接取用「1999 年版啟智課綱」之內

容，如此，則不必再花費很多時間來充實六大領域之個人學理素養。初學者應該珍惜「1999 年版啟智課綱」之所有學習目標，因為，在當初，「1999 年版啟智課綱」係透過國內有名之特教學者花費不少時間經過反覆討論而成，其「可參考性」乃不容置疑。其中，最貼心的是，這些特教學者們還為了「六大領域」設計了各科適用之「學習目標序列」。依據「1999 年版啟智課綱」之內容顯示，其課程編製乃依照❶發展原則、❷統整原則、以及❸融合原則所設計而成（教育部，1999），是故，這些「學習目標序列」之編排順序，乃遵循「由易而難」之基本流程來鋪排，初學者只要依其排序來逐步選用相關之學習目標，大致皆可符合智能障礙學生之學習需求。

職是之故，筆者在此特別建議初學者應該針對「1999 年版啟智課綱」做一些家庭功課，使自己更能深度掌握「1999 年版啟智課綱」之內容與架構。其作法如下：

1. 準備一本六色筆記本，讓每一學習領域之筆記內容各有專屬之顏色頁面。
2. 針對六大領域之內容，依其架構分層畫出樹狀圖，並透過分層編號來標明從屬關係。

其中，關於畫樹狀圖之操作順序，首先，可為六大領域進行編號，再予以畫圖，如圖 ap2-2 所示，初學者可在六大領域名稱之前，依照其於「1999 年版啟智課綱」之出現順序而予以編號。於是，試以「生活教育」為例：在筆記本之後續所有樹狀圖之中，只要出現編號「1.x.x.x」之項目，即必然屬於「生活教育」，其架構清楚、且容易辨認。

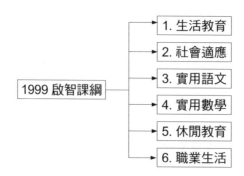

圖 ap2-2　「1999 年版啟智課綱」之第一張樹狀圖

接下來，逐層針對「生活教育」之課綱內容，畫出樹狀圖。其中之第一層乃為「領域」與其所轄之「次領域」的從屬關係樹狀圖（見圖 ap2-3）。畫出圖 ap2-3 的樹狀圖以後，初學者即可清楚明白：「生活教育」之教學內容，乃主要包含❶知動能力、❷自我照顧、以及❸居家生活等三大方向，心中遂立即產生一個鳥瞰圖，對於「生活教育」這個學習領域的「課綱掌握力」於焉更上層樓。

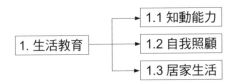

圖 ap2-3　「生活教育」之領域與次領域的從屬關係樹狀圖

接下來，再推展到下一層，針對「1.1 知動能力」之「次領域」與「綱目」的從屬關係，畫出樹狀圖（見圖 ap2-4）。初學者整理出圖 ap2-4 之後，即可明瞭：「知動能力」之教學內容，主要包含❶感官知覺、❷粗大動作、以及❸精細動作等三大重點。「1.1 知動能力」之「次領域」與「綱目」的從屬關係樹狀圖（如圖 ap2-4）畫完之後，再依序畫出「1.2 自我照顧」與「1.3 居家生活」的同層樹狀圖，逐項將同一邏輯層次之從屬關係圖統統畫出來。

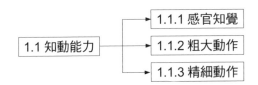

圖 ap2-4　「知動能力」之次領域與綱目的從屬關係樹狀圖

之後，再往下一層推展，可以針對「1.1.1 感官知覺」之「綱目」與「項目」的從屬關係，畫出樹狀圖（見圖ap2-5），其中，一眼即可令人豁然開朗：原來，「感官知覺」之主要教學方向，乃包含：視、聽、觸、味、嗅等五大感官知覺。

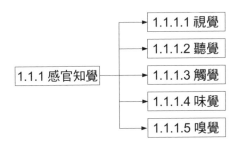

圖 ap2-5　「感官知覺」之綱目與項目的從屬關係樹狀圖

接著，針對「1.1.1.1 視覺」之「項目」與「細目」的從屬關係，畫出樹狀圖（見圖 ap2-6）。至此，初學者對於「視覺」應該教什麼內容，心中應該有一個清楚的輪廓。

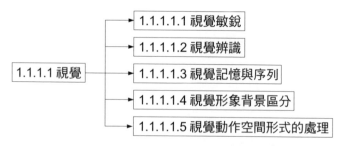

圖 ap2-6　「視覺」之項目與細目的從屬關係樹狀圖

最後，針對「1.1.1.1.1視覺敏銳」之「細目」與「學習目標」的從屬關係，畫出樹狀圖（見圖ap2-7）。這是在「1999年版啟智課綱」的邏輯層次架構之中，最低層次的從屬關係圖，因為，「1999年版啟智課綱」的最低邏輯層次僅設計到「學習目標」，其下之邏輯層次則有賴初學者自己針對班上智能障礙學生之學習／認知能力特性，而自行設計出適用的教學目標（其可包含教案中之「單元目標」與「行為目標」）。切記：初學者在每一邏輯層次之中，皆應將該層次之所有從屬關係樹狀圖統統畫出來，最後，畫出一本完整的「1999年版啟智課綱」樹狀圖集。

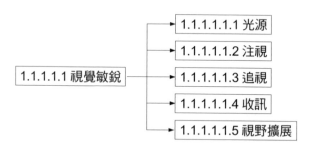

圖 ap2-7　「視覺敏銳」之細目與學習目標的從屬關係樹狀圖

　　筆者在此要特別建議初學者的一個重點是：每張樹狀圖，最好只獨立佔用一個頁面。這樣子，當該筆記本統統畫完全部樹狀圖之後，初學者即可一頁一頁地慢慢逐步研讀「1999年版啟智課綱」之所有內容、架構，且從中領悟其設計原理。雖然，畫出所有樹狀圖的工作負荷一定非常吃重，然而，初學者做這一件家庭作業是為了自己好，而不是為了別人好，更不是為了授課教授好，所以，即使工作負荷吃重，最後受益的人只會是初學者自己，而絕對不會是別人。畢竟，「實力」是逐漸累積出來的，絕對不會一蹴可幾，而本附錄所建議之家庭作業，對於提升初學者之「課綱掌握力」乃有明顯之效果。而且，這一本樹狀圖集在未來的教學生涯中，將比「1999年版啟智課綱」更好查閱。因為，「1999年版啟智課綱」的架構是以表格方

式畫出來的，有時，一個從屬關係要翻頁甚久才能全部看完，而樹狀圖即可讓初學者一眼明瞭各個層次的從屬關係，因此，非常便利於後續啟智班教學生涯之「六大領域教學活動設計」的相關查閱工作，其適用時效可謂甚久，絕不會在畫完各個層次之從屬關係的所有樹狀圖之後，即可被丟入垃圾筒中。

其實，增強「課綱掌握力」之基本功的相關家庭作業，至此並未完成。試以圖ap2-7為例，初學者在該圖中已然了解「視覺敏銳」之教學方向，總共有五大重點。而依據本書第3章（目標設計：教學目標的內涵）之建議：初學者在設計教學單元時，如果找不到設計線索的話，則或可採取「入門簡捷法」，將「1999年版啟智課綱」之「學習目標」予以直接使用，或合併、修改後再使用。因此，圖ap2-7之學習目標（也就是教學單元）「光源」應該教什麼東西——也就是說：它的教學目標應該怎麼設計，這還得依靠初學者來自行設計。所以，初學者應該另外再準備一本筆記本，將「1999年版啟智課綱」全部「學習目標」所衍生之「教學單元」的教學目標統統設計出來，一來，當作「目標設計」之自我練習，以提升目標設計力；二來，其所設計出來的教學目標，在之後的啟智班教學生涯中，每當進行「六大領域教學內容」之設計時，即可隨時拿出來當作參考之用。

此外，初學者在研究「1999年版啟智課綱」之時，應該深入咀嚼、玩味其中的學理，以發現更多的「弦外之音」。如圖ap2-8所示，從「實用語文」之領域、次領域、綱目的從屬關係樹狀圖之中，可以清楚得知，兒童之語文發展乃呈現出下列兩項規律：

1. 先接受（先輸入）、後表達（後輸出）。
2. 先聽覺、後視覺。

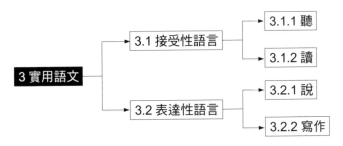

圖 ap2-8　「實用語文」之領域、次領域、綱目的從屬關係樹狀圖

其中，「聽」與「說」皆屬於聽覺感官途徑，而「讀」與「寫」則屬於視覺感官途徑，從「聽（聽覺）→讀（視覺）」與「說（聽覺）→寫（視覺）」之發展順序，可以進一步發現：兩者皆呈現出「先聽覺、後視覺」的一致性。如果初學者能處處

留意用心，從表面文字中讀出更深一層的道理，那麼，或許可以在「1999 年版啟智課綱」之「樹狀圖集」中發現不少有用的「弦外之音」，對於提升個人專業學養，誠裨益良多。

索 引

十二畫

MEMO

MEMO

國家圖書館出版品預行編目（CIP）資料

啟智教學活動設計 / 黃富廷著. -- 初版. -- 臺北市：心理，
2012.06
面；　公分. --（障礙教育系列；63110）

ISBN　978-986-191-497-8（平裝）

1.啟智教育　2.教學活動設計

529.62　　　　　　　　　　　　　　　　101006569

障礙教育系列 63110

啟智教學活動設計

作　　者：黃富廷
執行編輯：陳文玲
總　編　輯：林敬堯
發　行　人：洪有義
出　版　者：心理出版社股份有限公司
地　　址：231 新北市新店區光明街 288 號 7 樓
電　　話：(02) 29150566
傳　　真：(02) 29152928
郵撥帳號：19293172 心理出版社股份有限公司
網　　址：http://www.psy.com.tw
電子信箱：psychoco@ms15.hinet.net
駐美代表：Lisa Wu（lisawu99@optonline.net）
排　版　者：龍虎電腦排版股份有限公司
印　刷　者：正恒實業有限公司
初版一刷：2012 年 6 月
初版二刷：2015 年 3 月
I S B N：978-986-191-497-8
定　　價：新台幣 420 元